本书系 2018 年教育部人文社会科学研究规划基金一般项目
"明清时期徽州塾师研究"（18YJAZH012）的结项成果

明清徽州塾师研究

戴元枝 ◎ 著

北京师范大学出版集团
BEIJING NORMAL UNIVERSITY PUBLISHING GROUP
安徽大学出版社

图书在版编目(CIP)数据

明清徽州塾师研究/戴元枝著.—合肥:安徽大学出版社,2022.12
ISBN 978-7-5664-2494-5

Ⅰ.①明… Ⅱ.①戴… Ⅲ.①私塾－教师－研究－徽州地区－明清时代 Ⅳ.①D663.5

中国版本图书馆 CIP 数据核字(2022)第 184444 号

明清徽州塾师研究
Mingqing Huizhou Shushi Yanjiu

戴元枝 著

出版发行：北京师范大学出版集团
　　　　　安 徽 大 学 出 版 社
　　　　　(安徽省合肥市肥西路 3 号 邮编 230039)
　　　　　www.bnupg.com
　　　　　www.ahupress.com.cn

印　刷：	合肥创新印务有限公司
经　销：	全国新华书店
开　本：	710 mm×1010 mm　1/16
印　张：	19.5
字　数：	286 千字
版　次：	2022 年 12 月第 1 版
印　次：	2022 年 12 月第 1 次印刷
定　价：	58.00 元

ISBN 978-7-5664-2494-5

策划编辑：范文娟　　　　　　　装帧设计：李　军
责任编辑：范文娟　　　　　　　美术编辑：李　军
责任校对：汪　君　　　　　　　责任印制：陈　如　孟献辉

版权所有　侵权必究

反盗版、侵权举报电话：0551－65106311
外埠邮购电话：0551－65107716
本书如有印装质量问题,请与印制管理部联系调换。
印制管理部电话：0551－65106311

目 录

MULU

绪论　从传统的私塾与塾师说起 …………………………………… 1

　　一、私塾的起源与发展 …………………………………………… 1

　　二、塾师名称的流变与别称 ……………………………………… 6

　　三、徽州塾师：一个重要却被忽视的社会群体 ………………… 10

第一章　明清徽州塾师群体兴盛的原因 …………………………… 21

　　一、基础教育普及：塾师群体活动空间的多样化 ……………… 22

　　二、徽商经济支持：塾师群体发展的物质基础 ………………… 31

　　三、科举制度发展：塾师群体壮大的内在动因 ………………… 35

第二章　明清徽州塾师群体的人员构成 …………………………… 41

　　一、明清徽州塾师群体人员的基本构成 ………………………… 42

　　二、闺塾师：明清徽州塾师的特殊群体 ………………………… 51

第三章　明清徽州塾师的延聘标准与程序 ………………………… 65

　　一、明清徽州塾师的延聘标准 …………………………………… 66

　　二、明清徽州塾师的延聘程序 …………………………………… 75

第四章　明清徽州塾师的教学与职业培训 ………………… 85
一、明清徽州蒙馆内塾师的教学 …………………………… 87
二、明清徽州经馆内塾师的教学 …………………………… 122
三、徽州塾师群体的职业交流与培训 ……………………… 143

第五章　明清徽州塾师的经济收入 ………………………… 155
一、明清徽州塾师的馆业收入 ……………………………… 156
二、明清徽州塾师馆业之外的经济收入 …………………… 178

第六章　明清徽州塾师的社会文化生活 …………………… 187
一、明清徽州塾师的读书与著述 …………………………… 187
二、明清徽州塾师的社会交往 ……………………………… 194

第七章　明清徽州族谱传记中塾师形象的书写 …………… 210
一、客观存在与主观选择的交融:谱传中塾师形象得以书写的缘由
　　………………………………………………………… 211
二、师与儒的结合:谱传中塾师形象的书写 ……………… 217
三、教化实录与娱乐虚构:族谱传记与通俗文学作品中的塾师书写
　　比较 …………………………………………………… 224

余论　塾师的流动、转型与消亡 …………………………… 230
一、科举制背景下塾师的个体非结构性流动与转型 ……… 230
二、兴学堂、废科举背景下塾师群体的结构性流动、转型与消亡 …… 236

参考文献 ……………………………………………………… 244

附录　明清徽州塾师文献辑存 …… 253

　一、《师说》 …… 253

　二、《塾讲规约》 …… 255

　三、《坐馆经文》 …… 263

　四、塾师传记举隅 …… 280

后　记 …… 302

绪论　从传统的私塾与塾师说起

在传统社会中,私塾长期与官学并存,成为官学教育的重要补充,在传承文化、启蒙教育方面发挥了不可估量的历史作用,活跃其间的塾师们更是功不可没。文化研究学者王尔敏先生认为,在传统乡村社会中,塾师"影响之普遍深远,并不下于大圣大贤"。①

但是,由于多种原因,塾师不仅在传统社会被忽视,甚至被轻视,在当代学术研究中也往往不被关注,尤其是在被称为三大地域文化研究"显学"之一的徽学研究中。就徽州教育这一领域而言,研究者们往往关注徽州教育的发达、科举成就的辉煌、宗族对子弟教育的重视以及徽商对子弟读书仕宦的大力支持等,而少有学者关注作为徽州教育实施者的塾师,对他们的教学、生存状态等相关方面的针对性研究更是缺乏。

一、私塾的起源与发展

(一)"塾"的起源

私塾是私家学塾的简称,但古代很少把"私"和"塾"两个字直接连起来使用。私塾作为一个社会常用词汇是随着近代废科举、兴学堂才出现的,用以区别于当时官办或公立的新式学堂。

---

① 王尔敏:《明清社会文化生态》,桂林:广西师范大学出版社,2009年,第58页。

"塾"最早见于《尚书·顾命》："大辂在宾阶面,缀辂在阼阶面,先辂在左塾之前,次辂在右塾之前。"①意思是说西周时期臣子们到宫廷去朝见君主,不同规格的车会停放在室外不同的位置。可见,"塾"在《尚书》中指的是宫门外两侧臣子们等候朝见君主的地方。

用"塾"来作为教育机构的名称,最早出现在《礼记·学记》中。其在追述西周学制时称："古之教者,家有塾,党有庠,术有序,国有学。"②唐代孔颖达对"家有塾"做了比较清晰的解释,认为："《周礼》百里之内,二十五家为闾,同共一巷。巷首有门,门边有塾。谓民在家之时,朝夕出入,恒受教于塾,故云'家有塾'。"③孔颖达在这里不仅明确地将"塾"界定为教育机构,还说明了"家有塾"并非家家有塾,而是二十五家共一塾。"塾"为同巷之家所共有,所进行的教育活动发生在"朝夕出入"之时,即人们朝出劳作前与夕归休息时,从塾中经过,长者在此对他们进行生产生活方面的教育。这时的"塾"没有专职的教师和特定的学生,由有德行的长者承担教育责任,全体居民作为受教育者,其实施的是社会教化,而非严格意义上的专门化教育。因此,西周时期的"塾"并非专门化的教育机构。

(二)私塾的发展

一般认为,私塾作为专门化教育机构出现在春秋时期。当时,社会剧变,文化下移,随着新兴社会群体——士的出现,私学逐渐兴起。史书记载,孔子兴办私学,聚徒成群,影响极大,孔子被认为是第一个有名的塾师。战国时期,养士之风的盛行与百家争鸣局面的出现,更促进了私学的兴盛。

随着社会形势的变化,汉武帝采纳董仲舒的建议,实行"罢黜百家,独尊儒术"的文教政策,儒家思想被封建帝王定为一尊,以传播儒家文化为己任的私塾便在社会上受到重视。汉代既有初级的书馆,也有高级的精舍。与"塾"最初为非正式的教育机构不同,汉代的"馆""舍"是专门的教育机构。东汉王

---

① 姜建设注说:《尚书·顾命》,开封:河南大学出版社,2008年,第272页。
② 鲁同群注评:《礼记·学记》,南京:凤凰出版社,2011年,第141页。
③ (清)阮元等:《十三经注疏》(下册),杭州:浙江古籍出版社,1998年,第1521页。

充就曾对自己年少时所接受的私塾教育做过这样的描述：

> 六岁教书，恭愿仁顺，礼敬具备，矜庄寂寥，有臣人之志。父未尝笞，母未尝非，闾里未尝让。八岁出于书馆。书馆小僮百人以上，皆以过失袒谪，或以书丑得鞭。充书日进，又无过失。手书既成，辞师受《论语》《尚书》，日讽千字。经明德就，谢师而专门，援笔而众奇。所读文书，亦日博多。①

王充自六岁开始，由父亲启蒙识字，八岁到书馆接受教育。书馆中"小僮百人以上"，足见当时的书馆已有一定的规模，不受闾里之限。在教育内容上，汉代私塾也有一定的层次划分。首先是以书法、习字为主的启蒙养正教育，王充六岁识字以及八岁到书馆接受教育均属于此。王国维在《汉魏博士考》中称："汉时教初学之所，名曰书馆，其师名曰书师，其书用《仓颉》、《凡将》、《急就》、《元尚》诸篇，其旨在使学童识字习字。"②其次，书馆课业结束之后，从师学习《论语》《尚书》等基本典籍，即"手书既成，辞师受《论语》《尚书》"。在"经明德就"之后，谢师而出，进行更高层次的专经学习。可见，汉代的私塾教育已具备了一定的社会规模与较完备的层次结构，并奠定了后世私塾教育的基本层次。

隋唐时期，科举制的建立为一般民众打通了一条向上流动的制度化通道，极大地刺激了人们求师问学的积极性，出现了"五尺童子，耻不言文墨"③的盛况。唐代地方官学虽然发达，但止步于县学，不承担基础教育的任务。县学以下的民众教育需求主要依靠私学得以满足。科举制度的建立与完善，极大地推动了私塾的发展。据《新唐书》记载，唐代滑州（今河南滑县）人王恭，"少笃学，教授乡间，弟子数百人"，唐代私学规模最大的是一个号称"唐五经"的荆州书生，学识渊博，旨趣甚高，学生有五百余人。④

---

① （汉）王充撰，陈蒲清点校：《论衡》卷三十《自纪篇》，长沙：岳麓书社，2006年，第373页。
② 王国维：《观堂集林》卷第四艺林四《汉魏博士考》，石家庄：河北教育出版社，2001年，第107页。
③ （唐）杜佑撰：《通典》卷十五《选举典三》，杭州：浙江古籍出版社，1988年，第84页。
④ 蒋纯焦编：《中国私塾史》，太原：山西教育出版社，2017年，第15页。

宋代科举考试分地方、国家两级，考生们不用长途跋涉即可应试，加之宋代造纸术、印刷术较为发达，书价渐趋低廉，这为贫苦寒士大面积跻身于读书人队伍创造了有利条件。和唐代一样，两宋的地方官学亦止步于县学，不承担基础教育的责任，所以就无法顾及民众的教育需求。普通百姓的文化教育仍是借助于私塾来实现，应举者亦多出自私塾。因此，民间设立私塾在两宋极为普遍。耐得翁的《都城纪胜》在记述南宋临安时称："都城内外，自有文武两学，宗学、京学、县学之外，其余乡校、家塾、舍馆、书会，每一里巷须一二所。弦诵之声，往往相闻。遇大比之岁，间有登第补中舍选者。"①元初徽州理学家陈栎在记述其所居的休宁陈村情况时曾称："闻之方陈氏人物盛时，村无二姓。合族税钱以贯计者一千三百有奇。读书者比屋，各家之老遇风月良夜，杯酒相叙。饮罢，步街上听子弟弦诵声，自村首至尾，声东西相震，以是快惬为乐事。每岁秋赋，终场可读之卷几七十。"②由都城临安以及休宁陈村这一普通村落教育兴盛的景象可以想见宋元时期私塾教育的发达。

宋元以来的理学家们注重对儿童进行伦理教育，因此，理学的兴起便促成了族塾、义学的兴盛。如福建延平府在当时就形成了"家乐教子"的良好社会风尚，族塾、义学遍布各地，出现"五步一塾，十步一庠，朝诵暮弦，洋洋盈耳"③的景象。朱熹曾作《玉山刘氏义学记》，称刘侯"割田立屋，聘知名之士以教族子弟"，对"乡人之愿学者，亦许造焉"。④ 刘克庄在《赵氏义学庄》中记载，衡山赵氏"立义学……辟四斋，岁延二师，厚其饩廪，子弟六岁以上入小学，十二岁以上入大学"。⑤ 这两则材料说的是南宋时期刘氏、赵氏家族塾馆、义学的兴建。《元史·韩元善传》中也记载了韩元善用巨资兴办义塾，为

---

① (宋)耐得翁：《都城纪胜》，北京：中国商业出版社，1982年，第16页。
② (元)陈栎：《定宇集》卷一五《杂识》，见《景印文渊阁四库全书》第1205册，台北：台湾商务印书馆，1986年，第393页。
③ 胡朴安：《中国风俗(下)》，北京：九州出版社，2007年，第83页。
④ 曾枣庄、刘琳主编：《全宋文》卷五六五七，成都：巴蜀书社，1988年，第252册第120页。
⑤ 王善军：《宋代族塾义学的兴盛及其社会作用》，载《中国史研究》，1999年第2期，第104页。

族中子弟提供免费教育的情况:"尝以谒告侍亲居家,效范文正公遗规,置田百亩为义庄,以周贫族。至正交钞初行,赐近臣各三百锭,元善复以买田六百亩,为义塾,延名士,以教族人子弟云。"①

明清时期的私塾在承继前代私塾教育的基础上,获得了空前的发展,达到鼎盛状态。《明史·选举制》称:"盖无地而不设之学,无人而不纳之教,庠声序音,重规叠矩,无间于下邑荒徼,山陬海涯,此即明代学校之盛,唐宋以来所不及也。"②明代学校教育的发展远远超过唐宋,其功劳相当一部分要归于遍布城乡的私塾。在19世纪的中国生活了40年的美国人亨特说:"在中国,每一个城市或城镇,以至最小的村庄,都有自己的学校。我们在广州一带走动时,对这一点印象很深。而调查表明整个帝国情况都是如此。"③美国传教士何天爵对清代的私塾也有过类似的记载:

> 学校几乎遍布大清帝国的每一座城市和每个乡村。教育受到公众广泛而普遍的重视。因此,如果做人父母者不能送孩子进学堂上学的话,那将是一件很不光彩的事情。他会因此受到指责和非难。学校通常不是由政府拨款建造和维持,而大多数都是由众人的捐资和学生的学费来兴建和维持。④

明清时期,私塾遍地开花式地发展,除因官学在民间社会的缺位而出现制度空间外,更因为科举制的持续、完备以及商品经济的发展等,民众对普通教育的需求巨大。民间社会巨大的教育需求足以催生并维持一个庞大的民间教育市场,由此带来了私塾教育的极度兴盛。因此,可以说,私塾经过两千多年的演变,在明清时期走向了普及化,承担了普通民众尤其是大多数儿童的基础教育任务。

---

① (明)宋濂等撰:《元史》卷一八四《列传》,长春:吉林人民出版社,1995年,第2680页。
② 陈青之:《中国教育史》,上海:上海书店出版社,2013年,第294页。
③ [美]亨特著:《旧中国印象记》,沈正邦译,广州:广东人民出版社,1992年,第132~133页。
④ [美]何天爵著:《真正的中国佬》,鞠方安译,北京:光明日报出版社,1998年,第181页。

清朝末期,由于内忧外患,清政府不得不实施各项改革以缓解危机。私塾这一传统的教育组织形式在废科举、兴学堂的教育改革中受到冲击。不过,国力衰微、局势动荡以及教育资源分配不均等因素导致清末民国时期的新式学堂并没有完全取代传统的私塾,私塾在某些地方尤其是边远地区仍担负着基础教育的职责。直到1949年中华人民共和国成立之后,私塾才逐渐退出历史的舞台。

二、塾师名称的流变与别称

(一)塾师名称的流变

西周时期的"塾"不是专门化的教育机构,故其施教者并不被称为"师"。郑玄在注解"家有塾"的"塾"时认为:"古者仕焉而已者,归教于闾里,朝夕坐于门,门堂之侧谓之塾。"可见,当时在塾中施教之人是年老告归的官员。《汉书·食货志上》对这种教育进行过具体的描述:"春,将出民,里胥平旦坐于右塾,邻长坐于左塾,毕出然后归,夕亦如之。"①吕思勉曾结合颜师古的注解("门侧之堂曰塾,坐于门侧者,督促劝之,知其早晏防怠惰也")对这句话进行过如下分析:"一邑之中,有两个老年的人做领袖。这两个领袖,后世的人,用当时的名称称呼他,谓之父老、里正。古代的建筑,在街的两头都有门,谓之闾。闾的旁边,有两间屋子,谓之塾。当大家要出去种田的时候,天亮透了,父老和里正,开了闾门,一个坐在左塾里,一个坐在右塾里,监督着出去的人。出去得太晚了,或者晚上回来时,不带着薪樵以预备做晚饭,都是要被诘责的。"②由此可知,当时塾中的施教者是"父老""里正",是望重当时的有德之人。

成书于汉代的《尚书大传》中已出现以"师"来称呼塾中的施教者的记载,其卷二称:"大夫七十而致仕,老于乡里,名曰父师;士曰少师,以教乡人子弟

---

① (东汉)班固著,谢秉洪注评:《汉书》,南京:凤凰出版社,2011年,第83页。
② 吕思勉:《中国通史》,上海:上海古籍出版社,2009年,第72~73页。

于门塾之基,而教之学焉。"①该书不仅将塾中的施教者称为"师",还根据年龄大小做了"父师""少师"的区分。如前所述,汉代的书馆虽不以"塾"名之,但其性质实际上就是我们后来所说的私塾,其"师"也就是后世的塾师;王国维在描述汉代的教育状况时,称当时教授初学的地方为"书馆",其教授者为"书师"。

宋代,"塾师"之称已出现。《宋史·列女传》中就有"男有塾师,女有师氏,国有其官,家有其训"的记载。②此后,塾师逐渐成为一个专有名词,被用来指称塾馆中的施教者,这在明清时期的文献中多有记载。如明代毕自严在《石隐园藏稿》中提及其父年少时受其祖父之命,"入乡塾肄业,无何,先大夫厌薄塾师,复令从邑大儒张仪部松石先生游"。③归有光在称赞沈次谷所作《小学古事》一书时说:"次谷虽不仕,亦何愧于古之所谓可以为塾师者耶。"④方弘静在《吴处士传》中称歙县吴文彦"幼端愿异群儿,从塾师受书,至《不自弃文》三复不释义,当如是,塾师惊曰:'士诚贵躬行,孺子乃尔耶'"。⑤歙县沙溪人凌驯为族人凌世韶[崇祯七年(1634)进士]作传时称其"八岁去乡,塾师点对,群儿皆不能对,奔告公,公随口而出,若宿构然"。⑥清康熙年间歙县人施璜专门为乡村塾馆制定的《塾讲规约》及《塾讲事宜》中多次提及"塾师","今联塾讲不过乡党同志,或近地塾师,或远方朋友","盖同人多为塾师也,频

---

① 蒋纯焦:《一个阶层的消失——晚清以降塾师研究》,华东师范大学博士学位论文,2006年,第14页。
② 谭晓玲编著:《冲突与期许:元代女性社会角色与伦理观念的思考》,天津:南开大学出版社,2009年,第191页。
③ (明)毕自严:《石隐园藏稿》卷三《祖善人翁传》,见《景印文渊阁四库全书》第1293册,台北:台湾商务印书馆,1986年,第454页。
④ (明)归有光著,周本淳校点:《震川先生集》卷五《跋小学古事》,上海:上海古籍出版社,2007年,第119页。
⑤ (明)方弘静:《素园存稿》卷十三《吴处士传》,见《四库全书存目丛书·集部》第121册,济南:齐鲁书社,1997年,第238页。
⑥ (清)凌应秋撰,邵宝振校注:《沙溪集略》卷四《右传》,芜湖:安徽师范大学出版社,2018年,第111页。

会恐妨馆课,乘解馆之暇为讲期则不相碍",等等。① 《清史稿》的多篇传记中也出现"塾师"之称。如张鹏翼的传记中称:"塾师教以作文取科第,心疑之。"戴震的传记中称:"读书好深湛之思,少时塾师授以《说文》,三年尽得其节目。"刘开的传记则称:"以孤童牧牛,闻塾师诵书,窃听之,尽记其语。塾师留之学,而妻以女"。② 可见,明清时期"塾师"已成为私塾施教者的一种较为常见的称谓。

需要说明的是,《辞源》将"塾师"释为"家塾的教师"③,这是不全面的。因为宋代以来基础教育(包括村塾、乡塾、义塾、散馆、社学等)的从业者,均可被称为"塾师"。如明嘉靖年间撰修的祁门《王源谢氏孟宗谱》中载其族人谢显,"七岁入乡塾,即能解文义,同馆年长者敬之,约为忘年友,君则撰《全交赋》以见志,塾师惊异"。④ 这里的"塾师"无疑指的是乡塾中的教师。塾师也可以用来指称社学的从教者。如雍正年间《江西通志》卷六五记载,嘉靖时陈大伦创立社学,"命塾师教童子歌诗习礼,时行奖赏"。⑤ 可见,"塾师"并非仅指"家塾的教师",而应是对传统社会私家塾馆从业者的一种泛称。

(二)"塾师"的别称

根据教育层次的不同,传统私塾有蒙馆与经馆之分,塾师在称谓上也就有"蒙师"与"经师"之别。蒙师主要进行文字、句读、伦理礼仪等内容的教授,服务于日常生活的需要,并为受教者进一步求学奠定基础;经师则主要从事"四书""五经"等经学内容的教授,直接为受教者参加科举考试做准备。如明代冯从吾在《萧沈二先生传》中提及自己少年时所师事的萧九卿、沈豸两位先

---

① (清)施璜:《塾讲规约》,见《丛书集成续编》第62册,台北:新文丰出版公司,1988年,第466~474页。
② (民国)赵尔巽等撰:《清史稿》,长春:吉林人民出版社,1998年,第10001、10038、10194页。
③ 商务印书馆编辑部编:《辞源》(修订本),北京:商务印书馆,1988年,第338页。
④ 祁门《王源谢氏孟宗谱》卷十"谢一墩先生行略",明嘉靖丁酉年(1537)刻本。
⑤ 刘晓东:《明代的塾师与基层社会》,北京:商务印书馆,2010年,第9页。

生时说:"萧先生,吾启蒙师;沈先生,吾受经师也。"① 分别称萧、沈二人为"启蒙师"与"受经师"。蒙师因其所教授对象主要为年龄较小的儿童,故常被称作"童子师";因其讲授内容以文字、句读等为主,故又有"句读师"之称。如明代方承训在《复初集》中称歙县小溪人项元表的家族"世受童子师业。凡句读师,其多莫公族若。公族句读师业精且多生徒,又莫公若"。② 同为歙县小溪人的项化中"四五岁即从句读师受诗词,经目辄成诵,师大奇之"。③ 又如撰修于清乾隆年间的婺源《济溪游氏宗谱》中称其族人游三畏,"聪明负气,年十七,已为童子师"。④

塾师还有很多其他的别称。如在别人家坐馆,一般被称为"西席"(或"西宾")。因为在古人待客礼仪中,以西为尊,宾主相见,主坐于东而宾坐于西,塾师一旦受聘便成为主家的座上之宾,被尊称为"西席"。明代苏大(字景元)在《金德玹传》中称:休宁塾师金德玹博学善教,故"世家士族争为西席,子弟经其训诲,悉有礼度"。⑤ 清康熙年间婺源塾师吕则才德俱佳,工诗赋,精于楷书,被汪氏家族"登堂请谒,聘延西席,以课后学"。⑥ 因无官无位之塾师,多坐馆于世家故族,而青毡多用来指代士人故家旧物,所以塾师又被称为"青毡客""青毡生"。清代郭尧臣所著《捧腹集诗钞》中收录了《青毡生随口曲》,其中有"一岁修金十二千,节仪在内订从前"⑦之语,说的就是"青毡生"即塾师的束修薪俸问题。

---

① (明)冯从吾著,刘学智等点校:《冯从吾集》,西安:西北大学出版社,2015年,第342页。
② (明)方承训:《复初集》卷三十二《项处士传》,见《四库全书存目丛书·集部》第188册,济南:齐鲁书社,1997年,第200页。
③ (明)方承训:《复初集》卷三十三《项茂才传》,见《四库全书存目丛书·集部》第188册,济南:齐鲁书社,1997年,第208页。
④ 婺源《济溪游氏宗谱》卷二十二《人物》,乾隆丙戌年(1766)刻本。
⑤ (明)金德玹编:《新安文粹》卷十五《金德玹传》,见《四库全书存目丛书·集部》第292册,济南:齐鲁书社,1997年,第535页。
⑥ 婺源《婺源沣溪吕氏世谱》卷十五《月潭公传》,民国三十一年(1942)刊本。
⑦ 刘应争选编:《知堂小品》,西安:陕西人民出版社,1991年,第401页。

在民间社会,塾师还有"村学究""冬烘先生"等谑称,多用以嘲讽他们的迂腐浅陋。如宋人王晣在《道山清话》中就有"因步行田间,有村学究教授二三小儿,闲与之语,言皆无伦次"的记载。① 不仅如此,民间社会有时甚至将塾师列入木匠、砖匠、铁匠之属,称其为"学匠""教书匠"。如清初西周生的《醒世姻缘传》第十六回中就写道,晁夫人的父亲"也曾请了一个秀才教他儿子读书,却不晓的称呼什么先生,或叫什么师傅,同了别的匠人叫作'学匠'"。② 清人曾衍东在其所著《小豆棚》"陆修"条下的批语中称:"吾乡富甲某,忽欲延师课子。会当夏月,晒麦于场,雨骤来,诸佣工皆为之盖藏。富甲问曰:'教书匠何以不至?'师闻之,怒而去。"③塾师在传统社会属于士人阶层,这种将其等同于工匠的称呼,反映出明清时期商品经济的发展对人们思想的影响以及塾师作为士人阶层社会地位的下降。

三、徽州塾师:一个重要却被忽视的社会群体

徽州位于新安江上游,古称新安。宋宣和三年(1121)始称徽州。后一直沿用此名,历经宋、元、明、清四代,并保持着一府六县(徽州府下辖歙、黟、休宁、祁门、绩溪、婺源六县)的行政区划。

徽州原是山越人的栖息地,南宋罗愿在《新安志》的"风俗"篇中称:唐代以前,徽州"特多以材力保捍乡土为称",故"武劲之风"较盛。唐末黄巢起义,随着中原的故家大族为躲避战乱而入迁徽州,民风上"益向风雅",由重武转变为崇文。④ 宋朝建立后,尤其是宋室南渡之后,徽州的文化教育迅速发展起来。康熙年间的《徽州府志》称徽州唐以前"其文不少概见",后因设学兴

---

① (宋)王晣:《道山清话》,上海:商务印书馆,1939年,第16页。
② (清)西周生著,童万周校注:《醒世姻缘传》,郑州:中州古籍出版社,1997年,第151页。
③ (清)曾衍东著,徐正伦、陈铭选注:《小豆棚选注》,杭州:浙江古籍出版社,1986年,第221页。
④ (宋)罗愿等修纂:《新安志》,见《宋元方志丛刊》第8册,北京:中华书局,1990年,第7604页。

礼,"宋元以来,彬彬称为东南邹鲁"。①

明清时期,凭借着徽商在经济上的大力支持和宗族对子弟教育的高度重视,徽州的文化教育达到了空前繁荣的状态,家塾、族塾、义学、村馆等各类塾馆遍及乡野。明代休宁人赵汸在《商山书院学田记》中称:"新安自南迁后,人物之多、文学之盛,称于天下。当其时,自井邑田野,以至于远山深谷,居民之处,莫不有学有师,有书史之藏。"②明清时期任职于这些教育机构的塾师更是数量众多,甚至出现了其他地域未见的专门以塾师为职业的村落。在一片弦诵声中,作为传统启蒙教育实施者的徽州乡村塾师却由于种种原因被人们忽视;在如今的徽学研究界,相对于人们对徽商的关注,徽州塾师的研究则是一个较为冷寂的领域。

(一) 尊师重教的历史氛围中被忽视的塾师个体与塾师身份

唐代韩愈在《师说》中曾提出一个著名的命题:"师者,所以传道受业解惑也。"清代章学诚认为:韩文虽然对扭转当时"耻于相师"的社会风气有积极意义,但韩愈所论述的为师之道过于笼统,没有触及师道的本质。因此,他又作《师说》加以申述,并提出另一个著名的命题,即"师"有"可易之师"与"不可易之师"之分。章学诚提出:"可易之师"讲授的知识比较普通,换作别人也能讲授,弟子既可以向甲师学习,也可以向乙师学习,无关传道的宏旨。而"不可易之师"是指那些具有别识心裁的专家之师,对学习者来说,只有从其人受学,才能得到法外心传,非其人就不可能从他人之处得到心传。③ 章学诚关于师的可易性与不可易性的论述,有助于我们认识徽州传统塾师被忽视的历史境遇。下面做具体阐述。

自汉代设立经学博士以来,直至近代教育变革,中国读书人几乎是凭借同一类教材即以《四书》《五经》为代表的儒家典籍获取基本知识。即便旁通

---

① 丁廷楗、赵吉士修纂:《徽州府志》卷二《风俗》,康熙三十八年(1699)刊本,台北:成文出版社有限公司,1970年,第439页。
② 何应松、方崇鼎等修纂:《道光休宁县志》卷一《风俗》,道光三年(1823)刻本,南京:江苏古籍出版社,1998年,第42页。
③ (清)章学诚著,罗炳良译注:《文史通义》,北京:中华书局,2012年,第451～459页。

百家,转学佛道,最初也往往是从学习儒家经典开始。然后以儒学为根底,扩展至诗词歌赋、戏曲说唱乃至商贾俗事等。而"输送此教材予童蒙,代名儒大师疏解经注讲义予学子,转述前贤史迹掌故予乡民者,向来均必为村儒塾师担当"。① 也就是说,乡村塾师在儒家思想向处于中下层的民众传播过程中起着重要作用。陈来在《蒙学与世俗儒家伦理》一文中也认为,儒家伦理在世俗化的过程中,主要不是依靠儒学思想家们的著述去陈述的,而是由中下层儒者的童蒙教育实践以及他们编定的童蒙读物形成并发生影响的。②

崇文重教的徽州宗族普遍认识到子弟教育对宗宗、兴族意义重大。因为借此不仅可以培养精英通过科举入仕而光显门楣,荫庇族人,还可以通过教育的熏陶,培养子弟的气质,保持簪缨世家的气象。在徽州很多族谱家训中均列有"重师儒""尊师道""敬师长"等相关条例,要求族人尊师重教,称:"讲学明理,指引程途者,师之功也。"③可以说,宋元以来,徽州人文蔚起、名贤辈出,与人们对尊师重教风气的倡导密不可分。因此,从徽州社会的发展、传统儒家文化伦理的传承等角度来看,塾师这一群体在中下层社会的蒙学教育乃至民众教化中功勋卓著且影响深远,具有不可易性。

但对大多数塾师个体来说,学而优则仕,舌耕实为临时无奈之举,不过是"以教资读""以教资生",难以将全部精力放在精研教学上,塾师们大多只是按照陈规实施教学。语文教育家张志公认为:"宋代以下,传统语文教学的头绪很简单,一点都不复杂。一共干两件事:一是花大力气对付汉字,一是花大力气对付文章。"④读书人在入官学之前,识字、作文这两项任务主要由蒙馆、经馆分别承担。蒙馆以教授《三字经》《百家姓》《千字文》以及应付日常生活的杂字等为主要任务,以学生的读、背为主要教学方法。张倩仪在论及传统启蒙教育时称:"在集中识字的阶段,以教会儿童为主,至于每个字怎样讲,怎

---

① 王尔敏:《明清社会文化生态》,桂林:广西师范大学出版社,2009 年,第 57 页。
② 陈来:《中国近世思想史研究》,北京:商务印书馆,2003 年,第 409 页。
③ 歙县《新安槐塘程氏宗谱》卷十八《家规》,民国丙寅年(1926)刊本。
④ 张志公:《传统语文教育教材论——暨蒙学书目和书影》,上海:上海教育出版社,1992 年,第 150 页。

样用,要求很低。相沿成习,背书而不讲变成了遍及于传统中国的风气,不但不讲识字的书,连经书也不讲。"①读、背也就成了蒙馆教学的主要方法,"一阵乌鸦噪晚风,诸生齐逞好喉咙"是人们描述蒙馆教学场景最常引用的诗句。

在科举盛行的时代,经馆"举业化",教学目的是应付科举考试,教学内容主要是写作八股文与试帖诗等。而八股文、试帖诗均有严格的写作内容与形式的要求,所谓"八股文章试帖诗,宗朱颂圣有陈规"②。八股文明确要求"代圣人立言",其题目来自"四书",内容取材于"五经"及其注疏。不论读写,均需尊经守注,所以塾师们在教学过程中通过讲解发表个人见解的余地很小,似乎也没有必要,而主要以学生读、作为主。读过传统私塾的鲁迅曾描述这种教学方法:"从前教我们作文的先生,并不传授什么《马氏文通》《文章作法》之流,一天到晚,只是读,做,读,做;做得不好,又读,又做。他却决不说坏处在那里,作文要怎样。"塾师只是在文中进行圈点,文末批注"有书有笔,不蔓不枝"之类。鲁迅认为私塾中的文章写作是"一条暗胡同,一任你自己去摸索,走得通与否,大家听天由命"。③

可见,不论蒙馆还是经馆,塾师们教授的理论知识与教学方法大多是共知共能,可以通过语言文字来传授,所以不仅可以轻易获得,而且可以从不同的人那里获得。如章学诚所说:"讲习经传,旨无取于别裁;斧正文辞,义未见其独立;人所共知共能,彼偶得而教我;从甲不终,不妨去而就乙;甲不我告,乙亦可询。"④简言之,由于私塾的教学内容、教学方法等存在规定性与同一性,所以对于学习者来说,塾师个体大多数又具有可易性,即为"可易之师"。

只有少数塾师,他们研究精深,见解独到,有所发明,生徒们非亲炙不足以得其心传,堪称"不可易之师"。即如章学诚所称:"经师授受,章句训诂;史

---

① 张倩仪:《另一种童年的告别——消逝的人文世界最后回眸》,北京:商务印书馆,2001年,第44页。

② 陈寅恪:《陈寅恪集·诗集》,北京:生活·读书·新知三联书店,2001年,第78页。

③ 鲁迅:《鲁迅全集》第四卷《二心集·做古文和做好人的秘诀》,北京:人民出版社,2005年,第276页。

④ (清)章学诚著,罗炳良译注:《文史通义》,北京:中华书局,2012年,第454页。

学渊源,笔削义例,皆为道体所该。古人'书不尽言,言不尽意'。竹帛之外,别有心传,口耳转受,必明所自,不啻宗支谱系不可乱也。此则必从其人而后受,苟非其人,即已无所受也,是不可易之师也。学问专家,文章经世,其中疾徐、甘苦,可以意喻,不可言传。此亦至道所寓,必从其人而后受,不从其人,即已无所受也,是不可易之师也。"①也就是说,"不可易之师"是那些有着精深理论、独到方法的老师,而这些理论和方法往往又难以通过语言文字来传授,学生也难以通过语言文字来获得,只能在与老师的朝夕相处中去感受、领悟。宋元以来,徽州学术文化氛围浓厚,由新安理学而至皖派朴学,其间活跃着无数学者。在这些赫赫有名的大家中,有蛰居乡里、终身以授徒为业的塾师型学者,他们致力于学术的阐发与传承,以"不可易之师"的身份成就着"不可易之生"。如休宁理学家陈栎与其同为理学家的学生倪士毅、朱升;歙县著名学者曹泾与其学生、历史学家马端临;徽州经学家江永与其学生、思想家戴震及朴学家程瑶田;等等。

"可易之师"大多籍籍无名,既无文集、著作等文字材料传世,也无专门记载他们的材料留存。尽管他们在徽州教育尤其是蒙学教育的发展中功勋卓著,但无论是作为群体还是作为个体,他们始终面目模糊,不被人所关注。本研究试图通过对徽州族谱、方志、文集以及文书等各种文献中的相关记载的钩沉,使这些籍籍无名的塾师群体从历史的烟尘中浮现,让其面目变得相对清晰。

那些赫赫有名的"不可易之师",多为博学鸿儒,在儒家"立德、立功、立言"思想的影响下,他们大多留有论著、文集等传之后世。但是人们关注的多是他们塾师身份之外的学术思想、学术传承、历史功绩等,而较少关注其作为塾师的教学经历、行为以及教学成效等。以理学家陈栎为例,他终生蛰居乡间,以授徒为业,是一位学者型塾师。道光年间的《徽州府志》对其记载如下。

> 陈栎,字寿翁,徽之休宁人。栎生三岁,祖母吴氏口授《孝经》

---

① (清)章学诚著,罗炳良译注:《文史通义》,北京:中华书局,2012年,第453~454页。

《论语》,辄成诵。五岁入小学,即涉猎经史。七岁通进士业。十五岁乡人皆师之。宋亡,科举废,栎慨然发愤,致力于圣人之学,涵濡玩索,贯穿古今。尝以谓有功于圣门者,莫若朱子,朱子没未久,而诸家之说往往乱其本真,乃著《四书发明》《书传纂疏》《礼记集义》等书。凡诸儒之说,有畔于朱氏者,刊而去之;其微词隐义,则引而伸之;而其所未备者,复为说以补其阙。于是朱子之说大明于世。

延祐初,诏以科举取士。栎不欲就试,有司强之,试乡闱,中选,遂不复赴礼部。教授于家,不出门户者数十年。性孝友,尤刚正,日用之间,动中礼法。与人交,不以势合,不以利迁。善诱学者,谆谆不倦。临川吴澄尝称栎有功于朱氏为多,凡江东人来受业于澄者,尽遣而归栎。栎所居之堂曰定宇,学者因以定宇先生称之。元统二年卒。揭傒斯志其墓,乃与吴澄并称,曰:"澄居通都大邑,又数登用于朝,天下学者四面而归之,故其道远而章,尊而明;栎居万山间,与木石俱,而足迹未尝出乡里,故其学必待其书之行,天下乃能知之。及其行也,亦莫之御,是可谓豪杰之士矣。"世以为知言。①

除去生平经历,上述《徽州府志》对陈栎的记载重点在于他对朱子之学的阐发、纠偏以及学术上的贡献,关注的是作为理学家的陈栎,而非作为塾师的陈栎。对其作为塾师的记载,只有"教授于家,不出门户者数十年""善诱学者,谆谆不倦"等寥寥数语。康熙年间的《徽州府志》以及清代施璜等人所编的《紫阳书院志》等文献对陈栎的记载也大体如此。

但是,我们翻检陈栎的《定宇集》所录篇章、钩沉《新安学系录》等相关文献可知,陈栎自15岁出为塾师,先后坐馆于乡族、江潭叶氏、詹溪程氏、蘘口江恕斋氏、珰溪等地,直至83岁去世,以训蒙终其一生。陈栎以授徒为业,以塾师的身份进行朱子之学的研究与传播。为了让童蒙易于理解掌握朱子的

---

① 马步蟾等纂修:《道光徽州府志(二)》卷十一《人物志·儒林》,道光七年(1827)刊本,南京:江苏古籍出版社,1998年,第295页。

《四书集注》,他编写《论语训蒙口义》《中庸口义》等书,"施之初学者,俾为读《集注》阶梯"①。不仅如此,陈栎还结合自己为师的心得体会,写作《与子勋》一文,专门教导其子陈勋如何坐馆为师。陈栎的名弟子数量众多,如倪士毅、吴彬、朱升、陈光、叶大有等人。这些弟子承传了陈栎的学术思想,成为理学大儒,他们中的一些人也设馆授徒,承传着其为师之道,如倪士毅、朱升等。不过,在《徽州府志》等文献所收录的陈栎传记中,人们关注的是作为理学家的陈栎,而非作为塾师的陈栎。

像陈栎这类学者型塾师在明清时期的徽州有很多,如汪克宽、范准、金德玹、谢显、江永、汪绂等,他们的学术声名往往遮蔽了其塾师的身份。因此,本研究在关注他们学术思想的基础上,重点将从塾师的角度,探讨其教学思想行为、师道的传承以及职业生活等。

(二)作为地域显学的徽学研究中鲜有徽州塾师的专题研究

徽学研究作为地域文化研究的一种,兴起于20世纪50年代。从70年代末期开始,随着叶显恩、章有义、栾成显、周绍泉等人利用徽州文书研究徽州土地关系、租佃关系以及赋役制度的系列成果问世,徽学逐渐发展为一门学科,受到学术界的重视。近年来,徽学研究更是成为热点,成为国内三大地域显学(敦煌学、藏学、徽学)之一。

数年来研究徽州文化教育的成果十分丰硕,研究塾师的成果也有一定数量,但是缺乏系统深入的徽州塾师专题研究。徽州塾师的研究现状呈现出如下特点。

一方面,有关徽州文化教育的研究多关注徽商经济、徽州宗族与徽州教育的互动等,而很少关注塾师。

明清时期徽州既是十室九商的商贾之邦,也是人文蔚起、科举兴盛的宗族社会,其宗族、科举与教育之间的关系带有范本意义,故易引发人们的关注,相关研究论文、著作数量颇为可观。但是这类研究集中于宗族对子弟教

---

① (元)陈栎:《定宇集》卷一《论语训蒙口义自序》,见《景印文渊阁四库全书》第1205册,台北:台湾商务印书馆,1982年,第159页。

育的重视、财力雄厚的徽商对教育的支持、书院文会在科举教育中的功能作用、科举与宗族的关系等,而较少关注作为传统私塾教育的组织者、实施者——塾师这个特殊群体,其研究比较薄弱。

南宋以来,随着程朱理学正统地位的确立,徽州地区出现了一大批"笃志朱子之学"的名儒硕士,形成颇具影响的新安理学派别。这些理学家除悉心探究朱子之学,还热心蒙学教育,纷纷开馆授徒,以此作为宣传朱子之学、扩大自身影响的手段,可被称为塾师型学者,如陈栎、倪士毅、胡炳文、朱升、汪克宽、汪绂等。他们既是学术大家,也是教授乡里的塾师。但在当前的徽学研究中,研究者们关注的多是他们的学术思想、学术成就。如关于休宁陈栎,目前的研究论文主要有苏惠慧的《论元代新安理学家陈栎》[1]、刘成群等人的《元儒陈栎的〈尚书〉学思想》[2]、杨芳的《陈栎〈书集传纂疏〉研究》[3]等。这些论文关注的均是作为理学家的陈栎,而鲜少关注其塾师生涯。又如关于婺源汪绂,目前的研究论文主要有倪清华的《汪绂及其学术地位考辨》[4]、张志娟的《清代汪绂〈山海经存〉简论》[5]、谢模楷的《汪绂〈诗经诠义〉之文学阐释论》[6]、姚思敏的《汪绂〈山海经存〉的图画特征和意义》[7]、许璐、孙远的《徽州朴学家汪绂教育思想研究》[8]、王献松的《朱子学的干城:汪绂研究的现状与

---

[1] 苏惠慧:《论元代新安理学家陈栎》,载《安徽师范大学学报(人文社会科学版)》,2005年第3期。

[2] 刘成群、鲍桐颐:《元儒陈栎的〈尚书〉学思想》,载《宝鸡文理学院学报(社会科学版)》,2008年第6期。

[3] 杨芳:《陈栎〈书集传纂疏〉研究》,重庆师范大学硕士学位论文,2016年。

[4] 倪清华:《汪绂及其学术地位考辨》,载《黄山学院学报》,2011年第4期。

[5] 张志娟:《清代汪绂〈山海经存〉简论》,载《文化遗产》,2013年第3期。

[6] 谢模楷:《汪绂〈诗经诠义〉之文学阐释论》,载《河北师范大学学报(哲学社会科学版)》,2016年第1期。

[7] 姚思敏:《汪绂〈山海经存〉的图画特征和意义》,载《黄冈师范学院学报》,2017年第5期。

[8] 许璐、孙远:《徽州朴学家汪绂教育思想研究》,载《西安文理学院学报(社会科学版)》,2017年第3期。

反思》①,李超的《被汉学遮蔽的一代朱子学者汪绂》②,等等。而根据清代余龙光的《双池先生年谱》可知,汪绂自24岁坐馆乐平石氏始,直至68岁去世前三个月仍在休宁蓝渡坐馆,终其一生,汪绂过着"岁暮归里,春赴馆"的塾师生活,是一位典型的塾师型学者。③ 但人们对汪绂的研究仍主要集中在学术思想与成就上,少有学者关注其作为塾师的这一教育者身份。

李琳琦可能是最早关注徽州塾师的研究者,其单篇论文《宋元时期徽州的蒙养教育述论》《明清徽州的蒙养教育述论》④与稍后出版的著作《徽州教育》⑤,从整体上论述了宋元及以后的徽州理学名儒陈栎、胡炳文等人热心训蒙,在教学过程中编写了大量的童蒙教材,形成区域特色;对明清时期徽州塾学的层次、数量与塾师的需求等进行了研究。不过,李琳琦论述的着眼点是包括蒙学教育在内的徽州教育,并未将塾师作为观照的主体。张世龙的硕士学位论文《明清徽州的塾师》⑥,首次将塾师作为研究主体,探讨了明清徽州塾师的教学活动、社会生活等,但因其受所见文献较少等客观条件的限制,论文内容较为简略,有待将塾师作为专题进行系统、深入的研究。

随着徽州文书等各类文献的搜集整理、影印出版,徽州塾师近年来也引起过一些研究者的关注。刘伯山的《清代徽州塾师的束脩——以〈徽州文书〉第二辑资料为中心》《晚清徽州乡村塾学教育的实态——以黟县宏村万氏塾学为中心》⑦均是以《黟县十都宏村万氏文书》中一位万氏塾师所记的《门人

---

① 王献松:《朱子学的干城:汪绂研究的现状与反思》,载《合肥学院学报(综合版)》,2018年第4期。
② 李超:《被汉学遮蔽的一代朱子学者汪绂》,载《史林》,2018年第6期。
③ 薛贞芳主编:《清代徽人年谱合刊》,合肥:黄山书社,2006年,第123~246页。
④ 李琳琦:《宋元时期徽州的蒙养教育述论》,载《安徽史学》,2001年第1期;《明清徽州的蒙养教育述论》,载《安徽师范大学学报(人文社会科学版)》,2000年第3期。
⑤ 李琳琦:《徽州教育》,合肥:安徽人民出版社,2005年,第18~106页。
⑥ 张世龙:《明清徽州的塾师》,安徽师范大学硕士学位论文,2007年。
⑦ 刘伯山:《清代徽州塾师的束脩——以〈徽州文书〉第二辑资料为中心》,载《安徽大学学报(哲学社会科学版)》,2008年第1期;《晚清徽州乡村塾学教育的实态——以黟县宏村万氏塾学为中心》,载《安徽大学学报(哲学社会科学版)》,2013年第6期。

姓名附录典故》为中心,分别考察了这位塾师自同治三年(1864)至同治八年(1869)共五年的束脩收入情况、学生入塾与在塾时间、教学内容、教学方法等。王振忠的《排日账所见清末徽州农村的日常生活——以婺源〈龙源欧阳起瑛家用账簿〉抄本为中心》①以婺源塾师欧阳起瑛四年所记排日账为中心,考察了这位增贡生的日常生活。王玉坤的《清末徽州塾师胡廷卿的乡居生活考察——以〈祁门胡廷卿家用收支账簿〉为中心》②、董乾坤的《晚清徽州乡村塾师的土地经营——以"胡廷卿的账簿"为核心》③等均以祁门塾师胡廷卿30余年所记录的家用收支账簿为中心,考察胡廷卿的包括束脩在内的家庭经济、社会活动、土地经营等,再现晚清时期徽州塾师的生存实态。这些个案研究对了解明清徽州塾师的社会生活、经济生活具有重要价值,但对徽州塾师极具地域特色的教育教学活动等方面的研究涉及较少,可以再深入。在资料的搜集、整理过程中,我们还发现了一批极为珍稀的徽州塾师资料,如《舌耕录》《坐馆经文》等手抄本和族谱、方志、文集中的塾师传记以及相当数量的由徽州塾师编写、使用的私塾课本等,值得对此问题做进一步研究。

另一方面,徽州被誉为"文献之邦",各类文献遗存丰富,人们在研究古代塾师时,偶尔也提及徽州塾师,但缺乏专题研究。

近年来,史学家主张"目光向下",关注历史上的小人物。一些教育史研究者开始关注作为底层士人代表的古代塾师。目前,研究塾师的专著有刘晓东的《明代的塾师与基层社会》④、蒋纯焦的《一个阶层的消失:晚清以降塾师研究》⑤、蒋威的《清代江南乡村塾师与地方社会》⑥等。代表性论文主要有刘

---

① 王振忠:《排日账所见清末徽州农村的日常生活——以婺源〈龙源欧阳起瑛家用账簿〉抄本为中心》,载《中国社会历史评论》,2012年第13卷。
② 王玉坤:《清末徽州塾师胡廷卿的乡居生活考察——以〈祁门胡廷卿家用收支账簿〉为中心》,载《贵州师范学院学报》,2015年第5期。
③ 董乾坤:《晚清徽州乡村塾师的土地经营——以"胡廷卿的账簿"为核心》,载《安徽大学学报(哲学社会科学版)》,2019年第3期。
④ 刘晓东:《明代的塾师与基层社会》,北京:商务印书馆,2010年。
⑤ 蒋纯焦:《一个阶层的消失:晚清以降塾师研究》,上海:上海书店出版社,2007年。
⑥ 蒋威:《清代江南乡村塾师与地方社会》,北京:中国社会科学出版社,2019年。

云杉的《帝国权力实践下的教师生命形态:一个私塾教师的生活史研究》[1]、徐梓的《传统学塾中塾师的辛酸苦痛》[2]、郝锦花的《20世纪二三十年代乡村塾师的收入》[3]、申国昌的《明清塾师的日常生活与教学活动》[4]、姚蓉的《论清代文士的塾师生活与底层写作——以蒲松龄为例》[5]、丁钢的《村童与塾师:一种风俗画的教育诠释》[6]、田正平的《鸦片战争前后一位乡村塾师的生活世界——〈管庭芬日记〉阅读札记》[7]等。这些论著对明清时期塾师的任职资格、坐馆生活、经济生活、日常交往、创作等方面进行了较为深入的研究,其中一些也提及明清时期徽州的塾师,如刘晓东的《明代的塾师与基层社会》就以《徽州府志》的记载来说明塾师与地方政府的关系等。但这些研究多关注某一时期塾师的共性,而较少关注具体区域塾师教育教学、经济生活、社会交往等方面的特点。

综上所述,尽管徽州塾师在徽州文化的传承与发展、在徽州教育尤其是蒙学教育的兴盛中做出了不可磨灭的贡献,但由于种种原因,他们或他们的塾师身份被湮没在历史的尘埃中,成为一个不被关注的社会群体。而在当前的学术研究中,尽管有关徽州塾师的文献留存丰富,但缺少系统的整理与全面深入的专题研究。鉴于此,本研究试以明清时期徽州塾师为观照对象,结合族谱、方志、文集以及留存的文书等众多文献,对徽州塾师进行专题研究。

---

[1] 刘云杉:《帝国权力实践下的教师生命形态:一个私塾教师的生活史研究》,见丁钢主编:《中国教育:研究与评论》(第3辑),北京:高等教育出版社,2002年。
[2] 徐梓:《传统学塾中塾师的辛酸苦痛》,载《中国典籍与文化》,2004年第4期。
[3] 郝锦花:《20世纪二三十年代乡村塾师的收入》,载《福建论坛(人义社会科学版)》,2005年第8期。
[4] 申国昌:《明清塾师的日常生活与教学活动》,载《教育研究》,2012年第6期。
[5] 姚蓉:《论清代文士的塾师生活与底层写作——以蒲松龄为例》,载《上海大学学报(社会科学版)》,2012年第2期。
[6] 丁钢:《村童与塾师:一种风俗画的教育诠释》,载《社会科学战线》,2015年第2期。
[7] 田正平:《鸦片战争前后一位乡村塾师的生活世界——〈管庭芬日记〉阅读札记》,载《社会科学战线》,2019年第2期。

第一章　明清徽州塾师群体兴盛的原因

明清时期的徽州,不仅因善于经营的徽商扬名海内,而且以文化繁荣、教育兴盛著称于世。家塾、族塾、义学、村馆等遍及徽州乡野,户诵家弦。方志称:"十家之村,不废诵读。"①"自井邑田野以至于远山深谷,居民之处,莫不有学有师。"②可以说,明清时期的徽州,无论是塾馆的普及程度,还是塾馆类型的齐全程度,都大大超过了前代。任职于这些教育机构的塾师更是数量众多,明代歙县甚至出现了其他地域未见的"塾师专业村"。③ 同治年间的徽州抄本《坐馆经文·坐馆黄莺儿》对当时庞大的塾师阶层进行过这样的描

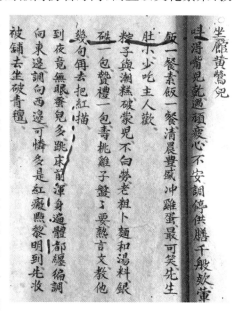

同治甲戌年抄本《坐馆经文·坐馆黄莺儿》

---

① 葛韵芬、江峰青等修纂:《民国重修婺源县志》卷四《风俗》,民国刊本,南京:江苏古籍出版社,1996年,第113页。
② 何应松、方崇鼎等修纂:《道光休宁县志》卷一《风俗》,道光三年(1823)刻本,南京:江苏古籍出版社,1998年,第42页。
③ 李琳琦:《徽州教育》,合肥:安徽人民出版社,2005年,第106页。

绘:"到处是先生,去坐馆,遍寻文,牌地驼出沿门问。"①在清末废科举、兴学堂之时,徽州仅歙县一地就聚集了千余名塾师。② 明清时期,徽州出现如此庞大的从事私塾教育的塾师群体,既与徽州教育的兴盛直接相关,也与徽商经济的支持、科举制度的发展等因素密不可分。

一、基础教育普及:塾师群体活动空间的多样化

(一)国家文教政策对社学、义学的倡导

传统社会中作为主流思想的儒家一向倡导伦理教化,宣称:"君子如欲化民成俗,其必由学乎。"③学校教育是施行以教化治国理念的重要方式。明太祖朱元璋认为:"治天下当先其重其急,而后及其轻且缓者。今天下初定,所急者衣食,所重者教化。衣食给而民生遂,教化行而习俗美。足衣食者在于劝农,明教化者在于兴学校。"④因此,明朝自建国之初就确立了"治国以教化为先,教化以学校为本"的文教政策。随后,全国大兴各级学校。洪武二年(1369)三月,诏改应天府学为国子学,并增筑国子学舍;同年十月颁布《命郡县立学校诏》,称:"今虽内设国子监,恐不足以尽延天下俊秀。其令天下郡县并建学校,以作养士类。"⑤

在国家文教政策的倡导下,明清徽州地方官学代有重修、扩建之举。李琳琦曾根据《徽州府志》记载做过统计,从明洪武初年至清嘉庆年间,徽州府学较大规模的重修和扩建约有20次,婺源县学47次、歙县县学19次、休宁

---

① 佚名:《坐馆经文》,同治甲戌年(1874)抄本,2013年7月4日从屯溪老街一书商处购得,作者自藏。内容包括《蒙师无不歌》《蒙馆赋》《坐馆先生文》《冬烘叹》《叹馆诗百首》等篇目。说明:后文中引用《坐馆经文》的内容时不再一一注明文献出处。

② (清)刘汝骥编撰,梁仁志校注:《陶甓公牍》,芜湖:安徽师范大学出版社,2018年,第89页。

③ 孟承宪选编,孙培青注释:《中国古代教育文选·学记》,北京:人民教育出版社,1985年,第97页。

④ 孙培青主编:《中国教育史》,上海:华东师范大学出版社,2000年,第231页。

⑤ 顾明远主编:《中国教育大系·历代教育制度考(二)》,武汉:湖北教育出版社,2015年,第1058页。

县学 45 次、祁门县学 24 次、黟县县学 19 次、绩溪县学 27 次。① 正是由于不断地重修、扩建,明清时期的徽州官学虽间有衰败之象,但在多数时候都保持着宏伟壮丽、美轮美奂的景象。

明朝政府在兴办国子学和府学、州学、县学的同时,又于洪武八年(1375)仿元制在城镇乡村建立社学,"今京师及郡县皆有学,而乡社之民未睹教化,宜令有司更置社学,延师儒,以教民间子弟,庶可导民善俗也"。② 于是全国各地纷纷设立社学,以教民间子弟。据弘治《徽州府志》"本府儒学·社学"条记载,"洪武八年取勘六县,共三百九十四所",并在徽州府所辖六县儒学介绍中详载了各县社学的具体数目。其中歙县 112 所、休宁县 140 所、婺源县 140 所、祁门县 27 所、黟县 13 所、绩溪县 30 所。六县共设立社学 462 所,实际上比府志开篇所说的 394 所的总数还要多出 68 所。这些社学多设置在"邑之坊都,居民辏集之处"。③

虽然受洪武十三年(1380)停办社学令的影响,社学一度中断,但其后又得以复兴。弘治《徽州府志》"本府儒学·社学"条中明确记载:"天顺七年以后,臣僚建言兴复(社学),往往属提督学校御史带管。""婺源县儒学·社学"条下记载:"成化三年,知县韩俨修举;弘治三年,知县方溥重立";"绩溪县儒学·社学"条下亦记载:"成化丁亥,提学御史陈选令知县窦道原重修,在坊都。"④

成化以后,徽州府的社学得到较大发展,一些村镇均设立了社学。如嘉靖五年(1526)四月,歙县知县孟镇、县丞刘逊等人在江村勒石申明:"遵照洪武礼制,每里建立里社坛场一所。"并指出:"乡社既定,然后立社学,设教读以

---

① 李琳琦:《徽州教育》,合肥:安徽人民出版社,2005 年,第 56 页。
② 顾明远主编:《中国教育大系·历代教育制度考(二)》,武汉:湖北教育出版社,2015 年,第 1058 页。
③ (明)彭泽、汪舜民纂修:《(弘治)徽州府志》卷五《学校》,明弘治刻本,见《四库全书存目丛书·史部》第 180 册,济南:齐鲁书社,1996 年,第 735~747 页。
④ (明)彭泽、汪舜民纂修:《(弘治)徽州府志》卷五《学校》,明弘治刻本,见《四库全书存目丛书·史部》第 180 册,济南:齐鲁书社,1996 年,第 735~747 页。

训童蒙；建社仓，积粟谷以备凶荒。而古人教养之良法美意率于此寓焉。"①同年二月，黟县知县林文炳也在际村立下同样的碑文。嘉靖间，四岁的休宁人程策，因年龄太小，"欲从兄入里社学，父禁之"。②嘉靖三十一年（1552）纂修的祁门《新安左田黄氏正宗谱》中收录一首《社学春风》诗，其下注曰："所居之前建学立师，以养蒙稚，犹春风化育，故名曰社学春风。"③可见，当时徽州社学的确相当普遍。

尽管设立社学取得的效果不尽如人意，甚至在洪武十三年（1380）一度下令停办[后又于洪武十六年（1383）恢复]，但作为一种办学形式被清朝承继。清朝中央集权建立后，就曾积极推进社学政策，如顺治九年（1652）明令"每乡置社学一区，择其文义通晓、行宜谨厚者，补充社师，免其差役，量给廪饩养赡"。④明确要求每乡设立一所社学，并谨慎选择社学教师。雍正元年（1723）再次强调，因为州学、县学多在城市，离乡民居住的地方遥远，故而"照顺治九年例，州县于大乡巨堡各置社学"。⑤为推动社学的发展，还提出凡在社学中学习成绩优秀的，经考试可以升入府学、州学、县学为学生；而府学、州学、县学的学生学习成绩不佳，要被退回到社学中去，即所谓"发社"。清代徽州社学规模虽未恢复到明初的规模，但仍有一定数量的存在。以休宁县为例，据《休宁县志》载，康熙年间该县设立社学 6 所，分布在阳村、石岭、珰溪、首村、汪溪、瀛溪；⑥雍正二年（1724），"设社学五区：本城在中街、东乡在溪阳、西乡在演口、南乡在五城、北乡在洽舍"。⑦

---

① （清）江登云辑，江绍莲续编，康健校注：《橙阳散志》，芜湖：安徽师范大学出版社，2018 年，第 162 页。
② 李琳琦：《徽州教育》，合肥：安徽人民出版社，2005 年，第 101 页。
③ 祁门《新安左田黄氏正宗谱》卷十《左田八景诗》，嘉靖三十一年（1552）刻本。
④ 璩鑫圭主编：《鸦片战争时期教育》，上海：上海教育出版社，2007 年，第 321 页。
⑤ 璩鑫圭主编：《鸦片战争时期教育》，上海：上海教育出版社，2007 年，第 322 页。
⑥ 廖腾煃、汪晋征等修纂：《休宁县志》卷二《建置·学校》，康熙三十二年（1693）刊本，台北：成文出版社有限公司，1970 年，第 273 页。
⑦ 何应松辑，方崇鼎等修纂：《道光休宁县志》卷三《学校·社学》，道光三年（1823）刻本，南京：江苏古籍出版社，1998 年，第 73 页。

义学,又称"义塾",是免收束脩并提供膏火之费的教育机构,用以教授贫寒之家无力从师的子弟。早在宋代已有"义学"的名称,但一般以本族孤寒子弟为教育对象。清代,这种原本由民间创办的"义学"得到了统治者的倡导和推行。如康熙五十二年(1713),"议准:各省、府、州、县令多立义学,延请名师,聚集孤寒生童,励志读书"。雍正元年(1723),"谕:各直省现任官员自立生祠,令改为义学,延师授徒,以广文教"。①

据道光年间《徽州府志》卷三《学校》记载:歙县,清初设有"义学三:城内一、南乡一、北乡一,岁给膏火银三十六两,敦请义学师,酒席银二两九钱八分三厘";婺源县,"遗安义学在环溪松山";黟县,"康熙二十二年于迎霭门外建义学,先是城南有义学,至是移建焉;乾隆时,桂林程氏置义屋一所于县治西";绩溪县,"康熙五十二年知县雷恒建设(义学)于城西,至雍正间知县王启源犹奉行未废"。②

在国家文教政策的倡导和徽商经济的推动下,明清时期徽州民间创办的义学更是蓬勃发展,遍布城乡各地。翻检明清徽州的方志、族谱、文集可知,那些以"尚义""义行"等为主题的传记中的传主们,大多有"立义学""设义塾"之举。如康熙年间《徽州府志》中就记载明代歙县人罗元孙"尝构屋数十楹,买田百亩以设义塾";休宁人吴继良,"尝构义屋数百楹,买义田百亩,建明善书院,设义塾"。③ 嘉庆十七年(1812)的《黟县志》中记载黟县宏村人汪廷兴,"尝捐白金三百立义学"。④ 绩溪《西关章氏族谱》也记载族人章必春,"大性诚朴,喜行义,悯族中有贫而失学者,假仁聚堂开设义馆,延诸生周君召南教

---

① 璩鑫圭编:《鸦片战争时期教育》,上海:上海教育出版社,2007年,第322页。
② 马步蟾等纂修:《道光徽州府志(一)》卷三《营建志·学校》,道光七年(1827)刊本,南京:江苏古籍出版社,1998年,第223~247页。
③ 丁廷楗、赵吉士修纂:《徽州府志》卷一五《人物志·尚义传》,康熙三十八年(1699)刊本,台北:成文出版社有限公司,1970年,第2041页。
④ 吴甸华等修纂:《嘉庆黟县志》卷七《人物·尚义》,道光五年(1825)刻本,南京:江苏古籍出版社,1998年,第229页。

授其间"。①

在"十里无余姓,田庐成一村"的徽州,整个宗族、村庄集体创建的义学也所在多有,如民国年间《重修婺源县志》卷六《学校》中记载的芳溪义学、碧溪义学就是如此。芳溪义学在婺源南乡三十四都,由潘梦庚、潘常采、潘常栈、潘大镛等创办,"太白潘姓合族捐输田租,岁贴束脩考费"。碧溪义学,位于婺源南乡二十五都坑口,"咸丰八年,方龙藻、方彬、欧阳阆峰、方邦杰、方锡芬等创始,及合村捐建,并置田租津贴束脩"。②甚至一些宗族将义学的兴办列入"家训"中,如歙县《潭渡孝里黄氏族谱》在"家训"中就规定:"子姓十五以上、资质颖敏、苦志读书者,应加奖励,量佐其笔札膏火之费。另设义学,以教宗党贫乏子弟。"③又如乾隆年间《新安大呈村程氏支谱·卷下》在《公捐祠规条禁》中称:"设立义学。凡年当肄业者,力量不及,准赴义学读书。其脩金供膳,但系祠内支应。"④设义学供族内贫寒子弟读书,义学塾师的束脩膳食费用均由宗祠承担。

明清时期中央政府对社学、义学的倡导与兴建,使得圣人之教遍及乡野,基础教育得以普及,正如《明史》卷六十九《选举制》所称:"盖无地而不设之学,无人而不纳之教,庠声序音,重规叠矩,无间于下邑荒徼,山陬海涯。"⑤所载虽有溢美之嫌,但至少说明了当时各类教育高度发展的情况。基础教育的发展就会吁求更多读书人从事教授活动,塾师队伍自然就进一步壮大。

(二)徽州宗族对蒙学教育的重视,使得家塾、族塾等私塾教育形式蓬勃发展

徽州宗族大多来自中原的儒学世家或显宦之第,具有深厚的儒家文化渊源,十分重视族内子弟的教育,甚至认为:"诗礼传家,斯称望族;市贩之子,目

---

① 绩溪《西关章氏族谱》卷二十四《家传》,道光二十九年(1849)刊本。
② 葛韵芬、江峰青等修纂:《民国重修婺源县志》卷六《学校》,民国十四年(1925)刻本,南京:江苏古籍出版社,1996年,第135页。
③ 歙县《潭渡孝里黄氏族谱》卷四《祖训家规》,雍正九年(1731)木刻本。
④ 卞利编著:《明清徽州族规家法选编》,合肥:黄山书社,2014年,第392页。
⑤ 陈青之:《中国教育史》,上海:上海书店出版社,2013年,第294页。

不识丁。教子弟者务在敦读书,多读得一句有一句好处,多读得一字有一字好处。"①重视子弟读书更是亢宗兴族的重要方式。如绩溪东关冯氏家族的"祖训"中就明确指出:"一族之中,文教大兴,便是兴旺气象。古来经济文章,无不从读书中出。草野有英才,即以储异日从政服官之选,其足以为前人光、遗后人休者。"歙县钱氏宗族《家训》在"敦诗书"条中强调:"世家大族,家声门第之所以重者,在诗书也。惟诗书上之可以取功名,荣宗耀祖;次之博通古今,明理达义,发为文章著述,亦可以传世;更不然,即教授乡里,陶冶童蒙,以笔代耕为食,不致堕为匪类,荡为下流。故人家虽贫,切不可废诗书。"进而要求族人们不惜隆礼重贽,延请名师,培养"读书种子",以"振家声而光大门闾"。②

蒙学教育作为基础教育,具有多重功能:一是为以科举入仕为目标的更高层次的精英教育奠定基础;二是为个体未来的职业选择提供基本的知识结构和背景;三是通过教育的熏陶,使子弟变化气质,讲明礼义,以成就为人之道,从而保持诗书簪缨之族的气象。因为在徽州人看来,"人不读书,则鲜礼义以养其心,粗野成习,于坐作揖让之间手足无所措,甚至放僻邪侈、为奸为盗者胥此也"。③万历年间的歙县谢氏家族在家规中也指出:"人家子弟,性资凶犷,礼貌粗俗,皆因不读书之故。宜延明师以教,端其性习,训其礼节。有志者,讲通义理,作诗、作文以取功名。不及者,亦要稍知文墨,不失为士人。"④因此,明清徽州宗族尤为重视以诗书传家,强调族内子弟的教育。

首先,在族谱家训中反复宣传和强调蒙学教育的重要性。如绩溪许氏《南关惇叙堂宗谱》在《家训》中强调:"子弟七岁以上则入小学,从师读书习礼,收其放心,养其德性,使知孝弟忠信、礼义廉耻之事。其聪明者使之业儒,其于有成以光大门闾;其庸下者亦教之以农工商贾,各事生业。"⑤歙县罗氏

---

① 婺源《吴兴姚氏宗谱》卷首《云龙公家训》,同治九年(1870)刊本。
② 卞利编著:《明清徽州族规家法选编》,合肥:黄山书社,2014年,第75、41页。
③ 李琳琦:《徽州教育》,合肥:安徽人民出版社,2005年,第210页。
④ 卞利编著:《明清徽州族规家法选编》,合肥:黄山书社,2014年,第124页。
⑤ 绩溪《南关惇叙堂宗谱》卷八《家训》,光绪壬午年(1882)刊本。

宗族在"祖训"中指出:"子以传后,为子者不可不教以义方。幼稚即要择师,端其蒙养。有资者策励以玉成之,即庸常亦要训其识字,或货殖田亩,使各执一艺。"①《新安柯氏宗谱》在《规训·端教育》中明确指出"教育之基,首在蒙养",倡导宗族子弟的普及教育,即使到了民国十四年(1925)重修宗谱时,仍在"规训"中强调"族中子弟六七岁后当令其入学校,最低限度亦当毕业初级小学。不可因循怠玩,违者罚其家长"。②休宁《程氏族谱》在《规训·训子孙》中也指出:"子孙之贤,在早施教谕。……吾族父兄于子弟幼时,无论家之有余不足,早就教读,端蒙养,习礼节。闲以孝弟仁爱之道,阴消其滋肆淫荡之念,再观敏钝何如,可读则读,不可读则耕,或技艺商贾,各守一业。不可听其闲散游惰,以流于不肖也。"③可以说,徽州各宗族倡导的是一种普及教育,宗族子弟不论贫富、贤愚,均要接受三五年的启蒙教育,这在某种程度上促进了徽州教育的繁荣。

其次,因为供子弟读书是一种耗费较大的文化投资,宗族在鼓励、倡导子弟读书仕宦的同时,采用多种措施予以保障。很多宗族设立学田作为专项资金,为贫困子弟接受基础普及性教育或参加科举考试提供经济援助。黟县《鹤山李氏宗谱》在卷末的《家典》中就专列《置学田议》,提出要"教育一族之人才,自宜创立学田,垂之永久,使世世子孙有所凭借而为善",并详尽地阐述了设置学田的重要意义:

> 族之兴也,必有贤子孙为之纲纪。子孙之贤,必先纳之党塾之中,俾读圣贤之书,明义理之归,授之成法,宽之岁月,涵育熏陶,而后人才有所成就。然方其入学也,有修[脩]脯执贽之仪,有礼傅膳供之费。及其长而能文也,则有笔札之资、图籍之用、膏火之需;其出而应试也,则有行李往来之供;其从师访友也,则有旦夕薪水之给、朋友庆吊酬酢之情。故欲教之使之有所成就,尤必先有以资其

---

① 赵华富:《徽州宗族研究》,合肥:安徽大学出版社,2004年,第559页。
② 歙县《新安柯氏宗谱》卷二十四《规训》,民国十四年(1925)刊本。
③ 休宁《程氏族谱》卷首《规训》,道光癸巳年(1833)刊本。

养,使之有所借赖而卒其业。是故得所养则所谓修[脩]脯执贽、礼傅膳供、笔札膏火、行李往来、旦夕薪水、庆吊酬酢之费,皆有所出。其暴弃者不足道,有志之士则莫不诗书风雅,大之观光上国,作宾王家;次亦侧身庠序,不失为识理之君子,不得所养则费无所出。其昏愚者不足论,聪明才俊之子,埋没于贫窭之中者,不知凡几矣。即有一二自好者流,饥寒迫其中,衣食乱其性,谋道之心不敌谋生之念,则往往辍其好修之志。及无聊不平,则易他途以自营其衣食者,又不知凡几矣。如是而犹望贤子孙以光先德,此不易得之数也。①

在鹤山李氏看来,上述名目繁多的教育费用对振兴宗族教育、造就科举仕宦人才十分必要。

还有一些宗族则利用祠租、宗亲援助家贫而聪颖者等方式来鼓励、扶持子弟读书进学。如绩溪许氏《南关惇叙堂宗谱》的《家政》中就列有"助学之用"的条款,强调:"族中子弟读书三五年,如果天资高妙与天资平等而志大心专者,其家贫无力,则祠董于祀租每年拨助学资;如祠租无余,则于上户亲房劝其扶助,中举则偿其本。"② 歙县潭渡孝里黄氏宗族规定:"子姓十五以上资质颖敏、苦志读书者,众加奖劝,量佐其笔札膏火之费。"③"宗祠钱粮丰裕之日,酌助本族贫生赴试卷资。"④ 宗族中一些尚义之士,为帮助族中贫寒

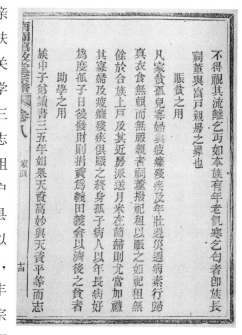

绩溪许氏《南关惇叙堂宗谱·家政》

---

① 黟县《鹤山李氏宗谱》卷末《家典·置学田议》,民国六年(1917)刊本。
② 绩溪《南关惇叙堂宗谱》卷八《家政》,光绪壬午年(1882)刊本。
③ 歙县《潭渡孝里黄氏族谱》卷四《家训·亲睦》,雍正九年(1731)木刻本。
④ 歙县《潭渡孝里黄氏族谱》卷六《公议规条》,雍正九年(1731)木刻本。

子弟读书进学,也会捐助一些灯油田以作保障。如《嘉庆黟县志》中就记载了明代黟县朱村人朱思信,对族中读书人,"置灯油田以给之,侄通尤赖资助之力";古筑人孙伯清质朴好义,"常置灯油田、启蒙田以赡恤后人"。①

直接在族内设立族塾、家塾、义学、书馆、书屋等教育机构则是徽州宗族保障族内子弟接受教育的一种最普遍的方式。据《道光徽州府志》载,黟县多所书屋、私塾均为宗族所建,如云门书屋,"在三都黄陂,汪氏建,并建文峰塔于其侧,岁时子弟课文于其中";西园书屋,"在五都南屏村心,里人叶华年建,为其族中肄业课文之所";集成书院,"元至正十一年,黄村黄真元蠲租六百三十余亩,立义庄曰厚本,建义学曰集成书院,所以教族中子弟也";以文家塾,"在十都宏村南湖上,嘉庆十九年汪氏建";双溪书屋,"在五都双溪,余氏建"。② 清乾隆年间的《歙县志》记载明代呈坎人罗元孙,"构屋数十楹,置田百亩,设义塾以惠贫族";清代歙县郡城人胡璋,"构楼屋数十楹,使近族得所居止,又设义田、义学,人多赖之"。③ 据《民国歙县志》记载,清代昌溪人吴景松,"创崇文义塾,斥万金购市屋七所,收其租直以资族中子弟读书"。④

一些较大的宗族往往有蒙学家塾数所,多至一二十所。乾隆年间《重修古歙东门许氏宗谱》的《家规》称:"吾宗童蒙颇多,而设馆非一,随地有馆,以迎塾师。"⑤据赵华富调查,清朝末年黟县西递明经胡氏宗族有胡育才、胡西川、胡依仁、胡卓峰、胡贡廷、胡连科、胡善明、胡霭溪、胡绍书、胡畅春、胡福善、胡绍吉、胡寄蘅、胡宝佛、胡蓉甫、胡荫南等人主办的私塾和秋实山房等近20所;黟县南屏叶氏宗族有叶七斤、叶抱斋、叶彭春、叶新模、叶新咸等人主

---

① (清)吴甸华等修纂:《嘉庆黟县志》卷七《人物志·尚义》,道光五年(1825)刻本,南京:江苏古籍出版社,1998年,第219、221页。

② 马步蟾等纂修:《道光徽州府志(一)》卷三《营建志·学校》,道光七年(1827)刊本,南京:江苏古籍出版社,1998年,第243页。

③ (清)张佩芳、刘大魁修纂:《歙县志》卷十三《人物志·义行》,乾隆三十六年刊本,台北:成文出版社有限公司,1970年,第927、943页。

④ 石柱国、许承尧等修纂:《民国歙县志》卷九《人物志·义行》,民国二十五年(1936)刊本,南京:江苏古籍出版社,1998年,第386页。

⑤ 卞利编著:《明清徽州族规家法选编》,合肥:黄山书社,2014年,第147页。

办的私塾数所。① 这些以家塾、族塾为代表的私塾的发达,为塾师提供了活动的舞台,促进了此行业的兴盛。

另外,一些巨家大族、士绅之家迎塾师于家的现象也很普遍,这在方志、族谱、文集中多有记载。如编于清乾隆四十年(1775)的《橙阳散志》记载:范粲,"秀水名诸生,里人江廷祥迎馆于家";叶雯,"泰州籍名诸生,敦厚儒雅,书法得董思白神髓,观者莫能辨。里人江迪、江嘉霖迎馆于家";汪元麟,"工诗文,精地学医术,方伯江春迎馆于村"等。②

简言之,明清时期的徽州,在国家文教政策的倡导和当地宗族的重视下,不仅官办的社学、义学获得较大发展,民办的义学、家塾、族塾等更是不断涌现,徽州教育获得极大的发展。教育的普及、多样的教育形式为塾师提供了相对广阔的生存空间和多样化的活动舞台,并在很大程度上促进了塾师本身的社会增长。

二、徽商经济支持:塾师群体发展的物质基础

徽州处于崇山峻岭之中,境内多山地、丘陵,乡民仅靠土地无以为生。康熙《徽州府志》在述及其地风俗时称:"徽之山大抵居十之五,民鲜田畴,以货殖为恒产。春月持余赀出贸,什一之利为一岁计,冬月怀归。有数岁一归者。"③外出经商是徽人谋生的重要手段,其足迹几乎遍及域内,甚至有"天下之民,寄命于农,徽民寄命于商"④之说。明清时期商品经济获得大发展,徽州商人在涌动的商品经济大潮中逐渐发展成为一支执商界牛耳的大商帮。

余英时曾指出:"商人是士以下教育水平最高的一个社会阶层。"⑤因为

---

① 赵华富:《徽州宗族研究》,合肥:安徽大学出版社,2004年,第429页。
② (清)江登云辑,江绍莲续编,康健校注:《橙阳散志》,芜湖:安徽师范大学出版社,2018年,第305~306页。
③ 丁廷楗、赵吉士修纂:《徽州府志》卷二《风俗》,康熙三十八年(1699)刊本,台北:成文出版社有限公司,1970年,第440页。
④ 张海鹏、王廷元主编:《明清徽商资料选编》,合肥:黄山书社,1985年,第6页。
⑤ 余英时:《士与中国文化》,上海:上海人民出版社,2003年,第467页。

商业本身要求从业者必须具备一定的文化程度,不管是合同契约的签订、货币的换算,还是抵押借贷、信息的沟通传递等,都需要从业者具备基本的读写计算能力,要接受一定的文化知识教育。徽商号称"儒商",在步入商海之前,很多人都接受过较为正规的传统文化教育,是一批具有较高文化素养的商人。荷兰学者宋汉理在《徽州地区的发展与当地宗族——徽州休宁范氏宗族的个案研究》一文中指出:"根据《休宁范氏族谱》所载的许多范氏子孙早年的教育情况,我们可以断言,明代大多数范氏商人受过若干年儒家经典的正规教育……"①其实,徽州其他宗族商人的情况也多与范氏家族相同,很多人或因家道中落、或因科场失利、或因子继父业等,不得不弃儒从商。这些文化素养较高的商人,在激烈的商业竞争中真切体会到文化知识重要性的同时,也清醒地认识到经商谋利只是解决经济问题的一种手段,让子孙读书业儒继而科举入仕、显亲扬名才是他们的终极追求。即便是他们所编撰的商书,也教导子弟以读书为本,如明代程春宇的《士商类要》便教导子弟:"明明检点,万般惟有读书高。"②歙县文学家汪道昆曾对徽人思想中的贾儒关系做过生动的阐述:"夫贾为厚利,儒为名高。夫人毕事儒不效,则弛儒而张贾。既侧身飨其利矣,及为子孙计,宁弛贾而张儒。"③因此,很多徽商在经商获利之后,对兴教办学格外热心。他们凭借财力的优势,以多种方式资助教育,主要表现在以下三个方面。

一是设置家塾,延师课子。出于对子孙读书业儒的强烈愿望,经商获利后的徽商大多把设置家塾、延师课子列为头等大事。如明代歙县许晴川在经商致富后,"五子咸延名师以训"。④ 歙县江氏家族的江之鳌在淮阴一带经

---

① [荷]宋汉理:《徽州地区的发展与当地宗族——徽州休宁范氏宗族的个案研究》,见《徽州社会经济史译文集》,合肥:黄山书社,1988年,第43页。
② 贾嘉麟等主编:《商家智谋全书》,郑州:中州古籍出版社,2002年,第64页。
③ (明)汪道昆著,胡益民、余国庆点校:《太函集》卷五十二《海阳处士今仲翁配戴氏合葬墓志铭》,合肥:黄山书社,2004年,第1099页。
④ 李琳琦:《徽州教育》,合肥:安徽人民出版社,2005年,第116页。

商,获利发家后,"课子延名师,朝夕敬礼"。① 鲍柏庭世居歙东新馆,在以经营盐业致富后,不仅乐善好施,"其教子也以义方,延名师,购书籍,不惜多金。尝曰:'富而教不可缓也,徒积资财何益乎?'"② 鲍柏庭的这种"富而教不可缓也,徒积资财何益乎"的话语,是徽商读书业儒、科举入仕情结的一种体现,极具代表性。徽商希望子弟业儒日进的心情也非常迫切。如明代歙县沙溪商人凌珊早年丧父,不得已"弃儒就贾",但一直"自恨不卒为儒,以振家声"。家境饶富之后,他"殷勤备脯,不远数百里迎师以训子侄。起必侵晨,眠必丙夜,时亲自督课之。每日外来,闻咿吾声则喜,否则嗔,其训子侄之严如此"。③ 清代歙县西溪南商人吴铟不仅为其子等"延名师家塾,谆谆以陶侃惜分阴之义相警",而且见其子等"所业进则加一饭,所业退则减一饭",对其子的课艺文章更是每日督促检查,指出存在的问题。④

二是广设义学。徽人经商致富后,不仅积极创办家塾,延名师以课子侄,还广设义学,为宗族、乡里的贫困子弟提供受教育的机会。明清时期,义学(有时与族塾是重合的)遍及城乡各地,大部分是徽商出资兴建的,这在徽州方志、族谱中多有记载。如《道光徽州府志》卷十二《人物志·义行》中记载:清代歙县西溪人汪景晃"业贾三十年",五十岁以后,专务利济之事,对"贫不能亲师者,设义馆,岁费钱约二十千";范信生性慷慨,轻财好义,在仪征一带从事商业经营,获利后,在族中"建义学,族中子弟俊秀者加意培植,俾读书成立";洪光彭"贾于吴越间,家稍裕……捐资二千金入宗祠,以其息设义塾二堂"。⑤ 歙县棠樾盐商鲍志道幼习儒业,敦本好义,不仅修桥建祠,还捐资三

---

① 歙县《济阳江氏族谱》卷九《清故处士之鳌公传》,道光十八年(1838)刊本。
② 歙县《歙新馆鲍氏著存堂宗谱》卷一《柏庭鲍公传》,光绪乙亥年刊(1875)本。
③ (清)凌应秋撰,邵宝振校注:《沙溪集略》卷四《文行》,芜湖:安徽师范大学出版社,2018年,第118页。
④ 吴吉祜等撰,张艳红等校注:《(民国)丰南志》卷六《艺文志·行状》,合肥:黄山书社,2017年,第262页。
⑤ 马步蟾等纂修:《道光徽州府志(三)》卷十二《人物志·义行》,道光七年刊本,南京:江苏古籍出版社,1998年,第11、26、28页。

千金复修古紫阳书院,捐银八千两"增置城南紫阳书院膏火","置义冢、义学"。①

三是资助束脩、膏火。在宗族制度极其强固的徽州,家、族一体的观念非常浓厚,致富后的徽商在创办家塾、族塾、义学等教育机构的同时,也积极为贫寒子弟提供束脩、膏火,使其能继续学业。如明代歙县富商许德绍不仅"延名师,日程督诸子",还捐资助学,族人许瑁"时为姑苏诸生,亦困,公数就瑁同寝,慰藉甚,至月有所馈给"。②清代婺源人洪志学,"服贾,勇于为善","堂弟志仁幼时家贫,几废学,助之膏火赀,遂领乡荐"。③清代休宁人吴国锦经营盐业致富后,对贫寒的族中侄儿,"择其俊秀者,助以束脩膏火之费,使其竟学"。④清代黟县九都金村人金尚鳌自年少时便在江西经商,"喜施,睦族,助贫人葬及童子从师之脩脯"。⑤徽商不仅对宗族的贫寒子弟助以束脩、膏火,对乡里的异姓贫寒之士也有资助之举。如清代婺源汪口人俞镇琮,"少孤贫,负贩养母",其时"词源王某力学,以家窭欲弃儒,琮力劝其勿辍,给之膏火、家食"。⑥

正是由于徽商财力的支持,徽州教育获得大发展,贫寒子弟也能接受基本的教育,这样,接受基础教育的人数就大大增加。如果说家塾、族塾、义学等多种教育形式为塾师提供了多样化的活动空间,那么受教育对象的增加相应地也为塾师提供了更多的从业机会,进而促进了其群体的发展。

---

① 张海鹏、王廷元主编:《明清徽商资料选编》,合肥:黄山书社,1985年,第313页。
② 许骥:《徽州传统村落社会——许村》,上海:复旦大学出版社,2013年,第128页。
③ 葛韵芬、江峰青等修纂:《民国重修婺源县志》卷三十九《人物十一·义行五》,民国十四年(1925)刻本,南京:江苏古籍出版社,1996年,第728页。
④ 何应松、方崇鼎等修纂:《道光休宁县志》卷十四《人物·孝友》,道光三年(1823)刊本,南京:江苏古籍出版社,1998年,第337页。
⑤ 谢永泰、程鸿诏等修纂:《黟县三志》卷六《人物志·孝友》,同治九年(1870)刊本,台北:成文出版社有限公司,1970年,第112页。
⑥ 葛韵芬、江峰青等修纂:《民国重修婺源县志》卷三十九《人物十一·义行五》,民国十四年(1925)刻本,南京:江苏古籍出版社,1996年,第724页。

三、科举制度发展:塾师群体壮大的内在动因

(一)科举的发展加大了民间社会对塾师的需求

明清政府在积极兴办教育、推行教化的同时,也非常重视对治国理政人才的选拔。科举制度作为一种选官制度,在隋唐时期尚不完善,历经宋元,至明清时期渐趋完备,此时官员的选拔几乎都经由科举。洪武三年(1370),朱元璋诏云:"中外文臣皆由科举而进,非科举者毋得与官。"明中期以后,甚至出现了"非进士不入翰林,非翰林不入内阁,南北礼部尚书、侍郎及吏部右侍郎,非翰林不任"的现象。① 清朝沿用明制,虽有以其他途径(如捐纳)入仕者,但终不能与科举入仕者相比。因此,明清时期从中央、地方政府到民间社会,都十分重视科举,科举入仕更被认为是最荣耀的事,出现"家有弦诵之声,人有青云之志"的社会景象。② 吴敬梓在《儒林外史》第三回中以夸张的笔法描述了范进中举后受到的种种礼遇厚待:当地的上层绅士来拜访,赠送钱财和新房子,破落户也来投身为仆以图荫庇等;第十五回中马二先生对匡超人说:"你如今回去,奉事父母,总以文章举业为主。人生世上,除了这事,就没有第二件可以出头。不要说算命、拆字是下等,就是教馆、作幕,都不是个了局。只是有本事进了学,中了举人进士,即刻就荣宗耀祖。"③吴书虽为文学创作,但有深厚的现实依据,因为"士子一朝进学为生员,国家便复其身,免差役,地方官以礼相待,非黜革,不受刑责。廪生并得食廪;贫寒者给学租养赡。生员经出贡或中举,即可以正途入仕。如在会试中式,成进士,入翰林,则梯步青云,尤为士子的荣显之阶"。④ 正是有如此之多的优厚待遇,因此,当时的读书人无不期望进学、入仕。

在徽州这样一个聚族而居的宗族社会里,入学、入仕的意义更为重要,因

---

① 刘海峰:《科举制与"科举学"》,贵阳:贵州教育出版社,2004年,第222页。
② 南炳文、汤纲:《明史·上》,上海:上海人民出版社,2003年,第87页。
③ (清)吴敬梓:《儒林外史》,北京:大众文艺出版社,1999年,第32~33、147页。
④ 王德昭:《清代科举制度研究》,北京:中华书局,1984年,第127页。

为宗族要振作家声、光耀门户，在社会上享有较高的声望，仅仅依靠经济力量是远远不够的，还需要及第入仕。科举及第的人数及为官的人数、官位的大小等是衡量一个家族社会地位高低的重要标准。宗族子弟通过读书而及第、入仕，就会使其宗族的社会地位得以提高和巩固，如徽州的一些宗族所强调的"非儒术无以亢吾宗"，"非诗书不能显亲"。① 经由科举而入仕反过来又会促进该宗族对子弟教育的重视，同时带动了其他宗族对教育的重视。因此，不仅士子本人对科举功名锲而不舍，孜孜以求，其宗族父兄对于子弟的督责与期待也多涉科举一事。休宁茗洲吴氏宗族在《家规》中就教育子弟："举业发圣贤之理奥，为进身之阶梯。须多读经书，师友讲究，储为有用，不得冒名鲜实，不得纷心诗词及务杂技，令本业荒芜。"② 歙县雄村的曹氏家族修建竹山书院，并规定中举的人可以在书院内种植桂花树一株以示嘉勉；祁门渚口倪氏宗族为考取举人以上功名的子弟在宗祠前竖一对旗杆。这些措施方法均利于激励宗族子弟努力向学。歙县呈坎罗氏的"罗东舒祠"至今仍悬挂着一副楹联，上联为"教子有遗经，《诗经》《书经》《易经》《礼记》《春秋》《左传》"，强调要教子研习儒家经典；下联是"传家无别业，解元贡元会元状元榜眼探花"，道尽明清徽州宗族对子孙科举及第的殷殷期望。清人戴钧衡在《桐乡书院四议》中曾这样描述当时的社会风气："自科举之法行，人期速效，十五而不应试，父兄以为不才；二十而不与胶庠，乡里得而贱之。"③ 可见能否经由科举而入仕成为当时社会评判读书人的唯一标准。

当这种社会风气使读书人竞相挤向科举之途以求入仕的时候，其自然也会刺激和推动基础教育的发展。如前所述，在学校教育制度还不完善的封建社会中，科举士子的启蒙教育大多是在各类民间学塾中进行的。在科举入仕的巨大吸引下，众多的儿童进入各类教育机构求学，使得民间教育迅速发展

---

① 吴吉祜等撰，张艳红等校注：《(民国)丰南志》卷六《艺文志·行状》，合肥：黄山书社，2006年，第239页。
② (清)吴翟辑撰，刘梦芙点校：《茗洲吴氏家典》卷一《家规八十条》，合肥：黄山书社，2006年，第20页。
③ 张仲礼编著：《中国绅士研究》，上海：上海人民出版社，2008年，第148页。

和兴盛起来。休宁陈村在宋元之时就出现"读书者比屋"的教育盛况,族中老人甚至以在风月良夜杯酒相叙后,"步街上听子弟弦诵声,自村首至尾,声东西相震"为乐事。在陈村这样一个家族式的村落,"每岁秋赋,终场可读之卷几七十",足见族中应试科举人数之多。①

明清时期,徽商经济的兴盛使得徽州的教育达到鼎盛。宗族主办的各类教育机构,包括家塾、族塾、村塾、义学、书馆、书屋、书堂、书舍等星罗棋布,"自井邑田野,以至于远山深谷,居民之处,莫不有学有师,有书史之藏"。②婺源《董氏宗谱·凤游山书屋记》中记载,徽州"一村一家,亦各有书屋。书屋者,即古所谓家塾也。族师掌之,尤为子弟讲习养心之地。学业之造成,人文之聿起,皆由此始"。③康熙年间的《休宁县志》称:"四方谓新安为东南邹鲁,休宁之学特盛,岁大比与贡者至千人。"④清雍正十二年(1734)佘华瑞编纂的《岩镇志草》将"两市书声"作为当时岩寺的八景之一,并收录文士唐邦植的《两市书声》,称:"市井迢迢驿传通,中横一水隔西东。新秋灯火亲黄卷,午夜弦歌送晚钟。"其诗序云:"镇五里许,中横石桥,平分东西,每深夜读书声彻于东西两市。"⑤光绪年间的《婺源乡土志》在描述婺源风俗时也称:"婺人喜读书,虽十家村落,亦有讽诵之声。向科举未停,应童子试者,常至千数百人。"⑥

因此,可以说科举成为一股强大的力量,推动了徽州社会形成"择师教

---

① (元)陈栎:《定宇集》卷十五《杂识》,见《景印文渊阁四库全书》第 1205 册,台北:台湾商务印书馆,1982 年,第 393 页。
② 何应松、方崇鼎等修纂:《道光休宁县志》卷一《风俗》,道光三年(1823)刻本,南京:江苏古籍出版社,1998 年,第 42 页。
③ 赵华富:《徽州宗族研究》,合肥:安徽大学出版社,2004 年,第 427 页。
④ 廖腾煃、汪晋征等修纂:《休宁县志》卷一《风俗》,康熙三十二年(1693)刊本,台北:成文出版社有限公司,1970 年,第 237 页。
⑤ (清)佘华瑞纂,吴之兴校点:《岩镇志草》,黄山:黄山市地质印刷厂,2004 年,第 234~235 页。
⑥ (清)董钟琪、汪廷璋:《婺源乡土志·婺源风俗》,婺邑畅记公司发行,光绪戊申年(1908)七月出版,第 25 页。

子"的风尚。从平民百姓到官宦士族,为了使子孙能通过科举步入仕途,不惜财力将其送入各类塾馆求学,甚至延请一些有学问的士子学者到家中坐馆。这就大大增加了社会对塾师的需求,使塾师获得了更为广阔的就业空间,塾师群体由此进一步壮大。

(二)科举之途的拥挤为私塾教育提供了大量的从业人员

明初统治者出于稳定统治与扩大教化的政治需求,在洪武十七年(1384)颁布科举条式,放松了对科举应试对象等级身份的限制与要求。其条文规定:凡"国子学生、府州县学生员之学成者,儒子之未仕者,官之未入流而无钱粮等项粘带者"均可参加乡试、会试,只有"学官及罢闲官吏、倡优之家、隶卒之徒与居父母丧者"不许入试。[①] 这就使科举制在原则上成为一种面向全社会的选官制度,从而导致了求学人数的增加和士人群体的扩大。到明末时,全国的生员人数已达到50万。[②] 明代"生儒应试,每举人一名,以科举三十名为率",[③]即每30名科举生员才能考取1名举人,录取率仅为3.3%,而科举生员在整个士人群体中也只占30%,这就意味着大多数士人是无法通过科举的门槛而跻身仕途的。

科举之途的拥挤在清代同样存在,梁启超曾指出:"邑聚千数百童生,擢十数人为生员;省聚万数千生员,而拔百数人为举人;天下聚数千举人,而拔百数十人为进士;复于百数进士而拔数十人入翰林。"[④]科举制度的实施造就了数量庞大的科举人口,从生员、举人到进士、翰林,逐层筛选,除少数人可以入仕为官外,其余都得自谋职业以维持生计。在众多的职业选择中,出为塾师就成为士子们的重要选择。清代陈芳生在《训蒙条例》中称:"儒者不为农

---

① 《明会典》卷七十七《科举》,见杨学为等主编:《中国考试制度史资料选编》,合肥:黄山书社,1992年,第258页。

② (清)顾炎武:《顾亭林诗文集·亭林文集》卷一《生员论》,北京:中华书局,1983年,第21页。

③ 《明史》卷六十九《选举一》,见杨学为等主编:《中国考试制度史资料选编》,合肥:黄山书社,1992年,第314页。

④ 朱有瓛主编:《中国近代学制史料》,上海:华东师范大学出版社,1986年,第79页。

工商贾,惟出仕与训蒙而已。出仕不可必得,训蒙乃分内事。果尽其道,则教育人材,亦大有益于天下,已亦借此代耕,诚兼善之本务也。"①士子出为塾师,既有培育人才、兴起教化的社会责任,也源于"救贫""济读"的现实目的。对家境不佳的贫寒士子,后一目的更为直接、迫切,这在徽州的很多文献中均有反映。如光绪丙申年(1896)歙南茂川潘景山的《信札谚语》抄本中就有一则《托友荐馆地》的书信范文,照录如下:

> 某某仁兄阁下:不聆清诲,秋往冬来,鄙吝之气不觉复萌于心矣。遥忆起居定多佳胜,弟叨 庇粗安,幸勿挂怀。只是苦读芸窗,毫无生法,欲更图别业,又恐前功尽弃,想 足下才德兼优,有[友]朋必广,烦代弟寻一馆地聊作糊口之计,况闲时亦可诵读而学业不至于荒疏,皆 仁兄之盛也。悉在知交,谅不推却,为此专人拜请,弟当静听好音。敬修寸楮,顺候文安,不戬。

范文是根据现实生活中众多的文本归纳总结而成的供人模仿的范本,说明其在当时使用的普遍性。从这则范文描述中可知,"救贫""济读"是士子寻找馆业的根本原因与主要目的。族谱、方志、文集中有关士人科举无望出为塾师的记载则更多,如《济阳江氏统宗谱》载,道光年间的江得秀,"少承庭训习举子业,文运蹇厄……家贫研耕在塾中"。②绩溪《西关章氏族谱》谱传中就记载其族人章挥,"幼业儒,应童子试。嗣以丁口日繁,乃教授生徒以济家需"。③婺源《桐川朱氏族谱》记载,康熙年间的朱公常资质聪敏,"诗词歌赋各臻其妙,因家计迫,遂弃举子业而授生徒,借馆俸以养二亲"。④民国《重修婺源县志》在描述其地风俗时云:"士多食贫,不得已为里塾师,资束脩自给,

---

① (清)陈芳生:《训蒙条例》,见徐梓、王雪梅编《蒙学要义》,太原:山西教育出版社,1991年,第172页。
② 婺源《济阳江氏统宗谱》卷四《古槐门二十八世世莳公传》,民国八年(1919)刊本。
③ 绩溪《西关章氏族谱》卷二十四《家传》,道光二十九年(1849)刊本。
④ 婺源《桐川朱氏宗谱》卷二十《公常朱先生七十容寿序》,乾隆二十九年(1764)刊本。

至馆百里外不惮劳。"①由此可见,徽州士人出为塾师的普遍性。这些贫寒的士子以自己所拥有的知识为谋生手段,以教资生,或受聘为师,或自设塾馆,以普通塾师的身份直接推动了明清徽州教育的发展。

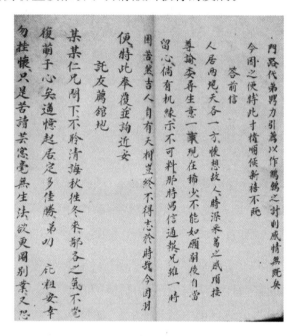

潘景山的《信札谚语》抄本

---

① 葛韵芬、江峰青等修纂:《民国重修婺源县志》卷四《风俗》,民国十四年(1925)刻本,南京:江苏古籍出版社,1996年,第113页。

第二章　明清徽州塾师群体的人员构成

人们常以"落魄书生"来指称塾师,尽管这种指称具有一定的真实性,但仔细检视徽州现存有关塾师的文献,会发现很难完全用"落魄书生"一词来概括当时塾师人员的实际构成。

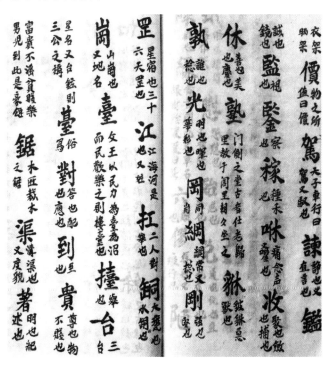

徽州佚名抄本《同音字汇》

明清时期,私塾已有蒙馆、经馆这种层次上的划分。教授初学儿童识字、句读、背诵的私塾称"蒙馆";教授具有一定知识积累的士子学习经解经义、写作诗文策论的叫"经馆"。和经馆相比,蒙馆处于程度较低的基础教育阶段,充当蒙馆塾师的文人身份也更为复杂。此外,明清徽商经济的发展为教育的繁荣创造了良好的物质条件,明清徽州社会形成了浓厚的延师课子的氛围,从事塾师职业的人越来越多,甚至出现了主要以塾师为业的宗族村落,如歙县小溪项氏宗族、婺源济溪游氏宗族等。因此,明清时期的徽州塾师随着从业人数的增加而成为一个人员构成相当复杂的社会群体。下面试从基本构成和特殊群体两大方面进行分析。

一、明清徽州塾师群体人员的基本构成

(一)致仕归里的官员

徽州人编写的《同音字汇》抄本将"塾"释为"门侧之堂,古者仕老归里教于闾里,朝夕坐之"。这完全沿用了经学大师郑玄对"塾"的释注,直接将塾馆作为致仕官员归里教授子弟之所。明清时期通过科举入仕的封建官员因有较高的文化声望和社会地位,在致仕归里之后自然就成为徽州私塾极力延聘的对象。

致仕归里的官员一般少有为生计所迫者,他们教授乡里主要是出于进则著功名于春秋,退则阐经术于群蒙的儒家价值观念与开启童蒙、反哺宗族乡里的社会责任感。据歙县《新安毕氏族谱》记载,其族人毕镐在明代天顺壬午年(1462)以礼经中乡试,后授官四川叙州府南溪县知县,"政尚宽厚,兴利祛弊,吏民服之",颇有建树,但在弘治己酉年(1489),"自称衰老致仕,时年五十有三,家居训课子弟,屏谢人事"。[①] 婺源《清华东园胡氏勋贤总谱》记载其族人胡世宾在嘉靖间"奉诏考洪武正韵,钦取第二,授中书舍人之职",不久就"告归教授,一时名士多出其门"。[②]

---

① 歙县《新安毕氏族谱》卷九《仕宦志》,清钞明正德四年(1509)刻本。
② 婺源《清华东园胡氏勋贤总谱》卷五《人物》,民国五年(1916)刊本。

不仅族谱对这些致仕归里的官员充任塾师有一定的记载,方志中亦有叙述。据康熙《徽州府志》载,婺源桃溪人潘之祥,万历戊戌年(1598)进士,历任潜江县令、御史、江西参议,因为"与巡抚不合,引疾归,与诸子弟课文艺,置田三十亩为馆谷资,名曰'乡贤文会'";①歙县岩镇人王泰征为崇祯丁丑年(1637)进士,"历吴川、新会、建阳令,俱有声",在其升礼部主事还未赴任之时,正值鼎革,因此他"杜门教授,日讲习经史百家,旁引曲证,聚徒至数十百人"。②清乾隆壬辰年(1772)的进士胡光琦,做过四川监亭令,为官"清慎廉明,政平讼理,三年狱无重囚",后来"引病归,以母老授徒里党",设馆于婺源福山。③

一些官员退闲之后,授徒既成为他们精神情感的寄托,也是他们施善乡里、造就后学的一种最理想的方式。除授徒外,他们还建书舍、义塾,造福乡族,如祁门《武陵吴氏宗谱》记载,族人吴凤山乐道仗义,"及举进士,官至翰林,年四十即致仕归家……寓行馆于贵溪,立书舍于日新都,立义塾于顺定都"。④

(二)隐逸遁世的儒士

儒士虽无由科举功名带来的社会身份和地位,但他们多为学行高洁之士,在当地声望较高,素为民间所重。因此,儒士中专以授徒为事者也就不乏其人了。如黟县横冈人汪世宗,"少颖悟,下笔千言,无意功名,不入场屋,好读书,子史百家无不遍诵,尤喜朱子《纲目》,终身玩索不倦,教授乡党,远近知名,从游日众";⑤婺源人俞彦诚,"博通经史,尤精《春秋》,教授乡里。洪武

---

① 丁廷楗、赵吉士修纂:《徽州府志》卷一三《人物志·风节》,康熙三十八年(1699)刊本,台北:成文出版社有限公司,1970年,第1783页。
② 丁廷楗、赵吉士修纂:《徽州府志》卷一五《人物志·隐逸》,康熙二十八年(1699)刊本,台北:成文出版社有限公司,1970年,第1943页。
③ 马步蟾等修纂:《道光徽州府志(二)》卷十一《人物志·儒林》,道光七年(1827)刊本,南京:江苏古籍出版社,1998年,第315页。
④ 祁门《武陵吴氏宗谱》卷一《凤山先生勋公义塾记》,清光绪刻本。
⑤ 谢永泰、程鸿诏等修纂:《黟县三志》卷六《人物补儒行》,同治九年(1870)刊本,台北:成文出版社有限公司,1970年,第61页。

初,绩溪、休宁交聘为邑校官,辞不就";①休宁人程缵洛,"笃学力行,不干仕进,教授生徒,远近争师之"。②

隐逸遁世是这些儒士的重要特征。因此,他们成为方志"隐逸传""儒隐传"中所表彰的对象。据康熙年间《休宁县志》载,明代休宁陈村人陈光,是理学大儒陈栎的侄儿,他"明洽群经,网络百氏,人曰'书橱'……隐居教授终";休宁古林人黄枢,"聪明好学,洪武初以左甓辞不就征,隐居教授"。③ 儒士们无意功名、不干仕进的原因有多种,自然无从一一探究清楚,但儒士们在纷扰的现实环境中对社会主流价值观的反叛,无疑是他们隐逸遁世的最主要原因。正因如此,儒士们更注重自我价值的实现。在他们看来,价值的实现不在科场得意和官场"立功",而在教授生徒,通过亲身示范来"立德"和课余著书立说来"立言"。如前述休宁程缵洛在教授生徒的同时,"发明理学,所著《习大学翼》《烟霞外史》《大明混一》《古今人物表》《切字韵诀》《承斋集》百余卷"。清代徽州大儒汪绂自25岁坐馆开始,数十年过着"岁暮归里,春赴馆"的塾师生活。他无意于科举功名,自称"至于应试一途,绂恒厌弃为虚文无实,苟干利泽,宜为君子所不为,是以置之度外,无意久矣"。④ 汪绂以朱子去世500年后朱子之学的继承者自任,以坐馆所获的微薄薪资来支撑其著书立说的名山事业,以"绍述家学"的方式来达到"立言"的人生目标。他一生勤于著述,笔耕不辍,有《易经诠义》《书经诠义》《诗经诠义》《礼记章句》《乐经或问》《春秋集传》《孝经章句》《孝经或问》《理学逢源》《读〈近思录〉》《儒先晤语》

---

① 丁廷楗、赵吉士修纂:《徽州府志》卷一五《人物志·绩学》,康熙三十八年(1699)刊本,台北:成文出版社有限公司,1970年,第2009页。

② 廖腾煃、汪晋征等修纂:《休宁县志》卷六《人物·学林》,康熙三十二年(1693)刊本,台北:成文出版社有限公司,1970年,第893页。

③ 廖腾煃、汪晋征等修纂:《休宁县志》卷六《人物·隐逸》,康熙三十二年(1693)刊本,台北:成文出版社有限公司,1970年,第881、882页。该县志称陈光为陈栎的"再从子"有误。《定宇集》中陈栎向中泽程氏推荐陈光做塾师时称:"舍侄名光,字寔卿,戊子生,从小问业质疑于某,学识颇正。"(陈栎:《定宇集》卷十《与中泽程氏》,见《景印文渊阁四库全书》第1205册,台北:台湾商务印书馆,1982年,第322页。)

④ (清)汪绂:《汪双池先生丛书》第40册《双池文集》,扬州:广陵书社,2016年,第271页。

《双池文集》《诗韵析》《大风集》等著作30余部。

（三）滞留本地的贡生、监生

贡生即朝廷的学生，指那些从生员中选拔出来的优秀者或资历较深者。他们原则上要进入京师国子监读书，不过有些可直接参加官僚选拔（如被选为教职，或经廷试而出任知县）。明代贡生和监生原本是等同的，即国子监生就是各地方选拔来的贡生。捐纳入监制度实行后，监生显得非常混杂，贡生只是国子监生之一种。尽管贡生、监生从制度上说已经取得了做官的资格，但能进入官场者只是其中的一小部分。另外，监生捐官者虽不少，但捐虚衔者居多，所以贡生、监生中有相当一部分人也像生员一样沉滞于乡村社会中，他们或为了谋生，或为了造就后学而出为塾师。如祁门文堂人陈履祥是万历年间的贡士，"授徒金陵、宛水间，从者如云，口授经义皆笔于书"；①黟县余村人余元焕，"附贡生，质鲁苦学，安贫乐道……讲学林历山四十余年，成就多士，皆有法度"；黟县西川人胡际会，"岁贡生，潜心嗜学，通经能文。乡闱屡荐不售，不以得失撄心，至老不倦，谆谆相勖，静以成学，后先造就多士"；②祁门人黄桂芳，"乾隆时恩贡，幼日记千言，通经史，尤精《春秋》之学……不求仕进，筑馆金粟庵傍，课徒自乐，善诱掖后进，成就甚多"。③贡生、监生因其相对成功的学习经历与较好的科举成绩，成为民间社会较为理想的择师对象，生徒从者相对较多，教学效果良好。

（四）入泮游庠的儒学生员

儒学生员，指的是通过县试、府试和院试三级考试而成为府、州、县官学的学生，俗称"秀才"，包括廪生、增生、附生等。明清两代，儒学生员仕进的途径大致有两种：一是通过岁贡或相关方式进入国子监学习、考试，按成绩积分

---

① 丁廷楗、赵吉士修纂：《徽州府志》卷一五《人物志·绩学》，康熙三十八年（1699）刊本，台北：成文出版社有限公司，1970年，第2015页。

② 谢永泰、程鸿诏等修纂：《黟县三志》卷六《人物志·儒行》，同治九年（1870）刊本，台北：成文出版社有限公司，1970年，第105页。

③ 周溶、汪韵珊修纂：《祁门县志》卷二十六《人物志·文苑》，同治十二年（1873）刊本，台北：成文出版社有限公司，1970年，第1277页。

定等次,授予一定的官职;二是通过科举考试而入仕。但是,岁贡和科举取士名额毕竟有限,大部分人只能滞留民间。这些儒学生员一方面肩负着养家糊口的责任,另一方面又要为获取更高的社会地位而不得不继续鏖战科场,"救贫"兼"济读"也就成为他们出为塾师的根本原因。正如陆人龙在《型世言》所说,秀才"若为穷所使,便处一小馆,一来可以借他些束脩,资家中薪水;二来可以益加进修"。①

因此,儒学生员充任塾师的记载在明清徽州史料中最多,以同治年间的《黟县三志·人物志》中所载为例,如程庚唐为优廪生,"初讲学于金竹山馆,后移花萼园,先后从游者百数十人,多知名之士";程桂馥,"县学生,学以诚正为主,设教里中,籍生徒名,日记所学以考得失,有不率于家者,必以孝弟忠信导之";朱光阀,"县学生,读书冠山之阳,研究诸子百家,尤专力于朱子之学,设教海阳,学者云集";许飞潜,"县学生,初为贾,弱冠习儒,读书刻苦,躬行孝悌,训徒垂六十载,以孝友笃行相勉,以不误人子弟书座右";等等。② 仅《黟县三志·人物志》中就记载了数十位德行突出的儒学生员授徒的情况,足见当时儒学生员出任塾师的普遍性。

(五)未获科名的童生

童生是明清时期对没有考秀才或没有考中秀才的读书人的称呼,是处于科举领域最底层的知识分子。明清时期私塾择师的一个基本标准是"生员"身份,但这并不意味着乡村塾师中绝无童生的身影。童生担任塾师在吴敬梓的《儒林外史》第二回中就有描述:山东薛家集的周进"被聘为村学老师"时,"却还不曾中过学",即周进还没中秀才,只是一个考到60岁还是童生的读书人,只得充任村塾的蒙师,依靠教授童蒙度日。③《坐馆经文·坐馆先生文》抄本在叙述坐馆先生的类别时称:"有先生而兼称童生者,其人未入黉门也;

---

① (明)陆人龙著,崔恩列、田禾校点:《型世言》,济南:齐鲁书社,1995年,第163页。
② 谢永泰、程鸿诏等修纂:《黟县三志》卷六《人物志》,同治九年(1870)刊本,台北:成文出版社有限公司,1970年,第102~116页。
③ (清)吴敬梓:《儒林外史》,北京:大众文艺出版社,1999年,第14页。

有先生而兼称监生者,其人已捐未秩也。"这也说明童生任塾师在明清徽州乡村塾馆中还是存在的。

因为没有科名,童生不为政府所重视,所以他们不被载入正史之中,在方志中也极为少见。不过,在族谱以及文人墨客的文集、笔记中却留下了一些关于童生担任塾师的记载。如绩溪《西关章氏族谱》记载族人章定成幼时聪明能诗,"舅氏许明经在文大奇之",因而在当地颇有声名,所以章定成尚在童生之时就被临溪村人胡文集"延于其家,授经二子",他"且教且学,逾年入泮"。①"入泮"即进入府学、州学、县学读书,成为儒学生员。

与儒学生员类似,科举童生中的塾师多为贫寒人家的子弟,迫于生计而不得不以馆谷来救贫济读,如婺源人胡梦达因家贫不得不很早就以教济读,"甫识句读,即授二三童蒙"。为使自己读书有所进益,他"尝先童蒙起,诵经书若干,诵时艺若干,及课童蒙暇即研究书旨。遇有疑难,不惜卑屈质正先辈,以故学业日进于成,游邑庠。屡举科试,以乏赴省赀而止,公亦安之,不妄有所营为,唯以授徒为事"。② 也就是说,胡梦达在"游邑庠"之前即为塾师,后虽考中秀才,进入官学,但由于家境贫寒,缺乏赴乡试的盘缠而终身以授徒为业。据方承训的《复初集》记载,明代歙县小溪人项化中,"四五岁,即从句读师受诗词,经目辄成诵,师大奇之。稍长,日诵百千言辄不忘,族人啧啧称羡,曰:'光余族必是子也。'家甚贫窭,无中家产,茂才处之坦如也。总角即群童子从受句读,所脩蒸蒸,能给其家,无内顾忧,愈益能肆力经术"。项化中总角之年,未有任何科举功名即为童子师,所得束脩能满足生活所需,使自己无内顾之忧,可专心研究经术。后来"督学使者行县,诸父昆弟趣之试,试即实高等第一人,籍名郡博士"。③ 清代徐卓在《休宁碎事》中也记载了迫于生计而不得不课蒙的休宁童生程令观,"工写生,家贫走都下,无所遇,课蒙糊口非

---

① 绩溪《西关章氏族谱》卷二十四《家传》,道光二十九年(1849)刊本。
② 婺源《清华胡仁堂续修世谱》卷五《像赞·佐明公传》,道光戊戌年(1838)刊本。
③ (明)方承训:《复初集》卷三十三《项茂才传》,见《四库全书存目丛书·集部》第188册,济南:齐鲁书社,1997年,第208页。

其志也"。①

简言之,明清时期徽州塾师主要来源于致仕归里的儒学官员、隐逸遁世的儒士、滞留本地的贡监生、入泮游庠的儒学生员以及未获科名的童生等。其中府、州、县的儒学生员是塾师群体最重要的组成部分,尤其是晚明以降直至清代。从表2-1所统计的《黟县三志·人物志》中所载的塾师传记,也可看出塾师的人员构成以及儒学生员出为塾师的普遍性。

表 2-1 《黟县三志·人物志》中的塾师

姓名	所在村庄	身份	出为塾师的情况
汪世宗	横冈	儒士	教授乡党,远近知名,从游日众。
汪宗鲁	扎坑	贡生	尝与李希士、余心讲学于中天书院,晚年设教于五都。
程陟洲	桂林	廪生	受业于门者极众,皆有矩度。
江自守	不详	县学生	因授徒之外,束脩之入,毫厘不它用。
汪正准	宏村	举人	公余喜讲时文,以课多士。
程庚唐	柏林	优廪生	先后从游者百数十人,多知名之士。
程桂馥	桂林	县学生	设教里中。
朱光阀	紫阳里	县学生	设教海阳,学者云集。
胡际会	西川	岁贡生	谆谆相勖,静以成学,后先造就多士。
余元焕	余村	附贡生	讲学林历山四十余年,成就多士。
汪睿	宏村	县学生	训蒙有常课,规矩严饬。
程国模	桂林	附生	教授有法,居亲丧三年宿于馆。
汪扬光	三都	县学生	安贫舌耕。
舒瑛	屏山	县学生	教学生不收贫者束脩。
许飞潜	栈阁岭	县学生	训徒垂六十载,以孝友笃行相勉,以不误人子弟书座右。
叶大成	叶村	童生	家贫力学多闻,训徒教子务为穷理之学。
汪善平	宏村	廪生	父汝璋卒,善平馆谷所入,悉偿宿债。
胡继昱	横岗	县学生	安贫训蒙,循循善诱。
吴廷銮	不详	廪生	教徒以笃实为先,门多谨悫之士。

---

① (清)徐卓辑,李琳琦、梁仁志校注:《休宁碎事》,芜湖:安徽师范大学出版社,2018年,第17页。

续表

姓名	所在村庄	身份	出为塾师的情况
江纪南	蓬厦	增生	教学广安寺,门多醇谨之士。
王凤来	东隅	廪生	能为说理之文,训蒙尽心。
王清宁	城东隅	增生	构环峰书舍,专意教授。
孙垣	不详	增生	南屏叶氏、桂林程氏争相礼延。
汪丰	宏村	县学生	课徒造就甚多。
汪方钟	宏村	县学生	七试棘闱不遇,目几瞽,尚吟哦不辍,掌教家塾。
舒凤毛	屏山	廪生	及门多知名之士。
程吉庄	郭隅淮渠	附生	教人以读书立品为训,门多规矩之士。
叶大昌	沙田	举人	品端学粹,教人无疾言遽色,而人自化工。
吴大成	横岗	童生	廉介自励,义不苟取,训蒙自给。
江锦奂	东山	县学生	门人多游庠者。
胡翔凤	汤村	县学生	家贫苦学,博涉经史,耽吟咏,其门多知名士。
何其锡	蜀上	增生	直方博雅,门多庠士。
余嘉会	桃溪	附贡生	道光戊子荐而不售,遂家居课子侄。
汪调元	宏村	附生	屡荐未售,设帐课读,不干时事。

资料来源:谢永泰、程鸿诏等修纂:《黟县三志》卷六《人物志》,同治九年(1870)刊本,台北:成文出版社有限公司,1970年,第61~144页。

从表2-1中可知,《黟县三志·人物志》共记载了黟县本地德行突出的34位塾师,其中儒学生员25人、贡生4人、童生2人、儒士1人、举人2人。儒学生员竟占所载总人数的73.5%,包括县学生、廪生、增生、附生等。虽然仅根据方志记载来统计不完全准确,例如前文提及童生作为科举领域最底层的知识分子,不受政府重视,即使有一定人数,若非德行极为显著,方志一般很少记载。不过,依据上表来判断儒学生员出任塾师的普遍性仍是不争的事实。

除上述五种基本构成外,塾师的人员构成中还有一些特例,如2-1中的举人江正准,在做官之余兼做塾师,"咸丰五年署南康同知……政尚清简,廉洁自持,有干以私者峻拒之。公余喜讲时文,以课多士"。[①] 这描述了中举后

---

① 谢永泰、程鸿诏等修纂:《黟县三志》卷六《人物志·宦业》,同治九年(1870)刊本,台北:成文出版社有限公司,1970年,第74页。

的在职官员兼任塾师。其实,以举人身份担任塾师的情况在明清时期并不罕见。据《道光徽州府志》载,歙县叶嘉桂,"雍正元年举人,教授乡里";婺源洪腾蛟是乾隆庚午年(1750)举人,"教授生徒皆言行而身化之";休宁程杞,"乾隆庚寅举人,设教里门"。① 再如黟县经学大师俞正燮早年读书,"经目不忘",长于训诂考据,设馆授徒,奖掖后进,"所得脩脯,尽济亲友之急"。② 他在道光元年(1821)中举,但正如刘云杉所说,"自清代中期以后,举人就只是官职的备位者了——以举人之多,官职之少,他们获得实缺的概率是不大的"。③ 中举后的俞正燮只是排在官府门外备选的长长队伍中的一员,他未曾获得为官的机会,只能过着负笈佣书的生活。中举12年后,俞正燮于道光十三年(1833)受聘于陈用光家馆任塾师。

另外,在一些偏远的山村,由于师资的相对匮乏,以及一些寒素之家的子弟读书并不以科举仕进为目的,只求掌握一些基本文化知识而便于谋生,所以对塾师的文化层次并无太高的要求,导致一些略识之无的市井文人、商贾等也充任塾师。绩溪西关章氏族人章道基在《师说》一文中曾批判过绩溪一些乡村塾馆中塾师人员混杂的现象:"或迂腐文学,或拳勇武生,或年迈儒童,或失业商贾,以及课命代书之流,俱可充之,不过借舌耕之名,为糊口之计。"④黟县胡梦龄在《黟俗小纪》中也对此现象极为忧虑:"我邑风俗,于蒙师非但不知所择,而且待之甚薄,束脩极菲,子弟相从,还讲情面。而山村小族更不加意,只贪便宜,虽市夫匠艺可充馆师,鲁鱼亥豕之诮,往往皆是,此真莫大之忧也。"⑤

---

① 马步蟾等纂修:《道光徽州府志(二)》,道光七年(1827)刊本,南京:江苏古籍出版社,1998年,第336、315、338页。
② 历代教育名人志编辑委员会编:《历代教育名人志》,武汉:湖北教育出版社,1994年,第240页。
③ 刘云杉:《帝国权力实践下的教师生命形态:一个私塾教师的生活史研究》,见丁钢主编:《中国教育:研究与评论》(第3辑),北京:教育科学出版社,2002年,第150页。
④ 绩溪《西关章氏族谱》卷三十六《师说》,道光二十九年(1849)刊本。
⑤ 吴克俊等修纂:《民国黟县四志》卷三《风俗》,民国十二年(1923)刊本,南京:江苏古籍出版社,1998年,第27页。

而在出任塾师的诸种特例中,明清时期徽州的闺塾师更是一个特殊的群体。

二、闺塾师:明清徽州塾师的特殊群体

高彦颐在《闺塾师——明末清初江南的才女文化》一书中曾质疑"封建社会尽是祥林嫂"的说法,认为:这种说法产生的原因是在帝国主义侵略加剧的特殊历史时期,受压迫的封建女性成为落后的象征,并被赋予强烈的民族主义情绪,女性作为受害者的形象成为无可置疑的历史真理。① 但是当我们从女性自身的视角来考察其所处的世界时会发现,封建社会女性的生活并非完全如此,在明末清初江南地区一群享有特权、受过教育的女性身上更非如此。尽管这些人的生活、想法和环境不可能为大多数人所分享,但它"凸显了即使在儒家体系范围内,女性自我满足和拥有富有意义的生存状态的可能"。②

在"程朱阙里"的徽州,女性形象不仅仅表征为一座座物化的贞节牌坊,或方志、族谱中关于徽州女子节烈事迹的文字摹写,她们中的一部分也如高彦颐所说,拥有富有意义的生存状态,书写着诗意盎然的徽州才媛文化。这些才媛在书写自己人生状态的同时,也授徒教读,成为启蒙教育的实践者——闺塾师。清末婺源北乡庐坑生员詹鸣铎在纪实性自传体小说《我之小史》中就塑造了这样一位女塾师:

> 时下村馨秀婆也教读,在他家客坐内安砚,穷苦的人,多往就学。有某生赖学,捉去答臀,我辈曾往观之。其客坐颇为狭隘,现在他的令孙,另辟一门,改为店面,取招牌为"复昌祥",即是当年馨秀婆教读之处。馨秀婆性慈善,能知大体,村内文会排难解纷,他也在

---

① 高彦颐列举了徐天啸、陈东原等人的观点以及鲁迅所塑造的祥林嫂这一文学形象,如陈东原在其影响极大的《中国古代妇女生活史》(商务印书馆,1937年)中称:"我们妇女生活的历史,只是一部被摧残的女性底历史!"

② [美]高彦颐著:《闺塾师——明末清初江南的才女文化》,李志生译,南京:江苏人民出版社,2004年,第4页。

内,与武王乱臣十人中有邑姜仿佛相似。在下后来忝附绅衿时,他仍在。尝闻其劝锦屏不要结讼,讼则终凶。又云我与你们不偏之谓中云云,温文尔雅,书味盎然,在女界中狠是难得。①

馨秀婆温文尔雅,知书达理,不仅在乡村安砚授徒,而且在村内文会中为乡族排难解纷,颇有威望。如果说馨秀婆的形象可能还带有一点文学虚构意味的话,那么,许承尧在《歙事闲谭》中所记载的明代正德年间歙县程氏则是确有其人:

> 程氏,沙溪汪本字以正之妻。性幽静,工吟咏,尤爱菊。《寄夫》诗云:"连朝底事最关情,坐向篱边对落英。一卷陶诗一壶酒,碧琅玕上月初明。"本答诗云:"近来闻说闺中友,辛苦终朝灌菊英。里社他时清论在,定应呼作女渊明。"后本举于乡,未仕卒。程纱缦传经,训族邻子弟。跻高年终,人以女渊明目之。②

翻检方志、族谱、文集等文献,就会发现如程氏这样"纱缦传经"的闺塾师在明清徽州还有很多。跨过时空的限定,从某种意义上说,她们成为徽州塾师中一个特殊的群体。需要指出的是,这里的"闺塾师"仅是女性塾师的一种泛指,而不再局限于传统意义上的闺阁,因为其中一些女子已走出闺阁,在乡村塾馆中授徒课读。

(一)闺塾师出现的原因

考察明清时期徽州闺塾师出现的原因,除了前述塾师群体兴盛外,还可从以下三方面来分析。

1. 前提条件:徽州文化教育的兴盛惠及女性

历史上的徽州虽是开发较晚的区域,但随着北方具有深厚文化传统的世家大族不断迁入,入宋以后,人文蔚起。明清时期,徽商经济的发展更促进了

---

① (清)詹鸣铎著,王振忠、朱红校注:《我之小史》,合肥:安徽教育出版社,2008年,第91页。
② 许承尧撰,李明回等校点:《歙事闲谭》,合肥:黄山书社,2001年,第54页。

其文化教育的繁荣。《道光徽州府志》称其地"比户习弦歌,乡人知礼让……人文辈出,鼎盛辐臻,理学经儒,在野不乏"。① 徽州文化教育的兴盛更体现在科举考试辉煌的成绩上,李琳琦曾根据徽州地方志的相关记载统计出明清两代徽州进士人数:明代徽州有文进士452人、武进士52人;清代徽州有文进士684人、武进士111人。② 徽州民间社会中至今仍流传着"连科三殿撰,十里四翰林""一门九进士""父子尚书""同胞翰林"等科举佳话。

刊刻于乾隆二十一年(1756)的《婺南云川王氏世谱》称:"星源为文公笃生之邦,其男子家弦诵而户诗书,名臣宦士代不乏人,即闺中女子亦能秉内则而敦母教,相夫裕后者比比而然。"③在一片弦诵之声的文化氛围中,一些徽州女子得沾其余泽,文化教育也达到相当高的水平。清乾嘉时期的潘奕隽在《三松自订年谱》中称其孙女潘敬之"读书聪慧,《四书》《诗》《传》皆能成诵;尤喜少陵诗,五七言近体背诵者十之六七"。④ 婺源潘家骧妻俞氏,幼随父侨居扬州时,"入塾读《女诫》诸书,年十一游齐孝廉尧年门六载,文诗清析,字亦圆秀"。⑤ 歙县徐景轼称其妹徐有金"自幼偕余同师读书,稍长,不甚习女红而好为诗"。⑥ 一些才学渊博的徽州女子,婚后不仅能陪同丈夫读书,做到"疑义相与析",而且能同夫唱和,课子读书。如祁门马之骧妻方氏,为"儒林方逢龙女,幼随父读书,颇解大意。年十八归骧,读书间有疑难,辄共剖析"。⑦ 婺源汪士极的妻子江氏,幼年从父读书,六岁时其父口授《大学》《中庸》及章句小注,即能背诵不遗一字,"稍长,益嗜典籍《周易》、邵子《皇极经世》、朱子《纲

---

① 马步蟾等纂修:《道光徽州府志》卷首《重修徽州府志序》,道光七年(1827)刊本,南京:江苏古籍出版社,1998年,第1~2页。
② 李琳琦:《徽州教育》,合肥:安徽人民出版社,2005年,第159页。
③ 婺源《婺南云川王氏世谱》卷四《寿潘太孺人八帙文》,乾隆二十一年(1756)刊本。
④ 薛贞芳主编:《清代徽人年谱合刊》,合肥:黄山书社,2006年,第882页。
⑤ 葛韵芬、江峰青等修纂:《民国重修婺源县志(二)》卷六十三《人物十七·才媛》,民国十四年(1925)刻本,南京:江苏古籍出版社,1996年,第591页。
⑥ 薛贞芳主编:《清代徽人年谱合刊》,合肥:黄山书社,2006年,第784页。
⑦ 周溶修,汪韵珊修纂:《同治祁门县志》卷三十一《列女》,同治十二年(1873)刻本,南京:江苏古籍出版社,1998年,第361页。

目》,玩不释手",汪士极负才不羁,贫而善游,江氏自课其子汪绂《四书》《五经》,汪绂跟随母亲读书,人们称其"虽终身无师而卒成大儒"。①

一些徽州才媛接受过良好的教育,她们在理家事亲之余,创作了大量的诗词歌赋。如婺源江振杰不问家事,其妻洪氏通书算,不仅料理家里一切钱谷出入,还"解吟咏,闺房唱和之作,累稿盈尺"。②徽州才媛创作的一些诗词在清代及民国时期被选家辑录而得以留存。如康熙年间徐树敏、钱岳所编《众香词》,选录了徽州女词家11名,辑录词作37首。道光年间完颜恽珠及孙女完颜妙莲保所编《国朝闺秀正始集》《国朝闺秀正始续集》共收录66名徽州闺秀诗人128篇诗词作品。民国时期,光铁夫所编《安徽名媛诗词征略》共收录安徽历代名媛400人,其中徽州名媛就有106位,诗词作品209篇。这些仅是徽州才媛现存的一些诗词作品,更多的则湮没在历史的尘埃中。清代歙人洪汝怡为其母吴杏婉的诗集《杏婉遗诗》作跋时就曾称:"先妣鞠于外氏,早岁遍诵诸经,尤熟于史事,为诗宗唐贤。来归后,与先府君时相唱和。尝谓妇人四德,文章不与,区区篇翰,奚足存录?故所作罕存稿者,今掇拾仅得什一云。"③

简言之,明清时期徽州文化的兴盛使女子能够接受良好的教育,她们熟读经史,能诗善赋,这为她们在非常情况下出为闺塾师提供了可能。

2. 直接原因:教育子女、维持生计等现实生活的需要

古代文人士子素有游学、游宦之传统。明代中叶徽州人口增长迅速,而山区可耕土地有限,生存困境迫使徽州人不得不大量外出经商。嘉庆年间的《黟县志》中《纪邑中风土》诗称:"丈夫志四方,不辞万里游。新安多游子,尽

---

① 葛韵芬、江峰青等修纂:《民国重修婺源县志(二)》卷六十三《人物十七·才媛》,民国十四年(1925)刻本,南京:江苏古籍出版社,1996年,第590页。
② 葛韵芬、江峰青等修纂:《民国重修婺源县志(二)》卷六十三《人物十七·才媛》,民国十四年(1925)刻本,南京:江苏古籍出版社,1996年,第591页。
③ 光铁夫编:《安徽名媛诗词征略》,合肥:黄山书社,1986年,第150页。

是逐蝇头。风气渐成习,持筹遍九州。"①徽商服贾四方,或春出冬归,或数年一归,"或初娶妇,出至十年、二十、三十年不归,归则孙娶妇而子或不识其父"。② 在男子大量外出的情况下,操持家庭、教育子女的重任就落在徽州女子肩上。徽州女子承担塾师的职责、对子孙进行启蒙教育的情况在徽州文献中多有记载。如黟县商人胡仁泽之妻何氏,"兼通书史,早年自课幼子,晚岁训迪诸孙,其尽力于家庭教育,始终不懈"。③ 婺源程廷简爱游历,其妻江氏在家孝事婆婆,"躬课三子,未尝出外就傅,后其子台、弁、参皆力学成名"。④ 休宁人程肇光"幼敏慧,父侠游,贫不能延师,奉母教通群籍,中年入太学,愈发愤"。⑤

做塾师不仅是士人们济读救贫的重要途径,也是徽州女子维持生计的一种方式。一些徽州女子在丈夫去世、贫困无依的情况下,凭借自身的学识,设绛帐,教生徒,成为明清徽州塾师中的一员。仅歙县就有多位女子为生活所迫而舌耕授徒,如明代方国荣妻闵氏,"环山人氏,岩镇闵建邦女,二十七投环殉夫,获救,因教女徒养姑积二十年"。⑥ 清代潘世锃妻黄氏,"家贫,翁训蒙,氏亦训族中女子,得脩脯以助养";吴序铺妻汪氏年轻时就守寡,"教授女徒,苦节自勖"。⑦ 江士燨也是一位以授徒为生的塾师,汪启淑在《撷芳集》中称

---

① 吴甸华等修纂:《嘉庆黟县志》卷十六《艺文志·诗》,道光五年(1825)刻本,南京:江苏古籍出版社,1998年,第544页。
② 张海鹏、王廷元主编:《明清徽商资料选编》,合肥:黄山书社,1985年,第51页。
③ 吴克俊等修纂:《民国黟县四志》卷末《公函胡何氏请旌公呈》,民国十二年(1923)刊本,南京:江苏古籍出版社,1998年,第517~518页。
④ 马步蟾等纂修:《道光徽州府志(三)》卷十三《人物志·列女》,道光七年(1827)刊本,南京:江苏古籍出版社,1998年,第364页。
⑤ 廖腾煃、汪晋征等修纂:《休宁县志》卷六《人物·孝友》,康熙三十二年(1693)刊本,台北:成文出版社有限公司,1970年,第872页。
⑥ 马步蟾等纂修:《道光徽州府志(三)》卷十三《人物志·列女》,道光七年(1827)刊本,南京:江苏古籍出版社,1998年,第364页。
⑦ 石柱国、许承尧等修纂:《民国歙县志》卷十四《人物志·列女》,民国二十五年(1926)刊本,南京:江苏古籍出版社,1998年,第523、580页。

其"家徒四壁,为闺塾师以自给"。①

3. 时风引发:明清时期女学的兴起

在传统社会中,女性一直被封建宗法制度排斥在主流文化之外。"女子无才便是德"的训诫使她们失去了受教育的权利和发挥聪明才智的机会,"内言不出闺门"的限定使她们的声音湮没于历史的深处。但随着商品经济的发展,明中期出现了资本主义萌芽,人们的思想观念发生了很大改变,尤其晚明个性解放思潮的兴起,一些有识之士意识到女子教育的重要,开始倡导女学。如晚明思想家李贽对有才学、有见识的女子大加赞赏,对贬抑女性才学的论调嗤之以鼻。他称赞向其问道的梅澹然"是出世丈夫,虽是女身,然男子未易及之",认为"此间澹然固奇,善因、明因等又奇,真出世丈夫也"。② 李贽频频以"出世丈夫"来赞美这些潜心读书学道的女性,认为男子也"未易及之",从中可见他对女子接受教育持肯定的态度。清代被称为女学极盛时代,"乾隆三大家"之一的袁枚晚年公开招收女弟子,有姓名可考的随园女弟子就有四五十人,歙县才媛鲍印就是随园女弟子之一。

当统治者发现女子接受教育更有利于闺门整肃、有利于家国时,也会进一步倡导女学,更促进了女学的繁荣。清初《内则衍义》中提到明代贾氏,幼年读书通大义,"家贫而寡,设教女馆,授书自给,闺门肃然,事闻旌之",顺治皇帝特加按语称赞贾氏:"以女子而设馆教人,古今以来所不多有。贾氏家贫孀居,不得已而授书自给,其学问之博可以概见;闺门肃然,其有得于学并可以类推矣。"③在朝廷的推崇下,一些封建宗族为了整个家族素质的提高以及女性家庭作用的更好发挥,也开始重视女子教育的实施。如歙县许氏在族谱家训中列有"教子女婴孩",强调:孩童六岁时不论男女,要"教之数与方名";七岁时,"男女不同席,不共食,始诵《孝经》《论语》,虽女子亦宜诵之";九岁

---

① 胡文楷:《历代妇女著作考》,北京:商务印书馆,1957年,第224页。
② (明)李贽:《焚书》,北京:中华书局,1975年,第183、15页。
③ 曹大为:《中国古代女子教育》,北京:北京师范大学出版社,1996年,第161页。

时,"男子诵《春秋》及诸史,始为之讲解,使晓义理。女子亦为之讲解《论语》《孝经》及《列女传》《女诫》之类,略晓大意"。① 道光年间绩溪章道基在《女训序》中也明确指出:女子"在家为女,适人为妇,生子为母,诗书所载攸关风化者,大有系焉,非教何以成其宜室宜家之德乎"?故而他不辞辛苦,编成《女训》作为女教之书,供族内女子学习。②

由于女学的兴盛,不仅世家大族、文人士子家庭的女子能接受一定程度的文化教育,一般殷富之家待字闺中的女子也会读几年书,接受最基本的教育。女子接受教育人数的增加使得闺塾师的出现成为可能。

(二)闺塾师教授的对象

1. 家中子孙的教育

在教育制度不完备的传统社会,启蒙教育主要依靠以家庭、宗族为主的非官学教育,而母亲被认为是孩子的首任老师,《女论语》就指出:"大抵人家,皆有男女。年已长成,教之有序。训诲之权,实专于母。"③因此,"士之妻自养其子"就成为传统社会启蒙教育的常态,这在族谱、方志、文集等文献中有较多记载。如明代歙县人方嗣文继妻吴氏,"事姑尽孝,姑殁哀毁失明。抚孤自课,盲后犹口授诸孙";吴鄂翔妻汪氏"举子四,自风诗至古文词皆口授"。④清代婺源查氏汪孺人为世家女,"通书史,明大义,善体姑心,每于枕上口授二子《孝经》、小学诸书"。⑤ 婺源潘喜灯妻张氏,"知书善算,解文义",在潘喜灯亡故后,"族某欺凌孤寡,氏佐孀姑程氏随事应付。日备针黹,夜课儿读,孙兆仁、兆瑞亦由氏授经"。婺源潘家骧的妻子俞氏亦如此,由于接受过良好的教

---

① 歙县《泾川许氏宗谱》卷首《规训》,民国三十二年(1943)刊本。
② 绩溪《西关章氏族谱》卷三十九《补遗》,道光二十九年(1849)刻本。
③ 夏家善主编:《历朝母训》,天津:天津古籍出版社,2017年,第86页。
④ 马步蟾等纂修:《道光徽州府志(三)》卷十三《人物志·列女》,道光七年(1827)刊本,南京:江苏古籍出版社,1998年,第131、247页。
⑤ 婺源《婺源查氏族谱》卷尾《学安公配詹孺人子妇汪孺人》,光绪壬辰年(1892)刊本。

育,嫁于潘家骧后,"生三子,亲教四子书及唐诗"。①

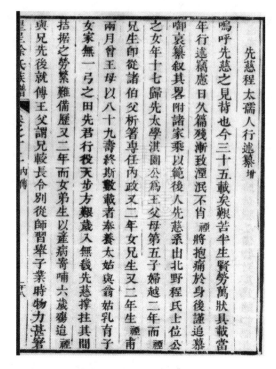

徐禋的《先慈程太孺人行述纂》

在徽州男子游学游宦、离家经商的情况下,教育子孙的责任自然由居家女子来承担。歙县徐禋在《先慈程太孺人行述纂》中提及幼年时,由于父亲经常外出游历,基本没有时间来督促儿子读书学习,为不使徐禋诸兄弟的功课流于荒逸,母亲程氏只得"挑灯夜课",当其"偕兄由塾归",就由程氏来教授、督促,徐禋称其母之行为是"以母道兼父道且兼师道也"。② 寡母抚孤课读的现象在徽州方志、族谱中有较多记载。如明代歙县方兆圣妻闵氏在丈夫死后,独自抚养二子一女,"贫不能延师,亲授以《周易》,后子皆好学";③婺源张

---

① 葛韵芬、江峰青等修纂:《民国重修婺源县志(二)》卷六十三《人物十七·才媛》,民国十四年(1925)刻本,南京:江苏古籍出版社,1996年,第591页。
② 歙县《歙北皇呈徐氏族谱》卷十二《先慈程太孺人行述纂》,乾隆六年(1741)刻本。
③ 马步蟾等纂修:《道光徽州府志(三)》卷十三《人物志·列女》,道光七年(1827)刊本,南京:江苏古籍出版社,1998年,第154页。

氏宗族中的余孺人在夫死后,"家贫不能延师,设几于赠公柩前,自授以经,暇则举古今忠烈以为训勉,虽燕见不假辞色"。① 这些亦母亦师的徽州女子,对子女的影响深远,《青灯课读图》《鸣机课读图》等也就成为贤母教子最形象、最深情的记忆与表达。如《黟县三志》记载,胡守埔的母亲吴太孺人"幼娴姆训女红而外兼习书史",丈夫亡故之后,独力抚养儿子胡守埔,"昼则出就外傅,归则使执书从己读,宵分课不辍,纺织声、读书声声相间也"。胡守埔成年后,请人绘《鸣机课读图》以不忘母亲之教诲,称:"辛勤自课识之无,顾杼挑灯泪眼枯。轧轧机声书朗朗,仰看屋角月同孤。"②

2. 专门的闺中女子教育

早在先秦时期就有女师教女的记载,这种专门的女子教育主要以诸侯贵族的女子为对象,教授女德、仪礼法则以及女红等。后世专门的女子教育就不限于贵族豪门,一般的士大夫与官宦人家也会延聘女师专门教女子读书。如婺源济阳江氏家族卓公夫人柳氏幼时,其父柳刺史"延请母师之最淑者,诵《内则》诸篇及古贤妇懿行,细绎详说"。③

一些闺塾师甚至自设绛帐,专门教授女徒。如明崇祯年间歙县鲍氏家族的江太孺人为世家大族之女,精通书史,接受过良好的文化教育,夫死家贫,"设帐授女徒,兼佣刺绣","借工修所入以糊口",晚年之时,用其积蓄在鲍家祖遗的黄滋园,为丈夫与自己营建两座墓葬,并自撰墓志铭。④ 崇祯年间祁门金氏家族金鳌妻胡氏,"年十八而寡,剪发毁容,矢志不二。素知书,略晓大义,邻族女子多从受《女孝经》《论语》诸书,为女师焉"。⑤ 又如方道辉妻阎

---

① 婺源《星源甲道张氏宗谱》卷六十一《张节母余孺人传》,光绪二十四年(1898)刊本。
② 谢永泰、程鸿诏等修纂:《黟县三志》卷十六《艺文》,同治九年(1870)刊本,台北:成文出版社有限公司,1970年,第654~655页。
③ 婺源《济阳江氏统宗谱》卷四《像赞》,民国八年(1919)刊本。
④ 歙县《歙新馆鲍氏著存堂宗谱》卷二《江太孺人传》,光绪乙亥年(1875)刊本。
⑤ 祁门《金氏统宗谱》卷四《节烈传》,光绪三年(1877)木活字本。

氏,在夫死子幼、婆婆年老的情况下,"因训族中诸女,得脩脯以养姑"。①

3. 不分男女的塾馆启蒙教育

明清时期,一般平民家庭的女子也进入蒙馆尤其是家塾或族塾中读书,清雍正年间的吴绣砚,"幼习诗书,兼通文艺,与侄绶诏、恩诏同塾"。② 婺源江峰青的继妻王纫佩,幼年聪慧,"入塾读书,过目便能记忆"。③ 因此,也有一些闺塾师从事这种不分男女的启蒙教育,如前文提及的正德年间歙县汪本妻程氏,"纱幔传经,训族邻子弟";崇祯年间的歙县奇女子毕著,《歙县志》称其"幼工文翰,兼能挽一石弓,善击剑",20岁时,"随父守蓟丘,父与流贼战死,尸被戮其部",毕著为报父仇,率精锐将士杀入敌营,斩杀其主将,夺回父尸营葬金陵后,"授徒于嘉定之南翔";④清代婺源罗田朱文玉的妻子石氏,不仅亲自课读自己的三子,而且"设家塾,课蒙学"。⑤ 这里蒙馆教学自然是不分男女的启蒙教育。

(三)闺塾师的教学内容

1. 识字教育

汉字不同于西方的拼音文字,儿童学习汉字时不能像西方儿童那样掌握了几十个字母之后,就可以一边识单词,一边学习完整的句段,而是需要识记一定量的汉字,才能整句整段地阅读。

梁启超在《论幼学》中称:"西人之文,以声为主,故字虽多而识字易;中国

---

① 张佩芳、刘大魁修纂:《歙县志》卷十五《人物志·列女》,乾隆三十六年(1771)刊本,台北:成文出版社有限公司,1970年,第1128页。
② 傅瑛编著:《明清安徽妇女文学著述辑考》,合肥:黄山书社,2010年,第485页。
③ 葛韵芬、江峰青等修纂:《民国重修婺源县志(二)》卷六十三《人物十七·才媛》,民国十四年(1925)刻本,南京:江苏古籍出版社,1996年,第591页。
④ 石柱国、许承尧等修纂:《民国歙县志》卷十四《人物志·列女》,民国二十五年(1936)刊本,南京:江苏古籍出版社,1998年,第582页。
⑤ 葛韵芬、江峰青等修纂:《民国重修婺源县志(二)》卷六十三《人物十七·才媛》,民国十四年(1925)刻本,南京:江苏古籍出版社,1996年,第590页。

之文,以形为主,故字虽少而识字难。"①要让儿童能读会写,蒙学教育首先需要扫除文字障碍,要花费专门的时间教授儿童集中识得一定数量的汉字。因此,识字教育自然成为闺塾师课读的一项重要内容。歙县徐景轼在《草心阁自订年谱》中称自己五岁时母亲"吴太夫人始教余识字",六岁时"授余诵唐诗",八岁时才"就傅读书"。②洪亮吉四岁时,其父就命"伯姊课之识字",洪亮吉"每字必询其义,日晚皆为蒋太宜人述之,是年凡识七八百字",故而五岁入家塾时就能学习《大学》《中庸》等。③可见,徐景轼、洪亮吉都是在入塾学习之前跟随母亲、姐姐这些闺中女子认读识字。

2. 伦理道德教育

在封建宗法社会里,伦理道德是维持社会秩序的重要工具。即便是齐家、治国、平天下,也须以修身为前提,伦理道德教育自然成为教育的重要内容,前述婺源甲道张氏家族的余孺人对其子自授经书,"暇则举古今忠烈以为训勉",注重品行道德的教育。嘉靖年间婺源人江旭奇幼年丧父,其母余氏口授《孝经》等书,江旭奇成年后,品行高洁,"著述不倦,于载籍无不淹贯,而苦志尤在《孝经》一书,著《孝经翼》《孝经疏义》,每读辄慷慨流涕曰:'是母氏幼所口授者,壮不能遵而行之,可乎?'"④

闺塾师在实施专门的女子教育时,为达成"宜家宜室"的教育宗旨,尤其注重女德的培植与养成,正如程葆的母亲、歙县才女汪嫈在《闺训篇》中所说:"男儿希圣贤,女亦贵自立。礼义与廉耻,四维毋缺一。千秋传女宗,在德不在色。无德才曷取,德厚才自轶。"⑤才、德、色三者,对女子来说,德是第一位的。这种女德教育主要是通过讲授古列女的事迹,或传授女教读物如《女诫》《女论语》《女范捷录》之类来进行。歙县《洪川洪氏宗谱》记载,节妇祯孺人方

---

① 汤志钧等编:《中国近代教育史资料汇编·戊戌时期教育》,上海:上海教育出版社,2007年,第88～89页。
② 薛贞芳主编:《清代徽人年谱合刊》,合肥:黄山书社,2006年,第775页。
③ 薛贞芳主编:《清代徽人年谱合刊》,合肥:黄山书社,2006年,第470页。
④ 婺源《萧江家乘》卷十《舜升公传》,道光三十年(1850)木刻本。
⑤ (清)张应昌编:《清诗铎》,北京:中华书局,1960年,第788页。

氏,"训女尤严,每引《列女传》以教之"。歙县潭渡许懋华的妻子汪氏"每女红暇,命内外子妇女孙列坐,为讲说古列女节孝贤明事"。①

3. 诗文经史教育

接受过良好教育的闺塾师在教育子女时,也会进行诗文经史的教授。如明代文学家潘之恒的母亲出身于世家大族,"幼从内傅,受姆训,诸书通大义。之恒五六岁,则置膝上自授之。尝业及《国风》,喟然念樛木之待下也,日尚矣"。②清雍正年间休宁的程琼,系沣溪吴震生妻,工诗书,且"书画算奕无不精敏,论事评理微妙独绝"。其子五岁时,"亲授以书即成诵,乃合诸子中语,各附史事为书以教之"。③程琼不仅教授儿子读书,且亲自为儿子编写了启蒙教材《杂流必读》。许承尧在《歙事闲谭·程镇北殉难事》中提及,程葆的母亲汪嫈"通经史,为女师,课子读"。④程葆成年后专门绘制了《秋灯课子图》,并请当时名士为此图赋诗,汇编成《秋灯课子图题咏集》,感激母亲的教育之恩,其中有汪鸣相诗云:"母昔读诗兼六经,今悉为儿口授之。读书不熟如未读,熟读精微久自知。一灯荧荧秋夜长,四壁虫声助太息。儿吟母绩儿不饥,十载名成皆母力。"⑤从中可见汪嫈对其子进行诗文经史的教授。

明代歙县吴伯清妻黄氏为了更好地对儿子进行文化教育而勤习经史,其子吴士奇回忆说:"先恭人资最颖,史过目成诵,每夜以语余。"⑥一些才女贤媛在实施专门的女子教育时,除强调女子的伦理道德教育,亦非常注重诗文经史的传授,如清顺治年间的才女范满珠,著有《绣余草》传世,女儿戴玺"少

---

① 王传满:《明清徽州节烈妇女研究》,合肥:安徽大学硕士学位论文,2008 年,第 246 页。
② (明)方弘静:《素园存稿》卷十二《潘母吴孺人行状》,见《四库全书存目丛书·集部》第 121 册,济南:齐鲁书社,1997 年,第 206 页。
③ 石柱国、许承尧等修纂:《民国歙县志》卷十四《人物志·列女》,民国二十五年(1936)刊本,南京:江苏古籍出版社,1998 年,第 583 页。
④ 许承尧撰,李明回等校点:《歙事闲谭》,合肥:黄山书社,2001 年,第 1056 页。
⑤ 李秋橘:《清代女诗人汪嫈年谱》,淮北师范大学硕士学位论文,2014 年,第 3 页。
⑥ (明)吴士奇:《绿滋馆稿》卷五《先大夫请状》,见《四库全书存目丛书·集部》第 173 册,济南:齐鲁书社,1997 年,第 683 页。

承母训,工诗词"。① 汪嫈博通经史,故在其为女子教育所作的《闺训篇》中也指出:"蒙养自少时,定性严所习。三从义定衡,四子书洞悉。经史苟旁通,万卷盈胸臆。"②其强调在对女子进行启蒙教育时,不仅要学习伦理规范,还要洞悉《大学》《论语》《中庸》《孟子》这些儒家经典,旁通各类经史。

总之,在教育权、受教育权几乎被男性垄断的传统社会中,明清时期的徽州文化教育的兴盛、特殊地理条件造成男子大量外出的客观现实以及女学兴起这一时代潮流的引发,使得一些徽州女子在享有一定受教育权的同时,还成为教育活动的实施者——闺塾师。闺塾师这一特殊群体在明清徽州的出现及其实施的教育活动,其意义主要体现在如下两方面。

首先,对明清徽州教育尤其是启蒙教育的发展有一定的推动作用。闺塾师有的在家中教育子女,"以母道兼父道且兼师道",助其成才;有的设馆授徒,或被聘为西席,进行专门的女子教育;有的甚至走出家门,如士人一样成为乡村塾师中的一员。在教育资源缺乏的传统社会中,闺塾师所实施的教育活动,推动了明清徽州教育的发展,尤其是她们自授其子式的家庭启蒙教育,对子孙影响深远,意义重大。尽管一些闺塾师在实施专门的女子教育活动时,确实存在禁锢闺门、束缚女子等一些不好的现象,但从整体上看,闺塾师的教育活动在客观上推动了明清时期徽州教育尤其是启蒙教育的发展,有利于明清徽州社会整体文化素质的提高。

其次,改变了徽州传统女性在世人心目中的刻板印象。近代以来随着现代民族主义国家的建立,人们在批判传统社会制度及思想的过程中,往往以现代社会的标准来建构与现代完全相反的景象作为批判的对象。例如五四期间在宣传科学、民主之时,往往将矛头对准封建礼教,人们在批判"三纲五常"的时候,自然将其与程朱理学、贞节牌坊联系在一起。因此,作为"程朱阙里"的徽州的传统女性,在人们心目中的形象就是日常居家劳作、闺中守节孝亲。其实,通过对明清徽州闺塾师从事教育活动的文献的梳理,可以发现徽

---

① 胡在渭编:《徽州女子诗选·作者略历补遗》,1936年油印本。
② (清)张应昌编:《清诗铎》,北京:中华书局,1960年,第788页。

州女性的生活是非常丰富的,她们的形象也是多重的。她们不完全是日常居家劳作、闺中抚孤守节的普通女性,其中有相当一部分不仅博通经史,富有才学,还从事着传统社会一般由男性从事的塾师职业。因此,徽州闺塾师的出现及所从事的教育活动似乎昭示着在礼教森严、理学兴盛的徽州传统社会中,所有的女性并非都生活在一个完全被隔离的社会空间中,男女之间似乎也不存在不可逾越的鸿沟,她们也可能拥有一定意义的生存状态。

第三章 明清徽州塾师的延聘标准与程序

徽州宗族重视族内子弟的教育，认为这关系着宗族的兴盛，"子孙才，族将大"，由此形成尊师重教的传统。很多族谱家训中列有"尊师友""重师儒""尊师道""敬师长""敬重师傅"等条例，倡导族人尊师重教。如《新安槐塘程氏宗谱》在"家规"中指出，"讲学明理、指引程途者，师之功也；忠告善道、诱掖磨砺者，友之力也"，故要求族人"致敬尽礼，隆师敬友"。①《古歙义成朱氏宗谱》在《祖训十二则》中谆谆告诫族人要"敬重师傅"，因为"择师教子自当读诗书，自当课文艺，然必于诗书中讲求道义，而使性情心术之间皆从此端正，又必于文艺中发明学问，而使品行德望之地皆从此精纯，是所借于师者

绩溪《上川明经胡氏宗谱》下卷《规训·尊师道》

---

① 歙县《新安槐塘程氏宗谱》卷十八《家规》，民国丙寅年（1926）刊本。

非轻",强调"师严然后道尊,道尊则教重,教重则文理明、人品立,孝弟之心油然生矣"。① 正因为师儒对子弟的成长如此重要,所以徽州人在延师教子时既强调选择"严师""明师",在延请过程中也遵循一定的程序和礼仪。

一、明清徽州塾师的延聘标准

绩溪《上川明经胡氏宗谱》在《规训》中一方面要求族人尊师重教,厚待塾师;另一方面强调对塾师要严加选择:"择师亦要焉,知所尊而不知择,是欲其子之齐语而使楚人傅之也,得乎?"②《新安槐塘程氏宗谱》云:"家塾之师必择严明可为师者为之,不然,童稚之学以先入之言为主,教之不正,适为终身之误。"③这主要是从蒙学教育先入为主、教以正则等规律出发,强调择师教子的重要性。绩溪《西关章氏族谱》还专门刊载族人章道基所作的《师说》一文,文中详细论述了"良师""庸师"的区别以及对子弟的不同影响,用来加强族人的择师意识,认为:良师能"秉慈惠之心者,及是时迎机开导,多术提撕,造就因材,宽严交尽,务使养成圣贤之基,蔚为硕辅之器。德行足以昭垂,文章堪以寿世";而庸师"管束不严,且曲庇以市恩;习课不勤,更弥缝以避怨。冒滥时名者,聚谈拜客之事多;经营俗务者,离家进馆之日少;其株守者,复勤于自课而懒于教人。……更有居恒代作课艺,使欺瞒其父兄,临考怂恿请托,以自饰其声誉。虚縻东家之馆谷,厥罪犹小;错过后生光阴,损德甚大"。④《师说》一文充分阐述了塾师的选择对子弟的教育关系重大,告诫族人应重视塾师的选择。

虽然由于各个家庭、宗族文化底蕴与需求状况不同,对塾师的延聘并无整齐划一的硬性要求,但大体来说主要有以下三方面的要求。

(一)品学兼优:延聘的基本标准

"品"是指塾师的道德品质以及作为道德品质外在表现形式的行为,"学"

---

① 歙县《古歙义成朱氏宗谱》卷首《祖训十二条》,宣统庚戌年(1910)刊本。
② 绩溪《上川明经胡氏宗谱》下卷《规训》,宣统二年(1910)刻本。
③ 歙县《新安槐塘程氏宗谱》卷十八《家规》,民国丙寅年(1926)刊本。
④ 绩溪《西关章氏族谱》卷三十六《师说》,道光二十九年(1849)刊本。

则是指塾师的学问见识。"品学兼优"是人们延聘塾师的一条基本标准。胡梦龄在《黟俗小纪》中指出:"教子弟蒙师尤为紧要,为父兄者须择品学兼优之师,庶收养正之功。"①《绩邑东关黄氏宗谱》则从塾师学行对子弟的影响出发,强调塾师应品学俱优:"师教不严则无畏惮,工课不稽则率意妄为,子弟善恶机由于此。今后各家务访其学行俱优,堪为师表者,以礼敦请,训诲子弟,则学可成,行可修,其受益多矣。"②我们也可以从明代祁门乡贤谢显早年被聘为西席的经历中窥见人们对塾师品学的要求:谢显家贫,"弱冠卓为人师,严毅方正,不徇俗好。闻人有谑浪语,辄不怿,乡里畏而敬之。肆力经史,尤邃于《易》,游艺词赋必因以发明义理,不徒工富丽而已"。正因为谢显有严毅方正的品行,且肆力经史,尤精于《易经》,故"庐阳郡守周两山公闻其贤,聘以教其子"。③

"品学兼优式序庠"④是人们对塾师的品行与学问的要求,更是塾师延聘的基本标准。早在汉魏时人们就提出"经师易得,人师难求",因为"人师者,为能表帅[率]乎人也",故而塾师的品行尤为社会所重视。⑤洪武十六年(1383),朱元璋在诏令民间设立社学时,就明确规定:"其经断有过之人,不许为师。"⑥地方的社学中也强调延聘塾师时,"务须植品端方之庠生,始准延订;其素行不谨者,虽有文才,不得滥竽充数"。⑦ 在论及蒙学教育目的时,朱熹曾反复申说,小学阶段只是教之以事,学会诸如事亲敬长之类的切近事情,懂得日常生活中的规范。因此,学做人是比学知识更为重要的教育目的。这

---

① 吴克俊等修纂:《民国黟县四志》卷三《风俗》,民国十二年(1923)刊本,南京:江苏古籍出版社,1998年,第27页。
② 绩溪《绩邑东关黄氏宗谱》卷首《宗范附宗法》,光绪二十二年(1896)刊本。
③ 祁门《干源谢氏孟宗谱》,卷十《谢一敦先生行略》,明嘉靖丁酉年(1537)刻本。
④ 谢永泰、程鸿诏等修纂:《黟县三志》卷十六《艺文志》,同治九年(1870)刊本,台北:成文出版社有限公司,1970年,第639页。
⑤ 歙县《古歙义成朱氏宗谱》卷首《祖训十二条》,宣统庚戌年(1910)刊本。
⑥ 万历《明会典》卷七八《学校·社学》,见杨学为等主编:《中国考试制度史资料选编》,合肥:黄山书社,1992年,第317页。
⑦ 璩鑫圭编:《鸦片战争时期教育》,上海:上海教育出版社,2007年,第335页。

也就决定了在蒙学教育阶段,对塾师品行的强调胜过对塾师学识的要求。塾师只有具备良好的品行、风范,才有可能把学生塑造成圣贤的坯模。

徽州宗族普遍认识到塾师的品行、风范在蒙学教育中的重要作用,择师时尤其注意其品行。绩溪《华阳舒氏统宗谱》中指出:"家学之师,必择严毅方正者为师法。苟非其人,则童蒙何以养正哉!"①歙县东门许氏宗族规定:"立蒙学一处,延请老成盛德者为师训导。"②绩溪《南关惇叙堂宗谱》在《家训·重师儒》条也指出:"凡请师,第一要有品行老成之人。"③婺源《龙池王氏续修宗谱》则强调:"凡属成人自能知所取法,而圣狂之介尤在童年。少成若天性,习惯成自然,语不妄也。子弟初就塾,必择其严毅方正可为师表者教之。苟非其人,毫厘之差,谬以千里。不可不慎!"④这从儒家少成天性的角度阐述了蒙师德行的重要,告诫族人应慎重择师。直至光绪三十三年(1907)绩溪金紫胡氏建初等小学堂时,其族谱中仍有这样的话语:"人见今日入学堂子弟多染浮嚣习气,遽以是为学堂诟病,不知此非学堂之咎,乃办理学堂人之咎也。盖校风之美与教员、管理员有密切之关系。学校教科修身为重,然修身科非可徒以言教也,必其为教员、管理员者遵循教则,实事求是,以一己之修身示儿童模仿之活标本焉,而感化力乃大。"⑤这里仍是强调学堂教师的品行对年幼学生的影响极大。

(二)科考身份与声名:延聘的显性尺度

不过,所谓"品学兼优""学行可为师范",毕竟只是一个相对感性而笼统的标准,缺乏切实可行的操作性。因此,在实际生活中,除一些声名显著的致仕官员与名儒硕士外,对大多数士人的品行与学行的判断,还需要一些相对具体化、操作性强的显性尺度。科举盛行的明清时期,在民间社会认知中,这种相对具体化的判断标准,自然就与科举制度联系起来。于是,士人通过科

---

① 绩溪《华阳舒氏统宗谱》卷一《家范十条》,同治九年(1870)刊本。
② 歙县《重修古歙城东许氏世谱》卷八《宗祠新置义田规约》,明崇祯七年(1634)刻本。
③ 绩溪《南关惇叙堂宗谱》卷八《家训》,光绪壬午年(1882)刊本。
④ 婺源《龙池王氏续修宗谱》卷首《家法》,光绪二十六(1990)年刊本。
⑤ 绩溪《绩溪金紫胡氏家谱》卷首《金紫胡氏初等小学堂记》,光绪三十三年(1907)刊本。

举考试建立起来的科考身份与声名,成为影响人们延聘塾师的重要标准与显性尺度。

自隋唐实行科举考试以来,贵族世袭制被打破,平民百姓主要通过科举考试来实现社会身份地位的改变。而用来评估士人地位的标准主要是科举考试的身份状况。明清时期,科举考试身份主要包含童生、生员、举人、进士四个层次。

明清时期的徽州,族塾、义学等对所选择的塾师常常是有一定要求和限制的,这从延请的塾师身份可以看出。如婺源双杉王氏宗族为当地的世家大族,延请桃溪的明经(清代贡士的别称)潘鸿翔担任塾师。自康熙癸巳年(1713)馆于王家,直至雍正戊申年(1728)以年老辞馆家居,潘鸿翔在王氏家族共教授15年,得到王氏家族的尊敬与认可。其间,王氏家族子弟科考人数众多,乾隆五年(1740)邑侯张厚载曾称其出宰婺源时:"及下车课生童,独王姓多士济济,文如苏海韩潮。"① 绩溪西关章氏家族的章必春,"悯族中有贫而失学者,假仁聚堂开设义馆,延诸生周君召南教授其间"。② 不论是潘鸿翔还是周召南,之所以被世家大族的族塾、义馆所延聘,主要是因为他们有生员身份。

一些塾师的从教经历更能说明当时人们对塾师科考身份的看重。清代

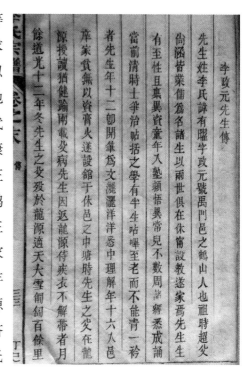

黟县《鹤山李氏宗谱》卷末《李政元先生传》

---

① 婺源《双杉王氏宗谱》卷十七《文会综览》,光绪癸巳年(1893)刊本。
② 绩溪《西关章氏族谱》卷二十四《家传》,道光二十九年(1849)刊本。

黟县塾师李政元,"年十二即开笔为文,洒洒洋洋,悉中理解",家中贫困,直到16岁"游庠",成为邑庠生,"遂设馆于休邑之中塘"。① 李政元是在成为官学生员——邑庠生之后,才设馆授徒,这在一定程度上固然是因为在"游庠"之前,他为取得科考资格、应童子试而勤于攻读,无暇顾及其他,但与徽州民间社会以"游庠与否"作为择师标准也不无关联。绩溪塾师程万明的经历则更为坎坷,根据其自述,尽管致力于儒业,但"弱冠以前就试两次而未入学"。23岁以后遭遇太平军战乱,湘军与太平天国在徽州长时间的拉锯战,致使其东躲西藏,艰苦备尝。他"艺黍服贾",从事过农耕,也做过商贩。虽饥寒交迫,但从未废学。"三十三燹平开科,幸游泮水,自是训蒙为业,且教且学,而外事不与。"② 因为"幸游泮水",即进入州县之类的官学读书,程万明才能够以"训蒙为业",一边教授童蒙,一边继续参加科举考试。

以科考身份作为择师的标准,在明清社学中要求明确。洪武十六年(1383),朱元璋下令郡县复设社学,诏云:

  各州县在城并乡村,但有三五十家,便请个秀才开学,教军民之家子弟入学读书,不妨他本业,务要成效。③

这里的"秀才",乃是民间社会对儒学生员的一种通称。可见,社学教师的选择是以生员为主要对象。由此可知,生员身份的获得与否,是明清社学在选择教师时的一个颇具操作性的显性尺度。

科考身份决定其是否有资格成为塾师,而科考声名则影响其谋取塾馆层次的高低、待遇的优劣等。科考声名主要指明清生员在岁试、科试④中的等第与制艺、经义的优劣。一般来说,缙绅世家在选择塾师时,不仅注重选择对

---

① 黟县《鹤山李氏宗谱》卷末《李政元先生传》,民国六年(1917)刊本。
② 绩溪《锦谷程氏宗谱》卷四《鸿顺氏自记》,光绪三十年(1904)刻本。
③ 嘉靖《东乡县志·公署上》,见吴宣德:《中国教育制度史》(第4卷),济南:山东教育出版社,2000年,第557页。
④ 明清时期,岁试是指每年举行的童生入学考试,录取后即为生员;科试又称"录科",是对已经在校的生员进行考试,成绩优者方能参加乡试,成绩劣者要受到处罚甚至取消生员资格。

象的科考身份，更注重其在岁试、科试中的等第与声名。徽州塾师在《坐馆经文·蒙馆赋》中就曾感叹社会评价他们的标准是科举考试，"先生之等第似与考试科名而判分高下"，甚至束脩的多少也与此直接相关，他们哀叹："一落孙山胆欲寒，脩金加价倍艰难。世情勘破真如纸，普盖都从冷眼看。"明代世情小说《欢喜冤家》第十七回也有浙江秀水县乡宦江五常根据科考声名来择师教子的描写："着家人往余姚，打听近时宗师考在优等生员，请一个来。"后来，他终于聘请"提学岁考批首"的优等生员孔宗良入主家塾。①

科考声名对民间择师的重要影响，我们不难从一些名师的经历中略窥一二。康熙年间婺源沣溪吕治，学识渊博，诸子百家靡不淹贯，"为文瑰瑰奇奇，飘然欲仙，无尘俗气。康熙壬寅拔入邑庠，为诸生冠，复为科举第一，望重当时。教人循循善诱，黄村、云川诸大族济济多士，争欲出公门下"。黄村、云川等故家大族争相延聘吕治，与其优秀的科考声名——"为诸生冠，复为科举第一"不无关系。不仅如此，其所写的文章，被门人视为瑰宝，"凡经义、制艺及应酬笔札，雅不留稿，门人悉于敝箧中搜而录之，虽片纸只字，秘为枕中鸿宝"。② 明代方承训在《复初集》中也描述了歙县小溪塾师项茂才（名化中）因科考声名而门人大增、束脩丰饶的情形：

> 里多句读师。茂才四五岁即从句读师受诗词，经目辄成诵，师大奇之。稍长，日诵百千言辄不忘，族人啧啧称羡，曰："光余族必是子也。"家甚贫窭，无中家产，茂才处之坦如也。总角即群童子从受句读，所修[脩]蒸蒸能给其家，无内顾忧。愈益能肆力经术，深于易，为易诸生嚆矢。弱冠犹然。卑卑不自足，不出试。督学使者行县，诸父昆弟趣之试，试即置高等第一人，籍名郡博士。于是受业者愈益从门墙，所修[脩]愈益饶裕，俯仰愈益赡。③

---

① （明）西湖渔隐主人：《欢喜冤家》，北京：华夏出版社，2015年，第210页。
② 婺源《婺源沣溪吕氏世谱》卷十五《家传·文学成书公传》，民国三十一年（1942）刊本。
③ （明）方承训：《复初集》卷三十三《项茂才传》，见《四库全书存目丛书·集部》第188册，济南：齐鲁书社，1997年，第208页。

由上引可知,项茂才早年通过教授句读来养家济读,后来督学使者巡县,得试高等第一,籍名郡博士后,门人盈墙,束脩丰饶,足见时人对科考声名的看重。在《复初集》中,由于科考声名而塾师门人盈墙的不止项茂才一人,如歙县长径里胡茂才(名沛然)亦如是,"东越周督学使君行县,试置茂才优等,赐廪禄,门下生愈益从墙舍"。①

(三)生徒的发展状况:延聘的隐性指标

所教生徒的发展状况,往往也是徽州民间选择塾师的重要指标。据康熙年间的《休宁县志》载,明代休宁后街人汪嘉宾为邑庠生,方正自持,严于师范,自设塾馆,"及门寒士却赞,多成材",故而先后及门者多达数百人;清代休宁坑口人孙昌明是邑庠增生,"学有本源,诗歌、今古文皆能自成一家,教授生徒四十年,因材造就,及门学成名立者甚多"。② 对两位塾师的教学效果的衡量均是以生徒的发展状况("多成材""学成名立者甚多")为标准。婺源《双杉王氏宗谱》详细记载了其家族的明代塾师王念斋先生(名富,别号念斋)由于教学有成,被人争相延聘的情形:

> 公性聪敏,熟通经子史传。一切纷华声利不动于怀,但知口诵心惟,目稽而手录《尔》《庸》,以律身之正,博古之明。为塾师,循循有方,从游者众,率成学而去。远方闻之,延至广陵,子弟争晋式而公有克家子得不内顾,逾数年,始返。返则安淡泊,伍圣贤,若将终身。而旧馆人企慕不忘,连书复迎之,疆而后往,公脱尘之想迄不可免。③

王念斋由于品学兼优、教学有方,生徒众多且教学效果好——"率成学而去",因此,声名远播,延至广陵,年老离馆,馆人仍企慕不忘,只得再次返馆教

---

① (明)方承训:《复初集》卷三十三《胡茂才传》,见《四库全书存目丛书·集部》第188册,济南:齐鲁书社,1997年,第211页。
② 廖腾煃、汪晋征等修纂:《休宁县志》卷六《人物·学林》,康熙三十二年(1693)刊本,台北:成文出版社有限公司,1970年,第890、911页。
③ 婺源《双杉王氏宗谱》卷十九《念斋先生行状》,光绪癸巳年(1893)刊本。

授。文中虽未说明生徒的"成学而去"究竟指什么,但大致来说,生徒的发展状况主要有以下两方面。

一是所教生徒文行的发展。前述道光年间的黟县鹤山的塾师李政元在成为邑庠生后设馆授徒,他"以谋道为谋食,笔耕墨耨,无间寒暑",所教生徒文章、品行出色,故而"远近皆慕其名,初应石门程家之请,后受渭桥吴姓之聘,羔雁充庭,争相引重。休之知名士半出先生门下"。① 元末明初婺源沣溪的吕节初教学有方,"是以就学者容止可观,进退有度,时称贤师弟子",故而"富室大家争聘为弟子师"。②《民国黟县四志》也记载,黟县明贤里人余石洲同治四年(1865)入邑庠,光绪十二年(1886)才得"以增生贡成均,年已五十矣,先生虽啬于遇而处之泰然。从学之士又多以文行见称,由是里党咸学,门人益进"。③ 余石洲所教学生文行俱佳,影响了乡村的风俗教化,受人称道。

二是所教生徒科考所获的等级与功名的取得。以生徒的科考成绩作为衡量塾师教学效果的指标不太公平科学,塾师对此也颇为不满:"满腔心事向谁提?否塞穷通运不齐。世俗延师非论学,只将考试看高低。"但对民间社会来说,这种判断标准更加简捷方便。《婺源查氏族谱》述及康熙年间其二十六世族人查文潞时,就有这样的记述:

> 文潞字宗彦,号振山,侑公子。性厚重简默,短于才,喜读书。家贫训铎于休时,祁邑教谕胡公本固见公教法,曰:"诚良师也。"明年,延之以课诸孙,如从化、从训、君敬、君典等七人皆入邑庠,而公之名益振。④

查文潞固然是以其教学有方而赢得祁门县教谕胡本固的赞誉与延聘,但使其名声大震的仍是其所教胡氏子孙七人"皆入邑庠"的科考成绩。

---

① 黟县《鹤山李氏宗谱》卷末《李政元先生传》,民国六年(1917)刊本。
② 婺源《婺源沣溪吕氏世谱》卷十五《家传》,民国三十一年(1942)刊本。
③ 吴克俊等修纂:《民国黟县四志》卷十四《余石洲先生传》,民国十二年(1923)刊本,南京:江苏古籍出版社,1998年,第294页。
④ 婺源《婺源查氏族谱》卷尾《文翰》,光绪壬辰年(1892)刊本。

翻检徽州族谱、方志中有关塾师的一些传记，在述及其教学成绩时，大多以所教生徒科考名第的获得作为叙述的佐证。如《婺源沣溪吕氏世谱》中的吕谭，谱传称其"讲学精深，闻道孔夙，威仪可象，言语可法"，因此，婺源的故家大族竞相应聘其为西席，或遣子弟就学，生徒多至百余人，"其以学问进取科第者，至正甲申乡贡进士齐志冲、辛卯进士诚，皆公之高弟也"。① 绩溪《西关章氏族谱》称其族人章璁，"开门授徒，师道尊严。贡士程宠、程宏、葛文献、外甥通府、周绅诸君及弟乡进士序，皆其门人也"；章定琦，"教授乡里，造就颇多，程孝廉诰，其门下士也"；章亮工，"设教灵山、眉山、东山，游其门者，以文章诗赋获隽不下三十余人"。② 据《橙阳散志》记载，歙县江村的江源，"推诚砥行，积学工文，所著有《引翼集》。其及门皆一时英俊，同邑方鸿尤称高足，官襄城令，以循良著，盖本师训云"。③《黟县三志》也记载，增生王清宁，"植品砥行，作文宗先正，岁科优等，乡闱屡荐。构环峰书舍，专意教授。进士余毓祥，举人姚森、俞正禧皆出其门"；廪生舒凤毛，"岁科高等，乡试屡荐，有《屏山馆文稿》，及门多知名之士，举人舒帷最著"。④ 诸如此类的记述很多，这种带有模式化的表述方式足以说明生徒科考名第是徽州民间延聘塾师重要的潜在依据。

可以说，生员及其以上科考身份的获取、科考声名的优等，以及生徒良好的发展状况，是民间社会在"品学兼优式序序"这一基本原则之下的更具有操作性的具体延聘标准。

当然，不论是品学兼优的原则性标准，还是科考身份的获取、科考声名的优等与生徒发展状况良好等具体化的延聘指标，在现实社会的具体操作中也是有一定相对性的。由于社会人文环境的不同，在一些偏远的乡村地区，受

---

① 婺源《婺源沣溪吕氏世谱》卷十五《家传》，民国三十一年(1942)刊本。
② 绩溪《西关章氏族谱》卷二十四《家传》，道光二十九年(1849)刊本。
③ (清)江登云辑，江绍莲续编，康健校注：《橙阳散志》卷三《人物志一·士林》，芜湖：安徽师范大学出版社，2018年，第83页。
④ 谢永泰、程鸿诏等修纂：《黟县三志》卷七《人物·文苑》，同治九年(1870)刊本，台北：成文出版社有限公司，1970年，第138、140页。

人才的匮乏、经济条件差的限制，人们对塾师延聘、选择的标准就不得不降低了。如一些未取得生员资格的童生担任塾师，乡馆甚至出现如绩溪章道基在《师说》中所称"或迂腐文学，或拳勇武生，或年迈儒童，或失业商贾，以及课命代书之流俱可充之"①的现象。

二、明清徽州塾师的延聘程序

在明清社会中，塾师授徒谋生主要有两种方式：一种是开馆授徒，即在自家或租借的房屋、祠堂等场所开馆，学生们自四方来学；另一种是受他人或乡族之聘，到家塾、族塾、村塾或义学等学塾中处馆。虽然塾师对自身是"开馆"还是"处馆"两种方式的选择有很大的自由度，并无严格的界限与身份的划分，但在实际操作中，这种选择多多少少还是会因身份、地位的不同而有差别。

开馆授徒因其无远离家庭与倚人门墙的苦楚，在谋生的同时亦可养亲教子，照顾家庭，甚至还可从事副业来补贴家用（第五章将提及的祁门塾师胡廷卿坐馆村中同时从事茶叶经营）。这对塾师来说是一种比较理想的谋生方式。但是，开馆授徒既需要一定的前期经济投资，如教学场地、教学桌椅等用具，也需要有足够的生源，需要吸引四方生徒来学，馆谷足以养家。因此，一般而言，只有那

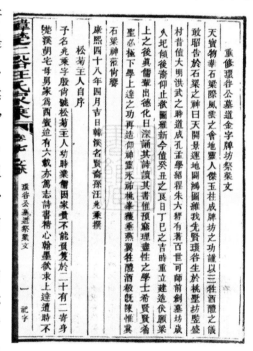

《韩楚二溪汪氏家乘》所载《松菊主人自序》

---

① 绩溪《西关章氏族谱》卷三十六《师说》，道光二十九年（1849）刊本。

些地位、声望较高,具有一定社会吸引力的塾师才能开馆授徒。如歙县岩镇人王泰徵是崇祯丁丑年(1637)进士,入清之后归隐檀山,杜门授徒,"日讲习经史百家,旁证曲引,聚徒至数十百人"。① 婺源沣溪吕成注,因"严气正性,人不敢干以私。喜读书、善启迪",在族内声望很高,因而"居家教授,族之子弟多出其门"。②

对于大多数普通塾师而言,由于自身经济条件与地位声望的限制,外出处馆授徒则更为常见。光绪年间以及民国时期的《婺源县志》中均有其地士人大多生活贫困,为谋生不辞辛劳,至百里处为乡里塾师以自给的记载。有的塾师甚至半生都是在外处馆,如万历年间婺源张邦傅在自述其舌耕经历时云:"余以舌耕游楚、游燕,馆歙、馆桃溪,糊口四方,较之家居,生平殆过半焉。"③康熙年间祁门塾师汪兆乘自述其处馆经历时称:

> 幼时业儒,因家贫不能负笈。于二十有二,寄身楚溪胡宅母舅家,为西宾迫有六载。亦笃志诗书,精心翰墨,欲求上达。遭时不遇,中年亲丧,未遂其志。家徒壁立,弃儒业医。二十有八,族伯叔辈留予家庭训弟子侄,倏忽之间十有一载。年四旬,小洲某氏接予业馆,光阴迅速,度岁三周四旬。单四友荐邑西千佛桥倪宅,已而又耽六载。家务猥集,俸粟不继,五内愧然。五旬单一舌耕平里。④

汪兆乘自22岁处馆至53岁写作这篇序言,除27岁左右短暂停馆行医外,他在楚溪、本家、小洲、千佛桥、平里五地共处馆30余年,半生都是在处馆中度过的。

开馆授徒自然不存在延聘的问题,生徒入塾行拜师礼、送贽礼等即意味着从教的开始。因此,下面重点论述塾师处馆的延聘程序。概括地说,明清

---

① 丁廷楗、赵吉士修纂:《徽州府志》卷十五《人物志·隐逸》,康熙三十八年(1699)刊本,台北:成文出版社有限公司,1970年,第1943页。
② 婺源《婺源沣溪吕氏世谱》卷十五《家传·挹兹公传》,民国三十一年(1942)刊本。
③ 婺源《星源甲道张氏宗谱》卷六十一《吴孺人传》,光绪二十四年(1898)刊本。
④ 祁门《韩楚二溪汪氏家乘》卷七《松菊主人自序》,宣统二年(1910)刊本。

徽州延聘塾师的程序大致有三步：荐馆、定馆、坐馆。

（一）荐馆

处馆虽然是塾师较为常见的谋生方式，但民间社会"西席"之位的谋取并非简单之事，尤其是在馆业竞争加剧的明清时期。士人在谋馆时，往往需要寻求有一定声望、地位的人予以推荐来提高其职业竞争力。塾师汪兆乘在亲属、本家坐馆 20 余年后，曾由"单四友荐邑西千佛桥倪宅"，得以在此坐馆 6 年。现存的徽州书信范本中往往会收录托请荐馆的书信以供人模仿，由此可见荐馆的普遍性。光绪丙申年（1896）歙南茂川潘景山《信札谚语》中就收录多封请求荐馆的书信范本，如：

托表伯荐馆信

万里清天，三秋明月。许久不见芝颜，鄙吝之弊，不觉复萌于心矣。想△△兴居纳福，不卜可知。侄托庇犆适，无劳记念。只是幼读诗书，功夫浮薄，未能吐气扬眉。意欲营谋别业，又恐前功尽弃。想△△尊伯名誉宏通，知交必广，烦代侄觅一馆以为舌耕之计，则感惠无既矣。忝属知己，谅弗推辞。特此专请，并请　金安。

塾师在觅馆中不得不凭借一定的社会关系，而亲属关系在中国传统乡土社会中是觅馆时凭借最多的一种，上述书信中恳托的就是"名誉宏通，知交必广"的表伯。前述《韩楚二溪汪氏家乘》记载的塾师汪兆乘也曾由"族伯叔辈留予家庭训弟子侄"。《星源甲道张氏宗谱》中则记载了张锦林由于家道中落，在生计无法解决的情况下，不得不舍弃举业，由"族侄绍西荐，龙溪俞与和员外遂延先生主讲席"。[①] 理学家陈栎不仅自己在休宁多地坐馆 60 余年，也为包括侄儿在内的亲友推荐塾馆。在《与中泽程氏》一文中，他提及自己向程氏"两荐塾师，两蒙听纳，竟皆为反覆者所误"的失败经历后，又向程氏推荐了

---

① 婺源《星源甲道张氏宗谱》卷六十一《孝廉春苑先生传》，光绪二十四年（1898）刊本。

自己的侄儿陈光。①

朋友、师徒甚至熟人关系也是塾师们在觅馆时常常凭借的社会关系。如《坐馆经文·蒙馆赋》中塾师抱怨馆业难寻时称："托尽四方旧友,实觉艰难;联成一辈顽童,诚为繁伙。"这说的是委托朋友谋求馆业。婺源汪绂一直在浙江、福建等地坐馆,晚年回到徽州,坐馆于休宁蓝渡即由其弟子余元遴所荐。据余龙光的《双池先生年谱》载,乾隆二十年(1755),"休宁县蓝渡朱氏聘先生来岁主讲西席。蓝渡朱君德辉,先祖(即余元遴)旧主人也。业蓰于楚,处殷实而读书好贤如恐不及。先祖馆蓝八载,宾主相契,兹复荐先生道德崇闳,宜延训淑子弟,朱君因介先祖,礼聘先生主讲来岁西席"。②

有时,请求荐馆的不止是作为觅馆方的塾师,作为延聘方的东家为子孙计,欲寻找一位品学兼优的塾师,在聘请无门时也会请托别人荐馆,即请托别人推荐塾师上门坐馆。《信札谚语》就收录这样一封"托请西席"的书信:

> 老长翁先生岸然道貌,启牖功深,无小无大,群沾化雨之项。弟以粗俗之言笔,不能领其教诲,芷为怅怅。兹恩者小儿已逾髫龀,小孙无屈毁齿,难以从其嬉游。意欲就傅里中,无如学生过杂,一为熏染,不独将来无益,恐反有害。故尔[而]欲勉力延师在舍,俾小儿冀少[稍]识之无。弟乃门外汉,目不识丁,何敢冒昧,今特相托于△△贵相契中,选择高明,馆谷听其裁酌。弟虽贫寒,无不敢过于菲薄,祈为丙照,容后共叙不宣。

请求推荐只是找到了荐馆的介绍人,仅实现了荐馆的第一步。紧接着是荐馆人凭借自己的声望、地位采用口头言说或书面介绍的方式向延聘方推荐。口头言说的声音自然早已湮没在历史的深处,而书之于纸的荐书在被誉为"文献之邦"的徽州仍有少量留存。乾隆甲戌年(1754)婺源汪文芳编选的

---

① (元)陈栎:《定宇集》卷十《与中泽程氏》,见《景印文渊阁四库全书》第 1205 册,台北:台湾商务印书馆,1986 年,第 322 页。

② 薛贞芳主编:《清代徽人年谱合刊》,合肥:黄山书社,2016 年,第 225 页。

《见心集》中就收录了时人荐蒙馆师、经馆师的荐书范本,现摘录如下:

荐蒙馆师

闻 兄台欲延西席。字义浅薄、坐性教法有乖者,不敢从中饶舌。兹有师范某某敦重端方,循循善诱,故特荐之 门下,为 公郎启蒙有道之始。若能日就月将,自必学问富有也,专此走达。

荐经馆师

嗣君丰姿卓异,颖悟超群,趁时雨化,不日即非吴下蒙矣。兹有西席某某学博古今,文章行谊,诚当世之楷模也, 嗣君辈游列门墙,必能培桃李于春风中,故敢肃此布闻。

荐馆成功与否不仅与荐馆人的声望、威信有关,更与被荐人自身的学行有关。因此,荐书的内容重点自然是对所推荐者品行、学识、能力的赞赏,上两封荐书针对蒙馆、经馆不同的要求和特点,对所推荐者进行了夸赞。明代陆人龙在《型世言》第二十七回中也对这种荐书进行了描写:浙江绍兴府山阴县的陈乡宦,刚在亲友面前说一声要为子谋师,那荐书便如雪片一样飞来,"这边同年一封荐书,几篇文字,道此人青年笃学,堪备西席。这相知一封荐书,几篇文字,道此人老成忠厚,屡次观场,不愧人师"。[①] 就连陈栎在向中泽程氏推荐自己的侄儿陈光为塾师时,也不能免俗。他称陈光:"从小问业质疑于某,学识颇正,笔端亦俊,性行甚纯,字画尽楷,现亦习应举之文,近寄经疑十篇,加之淬砺,尽可应试。"[②]陈栎从学识、品行到文章写作对其进行了较高的评价。

(二)定馆

荐馆成功以后,东家即与塾师讲定聘仪、束脩、生徒人数以及开馆时间诸

---

① (明)陆人龙著,崔恩烈、田禾校点:《型世言》,济南:齐鲁书社,1995年,第229页。
② (元)陈栎:《定宇集》卷十《与中泽程氏》,见《景印文渊阁四库全书》第1205册,台北:台湾商务印书馆,1982年,第322页。

项事宜,然后正式下关书定馆。"关书"即张履祥所说"等于契券之类也"①,相当于现在的"契约""合同"。在注重契约文书的徽州民间,这类关书有一定数量,尤其是徽州的一些杂抄中常收录此类文书的范本以供套用。如王振忠先生收藏的光绪十四年(1888)《新旧碎锦杂录》中就有三份延聘塾师的关书;②歙县石川吴百义、吴善义的《丛杂为则(应酬)》中收录"训蒙关书""经学关书"各一份;方生之抄《契票孔语式》中收录的"文关书式""武备关书式"四份,等等。现照录《丛杂为则(应酬)》中收录"训蒙关书""经学关书"如下:

训蒙关书

立关书人△△△等窃思夏有校,殷有序,周有庠,三代之立教皆所以明人伦也。若家之有塾,奚能越于前圣修教之道哉?忆吾子侄之辈,年幼无知而性本乎善,使非延师以振铎,则义理终不能明,而性相近者难免习于相远矣。

爰此敬请 △△△先生降舍,训诲一载,不辞唇齿之劳,揭开童蒙之窍,俾弟子得沾化雨于门墙,庶几茅塞顿开,聪明渐启。礼文疏具于前,束金详载于后,谨启。

经学关书

盖闻美锦不制,曷成黼黻之华;良玉不雕,奚成瑚琏之美。暗必求明,端借燃藜之照;蒙以养正,斯成作圣之功。恭惟△△△老夫子文坛标帜、学海津梁。友声远著,时叨三益之良;弟子胥从,何啻四科之盛。

谨订明年春月恭请 尊师俯临降席,训诲子弟,讲究课业。俾诸侃侃狂简,悉资品裁陶铸之功;成德达材,感佩时雨春风之化。非惟小子有造,而弟辈亦戴高深于永世矣。谨将门生姓名以及束金开列于后。

---

① (清)张履祥著,陈祖武点校:《杨园先生全集》卷之十八《处馆说》,北京:中华书局,2002年,第545页。
② 王振忠、陶明远:《晚清徽州民间社会生活管窥——〈新旧碎锦杂录〉抄本两种整理札记》,载《安徽史学》,2006年第5期,第98~103页。

作为应用性文体,这两份关书的内容、体式大致相同,即先阐述教育目的与期望,再说明延请之事,明确束脩、开馆坐馆时间以及生徒人数等内容。关书、契约一经确立,就对当事人具有一定的约束力,俗谚云"官有正法,民从私约","民有私约如律令"。一旦发生纠纷,关书、契约就能发挥法律效力。清末,刘汝骥任徽州知府,处理黟县一起由馆业引发的纠纷,禀批中就指出:"舒生既留原馆,何旧东自食其言,汪生既有关书,何轴山忽夺其席。果如所禀,将丧斯文。东道主人不应前恭后倨如是,仰黟县查核确情,妥为区处,勿任向隅而!切切!"①刘汝骥即以民间的关书为依据,做出判断,并督促属下查核实情,可见关书的重要性。

歙县石川吴百义、吴善义《丛杂为则(应酬)》中的两则关书

---

① (清)刘汝骥编撰,梁仁志校注:《陶甓公牍》,芜湖:安徽师范大学出版社,2018年,第92页。

(三)坐馆

坐馆就是塾师正式开馆讲课。正式坐馆日一般在正月十五日后,如祁门县乡村塾师胡廷卿在光绪九年(1883)、光绪十年(1884)等年份的开馆日期均为正月二十四日①。《坐馆经文·叹馆诗百首》中亦云:"新年馆事一开张,抛却妻孥走异乡。"具体日期一般是由东家和塾师共同选择商定的"吉日",如编于康熙五十二年(1713)的休宁《茗洲吴氏家典》就开馆问题曾指出:"前期积诚,托介绍先容,师允诺,乃卜期。亦预托介绍,以期闻于师。"②

到了正式开馆的日期,须行拜师礼,并奉送贽敬。《新安黄氏宗谱》在"家规"中就告诫族人,要"延明师以礼,接待事事俱要有体统,无得惜财吝费"。③《茗洲吴氏家典》在卷一《家规十八条》中称:"先圣释菜礼除族讲外,凡童子入塾首春、塾师开馆或仕进皆行之,不得怠忽。"④并在卷八中收录《释菜仪节》《童子入塾释菜拜师仪节》《释菜图》等。现照录《童子入塾释菜拜师仪节》如下:

> 前期积诚,托介绍先容,师允诺,乃卜期。亦预托介绍,以期闻于师。至期,父兄导子弟入塾,先如常肃揖师及父兄,帅童子行释菜礼。礼毕,父兄再拜恩师,师答之。师复以再拜。父亦答之。弟子请师南面,弟子再拜跪。用红全柬,书门生某顿首百拜。复再拜。献贽。贽随仪物取将诚,用红全柬,前开具仪,然后书名如刺。再跪,拜献贽仪柬,复再拜,礼毕。父兄揖师而出。⑤

释菜礼又称"舍采礼",是古代一种敬奉老师的礼节。据应劭《风俗通义》载:"孔子困于陈蔡之间,七日不尝粒,藜羹不糁,而犹弦琴于室,颜回释菜于

---

① 王玉坤:《清末徽州塾师胡廷卿的乡居生活考察——以〈祁门胡廷卿家用收支账簿〉为中心》,载《贵州师范学院学报》,2015年第5期,第26~31页。
② (清)吴翟辑撰,刘梦芙点校:《茗洲吴氏家典》,合肥:黄山书社,2006年,第300页。
③ 婺源《新安黄氏宗谱》卷一《家规十八则》,光绪三十年(1904)刊本。
④ (清)吴翟辑撰,刘梦芙点校:《茗洲吴氏家典》,合肥:黄山书社,2006年,第25页。
⑤ (清)吴翟辑撰,刘梦芙点校:《茗洲吴氏家典》,合肥:黄山书社,2006年,第300~301页。

室外。"①颜回在孔子困于陈蔡、连饭也吃不饱的情况下,在门口行释菜之礼,表明自己诚心诚意学习的心迹。后世一般在塾馆开馆之时、童子入馆之初等场合,举行释菜礼以表达礼敬师尊之意。

明清时期,休宁茗洲吴氏是世家大族,时人称吴氏"循循礼教,家自为师,过兹里者,叹有邹鲁之风"。② 他们力倡恢复古释菜礼,要求族人在族讲、童子首次入塾、塾师开馆以及科举仕进之时均要行释菜礼,并绘制《释菜图》,将朱子位、肄歌位、拜位、

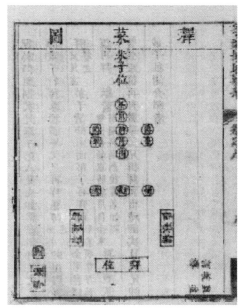

休宁《茗洲吴氏家典》中《释菜图》

祭品、器具等位置一一图示出来,以供仿效。由图中可知,用于释菜之礼的"菜"不再局限于所谓"苹蘩之属",而包括芹、栗、茶、帛、肉之类。

不仅如此,《茗洲吴氏家典》还专门指出"童子入塾释菜拜师仪节"与其他场合行释菜礼仪的异同:"并同前但上设孔子位,东设朱子配位。释菜进爵,先诣孔子位,读祝后,次诣朱子位。"吴氏在童子入塾释菜仪节中专门强调对孔子的祭祀,这应该与孔子困于陈蔡,"颜回释菜于室外"的典故有关,目的是教育子弟自入学之日,就应礼敬师尊。"入塾释菜仪节"中还列有专门的告文:

维

大清康熙 年岁次干支 月干支越干支朔 日干支,后学吴某某等,敢昭告于

至圣先师孔夫子之神前而言曰:惟师祖述尧舜,宪章文武,上律

---

① (汉)应劭著,羽丰校注:《风俗通义(下)》卷七《穷通》,呼和浩特:远方出版社,2005年,第60页。

② (清)吴翟辑撰,刘梦芙点校:《茗洲吴氏家典·序》,合肥:黄山书社,2006年,第2页。

天时,下袭水土。譬如天地之无不持载,无不覆帱,譬如四时之错行,如日月之代明。兹当□□之期,躬行释菜之礼。夫子之经,得朱子而正;夫子之道,得朱子而明。起斯文于将坠,觉来世于无穷。
谨奉

  徽国文公朱夫子配。尚飨。①

由上述童子入塾释菜拜师仪节可知,在选定的吉日,新的生徒由父兄陪同入塾,如常行见面礼后,正式行规定的释菜礼。释菜礼后,父兄拜恳师、师复拜并相互拜答。最后师南面坐,生徒三拜跪师,献贽敬及仪束等后,再拜。至此,拜师仪式才结束,坐馆正式开始。

塾师坐馆一般以一年为限(实为十个月左右,即正月十五日前后开馆,腊月初八日前后解馆),尤其是蒙馆中,很多关书中即有"爰请降舍训诲一载""恭请降舍训蒙一载"的话语。期满后,东家视具体情况决定是否续聘。但一般来说,为保证私塾教育的连续性与有效性,大多数学塾不会轻易更换塾师,塾师的实际聘期往往相对要长些,尤其是层次稍高的经馆,少则三五年,多则20余年。如前述塾师汪兆乘处馆五地共30余年,除在平里处馆的时间不详外,在祁门楚溪母舅家、本家、小洲某氏家、千佛桥倪宅四处分别为6年、11年、3年多、6年;潘鸿翔在康熙癸巳年(1713)被婺源的世家大族双杉王氏聘为塾师,直至雍正戊申年(1728)年老辞馆,在王家坐馆时间长达15年。婺源沣溪的吕京因言行俱优且文章出色,被当地的齐氏家族"延为西席者十余年,循循善诱,先君辈终其学未易师。通经学能文艺者,皆先生力也"。②

综上可见,明清时期徽州人非常重视对塾师的延聘,不仅明确提出延聘的标准,还严格遵循相应的程序,体现了他们尊师重教的传统。

---

① (清)吴翟辑撰,刘梦芙点校:《茗洲吴氏家典》,合肥:黄山书社,2006年,第300页。
② 婺源《婺源沣溪吕氏世谱》卷十五《家传·乡介宾斋公传》,民国三十一年(1942)刊本。

第四章　明清徽州塾师的教学与职业培训

就教学对象与教学内容而言，古代私塾教育是有阶段性的，"一曰经学，则治科举之业者也；一曰训蒙，则教蒙童记诵者也"。① 明清时期，徽州宗族内大多设有这两类塾学，如歙县西溪南吴氏称："义学经馆必须文行兼优者、蒙学亦择端方正直者，于祠堂后进屋读书，造成子弟。"② 歙县许氏宗族也在族内分设蒙学、经学两馆，并强调："立经学一处，延请文行兼优者为师训导……立蒙学一处，延请老成盛德者为师训导。"③

塾馆有经馆与蒙馆之分，对于施教者来说，就有蒙师与经师之别。明代歙县方承训的《复初集》中就有对这两类塾师的记载。该书卷三二《项处士传》中的项元表，"以童子师终其身，为句读师嚆矢"；卷三三《项茂才传》中的项化中，"总角即群童子从受句读，所修蒸蒸能给其家，无内顾忧，愈益能肆力经术"。可见，项元表、项化中均为蒙师。而该书卷三二《方师传》中的方洪、《武林周师传》中的周山则属经师，方洪"门下经生多至六七十人，所至设帐堂馆莫能容，二三里馆皆充盈，旦暮往来持经问难"；周山则是"凡诸生执经问

---

① （清）张履祥著，陈祖武点校：《杨园先生全集》卷十八《处馆说》，北京：中华书局，2002年，第545页。.

② 李琳琦：《明清徽州蒙养教育述论》，载《安徽师范大学学报（人文社会科学版）》，2000年第3期，第348页。

③ 乾隆《重修古歙东门许氏宗谱》卷八《规约》，明崇祯七年（1634）刻本。

奥,口对响应无穷,江以南门生丛多且显,不翁过也"。①

不过,在实际教学中,蒙师与经师也并非完全是两个泾渭分明的职业群体。一些塾师在启蒙的同时,也会教授一些经学的内容。在一些偏僻的乡村,由于生源数量少、地理环境差的限制等,很多塾馆往往是经蒙一体。《星源甲道张氏宗谱》收录的《寿石峰张先生六旬序》一文中就有经蒙俱授的记载:塾师张石峰崇实黜虚,约情归正,"故游其门者必敬必畏,俨然有游扬立雪之风。总角垂髫之士出入斤斤焉,不敢遨以泄;甫冠成人之士汇聚井井焉,不敢暇以逸,则知为先生徒云。"在张石峰的塾馆中既有"总角垂髫之士",也有"甫冠成人之士"。②歙县槐塘程焜幼年时随父寓于扬州东关门内之园田,其"六岁启蒙,与长兄同受业于汪瑞庭先生之门。至十九岁,从学凡十四年。中间惟九岁至十一岁,瑞庭先生馆于外,令从其弟春来先生学"。程焜12岁时从汪瑞庭先生习举业,16岁时,"文境极熟,构文恒不须起草"。③ 从程焜从学的时间与内容来看,塾师汪瑞庭应是经蒙俱授的。詹鸣铎在自传体小说《我之小史》中则较为详细地描述了婺源塾师余翀远在塾馆中经蒙俱授的情形:在"我"家教读七年的先生"移砚沱川,我(注:时年21岁)与二弟及村内质芬、荣纪,负笈从之游。先生时设帐深柳书堂,我兄弟与学彭世兄,及休宁汪润生读书楼上,各住一房间,楼下小学生约十余人"。由于蒙馆人数较多,按照詹氏的说法,"前在我家人数少,可以无为而治,几于刑措;此时人数较多,不得不严加约束",而对像"我"这样已参加过府试的经学生,则"客客气气,可无阶级之分""先生有对子,思想未就,也与学生斟酌"。④ 可见,余翀远的塾馆内既有以读书习礼为目的的养正之教,也有以培育学生获得科举声名为宗旨的

---

① (明)方承训:《复初集》,见《四库全书存目丛书·集部》第188册,济南:齐鲁书社,1997年,第192～208页。

② 婺源《星源甲道张氏宗谱》卷六十二《寿石峰张先生六旬序》,光绪二十四年(1898)刊本。

③ (清)汪宗沂撰:《程可山先生年谱》,见薛贞芳主编:《清代徽人年谱合刊》,合肥:黄山书社,2006年,第661～662页。

④ (清)詹鸣铎著,王振忠、朱红校注:《我之小史》,合肥:安徽教育出版社,2008年,第147～148页。

育成之教。就具体的教学内容、方法而言,塾师们也会因教学对象的不同而有异。因此,本章在讨论明清徽州塾师的教学时,为了更清晰地说明徽州塾师的教学情况,拟对蒙馆内塾师的教学与经馆内塾师的教学两个方面分别进行探讨。

教学活动是塾师职业生活的主要内容,而职业培训是塾师提升自己教学能力的途径之一,也是其职业生活的组成部分,故而本章将结合留存的文献探讨徽州塾师颇具特色的职业交流与培训活动。

一、明清徽州蒙馆内塾师的教学

(一)徽州蒙馆学生入学年龄

蒙馆主要进行以读书习礼为宗旨的蒙养教育。关于入学年龄,《汉书·艺文志》称:"古者八岁入小学。"[1]随着时代变迁,后世人们一般认为儿童入蒙馆的年龄应早于八岁,如清康熙年间绩溪旺川曹氏家族要求"子生五岁,便当令入乡塾";[2]休宁《茗洲吴氏家典》则规定:"子孙自六岁入小学,十岁出就外傅,十五岁加冠入大学。"[3]明崇祯年间休宁黄氏宗族也指出"七岁便宜入乡塾,随其资禀,学字、学书"。[4] 可见,徽州宗族一般要求孩童进入蒙馆学习的年龄要早于古之八岁。

至于孩童提前入学的原因,绩溪县鱼川耿氏宗族《祖训》引用陆桴亭的《论小学》中的话语进行过解释,认为古人八岁入小学,是因为其时人心质朴,风俗淳厚,孩童至七八岁时仍智识未开,如今则人心、风俗大不如古,"人家子弟至五六岁已多知诱物化矣。又二年而始入小学,即使父教师严,已费一番手脚,况父兄之教,又未必尽如古法乎。故愚谓今之教子弟入小学者,决当自五六岁始"。[5] 据文献记载,徽州确实有很多孩童五六岁入蒙馆,如前所述明

---

[1] (汉)班固撰,陈焕良、曾宪礼标点:《汉书(上)》,长沙:岳麓书社,2008年,第683页。
[2] 卞利编著:《明清徽州族规家法选编》,合肥:黄山书社,2014年,第10页。
[3] (清)吴翟辑撰,刘梦芙点校:《茗洲吴氏家典》,合肥:黄山书社,2006年,第20页。
[4] 卞利编著:《明清徽州族规家法选编》,合肥:黄山书社,2014年,第294页。
[5] 卞利编著:《明清徽州族规家法选编》,合肥:黄山书社,2014年,第89页。

代方承训的《复初集·项茂才传》中记载的项化中,"四五岁即从句读师受诗词,经目辄成诵";①宋元之际的理学名儒休宁陈栎,"五岁入小学,即涉猎经史";②明清之际歙县吴曰慎在《示子文》中称"予五岁入塾,从程师读《四书》《书经》《诗经》";③清康熙年间歙县黄叔琳在五岁那年的"夏四月就塾";④道光年间休宁胡光瑛称自己六岁时"受业吴春海先生门下读《孝经》《论语》";⑤等等。有的甚至更早,如乾隆年间的潘世恩自述其四岁时"偕兄树庭(讳世荣)同入塾,从谭兰皋师授书"。⑥

当然,儿童进入蒙馆破蒙学习的年龄也会因时、因人而异,特别是在清末徽州。刘伯山主编的《徽州文书·第二辑》第8卷《黟县十都宏村万氏文书》中收录一册清同治年间黟县宏村万氏私塾的《门人姓名附录典故》抄本。从其记载来看,宏村万氏私塾从清同治三年(1864)至同治八年(1869),连续6年办学,前后有门人37人。抄本对门人姓名、入塾时间、出塾时间以及束脩交纳情况均有较为详细的记载,其中20人还有出生时间的说明。古时学生第一次进学拜见老师称破蒙,要送贽敬(或钱或物),即"子弟入塾,例必具贽见之仪"。因此,宏村万氏私塾的《门人姓名附录典故》在记录束脩时对贽敬也做了记录,注明交纳"破蒙贽"的学生共有16人。在这16人中明确知道其出生时间的有6人,分别是程高发、叶灶仪、叶观吉、韩秉忠、朱兆高、万懋霖。据此记录,可推算出这6人的入学年龄(见表4-1)。

---

① (明)方承训:《复初集》,见《四库全书存目丛书·集部》第188册,济南:齐鲁书社,1997年,第208页。
② 王燕绪等撰:《定宇集·年表》,见《景印文渊阁四库全书》第1205册,台北:台湾商务印书馆,1982年,第152页。
③ 石柱国、许承尧等修纂:《民国歙县志》卷十六《艺文志·书文》,民国二十五年(1936)刊本,南京:江苏古籍出版社,1998年,第657页。
④ (清)顾镇编:《黄侍郎公年谱》,见薛贞芳主编:《清代徽人年谱合刊》,合肥:黄山书社,2006年,第5页。
⑤ 《迪祥胡氏谱局韵枫氏日记》,见王振忠主编:《徽州民间珍稀文献集成》第2册,上海:复旦大学出版社,2018年,第356页。
⑥ (清)潘世恩撰:《思补老人手订年谱》,见薛贞芳主编:《清代徽人年谱合刊》,合肥:黄山书社,2006年,第892页。

表 4-1　宏村万氏私塾中 6 位学生的入学年龄

姓名	出生时间	破蒙入塾时间	入学年龄
程高发	乙卯(1855)	甲子(1864)二月	九
叶灶仪	乙卯(1855)	甲子(1864)二月	九
叶观吉	辛亥(1851)	甲子(1864)十月	十三
韩秉忠	戊午(1858)	丙寅(1866)二月	八
朱兆高	丙辰(1856)	乙丑(1865)二月	九
万懋霖	己未(1859)	乙丑(1865)十一月	六

资料来源：刘伯山编《徽州文书·第二辑》第 8 卷《黟县十都宏村万氏文书》(广西师范大学出版社，2006 年)第 32～46 页。

由万氏塾学的文书记录可知，在这 6 人中入万氏私塾年龄最小的是万懋霖，6 岁破蒙，系万氏族人；最大的是叶观吉，13 岁才破蒙入学。除去最大与最小的，其他均为 8 岁或 9 岁，与古时 8 岁入小学的规定倒是很接近。究其原因，可能与清末徽州遭遇太平天国战乱、徽商经济凋敝等社会环境因素有关。

(二)徽州蒙馆内塾师的教学内容

关于塾师在蒙馆中的教学内容，徽州族谱、方志等文献中有一些相关记载。如《新安柯氏宗谱》载，光绪乙亥(1875)科举人柯万模幼时极其聪颖，垂髫之时"即课以书字，一览即能强记，授以四子书亦能琅琅上口"。[①] 柯万模在蒙养阶段既读字书，也读儒家经典"四子书"(即《论语》《大学》《中庸》《孟子》)。康熙年间绩溪旺川曹氏宗族在家训《端蒙养》中指出："子生五岁，便当令入乡塾，穿深衣，作长揖，坐立进退，教以儒者风度。凡《孝经》《小学》诸书，先令熟读，日讲古人故事，以端其志趣。"[②]这说明当时的蒙学教育既有行为规范的教授，也有《孝经》《小学》以及古人故事的学习。

明崇祯年间《休宁叶氏族谱》在家规中提出"豫蒙养以兴家"，认为古时有胎教，有能言之教，8 岁有小学之教，15 岁有大学之教，因此弟子易于成才。

[①] 绩溪《新安柯氏宗谱》卷二《列传》，民国十四年(1925)刊本。
[②] 卞利编著：《明清徽州族规家法选编》，合肥：黄山书社，2014 年，第 10 页。

而"今俗教弟子,上者教之作文,取科第功名止矣,功名之上,道德未教也;次者教之杂字、柬笺、算法,以便商贾;下者教之状词活套,为他日刁滑之地,是虽教之,实害之矣"。① 尽管这是从儒家强调"先德后行,先礼后文"教育的角度对当时的教育教学进行批判,但从中可窥见当时徽州蒙馆中也学习诸如杂字、柬笺、算法、状词活套等与日常生活密切相关的内容。

近年来,笔者在收集、整理徽州教育文献时,也购藏了一批徽州民间塾馆使用的蒙学教材。20 世纪 40 年代,常镜海在论述保存蒙学教材的意义时,认为古代蒙学教材虽不如敦煌文献抄本那么重要,"但为研究古代小学教育之情况,古代社会之意识形态又不能不借重于此等资料中"。② 可见,我们在考察明清时期徽州私塾教学内容时,当时所使用的教材也是一项重要的依据。从文献记载以及现存的蒙学教材③来看,明清时期徽州蒙馆的教学内容主要包括伦理道德的教育、语文知识技能的训练、日常生活知识技能的传授这三大方面。下面具体言之。

1. 伦理道德的教育

儒家特别重视社会教化,始终将"化民成俗"置于重要地位。这就决定了传统教育的核心内容就是向人们灌输儒家的价值观念,传播伦理道德。来自中原儒学世家的徽州宗族在蒙学教育中更是秉承着蒙养之始、德育为先的基本理念。如婺源《萧江全谱》在《祠规》中指出:"何谓教训子孙?子孙幼时必教之以孝弟忠信。"④绩溪许氏《南关惇叙堂宗谱》中则强调:"且子弟七岁以上则入小学,从师读书习礼,收其放心,养其德性,使知孝弟忠信、礼义廉耻之事。"⑤

在蒙学阶段对伦理道德教育的特别强调,还在于古人意识到孩童在幼年

---

① 卞利编著:《明清徽州族规家法选编》,合肥:黄山书社,2014 年,第 128 页。
② 常镜海:《中国私塾蒙童所用之课本研究(续)》,载《新东方杂志(第一卷)》,1940 年第 9 期,第 86 页。
③ 本章中未注明出处的徽州蒙学教材的刊本、抄本均为作者所藏。
④ 婺源《萧江全谱》卷五《祠规》,乾隆三十七年(1772)刊本。
⑤ 绩溪《南关惇叙堂宗谱》卷八《旧家规》,清光绪己丑年(1889)刊本。

时期,尚未涉足纷繁复杂的社会,物欲未染,智识未开,这时候染于苍则苍,染于黄则黄,具有极大的可塑性。因此,以纯正的儒家伦理道德去教育孩童就十分必要。这正如程颐、程颢所说:"人之幼也,心知未有所主,则当以格言至论日陈于前,使盈耳充腹,久自安习,若固有之者,后虽有谗说摇惑,不能入也。若为之不豫,及乎稍长,意虑偏好生于内,众言辩口铄于外,欲其纯全,不可得也。"①幼年时期形成的道德品行根深蒂固,难以磨灭,将和人的天性融为一体。习与智长,化与心成,人的气质中清明纯粹的成分越来越多,而浑浊渣滓的成分越来越少,就能养成圣贤气象,铸成圣贤的坯模。绩溪胡氏宗族明确提出要及早对弟子进行伦理教化,认为如果"一味姑息,纵其嬉游,荡其心性,胎骨已坏,培养无基,长大虽朴作教刑,恐成已粪之墙、已朽之木"。②

徽州蒙馆专门进行伦理道德教育的教材数量众多,有的是通行全国的蒙学教材,如《孝经》《弟子规》《增广贤文》《治家格言》《齐家要略》《教儿经》《女儿经》等;有的则是徽州人自编的教材,如朱熹的《小学》《童蒙须知》,胡胴的《蒙养诗教》,汪廷讷的《劝惩故事》等,还有大量佚名编写的手抄单行本,如《四言训蒙》《训蒙六字经》《训蒙文》《训蒙俗语》《四言孝经》《小蒙童》等。除此而外,在识字、阅读等综合性教材中,也无不渗透着伦理教化的内容。

徽州《四言训蒙》抄本

从内容上看,徽州蒙学中伦理道德教育主要包括以下四方面。

(1)孝悌之道。孝悌是儒家伦理的根本,无论是三纲,还是五常,都以孝

---

① (清)张伯行辑录:《小学辑说》,见徐梓、王雪梅编:《蒙学要义》,太原:山西教育出版社,1991年,第22页。

② 绩溪《明经胡氏龙井西村宗谱》卷首《家训》,民国十六年(1927)刊本。

悌为基础,"孝悌也者,其为仁之本欤"。其具体内容为父慈子孝、兄友弟恭。《弟子规》中称"首孝悌,次谨信;泛爱众,而亲仁"。徽州《四言训蒙》抄本开篇就强调:"童蒙之道,以孝为先。家有父母,人子之天。"其接着指出父母的重要性、孝养的典范以及如何孝养父母等,如:"父母呼唤,答应连连。何事吩咐,急忙向前。不可违拗,不可挨延。昏定晨省,古礼相传。"黟县宏村万氏塾馆《课程》有教育儿童要兄友弟恭的《昆玉》篇:"好男儿,爱兄弟,念同胞,一母生,不宜争竞伤天性,哥哥爱弟年轻小,弟弟敬哥手足情,一家和睦乡邦敬,休听那枕边言语,为钱财赌气相争。"①之所以强调孝悌之道,是因为有了对父兄的孝悌,走出家门,施之于国家,就自然有对君上的忠,所谓"忠臣出于孝子之门"。

(2)和邻睦族。明清徽州是典型的宗族社会,被称为"封建宗法制度的缩影"。宗族乡邻或因有共同的血缘维系,而得以保证宗族的繁盛;或因群居而有共同的利益要分配,有共同的责任须承担,以确保正常生活的运转,所以宗族乡邻之间和睦相处显得十分必要,《逐日杂字》抄本称:"隔壁邻居,同宗共族,一团和气,患难相顾。"《训蒙六字经》抄本指出:"不但六亲可敬,须知九族宜亲。本原同是一体,各要谦和为亲。"黟县宏村万氏塾馆《课程》中也强调要睦邻:"好男儿,要睦邻,邻里人,义转亲,左邻右舍须和敬,莫因些小生嫌隙,患难常施救济恩,相逢喜寿先欢庆,试看那水火盗贼,急难中难望远亲。"②

(3)崇勤尚俭。在蒙学教育中,勤俭也是受到特别重视的价值观念。对于处于人多地少、资源有限的地理环境中的徽州人来说,强调勤俭则鲜明地体现出儒家伦理与世俗智慧的结合。《明经胡氏龙井西村宗谱》在《家训》中训诫族众:"自古生财之道不开其源则来也太难,不节其流则去也太易,开财源非勤不可,节财流非俭不可。"③勤俭能让人积累财富,能使人摆脱贫贱,从

---

① 刘伯山主编:《徽州文书·第二辑》第8卷《黟县十都宏村万氏文书》,桂林:广西师范大学出版社,2006年,第478页。
② 刘伯山主编:《徽州文书·第二辑》第8卷《黟县十都宏村万氏文书》,桂林:广西师范大学出版社,2006年,第479页。
③ 绩溪《明经胡氏龙井西村宗谱》卷首《家训》,民国十六年(1927)刊本。

而走上富贵之路。正统蒙学教材中以勤劝学的内容比比皆是,如《三字经》:"昔仲尼,师项橐,古圣贤,尚勤学。赵中令,读鲁论,彼既仕,学且勤。披蒲编,削竹简,彼无书,且知勉。头悬梁,锥刺股,彼不教,自勤苦。"最后强调:"勤有功,戏无益,戒之哉,宜勉力。"《弟子规》中也有"朝起早,夜眠迟,老易至,惜此时"的劝勉,劝导孩童们勤奋学习,勿虚度时光。在为应付百姓日用而编写的徽州杂字中,崇勤尚俭的思想也一再被强调,如:《新镌便蒙群珠杂字》教导人们"勤俭治家,须要顶天立地",强调"治家之法,勤俭节用";《事用杂字》指出"课耕课读,宜俭宜勤";《逐日杂字》告诫人们"勤俭有功,嫖赌无益";杂字《曰平常》谆谆教导儿童"为学者,须勤苦,朝思暮想日如此,心要专兮石也穿,一勤天下无难事",并以写字为例,强调勤学苦练的重要性。

(4)立志修身。从儿童就学开始,就要求他们树立远大的志向。清代张履祥在《初学备忘》中指出,"大凡为学,先须立志,志大而大,志小而小",并强调"立志之道,先须辨别何者是上等人所为,何者是下等人所为,我所愿学者,是何等样人;我所不屑为者,是何等样人。此志一定,却须坚确不移"。可见,志向的高远与否,被看作上等人与下等人的分野,只有志向远大,辞令容止,洒扫应对才能表现得"百事自当";倘若"立志不高,则溺于流俗;持身不严,则入于匪辟"。[①] 所谓远大的志向,就是要有取法圣贤的决心,有必为圣贤的抱负。立志的意义就在于要在理想之我和现实之我之间拉开距离,以便能勉力前行。不过,在科举盛行的明清社会,"读书必登科甲"是人们对子弟读书的期望。因此,立志也包含着荣登科第的世俗劝勉与激励,如黟县宏村万氏塾馆《课程》中专列"立志",并宣称:"朝为田舍郎,暮登天子堂。将相本无种,男儿当自强。"[②]

此外,伦理道德教育还包括朋友的相处之道、待人接物的礼仪、为人忠信

[①] (清)张履祥:《初学备忘》,见徐梓、王雪梅编:《蒙学须知》,太原:山西教育出版社,1991年,第218~219页。

[②] 刘伯山主编:《徽州文书·第二辑》第8卷《黟县十都宏村万氏文书》,桂林:广西师范大学出版社,2006年,第479页。

宽和等。在教育资源稀缺的传统社会中,有机会接受精英教育的人在总人口中所占比例极小。对大多数人来说,蒙学教育既是他们受教育的开始,也是他们受教育的结束。因此,蒙学教育对大多数人和整个社会来说更具有普遍性,意义也更重大,儒家要达成"化民成俗"的教育目的,自然要在蒙学教育中重视伦理道德的教育。

2. 语文知识技能的训练

不论是进入经馆学习还是进行基本的职业教育,都需要具备基本的识字、写字能力和阅读、写作能力。因此,识字、写字、初步的阅读与写作等语文技能的训练就成为蒙馆的基础课程。

(1)识字与写字。识字、写字是阅读写作的基础与前提。要能读会写,首先得扫除文字障碍,"蒙养之时,识字为先,不必遽读书"①,所以语文技能训练以识字、写字为先。

古人重视识字教育,积累的经验很多,其中一个很突出的做法就是用比较短的一段时间(通常是一年左右)集中教儿童认识2000个左右的字,以此作为读书写作的基础。如清代王筠在《教童子法》中称:"能识两千字,乃可读书。"②一些儿童在年幼之时,父母或祖父母就用一寸见方的红纸,写上浓黑的正楷,教小儿识记,胡适曾凭借这种方式在入蒙馆之前就识得近1000字。③而在塾馆教学中,一般使用《三字经》《百家姓》《千字文》等传统识字教材。胡适称其五岁进入绩溪上庄蒙馆时,馆中其他孩子使用的启蒙识字课本就是"《三》《百》《千》"。"《三》《百》《千》"之所以在蒙馆中成为久盛不衰的识字"系列教材",最大原因就在于这三者配合起来,"总字数是2720,除去复字不算,单字刚好两千左右,符合初步识字阶段的要求,一部分字重复出现,也有利于

---

① (清)王筠:《教童子法》,见徐梓、王雪梅编:《蒙学要义》,太原:山西教育出版社,1991年,第178页。
② (清)王筠:《教童子法》,见徐梓、王雪梅编:《蒙学要义》,太原:山西教育出版社,1991年,第179页。
③ 胡适:《胡适文集1·四十自述》,北京:北京大学出版社,1998年,第44页。

复习巩固"。①

尽管《三》《百》《千》是蒙馆中的权威教材,编法比较雅驯,为官府所承认,但《三》《百》《千》所列之字多出自儒家典籍,目的是为儿童日后求学打基础,为以后的科举考试做准备,如《三字经》中出现的关于帝系的内容、读《四书》《五经》的先后次第以及主要书籍著者的姓名等文字,用意很明确。由于接受蒙学教育的儿童来自不同阶层的家庭,经济承受能力和接受教育的目的各不相同。有些准备应科举考试,有些却基于多种原因要从事各种职业,尤其是在徽州这样一个商业和文化并重的社会。因此,明清时期以应付日常生活所需的识字教材——杂字在中下层社会中流行起来,成为乡村蒙馆的"另一路识字教材"。同治年间徽州塾师《坐馆经文·蒙馆赋》称:"蒙馆之延师也,止还心愿,不重薪传。粗供淡饭,冷坐青毡,小住门庭,所学不离杂字。"

从总体上看,在徽州蒙馆中,以"《三》《百》《千》"为代表的正统识字教材与杂字这两路教材通常是兼用的,因为一些蒙学教材尤其是抄本往往是合订的,其中既有"三百千"的内容,也有"杂字"的内容。《绩溪庙子山王氏谱》在提到绩溪庙子山一地的民国以前的教育时也有两路识字教材兼用的记载,称训蒙读书时"初读《三字经》",继读《百家姓》《千字文》《四言杂字》《神童诗》《启蒙甲子》等。②

旧时人们将字写得好坏视作读书人的脸面,加上科举考试很强调书法,所以私塾对于书法教育十分重视,习字也是蒙馆的一门重要课程。婺源《济阳江氏统宗谱》在《江氏蒙规·蒙规三》中专列"字画"一条,并称:

> 凡童子习字,不论工拙,须正容端坐,直笔楷书。一竖可以觇人之立身,勿偏勿倚;一画可以觇人之处事,勿弯勿斜;一"丿""㇏"如人之举手,一踢挑如人之举足,均须庄重;一点如鸟[乌]获之置万钧,疏密毫发不可易;一绕缴如常山蛇势,宽缓整肃而有壮气。以此

---

① 张志公:《传统语文教育教材论——暨蒙学书目和书影》,上海:上海教育出版社,1992年,第29页。

② 绩溪《绩溪庙子山王氏谱》卷九《宅里略二·风俗·训蒙》,民国二十九年(1940)刊本。

习字,便是存心工夫。字画劲弱,由人手熟神会,不可勉强取效。明道云:"非欲字好,即此是学。"①

多年从事私塾教育的歙县璜蔚村胡怀毕在所著启蒙教材《曰平常》中也教导孩童写字时应注意各种事项:

> 不惜费,买纸笔,整砚磨墨时写字,一笔一画学楷书,撩草糊涂空费力。
>
> 横莫弯,直莫屈,撇捺两分轻重笔,点如瓜子直悬针,一捺如刀钩小踢。
>
> 不丢手,自进益,写得不好休投笔,凡事都是起头难,自古字从图画出。
>
> 中书体,八法式,力效字无功百日,莫教一暴十寒之,三日不弹手荆棘。

正如张志公先生所说,"开始写汉字,实在不容易。第一,笔画复杂,第二,有不少字笔画多,第三,结构复杂"。② 因此,古代塾师教生徒习字一般遵循描红、影写、临帖的程序,依次进行,不可错乱。首先是描红,即在印有红色字或空心红字的纸上填墨摹写。这对初学写字的童蒙来说难度很大,塾师教起来也颇费力,《坐馆经文·冬烘叹》中就有"最难初学把红描,四句生书教一朝"的感叹。其次是影写,经过一段时间练习,描红改为影写,即把用黑笔写就的影本放在里面,用一张素纸蒙在外面,透影摹写。最后是临帖,待描红、影写有一定基础后,学生逐渐在字旁脱手复写小字。学生能够脱手自书,便进入临帖,其帖多以颜、柳、欧、苏法帖为主。

写字与识字不同,识字不论笔画繁简,而写字则力求笔画简省易学,既要符合学习心理,又须达到一定的学习效果。在蒙馆中,童蒙最初描红习字常

---

① 卞利编著:《明清徽州族规家法选编》,合肥:黄山书社,2014 年,第 284 页。
② 张志公:《传统语文教育教材论——暨蒙学书目和书影》,上海:上海教育出版社,1992 年,第 37 页。

用的是："上大人，孔乙己，化三千，七十士，尔小生，八九子，佳作仁，可知礼也。"这25个字虽笔画简单，但蕴含着汉字的基本笔法。儿童初学描红习字时，练习"上大人"可熟稔运笔之法与汉字结构，故而在蒙馆中流行，并长盛不衰。《绩溪庙子山王氏谱》称："民国初年以前，儿童上学习字多描红，在红字上描墨谓之描红，必由师把儿童手为之，其文为'上大人，孔乙己，化三千，七十士，尔小生，八九子，佳作仁，可知礼也'。各塾多如此，不知谁氏所作。"其也提及元代歙县人方回诗中有"忽到古稀年七十，犹思上大化三千"之句，认为"上大人"流行久远，但人们不知其起于何时。① 郑阿财、朱凤玉在《敦煌蒙书研究》一书中认为"上大人"既是民间识字教材，更是儿童习字教材，称："敦煌写本中有多件学童习书的《上大人》卷子，可知唐五代时期民间已普遍流行，并且远播西陲。"②

儿童描红习字所用的"上大人"模板有木刻的，也有先生手写的。十多年前，笔者在屯溪一古玩店购买"上大人"描红习字木制版刻一方。其背面注明"洪记献廷　岁次壬戌年办"。此版刻高19.5厘米，宽23.5厘米，厚0.5厘米。正面分左右两部分，左右各3栏，每栏6格，左右之间的中缝有"月　日"，全文为："上大人，孔乙己，化三千，七十士，尔小生，八九子，佳作仁，可知礼也。少学生□□□习字一幅呈正。"另购得民国时期的描红纸一张，其全文内容是"孙总理，号中山，主革命，义有三，曰民族，曰民权，曰民生，三民主义是也。学生□□。"左右之间的夹缝有"书坊街广益公司出品"之语。这是民国时期模仿"上大人"而编写的描红习字内容，足见"上大人"影响之深远。

徽州"上大人"描红习字木制版刻

---

① 绩溪《绩溪庙子山王氏谱》卷九《宅里略二·风俗·训蒙》，民国二十九年（1940）刊本。
② 郑阿财、朱凤玉：《敦煌蒙书研究》，兰州：甘肃教育出版社，2002年，第139页。

(2)阅读与写作。在最初集中识字阶段读完《三字经》《百家姓》《千字文》以及杂字等识字教材后,童蒙的识字量基本已达到 2000 字左右。这时就可以进入初步的阅读阶段。其实,识字的过程也是道德品行教育和阅读的开始,尤其是《三字经》《千字文》这类有一定完整意义的综合性识字教材,教学识字也是在进行阅读和知识道德的教育。明人吕坤说:"初入社学,八岁以下者,先读《三字经》,以习见闻;《百家姓》,以便日用;《千字文》,亦有义理。"①就是说,学习这三本书,既识了字,又扩充了见闻,知晓了日用常识,懂得了基本义理。

不仅如此,阅读与写作在古代是密不可分的,甚至可以说,阅读的目的就是写作,阅读依附于写作,是为写作服务的,尤其是在以科举为入仕主要途径的明清时期。在阅读中积累写作知识,习得文章之法,进行初步的写作,为科举考试中的文章写作奠定基础;在阅读中积累各种语文知识和生活中的实用文体写法,以应付日常生活需要。这一阶段读写训练主要包括以下几方面内容。

①经学、理学典籍的阅读。经学是中国传统学术中的显学,以《四书》为代表的儒家典籍一直是古代基础教育的重要内容。元代以降,朱熹的《四书集注》被公认为是对儒家经典注解的标准文本,科举考试中的答案要求必须与之相符。对那些有志于科举考试的儿童,蒙馆也会进行《四书》《五经》等内容的初步教授。如清代休宁人胡光琭自述幼年奇异之处时称,自己七个月大时,"即摸壁移步,从内宅至厨下,约行四五十步,阖家惊异。曾祖母程喜曰:'此儿生前一夕,吾梦见一彩灯悬挂堂中,将来此儿可令读书,必不有负诗书。'"显然,这是一个自幼被寄予读书仕进厚望的儿童。我们看胡光琭对自己在蒙馆读书的记载:

  六岁 道光十二年,壬辰,受业吴春海先生门下,读《孝经》《论语》。

---

① 吕坤:《社学要略》,见徐梓、王雪梅编:《蒙学要义》,太原:山西教育出版社,1991 年,第 55 页。

七岁　道光十三年，癸巳，原吴先生，读《论》《孟》。

　　八岁　道光十四年，甲午，延请婺邑清华街戴彻千夫子授读。清华到迪祥计路一百八十里。读《诗经》《书经》，作二字、三字对。夜读《周礼》、唐诗。

　　九岁　道光十五年，乙未，原戴先生，读《易经》《礼记》，夜读《尔雅》，作五七言对。

　　十岁　道光十六年，丙申，读《左传》，试学诗文。①

可见，自幼被寄予厚望的胡光焕在蒙馆就初步学习了《孝经》《论语》《孟子》《诗经》《书经》《易经》等儒家典籍。但学习《四书》《五经》等对多数资质平常的蒙童来说有一定难度，因此，一些经验丰富的塾师会根据经书内容编写一些相对浅易的教材作为蒙馆学生学习《四书》《五经》的阶梯。如名儒陈栎坐馆数十年，根据自己的教学经验，他认为"四书"中《论语》句子简短，"或一二句、三数句为一章，照应犹易，启发童蒙宜莫先焉，朱子集注浑然犹经，初学亶未易悟"。为了让蒙童易于理解，陈栎编写了《论语训蒙口义》，"抑不过施之初学，俾为读《集注》阶梯，非敢为长成之言也"。后来，陈栎又编写了《中庸口义》，其原因也是对童蒙"授以朱子《章句》《或问》，往往难入，不得已绅绎朱子之意而句解之，复述读此书之大略于此"。②

理学是传统儒学在吸收了佛道思想之后形成的一种更具形而上特征的思想体系，是儒学的新形态。南宋以来，随着程朱理学正统地位的确立，徽州地区出现了一大批"笃志朱子之学"的名儒硕士，并形成了颇具影响的新安理学派别。新安理学家除悉心探究朱子之学，还纷纷开馆授徒，宣扬朱子之学，编写蒙学教材，如程若庸、胡炳文、朱升等。南宋程若庸等人编写的《性理字训》就是著名的理学教育启蒙教材。元代程端礼在《程氏家塾读书分年日程》

---

①　王振忠主编：《徽州民间珍稀文献集成》第2册《迪祥胡氏谱局韵枫氏日记》，上海：复旦大学出版社，2018年，第355～356页。

②　（元）陈栎：《定宇集》，见《景印文渊阁四库全书》第1205册，台北：台湾商务印书馆，1982年，第159、160页。

的卷首,就提出教子弟,小儿8岁未入学以前,应先读《性理字训》,每天读三五段,"以此代世俗《蒙求》《千字文》最佳"。① 明代理学家朱升称此书关乎"性理学问,天人之道,治学之原也",②他将《性理字训》与方逢辰的《名物蒙求》、陈栎的《历代蒙求》以及黄继善的《史学提要》编辑作注,合并称为《小四书》。

②历史知识、典故的学习。在中华民族的思想意识里,史学与国家的兴亡密切相关,所谓"灭人之国,必先去其史"。③ 因此,在传统教育中历史知识的教学自然成为一项重要内容。将中国历史的发展以及相关的人物故事编成专门独立的启蒙教材以供儿童阅读,一般认为是从唐代胡曾的《咏史诗》、李翰的《蒙求》这两种历史教材开始的,并为后世所承继。

胡曾《咏史诗》之类是以评说史事、议论人物、抒发感怀为主,由于多是说"理",不容易为习惯于知"事"的蒙童所接受。因此,后世塾馆在使用这类历史教材的同时,也编写一些历史歌诀体教材,即以诗歌韵语的形式向蒙童介绍朝代发展的顺序及重大事件这样一些初步的历史知识,重点在介绍,表现为众多的"事"。如元代黄继善的《史学提要》和许衡的《编年括歌》、清代鲍东里的《历代国号总括歌》等。这类歌诀体教材目前在徽州也有一定数量的留存,如明末清初歙县王仕云所作的《历代国号歌》《历代帝王歌》《历代群英歌》等,其中《历代国号歌》云:"天皇地黄人皇氏,名曰三皇居上世。太昊炎帝及轩辕,唐虞绍之为五帝。夏商周秦西东汉,后汉魏吴三国判……"全文以七言韵语的方式概括历代国号,孩童诵读起来朗朗上口,易于记忆。又如佚名《六言纪事》抄本,则用六言的形式介绍从盘古开天辟地到清朝前期的历史发展与历史事件,如其中对隋朝的介绍:"隋主杨坚登位,原是北魏之臣。受禅而有天下,自有麟角奇形。灭了陈朝后主,南北混为一君。在位一十四载,乃是

---

① (元)程端礼撰,姜汉椿校注:《程氏家塾读书分年日程》卷一,合肥:黄山书社,1992年,第28页。
② (明)朱升撰,刘尚恒点校:《朱枫林集》卷四《小四书序》,合肥:黄山书社,1992年,第51页。
③ (清)龚自珍著,王佩诤校:《龚自珍全集》,上海:上海古籍出版社,1999年,第22页。

有为之人。杨广弑父自立,炀帝就是他人。荒淫不理朝事,酒色不离于身。复为乱兵所杀,三十七年光阴。"

李翰的《蒙求》是采用"类而偶之,联而韵之"的方式将一个个历史典故组合成篇来教授蒙童。这种形式为历代文人所模仿,形成"蒙求体",即采用形式整齐的四言韵语写成,且前后两句对偶。蒙求体的历史教材数量众多,如王邹彦的《春秋蒙求》、刘珏的《两汉蒙求》、柳正夫的《西汉蒙求》、程俱的《南北史蒙求》、白廷翰的《唐蒙求》、徐子复的《圣宋蒙求》等。

蒙求体的历史教材在徽州蒙馆使用比较普遍的是理学名儒陈栎所编的《历代蒙求》。该书通篇采用四言韵语,所述历史上自开天辟地,下至宋末元初。每个朝代皆述其开国与亡国之君,再提及其间有作为的皇帝,对历代的介绍简明扼要,易于儿童掌握。

在徽州,这种蒙求体的历史典故类蒙学教材还有元代理学名儒胡炳文撰写的《纯正蒙求》。《纯正蒙求》搜集古代名人的嘉言善行,各以四字概括,属对成文,然后于其下注明出处。所载均为一些有益于幼学的故事,内容浅近,易于蒙童理解。

徽州人也会增删、校注并刊刻一些通行各地的历史典故教材作为蒙馆教学之用,如屯溪有益堂、歙西延古楼黄玉堂、祁邑文星堂等多个书坊镌刻的《四字经》即是如此。《四字经》在徽州又称《新刻旁训故事》,实际是明代萧良有撰写、"皖桐遗老"杨臣诤增订的《龙文鞭影》的删改本。《龙文鞭影》仿《蒙求》,采用四言的方式,两两对偶,讲述内容相同或相近的历史典故。徽州各书坊刊刻的《四字经》对《龙文鞭影》进行了较大的删减与调整,将原作

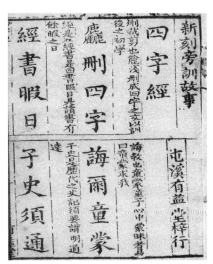

屯溪有益堂梓行的《四字经》

1029 句删减为 282 句,内容大大减少。这样大量删减最可能的原因是为了

便于蒙馆学生最初的阅读学习。因为是删减,故将原作的开头"粗成四字,诲尔童蒙,经书暇日,子史须通"改为"粗删四字,诲尔童蒙,经书暇日,子史须通"。

③诗歌的阅读。我国有诗教传统,《论语·季氏》中有"不学诗,无以言"的说法。诗歌大多篇幅短小,形式整齐,讲究音韵和节奏,读起来朗朗上口,便于记诵,因此在蒙学教育中颇受重视。吕坤在《社学要略》中称:"每日遇童子倦怠懒散之时,歌诗一章。择古今极浅、极切、极痛快、极感发、极关系者,集为一书,令之歌咏,与之讲说,责之体认。"①婺源《济阳江氏统宗谱·江氏蒙规》在《蒙规三》中列"咏歌"一条,并称:"盖歌咏所以启发志意,流动精神,养其声音,宣其湮郁,涤其忿戾之气,培其中和之德。习之熟,积之久,气质潜消默化,有莫知其所以然者。"②其要求宗族蒙馆每日"辰巳时习字、歌诗"。蒙馆常用的诗歌类教材主要有《神童诗》《千家诗》《续神童诗》《小学千家诗》《唐诗三百首》等,尤其是汪洙编撰的《神童诗》与谢枋得等人编撰的《千家诗》,在徽州书坊的镌刻留存非常丰富,均有十多个书坊刊刻的版本存世。这也充分说明它们当时在蒙馆使用的普遍性,其巨大的需求量吸引以逐利为目的的书坊纷纷刊刻。

徽州的文人学士也编选了一些诗歌选本作为蒙童学习的教材。朱升在元至正二十二年(1362)曾编选一册《类选五言小诗》作为训蒙的教材,他在《类选五言小诗序》中称:"玄黓摄提格夏,暑异甚,仆居山阁,目益昏,不得遍读素习,乃取五言四句古诗,迄于晚唐,得三百余首,类次之,以授群童。"③明代休宁人程敏政的《咏史绝句》也是为训蒙而辑,他在《咏史绝句序》中叙及编撰此书的经过时称:"余家居,见塾师以小诗训童子,乃首以市本无稽韵语,意

---

① 吕坤:《社学要略》,见徐梓、王雪梅编:《蒙学要义》,太原:山西教育出版社,1991年,第55页。
② 卞利编著:《明清徽州族规家法选编》,合肥:黄山书社,2014年,第284页。
③ (明)朱升撰,刘尚恒校注:《朱枫林集》,合肥:黄山书社,1992年,第36~37页。

甚不乐。因以所记古七言绝句咏及史者,手书授之。"①

④属对的练习。属对,又称"对对子"。这是古代文人的一项基本功,因为写诗作赋均离不开属对。教儿童学习属对,最初大概是以学作骈文、近体诗为目的。发展到后来,属对就成为蒙学教育中语文基础训练的一种重要手段。苏洵在《送石昌言使北引》一文中称:"吾后渐长,亦稍知读书,学句读、属对、声律,未成而废。"②由此可见,属对在宋代已成为与句读、声律相提并论的一门基础课程。王筠在《教童子法》中更明确指出:"八九岁时,神智渐开,则四声、虚实、双声叠韵,事事都须教,兼当教之属对,且每日教一典故。"③清人崔学古在《幼训》中介绍他指导蒙童属对的经验时说:

一曰训字。先取《对类》中要用字眼,训明意义。戒本生勿轻翻《对谱》,须先立意,方以训明字凑成。勿轻改,勿轻代作。

一曰立程。语云:读得古诗千百首,不会吟诗也会吟。学举业者,必多读先正名文,以为楷模。何童子作对,而止以刻成死字相绳耶？须多选古今名对,如诗话者,细讲熟玩,方可教习。

一曰增字。假如出一"虎"字,对以"龙"。"虎"字上增一"猛"字,对亦增一字,曰神龙。"猛"字上再增一"降"字,对亦增一字,曰豢神龙。"降"字上再增一"威"字,对亦增一字,曰术豢神龙。"威"字上再增一"奇"字,对亦增一字,曰异术豢神龙。从此类推,自一字可增至数字,为通文理捷径。④

由此可见,这时的属对训练不单是为了作诗(尽管对作诗有很大帮助),也是一种"通文理捷径",是将语音、词汇、语法、逻辑、修辞结合起来的一种综

---

① (明)程敏政撰:《皇墩文集》,见《景印文渊阁四库全书》第1252册,台北:台湾商务印书馆发行,1982年,第410页。
② 曾枣庄、曾涛选注:《三苏选集》,成都:巴蜀书社,2018年,第397页。
③ (清)王筠撰:《教童子法》,见徐梓、王雪梅编:《蒙学要义》,太原:山西教育出版社,1991年,第179页。
④ (清)崔学古撰:《幼训》,见徐梓、王雪梅编:《蒙学要义》,太原:山西教育出版社,1991年,第83页。

合能力训练,并与写作密切结合起来。蒙馆里的属对教学作为一项基本的语文技能训练一直实行到清末,并编写有多种属对类教材以供阅读与写作模仿,如《对类》《训蒙骈句》《声律启蒙》《笠翁对韵》等。

明清时期的徽州,上述通行的属对类教材的刊本目前留存较少,自编手抄本却数量众多,大概是因为属对作为古代文人的一项基本技能,人皆擅长,塾师们多能自编这类教材用于蒙馆教学,如《幼学巧对》《对类小引》《对韵》《韵府对偶诗句》《对书》《古今神童巧对》《学对歌诀》《启蒙幼学汇集》等,名目繁多,内容大同小异。

值得一提的属对教材是歙县塾师胡世纲为子侄胡忠庶①读书诵习而编写的《先开朦镜》。该书开篇开宗明义,强调属对的重要性及基本规则:"大学首

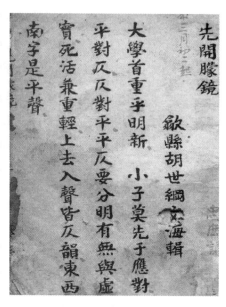

歙县塾师胡世纲编撰的《先开朦镜》

重乎明新,小子莫先于应对。平对仄,仄对平,平仄要分明。有无与虚实,死活兼重轻。上去入声皆仄韵,东西南字是平声。"该书分成上、下两卷。上卷按照属对的内容进行编排,分为天文、地理、时令、五音、国号、宫室、姓名、论道、文史、身体、衣帛等34类。下卷则按照上平声、下平声、上声、去声、入声五种声调依次排列。从整体看,《先开朦镜》是比较成熟的属对教材,它将属对分为两个部分,先从相对容易的词性、内容入手,再从音韵角度进行练习,在徽州流传较广。

⑤书信、契约等日用文体的学习。徽州地处崇山峻岭之中,明清时期人多地少的矛盾在徽州尤为突出。为了摆脱窘境,徽州人便谋划向外发展,挣

---

① 在本人购藏胡怀抱撰写的一册《两得心知·仄声》"跋"中明确标明校订者为"子世纲、世绪,孙忠蓋,侄世赞、世钰,侄孙忠效",由此推知胡忠庶为胡世纲的子侄。

脱重农轻商的传统观念束缚,纷纷外出经商。明代王世贞曾说:"大抵徽俗,人十三在邑,十七在天下;其所蓄聚十一在内,十九在外。"①而清末对歙县的一项调查也显示:"歙俗十室九空,中人之家子弟逾十龄辄学贾于外,比长则数岁一归以为常。"②在交通不便、信息不发达的古代社会,用以传递音信的书信就显得尤为重要。因此,书信的读写教学就成为徽州蒙馆教学内容之一。

从留存的教材来看,书信读写的内容大多与其他内容的蒙学教材混编在一起,如屯溪开益堂、祁邑文星堂等书坊梓行的《新镌便蒙群珠杂字》正文之后就有"集写书信""汇选通用尺牍粹语于后以便采择"等内容。嘉庆年间徽州古香堂、道光年间徽州延古楼等书坊刊刻的《精校音释分门定类启蒙全书》正文后附有《新增书信祭文便览》,上栏中也有用以说明书信写作内容与结构的简短文字与范例。如上栏中"起定式"依次说明书信的基本内容与结构:"一字奉,二称呼,三平安,四安慰,五接信,六知安,七心喜,八人事,九搭物……"

徽州本土也编有专门的书信写作教材,如清乾隆年间婺源汪文芳的《见心集》、光绪年间歙县潘景山的《信札谚语》、同治年间的《书信摘句》以及众多的佚名书信手抄本。其中最值得一提的是徽州多个书坊刊刻的《书信要言》。该书用四言韵语的方式,不仅介绍了书信写作的重要性、基本格式、注意事项等,还分门别类地列出了常见的几种书信的基本写法,以便童蒙写信或代人写信时套用。这些书信包括妻子写给在外丈夫、在外丈夫写给妻子、在外的儿子写给父母、弟写给在外经商兄长、母亲写给在外的儿子等类型。《书信要言》最大特色在于,通篇使用整齐的四言韵语形式来介绍书信写作的知识,较好地汲取了我国古代童蒙教材"《三》《百》《千》"的编写经验。如关于写信的

---

① (明)王世贞:《弇州四部稿》卷六十一《赠程君五十叙》,明万历五年(1577)王氏世经堂刻本,第22页。
② (清)刘汝骥编撰,梁仁志校注:《陶甓公牍》卷十二《法制科》,芜湖:安徽师范大学出版社,2018年,第217页。

基本格式要求:"先行具礼,开写某人。顿首百拜,要辨彝伦。接交亲眷,当论旧新。词取达意,不必奥深。事理通达,言语和纯。毕呈尊长,端肃敬陈。薰沐叩首,上覆殷勤。简牍启札,奉答禀申。誊写字样,务要楷真。言语的当,莫砌虚因。"这种四言韵语的形式,既简明扼要,读起来又朗朗上口,便于童蒙理解记忆,应用于日常的书信写作。这种借用四言韵语教授蒙童写作书信等日常应用文体的方式应该是徽州蒙学教育的一大创新之处,《书信要言》则是其中的佼佼者。

契约是为适应原始社会末期出现的简单商品交换的需要而产生,随着商品经济的发展,契约越来越广泛地用于人们生产生活、社会交往之中,成为一种专门的文书,尤其是在商品经济繁荣的明清徽州。徽州也是一个争讼频繁的地区,康熙年间的《徽州府志》称"俗尚气力,讼起秒忽而蔓延不止"①,进而形成了累讼不休、不胜不止的健讼民俗。发生争讼时,这些契约文书就成为诉讼双方举证的重要凭据。因此,明清徽州和其他地域相比,更为重视契约文书,至今留存着大量契约文书实物。塾师在教授儿童识字、读写过程中,会传授各种契约知识以适应实际生活的需要,于是徽州出现了其他区域难得一见的契约启蒙教育,内容包括教导孩童在日常交往、商业交往中,应有明确的契约意识,注意契约合同的签订。如《启蒙六言杂字》抄本云:"处事谋生之道,莫嫌事务烦心。赊借籴粜典卖,吃亏便宜量情。置产买田过税,凭中立契允银。"其强调置办产业、买入田产要通过中间人立下契约合同,交付银两。《日平常》抄本称:"为木商,最获利,水里求财岂容易,虽然造化赖五行,也要经营会算计。拼青山,须仔细,百千万数划估值,兑价开山择吉辰,议字拼批要先立。"其更是明确指出拼山时先要计算清楚,讲定价钱,写立契约。

杂字抄本《万事如意》还详述了各类契约文书具体的写作内容,如卖田契约的内容:

---

① 丁廷楗、赵吉士修纂:《徽州府志》卷二《风俗》,康熙三十八年(1699)刊本,台北:成文出版社有限公司,1970年,第446页。

立杜卖契,某人姓名。今有承祖,买受勾分,田租一备,坐落土名,某都某保,某字号头,计税几亩,计田几丘。东至某业,西至大河,南至山脚,北至本家。今因正用,自愿托中,立契出卖,与某姓名,三面议定,时值价银,几多两整。当日两家,契价付讫,二各收明。悉听买者,入田耕收,所者重复,来历不明,卖人自理,不干买人。家外人等,并无异言。恐后无据,立此为凭,未远存照,大遗某年,某月某日,立卖契人,依口代笔,中见姓名。

《增订释义便用世事通考杂字》也将"文约类"作为重要的类别单列,列有"禁田禾""坟山禁约""田契""屋契""买男契书""嫁妇契书""合约""议约""租田约批""租店约批""雇船只文约""雇工人文约"等共20份契约文书的范本以供初学者模仿。《精校音释分门定类启蒙全书》《家用杂字》等都有关于契约知识的介绍。此外,还有很多署名"契约""契字"的手抄本。

日常应用的一些请柬、帖式、启事等文体的范例也出现在一些蒙学教材中。如《万事如意》杂字抄本中有"笺牒"类,它用四言的方式介绍各种柬帖的写作,如报丧帖:"报讣帖式,外写讣音。不孝某等,罪孽重深。不自殒减,祸延家先。不幸于木,月日某时。寿终某寝,敬讣上闻。择于某日,出殡灵輀。倘蒙下吊,不敢有劳。先此辞谢,服侄司书。"

《精校音释分门定类启蒙全书》中也列有用于下聘、贺寿、吊丧等各种帖式。照录"贺寿帖"一封如下:

《精校音释分门定类启蒙全书》还收录一则"招子寻人",其内容如下:

招子寻人

立招帖人某人,今有小厮名唤某,年几岁,上穿某色褂,下穿某色裙,面黑麻。本月某日馨盗某物,逃出在外,不知去向。倘四方君子收留者,谢银若干,报信者谢银若干。决不食言,凭此为照。

这则"招子寻人"的内容、体式已经类似于现在的寻人启事了。

3. 日常生活知识技能的传授

蒙学教育是徽州宗族倡导的一种普及性教育。他们认为宗族子弟不论贫富贤愚,均要接受三五年的蒙学教育。因此,蒙学教育不仅要为经馆学习打基础、为科举教育做准备,也要为子弟未来的职业选择提供必要的知识结构与背景。如绩溪许氏《南关惇叙堂宗谱·家训》中指出宗族子弟七岁以上入小学,"其聪明者使之业儒,期于有成以广大门闾;其庸下者亦教之以农工商贾,各事生业"。① 所以,蒙馆的教学内容不仅包括伦理道德的教育、语文知识技能的训练,还包括各种生活知识的教授与技能的训练。

(1) 民俗礼仪知识的传授。张鸣在《私塾消失背后的黑洞》一文中指出:"中国的农村事实上是个礼俗的社会,以养生和送死为核心的人生礼仪活动,实际上构成了农村日常生活的骨架。"这些礼俗、仪式在传统乡村社会秩序的建构和维持上起着非常重要的作用,而"这些礼仪活动程序之繁复,讲究之复杂,是普通农民所无法掌握的。所以,私塾教育除了文字和道德知识的传授外,另一个重要功能,就是传授礼仪。"②

民俗礼仪知识的传授在徽州蒙学教育中表现得非常明显,尤其是在用于识字的杂字教材中,几乎所有的徽州杂字教材或多或少会涉及礼仪民俗知识,包括岁时节日、婚姻嫁娶、丧葬习俗等。如光绪十四年(1888)歙县南乡磻川江峰方彩森的《启蒙切要杂字》对歙县南乡的婚俗、丧俗、岁时节日等民俗

---

① 绩溪《南关惇叙堂宗谱》卷八《家训》,光绪壬午年(1882)刊本。
② 张鸣:《私塾消失背后的黑洞》,载《书城》,2004年第5期,第49~52页。

礼仪有非常详细的介绍，其中的婚俗内容如下：

> 定媳妇，批庚帖，聘仪六礼。担重阳，裹粿粽，拜帖下书。唤伴当，搬嫁资，妆奁全副。上头茶，出门福，猪首三牲。轿下食，梳妆包，籼糯饭米。踏脚鱼，孝顺肉，生熟两方。税花轿，扮郎嫦，肩舆鼓手。嫁娘姨，边娘姊，装扮妖精。接书套，大门钱，灯笼火把。下恳书，参速谢，发亲起身。装新人，戴花冠，团衫角带。过路衣，围轿被，参拜天地。接亲到，开轿门，宫灯插灯。吵新人，吃喜酒，并亲撒帐。上床饭，饮交杯，花烛洞房。

可见，徽州的婚俗大体沿袭古代的六礼（纳采、问名、纳吉、纳征、请期、亲迎）而进行了简化，重点描述了嫁娶（古礼之亲迎）的场景与民俗，如娶亲时要送女方大门钱，婚礼上的闹洞房、唱撒帐歌、吃上床饭、饮交杯酒等。

在农耕社会中，人们在与天时、物候的周期性转换相适应的过程中逐渐形成一些约定俗成的、具有某种风俗活动内容的岁时节日习俗，如端午节饮雄黄酒、悬挂艾叶、吃粽子、赛龙舟等。这是农耕时代人们社会生活的重要组成部分，受到人们的关注，因此徽州自编识字教材中大多列有"时令""时节""节候"类别来介绍各种岁时节日民俗。如《启蒙切要杂字》对冬至民俗礼仪的介绍："做冬至，办祭仪，猪羊散盘。悬山水，系桌围，挂灯结彩。设三牲，装祭菜，蕴藻蘋蘩。唤鼓手，使乐人，吹弹歌舞。请礼生，通引赞，读祝叫班。三奠酒，祭场完，搭桌抟胙。阿黟黟，乱嘈嘈，领胙起身。"

将一些重要的民俗礼仪知识融汇到儿童的启蒙识字教材中，让儿童在识字的过程中了解掌握，以便于其在日后的生活中应用这些知识，并传承下去。

（2）各种职业知识技能的教授。传统社会士农工商有着严格的等级区分，士居其首，后依次为农、工、商。明清时期，随着工商业的发展，这种四民有别的观念受到猛烈冲击。徽州宗族在重视科举教育的同时，也帮助子弟树立四民平等、各专其业的职业观念，如休宁《宣仁王氏族谱》在宗规中指出："士农工商，所业虽别，是皆本职。"乾隆年间《重修古歙东门许氏宗谱》在家规"各治生业"条中强调："所以居其业者有四，固贵乎专，尤贵乎精，惟专而精，生道植矣。士而读,期于有成;农而耕,期于有秋;工执艺,期于必售;商通货财,期于多获。此四民之业,各宜治之以生者也。"①他们还借助于孩童所读的蒙学教材,宣扬"四民平等"的职业观念,如胡怀毕的《曰平常》提出:"士为上,农为本,工商执业都为正,四民从古至于今,各安职位终身定。"《启蒙六言杂字》抄本也指出:"士农工商技艺,各务本业专精,士当爱民护国,农务及时宜勤,百工手段精巧,商贾需要精心。"这些主张均是将士农工商相提并论,强调各专其业。要做到各安生理、各专其业,就必须掌握相应的职业知识,接受相关的职业教育。因此,以宗族为主体的启蒙教育就很注意初步的职业教育,重视基本职业知识技能的教授。

徽州作为商贾之邦,素有"十二三岁,往外一丢"的习俗,很多孩童在年幼之时就出门做生意。因此,徽州人在进行蒙学教育时尤其注意商业教育内容的融入,这在胡怀毕的《曰平常》中表现得尤为突出。在这册内容全面的蒙学教材中,关于商业经营的描述占将近全文篇幅的三分之一。其内容有对商业地位的肯定("普天下,农为本,徽俗之人生意盛,实有余利足养家,虽云逐末执业正"),也有对商业道德的强调("出入账,无侵弊,银两成色公道记,财上分明大丈夫,不可欺瞒怀诈异"),还用较多的篇幅对徽商经营的盐、典、茶、木这四大行业经营的知识技能逐一进行了介绍。

徽州的商业启蒙教育,不仅仅被融入识字、阅读教学中完成,徽州人还编有专门的商业启蒙教材进行专门的商业知识、技能的教学。安徽省图书馆收藏康熙丙戌年(1706)塾师汪鸣时编撰的《商贾格言》②抄本一册,汪鸣时在此书的"前言"中称:"士农工商,各执一业。后生既不能读书为士,不能习农工之业,则为商业必矣。然商贾之道,未有不学而能者也。予因兄子上仁有志于商贾也,特举其要如左以教之。"其明确指出这本《商贾格言》是为其侄子上

---

① 卞利编著:《明清徽州族规家法选编》,合肥:黄山书社,2014年,第149页。
② 此抄本正文前有康熙辛卯年(1711)松门程先泽与康熙壬辰年(1712)程天麟所写的两则《商贾格言引》,程先泽称"汪子鸣时数年来舌耕为业",所录内容为"平日示子弟及门者语",可见汪鸣时的身份是塾师。

仁外出经商学贾而作。汪鸣时将商贾之道总结为"十要",即要勤谨、要诚实、要谦和、要忍耐、要变通、要心有主宰、要简朴、要重身命、要知礼义、要不可忘本。程先泽在写于康熙辛卯年(1711)的《商贾格言引》中称此书是汪鸣时"平日示子弟及门者语",正说明这册《商贾格言》后来成为汪鸣时塾馆的教学内容之一。安徽省图书馆还收藏另一册《商贾格言》,为清代徽州谢光燧著、延古楼梓行,其序言明确说明其编撰目的是"于课蒙之暇,时讲明而切究之,俾知乎商贾之不易为,而不可不循其矩矱也",即用于塾馆启蒙阶段的商业教育。

在蒙馆中进行专门的职业教育,《黟县十都宏村万氏文书》中也有体现。据宏村万氏学塾《门人姓名附录典故》载,其门人金长庚"丁卯六月入塾读医书"。① 这说明金长庚入万氏学塾并不像多数儿童那样破蒙识字,而是接受特定的职业教育——学习医书。金长庚于戊辰年(1868)年底出塾,在万氏私塾中学习了一年半。在这期间,金长庚以学医为职志,读的大多也应是医书。新安医学著述丰富,名家众多,据史料记载,自东晋至清末,新安名医近700人,有史籍可考的医学著作800余部,仅明清两代共有445部(明代153部,清代292部)。② 目前遗存的徽州刊刻的医学著述也较多,仅黄山学院图书馆徽学资料中心就有十多种,包括清代休宁名医汪昂的《汤头歌诀》《医方集解》《本草备要》《增评童氏医方集解》等。其中《汤头歌诀》被看作医学通俗入门书,以七言歌诀的形式编写,按作用将方剂分为22类,将方剂与病症有机结合,编成200首歌诀,词句简明,重点突出,易学易记。如"补益之剂"中的升阳益胃汤:"升阳益胃参术耆,黄连半夏草陈皮。苓泻防风羌独活,柴胡白芍姜枣随。"

除本土的医学著作外,徽州人也将外地的医学著作校订、翻印,如清代浙

---

① 刘伯山主编:《徽州文书·第二辑》第8册《黟县十都宏村万氏文书》,桂林:广西师范大学出版社,2006年,第32~46页。

② 张晓丽等:《明清时期的新安医籍及文献价值》,见《中华中医药学会第十六次医史文献分会学术年会暨新安医学论坛论文汇编》,2014年,第256~257页。

江山阴人倪涵初的《经验痢疾良方》曾由黟县胡克明校正，在光绪二十年（1894）梓行。根据书末的"印送芳名列左"所示，当时共刻印 3100 册分发给了余南园、汪圣章等人。说明此书在当时的销量较大，传播也较广泛。

在徽州蒙馆使用的一些识字教材中也列有与医药相关的内容，如延古楼梓行的《精校音释分门定类启蒙全书》中列有"病症""药材"两类，屯溪开益堂梓行的《新镌便蒙群珠杂字》中收有"疾病类""药名类"，婺源郑文和堂梓行的《新刻易见杂字》中也有"医士类""病症类"，等等。其中，《新刻易见杂字》中的"医士类"称："欲作明医，须是儒者。医不通儒，非明医也。凡医病人，先探脉息。内外病症，体认明白。察病既真，下药不忒。制度如法，蒸泡炒炙。丸散汤剂，遵古成则。用针用灸，灸则是艾。其病痊愈，不在贪索。切勿误人，戒乎贪得。"塾师在教授儿童识字的过程中，对医生职业素养、从业规范进行了一般概括性的介绍。

因此，可以说徽州人在众多自编的杂字教材中，会或多或少地加入各种职业教育的内容，甚至传统的农耕之业，也会在蒙馆中进行相关的介绍。如刊刻于光绪辛丑年（1901）婺源郑文和堂梓行的《新刻易见杂字》的内容就涉及农业、工业、商业等各种职业。其对农业的介绍尤为详细，且其封面直接题作"农业杂字"。开篇就强调农业为百艺之首："人生百艺，无如务耕。神农后稷，稼穑始兴。一犁春雨，民望秋成。数声布谷，南亩躬耕。"因为从事农业生产需要必要的器具，故首列耘田器具类，然后以农耕的时间为序，依次介绍整理秧田类、修塞陂堨类、收麦类、莳田类、管顾水田类、做水车类、干水耘田类、收割早禾类、收割晚禾类共九种具体的农业生产活动。不仅如此，"农业第一"之后的"种子第二""作山第三""园坦第四"，均与农事活动密切相关。

（3）算学、天文、地理等自然科学知识的传授。徽州十室九商，在商业运营过程中，必须持筹握算，较量锱铢，这就需要他们具有较强的数学能力，掌握一定的运算技巧；徽州本土以传统的农耕经济为主，日常生活中田土丈量、盘算仓储等也需要一定的算学知识。明代休宁人程大位在《算法统宗》中称："智慧童蒙易晓，愚顽皓首难闻。世间六艺任纷纷，算乃人之根本。知书不知算法,如临暗室昏昏。谩同高手系评论,数彻无紊方寸。"①其强调了算法对当时人们的重要性。

为满足生活的需要,徽州人将算学知识融入蒙学教育中,如《新镌便蒙群珠杂字》中的"数目类"将日常生活中常见的数目、计量单位及相互换算等一一列出:

> 一二三四五,六七八九十,百千万亿兆。斤两钱分厘,毫丝忽纤微。丈度尺寸,石斛斗升。合勺抄撮,圭粟粒禄。六斛四斗曰钟,银五十三两为锭。八尺为仞,九尺曰寻。秤以十六两为一斤,田以百亩为一顷。山塘十分一亩,房屋一层三间。一钧三十斤,一纪十二载。十六斗曰薮,一十薮曰秉。釜庾单只孤双。十兆曰京,十京为壤。四围几点,数般几茎。三枚两个,百件千寻。一行两样,五簇七层。多人成伙,三兽为群。

明清以来徽州数学领域涌现出如程大位、汪莱等多位杰出人物和多部数学著作,尤其是程大位的《算法统宗》影响尤为深远,甚至传入日本、朝鲜和东南亚地区。徽州人将《算法统宗》等数学著作中与日常生活有关的内容摘录下来用于学塾中算学的教授。目前所见的刻本有《算法指掌》和《延古楼增订世事通考全书》外卷中"算法类"等,更多的则是手抄本。黄山学院图书馆徽学资料中心就藏有数本算法杂抄,如休宁佚名杂抄《算术歌诀》、徐亨俊抄《妙算如神》和封面题作"吴凤山肄业"的《算法问答》以及一些佚名的《算学杂抄》等。

这些徽州算法刻本与杂抄的内容主要包括四类:一是珠算口诀及算题、算草,如珠算加减乘除口诀、九因歌诀、九归歌诀、掌中定位歌诀等。二是实用算法口诀及算题、算草,如丈量罒地法、罒形歌诀、亩步科则、田中估稻法、算船装载法、算仓积米歌诀、算圆方束木歌、度影量木法、算骑缝堆竹木法等。这些实用算法知识技能主要和当地的农、工、商等职业活动密切相关,用以解

---

① 郭世荣:《算法统宗导读》,武汉:湖北教育出版社,2000年,第94页。

决现实生活中遇到的问题。三是经典算题、算草。在徽州的《算学杂抄》中一般都会抄录一些生动有趣的经典算题、算草来激发蒙童的学习兴趣。这些经典的算题、算草大多出自程大位的《算法统宗》,如僧分馒头、苏武牧羊、公公记年、推车问里、三藏取经等。四是术数算法口诀及算题、算草。中国古代数学往往与术数交织在一起,徽州尤重风水术数,生死婚嫁、营造阴阳宅等人生重要仪式都与风水术数密切相关。古代稍有文化者对民间课占术数知识都比较熟悉,在徽州这类知识也成为乡村私塾教授的内容。就目前留存的教材来看,就有大量的徽州各书坊刊刻的《新刻启蒙甲子》。《万事如意》抄本在"训读"类中列出孩童读书的次序时也称:"孩童初读,首《三字经》。次《百家姓》,终《千字文》。酒诗甲子,《昔时贤文》。"甲子与《昔时贤文》等被并列为蒙童学习的内容。

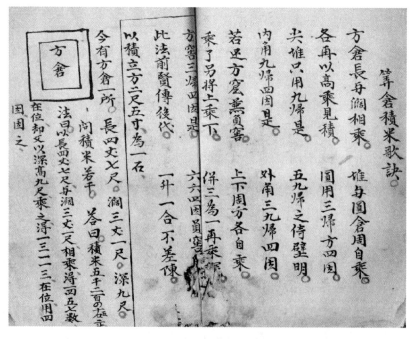

休宁佚名杂抄《算术歌诀》

余英时先生认为:"商人的世界观与终老一村的农民恰恰相反,也和不出户牖专讲心性的儒者不同;他们不能满足于主观的冥想,而必须了解广大的外在世界。"①在被称为"商贾之邦"的徽州,天文、地理等有关外部世界的知识自然成为蒙学教育的内容,《精校音释分门定类启蒙全书》《珠玑杂字》《启蒙六言杂字》《开眼经》等蒙学教材均列有天文、地理类。如《新镌六言杂字》对日、月、日食、月食的介绍:"日月东升西坠,分开昼夜流行。月有时而盈缺,日乃四季光明。日蚀月光掩映,月蚀日影交侵。"乾隆三十三年(1768)梓行的《延古楼增订世事通考全书》对"五湖""四海""五岳""黄河"等常见地理词汇的解释详细,如对"黄河"的解释:"其源出昆仑山,每千里一曲一直,自积石至龙门共九曲,其长有九千里,入于海,其水皆黄色。"在"诸译国名"中将"朝鲜、日本、琉球、安南、占城"等数十个国家名称一一列出;还在上栏列出"天下各府州县""京省水陆路程"等内容。

  清末,在列强环伺的危急形势下,为救亡图存,一些有识之士兴学堂、办实学,呼吁教育改革。这时出现了一批新式蒙学教材,尤其是有关天文、地理等自然科学知识的新式蒙学教材大量出现。徽州的一些书坊也纷纷刊印这些新式蒙学教材,用于当时的启蒙教育。光绪壬寅年(1902)徽州文林堂刊印了江陵人张士瀛编撰于1897年的《地球韵言》。张氏在序言中称,时局急要人才,人才出于蒙童,故"裒辑见闻,撮各国疆域政俗,约举大凡,编成韵言四卷,以为小学堂初哉之助"。该书以儿童习见的四言句式(间有附注),介绍了亚洲、欧洲、非洲、澳洲、美洲等洲内各国的疆域与政俗,被称为中国最早的世界地理课本。同年,屯溪周文书坊校刻了浙江仁和人叶澜、叶瀚编撰的《地理略》(又称《地学歌四字要略》)。

  徽州人不仅刊印新式蒙学教材,还自编这类教材用于蒙馆教学。如光绪二十年(1894),接受过西学教育的绩溪王昭三编撰一套新式蒙学教材——《溥通学》,采用传统蒙学教材四言的方式向蒙童讲授声、光、化、电等自然科学知识。如《声学》中称:"声之为物,无体无重。声入人耳,高低毕闻。物受震动,发而为声。层层传递,是为声浪。由近而远,闻有先后。"

---

① 余英时:《士与中国文化》,上海:上海人民出版社,2003年,第468页。

(三)徽州蒙馆教学的特点

1. 重视伦理道德教育,并将伦理道德教育寓于日常行为规范与各种课业的教学中

中国传统文化具有浓重的伦理色彩,蒙学教育强调对儿童进行伦理道德教育。朱熹在谈到蒙学教育时称:"自小便教之以德,教之以尚德不尚力之事。"①因此,这一传统在明清徽州由于程朱理学的影响而得到进一步的加强。徽州宗族无一不强调伦理道德教育,注重对子弟进行尊卑长幼等伦常关系的教育。一些宗族甚至将本宗族崇尚的伦理道德变成简短的家训族规,以之作为宗族蒙馆的学习内容。如明永乐三年(1405)乡贡进士歙县范坑谢添德在《歙西范坑谢氏家规序》中称:"予不揣菲陋,僭作家规一十八事,附于族谱以训蒙童,以便观法。然谱藏于箧笥,不可常玩,视为空言。爰别录成帙,令子孙初学时即诵之,迨长而端其性习,守其规范。"将所定家规十八条单独成编,作为训诲族中蒙童的教材,让其初学时学习记诵,以端正品性。谢添德认为家规条约如果"文词深奥,犹恐幼稚难晓",为了便于蒙童理解掌握,"故以目前切近之事,衍以浅近之言,使知规戒"。②

为了让蒙童易于理解接受,徽州人在以宗族为主体举办的蒙学教育中,往往将抽象的伦理道德、圣贤的精言微义化作揖让言辞、洒扫应对、日常进退的习惯和礼节,以学规、俗语的方式对蒙童进行教育。如婺源《济阳江氏统宗谱》中的"蒙规一"就从头口手足、貌容气色、视听言动、坐立行寝共16个方面,规定了儿童的日常行为规范:

> 头容直:毋倾听,毋侧视。口容止:毋露齿,毋喧笑。手容恭:毋散手,毋掉臂。足容重:毋疾行,毋跂股。貌必肃:谓见于面者,毋懈惰。容必庄:谓见于身者,毋放肆。气必舒:应对须知和柔,毋急遽仓皇。色必温:毋暴厉。视必端:毋回顾,毋斜睨,毋视非礼。听必

---

① (宋)黎靖德编,王星贤点校:《朱子语类》卷七,北京:中华书局,1986年,第123页。
② 歙县《歙西范川谢氏支谱》卷一《歙西范坑谢氏家规序》,民国乙丑年(1925)木活字本。

谨:毋听戏言,毋听淫语,毋听俚歌。言必慎:毋出恶声秽语,毋怪异,毋戏,毋欺。动必畏:举足动手,开目出语,俱要畏慎。坐必正:毋跛倚,毋箕踞。立必卓:毋俯首仰面。行必安:毋疾行,毋蹴步,毋先长者。寝必恪:毋伏睡,毋裸体,毋晏起,毋昼卧。①

正如现代教育研究者所说:"礼仪训练本身并不是道德教育,但它是道德教育的必要准备。学校和家庭中的礼仪训练,如果被赋予道德内容,它就是道德教育一种有效的手段和途径。"②传统教育用一言一行等礼仪的规范要求代替深奥的道德理论和抽象的道德说教,并融入蒙馆日常的教学过程中,蒙童易于理解、掌握和践行。

从教学内容上说,徽州塾师在对蒙童进行伦理道德教育时不仅采用《小学》《孝经》《蒙养诗教》等专门性教材,还将伦理道德教育的内容贯穿到蒙馆的识字、写字、阅读、写作以及生活技能的教授等一切学习过程之中。以杂字教材为例,它一般是乡村塾师(或市井文人)为了满足人们日常生活需要而编写的识字教材。美国学者罗斯基在考察了我国古代的一些杂字书后曾指出:"这些杂字书的特点是教人们阅读与日常生活有关的字与词汇,而相对忽略了一些表达儒家概念的词汇,如'义''礼''德'等等。"③但在徽州杂字教材中,伦理道德教育仍是其重要内容。如清道光年间的歙县璜蔚村塾师胡怀毕在其撰写的《曰平常》中教育蒙童:"凡为人,重伦理,父母之恩等天地,公婆宗祖本源亲,子媳儿孙当孝悌。臣尽忠,君尽礼,同胞共乳曰兄弟,莫争些小听妇言,须重连枝同气义。曰姑姨,曰孙婿,姊妹至亲莫抛弃,侄为犹子又比儿,叔伯姆婶妇妯娌。朋友交,敦信义,五伦之中本居一,规过责善两相资,置腹推心何堪伪。"塾师在教蒙童识字的同时,将五伦之义的要旨以通俗的话语传授给他们。《新镌六言杂字》也是如此传授五伦义理:"至亲莫如父子,义合则为君臣。兄弟死生相顾,夫妻恩爱为真。朋友惟在于信,五者人之大伦。义

---

① 卞利编著:《明清徽州族规家法选编》,合肥:黄山书社,2014年,第283页。
② 黄向阳:《德育原理》,上海:华东师范大学出版社,2000年,第16页。
③ 丁钢:《中国教育的国际研究》,上海:上海教育出版社,1996年,第77页。

夫还配节妇,孝子必是忠臣。四者纲常最大,流传万古芳名。"

总之,徽州被誉为"东南邹鲁""程朱阙里",儒风独茂,这固然与其突出的精英教育有关,也与普通乡民所接受的儒家伦理道德教育的普及密切相关。正如陈来在《中国近世思想史研究》中所指出的,世俗儒家伦理与精英儒家伦理不同,主要不是通过儒学思想家的著述去陈述它,"而是由中下层儒者制定的童蒙教育实践以及他们所编定的童蒙读物形成的,并发生影响"。①

2.教学注重实用性,并力图将应试与应需、普适性与地方性、全民性和行业性相结合,彰显出独特的价值

人们多用"高谈心性""空疏无用"来批评传统教育,但我们考察徽州蒙馆的教学内容时发现,徽州人在实施蒙养教育时极为重视实用性。如在训练儿童识字时,他们除刊刻通行各地的《三字经》《百家姓》《千字文》等教材外,还编撰了《三十六行杂字》《日平常》《家常便用杂字》等切合中下层老百姓实际生活需要的杂字教材。在教授一般生活知识技能时,尤为重视与当地的农、工、商等职业活动密切相关的内容的教授,用以解决现实生活中遇到的问题。例如算学知识的教授,因考虑到徽州山地崎岖,土地田塘形状多不规则而教授各式田形的具体丈量计算方法;由于徽州林业资源丰富,木商众多,在实用算法中就列有度影量木法、算骑缝堆竹木法等各种对木料的计量方法;各类经营中,本钱利钱的计算方法也要求熟练掌握。如一册《算学杂抄》中收录商业经营中利钱的计算歌诀以及算题、算草:

算利钱法

本钱在位求利钱,分利为法乘得真。

再将总目乘月利,总利不差半毫分。

如有本钱两千五百文,二分利息,共月八个,问该利钱若干矣?

答曰:四百文。

法曰:置本钱为实,以二分利息为法乘之,即得一月之利不动,

---

① 陈来:《中国近世思想史研究》,北京:商务印书馆,2003年,第409页。

再以共月为法乘之一遍,则知共利钱若干矣。

徽州作为商贾之邦,人们外出经商时需互通声讯、应对纠纷。因此,徽州人在教授儿童属对、写作诗文等为应试做准备的技能的同时,也非常注重书信、契约文书等实用文体写作能力的培养。

不仅如此,在蒙馆教学中,徽州塾师还创造了一种融合日记与账簿的特殊写作文类——排日账,即逐日记录日常的收入和开销,与账簿相似。与普通账簿不同的是,排日账通常还逐日记录写作者及其家庭人员的生产活动和日常生活,与日记颇为接近。如婺源一私塾学生林光铨运用记排日账的方式记载了道光二十五年(1845)自农历正月初一至十二月三十日共355天的日常情况,其中十二月十一日所记内容如下:

> 十一日,天晴,戊申肖猴属土,值执昴宿
> 父亲往思口买杂货,本身牧牛,金福弟年幼。①

这则排日账的主体部分记录了书写者本人、家庭成员当天的主要活动情况。清末婺源北乡庐坑生员詹鸣铎在自传体小说《我之小史》中也提到其年幼时,曾为乡村塾师的父亲教他记排日账:"母亲采猪草,娘娘背姆。"②排日账作为蒙馆的教学内容一直延续到民国时期。如休宁私塾学生王福祥的排日账《日将月就》,记录了民国十八年(1929)自农历二月十三日至十月二十日共107天的日常生活。③

刘永华在对徽州婺源多种排日账文献阅读和田野调查后,认为这种文类的出现与徽州蒙馆的教学关系密切,"或许由于文字在徽州乡村生计和日常生活中与日益俱增的重要性,大约在18世纪中叶前后,婺源启蒙教育逐渐创

---

① 邵鸿、黄志繁:《19世纪40年代徽州小农家庭的生产与生活——介绍一份小农家庭生产活动日记簿》,载《华南研究资料中心通讯》,2002年第27期,第156~159页。

② (清)詹鸣铎著,王振忠、朱红整理校注:《我之小史》,合肥:安徽教育出版社,2008年,第80页。

③ 刘伯山主编:《徽州文书·第三辑》第7册《休宁二十八都九图黄、刘氏文书》,桂林:广西师范大学出版社,2009年,第137~138页。

造出了一种独特的传统:通过指导学生记录每日行事和日常开支,帮助学生牢记在课堂上习得的文字书写能力"。① 排日账在徽州乡村蒙馆出现并长期作为蒙馆教学的一项内容,主要是因为它与日常生活密切相关。学生从塾馆肄业后,一方面可继续通过这种方式巩固文字书写能力,另一方面也可把账簿等文类的功能整合到排日账当中,使之承担起记账、备忘功能,从而与其日常生活建立更加密切的联系。

3. 教学时根据教学内容、学习者的特点等,做到循序渐进、因材施教

早在战国时期,孟子就提出教学中应循序渐进,就像浇地时的流水一样,"不盈科而不行",盈科而后行,不能揠苗助长。② 现代心理学认为,儿童心智的发展是一个渐进的过程。因此,童蒙教育也应是一个循序渐进、潜移默化的过程,不能一蹴而就,应不陵节而施,不躐等而进。教学时应根据儿童的年龄特点和接受能力,采用不同的教学方法,教以不同的内容。

徽州人在实施蒙学教育时,首先,充分重视儿童的年龄特点,根据儿童的成长过程制定不同的教育教学内容。如道光年间祁门《胡氏宗谱》在《家规·端蒙养》中指出:"凡小子能言,教之称呼及作揖,务要从容和顺,教以诚实。四五岁教之谦恭逊让以收敛放心,温和安静以消其猛气,有不识长幼尊卑者,必诃禁之。七岁则入小学,《论》《孟》《孝经》即与训解,教以孝弟忠信,使知礼义廉耻,教以洒扫应对进退,教以歌咏忠孝诗章。稍长而聪明者出就外傅,渐次读《四书》《五经》。"③ 胡氏宗族对族中子弟整个蒙学教育阶段进行了整体规划,从能言至四五岁,即入蒙馆前,主要进行基本礼仪规范的教育;七岁入蒙馆后教授《论语》《孟子》《孝经》等,进行基本的伦理道德的教育以及洒扫应对、歌诗诵读的教育;稍长则进一步学习《四书》《五经》。进入蒙馆学习时,所学内容的安排也有大致的顺序,如同治年间编撰的民间识字教材《万事如意》

---

① 刘永华:《排日账与19世纪徽州乡村社会研究——兼谈明清社会史研究的方法与史料》,载《学术月刊》,2018年第4期,第128~141页。
② 杨伯峻、杨逢彬注:《孟子·尽心上》,长沙:岳麓书社,2000年,第234页。
③ 祁门《胡氏宗谱》卷首《家规》,道光丁酉年(1837)刊本。

抄本在"训读"类中就列出当时孩童读书的大致次序：

> 孩童初读，首《三字经》。次《百家姓》，终《千字文》。酒诗甲子，《昔时贤文》。或切要赋，或《千家诗》。《通鉴》史略，历代帝王。《圣谕广训》，十六约条。人物故事，《幼学》一书。一部《小学》，读尽世间。
>
> 若习举业，教念《四书》。初焉《大学》，《论语》次之。再将《孟子》，继以《中庸》。《四书》读起，才问《五经》。《诗》《书》与《易》，《礼记》《春秋》。《唐诗三百》，诗韵含英。

其次，在某一阶段的短期教学中，也注意循序渐进，量力而施。如婺源《济阳江氏统宗谱》的《蒙规三》在论述"诵读"的方法时指出：

> 凡训蒙童，始教之认字，次教之口诵，次导其意识。认字则先其易者，如先认"一"字、"人"字，次认"二"字、"天"字之类。口诵则教之一二遍使勤勉而精熟之，意识则就其所知者启之……勿强其所不能识，优游渐渍，虽愚必明。①

强调识字时，要遵循由形到音到义、先易后难的原则。写字教学更是遵循描红、影写到临帖的顺序，不得错乱。属对练习中多是采用增字法，从最基本的一字对开始练习，循序渐进，增至十数字。

即便是在教授《四书》《五经》时，徽州的塾师们也会遵照循序渐进的原则，根据孩童的年龄特点，编写一些浅易的教材作为他们阅读典籍的初阶。如前述理学名儒陈栎在坐馆数十年中，意识到《四书》中《论语》句子简短，作为蒙童教材比较合适，但"朱子集注浑然犹经，初学亶未易悟"，为了让蒙童易于理解，他编写了《论语训蒙口义》，"俾为读《集注》阶梯，非敢为长成之言也"。②像陈栎这样编撰经书阶梯性教材的做法在明清徽州蒙馆教学中并不

---

① 卞利编著：《明清徽州族规家法选编》，合肥：黄山书社，2014年，第285页。
② （元）陈栎：《定宇集》卷一《论语训蒙口义自序》，见《景印文渊阁四库全书》第1205册，台北：台湾商务印书馆，1982年，第159页。

少见,如《四书字义》抄本,内容就是《四书》中的一些常见字词的含义,编写目的是便于蒙童进一步学习《四书》原典及注疏。

心学大师王守仁在论述童蒙教育时曾指出,"人的资质不同,施教不可躐等",应该"因人而施之",使其"各成其材"。① 在蒙馆教学中,不仅要考虑儿童心智发展水平的共性特征,还要注意其发展水平的个体差异,根据各自的特性,因材施教,使之"各成其材"。

另外,由于接受蒙学教育的儿童来自不同阶层的家庭,经济承受能力和接受教育目的也各不相同:有些准备以后参加科举考试,以求仕宦;有些却基于多种原因要从事农工商职业。因此,更要注重因材施教,使其以后能够"各成其材"、各安生理。徽州宗族充分认识到这一点,在强调科举入仕教育的同时,也提出应根据子弟资质禀赋的差异,使其各事其业、各安生理。如绩溪许氏宗族在《家训》中指出:"子弟七岁以上则入小学,从师读书习礼,收其放心,养其德性,使知孝弟忠信、礼义廉耻之事。其聪明者使之业儒,期于有成以广大门闾;其庸下者亦教之以农工商贾,各事生业。"②

由于传统学塾学生人数一般不多,因此,在教学过程中,徽州塾师们能根据学生不同职志,有针对性地实施教学,如前述《黟县十都宏村万氏文书》所载,金长庚入万氏学塾的目的是接受特定的职业教育——学医,所以让他"读医书"。康熙年间徽州塾师汪鸣时撰写《商贾格言》是因侄儿"有志于商贾",而"商贾之道,未有不学而能者也",所以,他总结十条商贾之道来教授侄儿,并用于塾馆的教学中。

二、明清徽州经馆内塾师的教学

(一)生徒入经馆的时间

如前所述,明清时期的徽州,孩童一般五六岁入蒙馆,其中资质聪颖、可造就者,则入经馆学习举业,继续深造。那么,他们在蒙馆学习多少年才可以

---

① 唐淑、钟昭华:《中国学前教育史》,北京:人民教育出版社,1993年,第57页。
② 绩溪《南关惇叙堂宗谱》卷八《家训》,光绪壬午年(1882)刊本。

进入经馆？一般是三五年。如光绪年间刊刻的《绩邑东关黄氏宗谱》称："童子年七岁者送入乡塾，至十一二岁，如其资质颖悟、可期远大者则令习举子业，务使操修克慎，达则为良臣，穷则为善士。"①其要求子弟七岁入乡塾蒙馆，学习至十一二岁，即四五年的时间，再根据其资质的高低决定是否进入经馆学习举业。绩溪许氏《南关惇叙堂宗谱》也称："族中子弟读书三五年，如果天资高妙，与天资平等而志大心专者，其家贫无力，则祠董于祀租每年拨助学资。如祠租无余，则于上户亲房劝其扶助，中举则偿其本。"②经过蒙馆三五年的学习，宗族对其中资质聪颖（或资质平常但志大心专）而家境贫寒者进行资助，让他们走科举仕宦之路，进而光耀门楣，亢宗兴族。

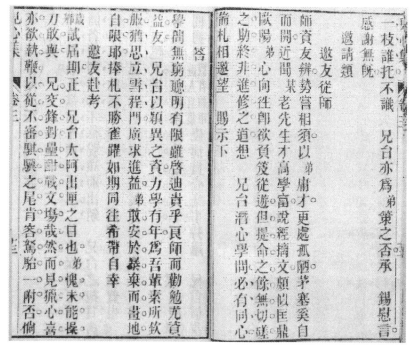

婺源汪文芳编撰的《见心集》卷三《邀友从师》

世家大族自然可以为子弟聘请品学兼优的塾师在族内经馆或家中进行

---

① 绩溪《绩邑东关黄氏宗谱》卷首《宗范附宗法》，光绪二十二年（1896）刊本。
② 绩溪《南关惇叙堂宗谱》卷八《家政》，光绪壬午年（1882）刊本。

教授,而一般人家子弟则需要外出求学,寻求良师的指点。乾隆甲戌年(1754)婺源汪文芳编撰的《见心集》卷三中就有《邀友从师》信札一篇:

> 师资友辨,势尝相须,以弟庸才更处孤陋,茅塞奚自而开? 近闻某老先生才高学富,说经摘文颇似匡鼎、欧阳,弟心向往,即欲负笈从游。但提命之余,无切磋之助,终非进修之道,想　兄台潜心学问,必有同心。专札相邀,望　赐示下。
>
> 答
>
> 学问无穷,聪明有限。虽启迪贵乎良师,而劝勉尤资益友。兄台以颖异之资,力学有年,为吾辈素所钦服。犹思立雪程门,广求进益。弟敢安于暴弃而画地自限耶? 捧札不胜雀跃。如期同往,希带自幸。

这份通用的信札范本,反映了徽州经馆阶段的士子有负笈从游的普遍需求。

(二)徽州经馆内塾师的教学内容

经馆教学实际上是以"入泮游庠"为目标的科举启蒙教育,最切近的目标是考中秀才,进入官学,然后参加正式的科举层级考试(即乡试、会试、殿试)。其教学内容主要是在蒙馆初步读写训练的基础上进一步加强读写训练,主要包括如下四方面。

1.《四书》《五经》等儒家经典的进一步学习

徽州为朱熹的桑梓之邦,徽州人向以"读朱子之书,取朱子之教,秉朱子之礼"[①]为要务。朱熹几乎毕生都在学习、注释《四书》,他的《四书集注》被公认是对《大学》《中庸》《论语》《孟子》注解的标准文本,自然是徽州经馆教材的不二之选。尽管徽州目前留存的《大学》《中庸》《论语》《孟子》刻本很多,但少有书坊署名,通常在首页注明"朱子集注",从中似乎也能看出朱熹在徽州的地位之高。《四书》的正文在一些蒙馆中已初步学习,例如明清之际歙县的吴

---

① (清)吴翟辑撰,刘梦芙点校:《茗洲吴氏家典》,合肥:黄山书社,2006年,第3页。

曰慎在《示子文》中称："予五岁入塾从程师读《四书》《书经》《诗经》，年十二从毕师读古文、时文，学制艺。"①那么，经馆中的学习主要是在以前学习的基础上巩固提高。

一般认为，蒙馆中塾师仅点读经书的正文，并不讲解，学生逐句逐段背诵。到了经馆，塾师开始讲解其中意义，并指导进一步学习领悟，直至玩索精熟。《四书》读完，接着是《五经》的学习。徽州民间识字教材《万事如意》抄本在《训读》中这样描述进入经馆习科举之业的生徒学习儒家经典的大致顺序："若习举业，教念《四书》。初焉《大学》，《论语》次之。再将《孟子》，继以《中庸》。《四书》读起，才问《五经》，《诗》《书》与《易》，《礼记》《春秋》。"

塾馆中究竟如何教读《四书》《五经》？程端礼②在《程氏家塾读书分年日程》中详细介绍了塾师教授生徒学习经书的过程。首先是诵读。先令学生自读，要求"点定句读，圈发假借字音"，再到老师面前试读。老师要"子细正过"，指出存在的错误之处，然后"还案细读"。"细读"之前，老师要指导学生将所读文字画出"细段"，"随文义可断处，多不过十句，少约五六句"。每千字为大段，可分作十至十二"细段"。学生在"还案细读"时，必须每"细段读二百遍，内一百遍看读，内一百遍倍［背］读"，读时"句句字字要分明，不可太快。读须声实，如讲说然"。"细段"分读毕，要将其合读，须"倍［背］读二三十遍"。其次是讲解。教师要先"说通朱子本注"，接着解说正文，做到"字求其训"，再"依傍所解字训句意"，"说每句大意""说每段大意"，并令学生复说无讹后乃已。最后是让学生进行巩固复习的"温读"。这一步骤完全由学生独立进行，既要熟读记诵，凡所读之书，必须"一一整放在案，周而复始"地进行温习背诵，也要通过读、说、抄、考索等方式进行研习。③

---

① 石柱国、许承尧等修纂：《民国歙县志》卷十六《艺文志·书文》，民国二十五年（1936）刊本，南京：江苏古籍出版社，1998年，第657页。

② 关于程端礼，许承尧在《歙事闲谭》卷二《程氏诸人诗》（黄山书社，2001年）中称："元程端礼，字敬叔，号畏斋。歙人，迁鄞。"

③ （元）程瑞礼撰，姜汉椿校注：《程氏家塾读书分年日程》，合肥：黄山书社，1992年，第28~33页。

学习《四书》《五经》到一定阶段后,可能还会对《五经》进行选择性、专攻性的学习与教授。有研究者曾考察统计婺源济溪科举世家游氏家族的科举情况①后发现,明清时期济溪游氏家族的生员以研习《易经》和《尚书》为重点,而且年代越往后,选攻《易经》的人越多。游氏家族明代中举16人,其中治《易经》者7人、治《尚书》者5人、治《礼记》者3人、治《春秋》者1人(其中游贵先是兼习《诗经》《尚书》,后来改习《礼记》中举),清代唯一中举的游方震也是专门研习《易经》。《济溪游氏宗谱·选举志》所列的明清两代游氏科举生员中,"岁贡"共16人,记载有专治科目者13人,其中治《易经》者7人、治《尚书》者3人、治《诗经》者2人、治《春秋》者1人;"监选"共24人,其中记载有治科目者共19人,15人治《易经》,其余4人治《尚书》;"明经"共265人,治《易经》者多达212人(明代明经214人中治《易经》者170人;清代明经51人中治《易经》者42人)。如果说专门研习《易经》一科是济溪游氏家族科举事业取得成功的一个重要原因,那么我们也可由此推断徽州一些经馆在教授《五经》时也应该会有所侧重,所谓"术业有专攻"。

自汉唐以来,儒家典籍《孝经》受到历代统治者的重视:汉代以《孝经》教士,唐玄宗两次为《孝经》作注,并颁发学宫,作为所有士子必读教材。清顺治初年至乾隆时期,科举考试中的乡试、会试还曾以《孝经》命题取士,所以《孝经》也是传统学塾教学内容之一。程端礼在《程氏家塾读书分年日程》中规定,学生学完《四书》,接着要学习《孝经》,并将由朱熹比较各种版本而编定的《孝经刊误》作为塾馆教材。

经馆教授的儒家经典以《四书》《五经》为主。这些儒家经典经过历代理学家的重新作注,渗透着浓厚的程朱理学精神。不仅如此,一些理学家的著作如周敦颐的《太极通书》、张载的《西铭》等也常会作为学习的内容。

古人强调经史结合,读史为读经所用,所谓"经学通则经术有本,史学熟则议论有据"。因此,《左传》《国语》《二十一史》《文献通考》等史学典籍也会

---

① 何建木:《宗族村落视野下的明清科举文教事业实证研究——以婺源济溪游氏为中心的考察》,载《地方文化研究》,2013年第5期,第67页。

成为儒家经典学习的辅助内容。如清康熙年间的黄叔琳在读完《易经》《诗经》《尚书》后,9 岁时就开始读《左传》,其祖父"无为公素熟三传,著有《左传汇纪》《公榖合纂》等书。至是为口讲指画,公悉领受"。① 清乾隆年间的潘奕隽在《三松自订年谱》中自称 12 岁时,"读《易经》《礼记》毕,读《左传》。贡湖公(注:潘奕隽之父)熟于《左氏》,暇即为之讲解,颇有悟会";13 岁时,则开始"选读《国语》《公》《榖》《史》《汉》、韩柳文,暇选读《离骚》《文选》,学为对偶"。②

2.诗文的阅读与写作

光绪年间绩溪东关冯氏家族在族谱中强调"兴文教",认为"一族之中,文教大兴,便是兴旺气象。古来经济文章,无不从读书中出",并将明清之际的理学家陆世仪(1611—1672)《论读书法》附录其后,作为指导宗族子弟读书的纲领。陆世仪《论读书法》的内容如下:

> 十年诵读:《小学》《四书》《五经》《周礼》《太极通书》《西铭》《纲目》、古文、古诗、各家歌诀。
>
> 十年讲贯:《四书》《五经》《周礼》《性理》《纲目》《本朝事实》《本朝典礼》《本朝律令》《文献通考》《大学衍义》、天文书、地理书、水利农田书、兵法书、古文、古诗。
>
> 十年涉猎:《四书》《五经》《周礼》《诸儒语录》《二十一史》《本朝实录》及典礼律令诸书、诸家经济类书、诸家天文、诸家地理、诸家水利农田书、诸家兵法、诸家古文、诸家诗。③

在陆世仪《论读书法》中,除《四书》《五经》、理学著作、历史典籍外,古诗、古文也是十年诵读、十年讲贯、十年涉猎时应学习的内容。尽管在强调经世学问的陆世仪看来,古诗文在学习者力不能兼的情况下,可以去掉。不过,在

---

① (清)顾镇编:《黄侍郎公年谱》,见薛贞芳主编:《清代徽人年谱合刊》,合肥:黄山书社,2006 年,第 6 页。
② (清)潘奕隽撰:《三松自订年谱》,见薛贞芳主编:《清代徽人年谱合刊》,合肥:黄山书社,2006 年,第 864 页。
③ 卞利编著:《明清徽州族规家法选编》,合肥:黄山书社,2014 年,第 75~76 页。

他去世后的乾隆二十二年(1757),乡试、会试中均加试五言八韵诗(即试帖诗)。这样一来,诗歌的写作自王安石变法取消后,重新回到科举考试中。在科举考试的有力推动下,诗歌尤其是试帖诗的阅读与写作在塾馆中自然得到重视。同治年间《黟县十都宏村万氏文书》中万氏学塾将曾国藩的《求缺斋课程》作为其《课程》学习内容,其日课中就有"读熟读书十页"。这些"熟读书"就包括"《易经》《诗经》、《史记》《明史》、《屈子》《庄子》、杜诗韩文"。其月课是"逢八日作诗、古文一艺"。① 这说明直至清代中后期,古代诗文的读写仍是徽州塾馆日课、月课的必修内容。

古文选本,由来已久。张志公先生认为专为初学编选的、分量不大而有注释评点的古文选本,在宋代已大量出现。② 其中著名的如真德秀的《文章正宗》、谢枋得的《文章轨范》、吕祖谦的《古文关键》《东莱博议》等。自清中叶以来,极为流行的是吴楚材与吴调侯的《古文观止》、汪基的《古文喈凤》、余诚的《古文释义》、李扶九的《古文笔法百篇》等。这些古文选本大多有注(解释字义、名物与典故等)、评(对文章思想内容、写作技法等进行评价)、圈点(用符号标注重要的词句、段落等)。

这些用于教学的古文选本,就所选文章的数量来看,共有三类:一类是选文在 300 篇以上,甚至上千篇,如《文章正宗》《唐宋八大家文钞》;一类是选文在百篇以下,如《文章轨范》《古文关键》;还有一类是 100 篇以上、300 篇以下,如《古文观止》《古文释义》。塾师在使用第一类、第二类时需要对其或删、或增。而第三类选文数量适中,又因为习得几十种文章图式需要阅读一两百篇文章,就像张志公说的,"为了培养学生具有基本的读写能力,至少要教他们读熟二百来篇古文,再少不够,过多也不必"。③ 所以,第三类在传统塾学

---

① 刘伯山主编:《徽州文书·第二辑》第 8 卷《黟县十都宏村万氏文书》,桂林:广西师范大学出版社,2006 年,第 32~46 页。

② 张志公:《传统语文教育教材论——暨蒙学书目和书影》,上海:上海教育出版社,1992 年,第 113 页。

③ 张志公:《传统语文教育教材论——暨蒙学书目和书影》,上海:上海教育出版社,1992 年,第 114 页。

中使用最广、流行最久,其中最为著名的当是吴楚材、吴调侯编撰的《古文观止》。现代作家巴金在谈散文创作时,曾称自己对散文的认识和对散文写作方法的掌握,就是通过幼年在私塾中对《古文观止》的熟读来获得的。他说:"这两百多篇古文,可以说是我真正的启蒙先生。我后来写了二十本散文,跟这个启蒙先生很有关系。"①吴楚材、吴调侯二人均饱览经史,又都仕途不顺,长期教授塾馆,有丰富的教学经验。他们根据古文读写规律为生徒编写一些讲义,日积月累,遂成《古文观止》。可以说,《古文观止》是塾师专为塾馆的古文教授而编写,故切合教学的需要,编成后大受欢迎。目前,在徽州所见《古文观止》较早的清刻本是名为《文秀堂古文》的版本,版权页标注"文秀堂古文""字遵正韵,较对无讹",前有吴兴祚的序言与十二卷的目录,正文有较详细的评注。

《古文观止》的文秀堂版清刻本

我国有"不学诗,无以言"的诗教传统。科举制度肇始之时,诗赋作为进士科的考试内容之一,更引发了人们对诗歌的研习。在徽州,《神童诗》《千家

---

① 巴金著,劳讲选编:《巴金散文》,杭州:浙江文艺出版社,2009年,第382页。

诗》《唐诗三百首》等一直是蒙馆教学的重要内容之一。因为诗歌的学习不仅能帮助读书人准备科举考试,培养道学文人,而且能涵养他们的文学趣味,使其具备基本的文学欣赏能力,为以后的士绅生活做准备。因此,尽管在王安石变法中,科举考试取消诗赋,改为策论,但诗歌的研习一直存在于塾馆教学中。明清鼎革之际,很多士子弃举子业,在这种特殊的背景下,仅歙县就聚集了一批杜诗研究者,如洪舫、黄生、吴瞻泰、汪灏等。他们编撰杜诗研习的著作,既为表达个人的诗学旨趣,更为教授生徒。如洪舫的《杜诗评律》是其入清后授馆广陵、教授生徒时所用的教材;① 吴瞻泰在其编撰的《杜诗提要》自序中称"余尝选读杜诗,以教子弟焉,非求简也,求其法而已矣"。②

乾隆二十二年(1757),清廷下诏:"会试第二场表文改用五言八韵唐律一首。"两年后又推广到乡试。乾隆四十七年(1782),五言八韵律诗被移至头场,其地位升至与八股文并重。③ 试帖诗在废置数百年后,重现科场。这对当时一些素昧吟咏,甚至不知平仄为何物的经生来说,无异于晴天霹雳,惶悚莫名,不知如何应对。李元复在《常谈丛录》卷五"令初试诗"条中对乾隆二十四年(1759)江西乡试中举子拙于应对试帖诗的可笑情形进行过如下描述:

> 乾隆二十四年己卯科,始于乡闱试以排律五言八韵诗。令初下,士多未习诗者。是科江西乡试诗题为《赋得秋水长天一色》,得天字。有士人全不解所谓,遍询诸同号舍者,或告以此限韵,当押之。遂于十六句作叠韵,尽押天字,其可笑有如此者。自是岁,科试生童于文后亦用排律诗。④

清代的试帖诗与唐宋时期的试诗(排律)相比,形式要求更为严格。唐宋时期一般用四韵、六韵,很少用八韵,而清代将试帖诗八股化,在乡试、会试中

---

① 王洁松:《洪舫〈苦竹轩杜诗评律〉研究》,华东师范大学硕士学位论文,2018年,第9页。
② (清)吴瞻泰撰,陈道贵、谢桂芳校点:《杜诗提要》,合肥:黄山书社,2015年,第3页。
③ 《钦定大清会典事例》卷二六六《贡举·试艺体裁》,台北:文海出版社,1998年,第1631页。
④ 蒋寅:《科举试诗对清代诗学的影响》,载《中国社会科学》,2014年第10期,第146页。

要求五言八韵（童试为五言六韵）。试帖诗的要求极为严格：韵脚在平声各韵中出一字，故应试者须能背诵平声各韵之字；题目出自前人诗句或成语；题目之字，须在首次两联点出，多用歌颂皇帝功德之语；诗内不许重字，语气必须庄重。陈寅恪有诗云："八股文章试帖诗，宗朱颂圣有陈规。"①为应对试帖诗重现于科场的考试改革，在以往的诗歌教学之外，试帖诗也成为此后经馆教学内容的重要组成。这主要体现在如下两方面。

首先，试帖诗选本大量出现。据陈伯海统计，仅乾隆一朝刊行的唐试帖诗选本就有18种之多，而未曾著于典籍并流传至今的则更多。② 四川峨嵋人张熙宇在道光壬辰年（1832）所编的《七家诗》是清后期最为流行的此类书籍之一，目前在徽州仍存留有聚秀堂、宝文堂等书坊的刻本。《七家诗》共七卷，收录了当时试帖名家王廷绍、那清安、刘嗣绾、路德、杨庚、陈沆、李惺七人的试帖诗共413首。张熙宇在《弁言》中交代了此书的编选缘由："今年过夏都门，遍取近来试帖阅之，得诗七家。辄为掇其精华，加以评点，将寄归家塾，为儿侄课本。"这说明此书是被作为家塾子弟诵习的教材而编选的。当时的试帖诗选本数量众多，选编王廷绍、那清安等七家试帖诗的原因是"为家塾课本起见，儿辈诵习，义在求精，故所收不复多及"。③

其次，专门的诗论、诗法教材层出不穷。由于自童试至乡试、会试均考试帖诗，凡有志于科举之士都必须研练写作这种诗体的才能。有了创作研习的需求，相应的理论指导和对写作经验加以总结的诗学论著便大量出现。在试帖诗重现科场的第二年即乾隆二十三年（1758），诸生蔡钧所辑《诗法指南》六卷出版，蒋溥在其序言中称："皇上以虞廷之治为治，以尼山之教为教，特旨取士于经义外用诗，则凡操觚家塾可不讲夫诗之法也。"④这说明了此书出版的

---

① 陈寅恪：《陈寅恪集·诗集》，北京：生活·读书·新知三联书店，2001年，第78页。
② 陈伯海：《清人选唐试帖诗概说》，载《科举学论丛》，2008年第1期，第3页。
③ 张熙宇评选，张昶注释：《朱批七家诗选注释·弁言》，聚秀堂藏版，道光己酉年（1849）新镌。
④ 吴中胜：《乾隆年间的科考改革与形式诗学的复兴———以蔡钧〈诗学指南〉为例》，载《古代文学理论研究》，2011年第1期，第278～292页。

时代背景:取士之法的改变,使得天下士子不得不研习诗法。同年,李畯的《诗筏橐说》也成编梓行,赵恒祚在其序言中称:"俾人辨其体而知源流,且知其体之为某人擅长,并知其人所由擅长之作法何在,然后依其式而效之,不至于迷津。洵哉,初学之宝筏也。"①顾龙振的《诗学指南》、朱琰的《学诗津逮》、游艺的《诗法入门》、李其彭的《诗诀》等,也都因试帖诗重现科场而被大量编辑出版。这些诗论、诗法著作自然成为当时塾馆学习的教材。

3. 八股文的读写训练

八股文,又称"制艺(制义)""时艺(时文)",因题目主要来源于《四书》,又被称为"四书文"。八股文是就其文体结构特点而言的一种称谓。《明史·选举制》云:"其文略仿宋经义,然代古人语气为之,体用排偶,谓之八股,通谓之经义。"②其内容要求"代圣人立言",题目出自《四书》,材料来自《五经》及其历代注疏,不允许考生自由发挥。形式要遵循所谓"功令格式",通常由"破题""承题""起讲""入题""起股""中股""后股""束股"八部分组成,其中"起股""中股""后股""束股"为正式展开论述的股对部分,又各自分为两个字数相等、虚实相对、句式相同的小段落。

一般认为,明清八股文源自宋代的经义。元代徽州,以课馆为生的理学名儒倪士毅就曾撰写《作义要诀》一书,从论冒题、原题、讲题、结题四部分来阐述宋元之时科举考试中经义之体例,用以指导此类文章的写作。《作义要诀》是早期专门讲授科举文章写作的教材,四库馆臣在《钦定四库全书》"提要"中称此书:"虽规模浅狭,未究文章之本原,然如云第一要识得道理透彻,第二要识得经文本旨分晓,第三要识得古今治乱安危之大体。又云长而转换新意,不害其为长;短而曲折意尽,不害其为短。务高则多涉乎僻,欲新则类乎怪,下字恶乎俗,而造作太过,则语涩;立新恶乎同,而搜索太甚,则理背。

---

① 吴中胜:《乾隆年间的科考改革与形式诗学的复兴———以蔡钧〈诗学指南〉为例》,载《古代文学理论研究》,2011年第1期,第278~292页。

② 龚笃清:《中国八股文史·明代卷》,长沙:岳麓书社,2017年,第55页。

皆后来制艺之龟鉴也。"①这强调了其对后来制艺的参考价值与借鉴意义。

乾隆帝认为人心士习,风会所趋,关系着国家的气运,故下诏编撰一本可供士子作为楷模的八股文范本,"明示以准的,使士子晓然知所别择"。② 于是,乾隆元年(1736)桐城派的鼻祖方苞奉敕编撰《钦定四书文》,以清真雅正为标准,选录明清两朝名家的时文,编成41卷颁行全国,以为示范。

作为明清科举考试的专用文体,八股文自然成为经馆教授和士子们备考时研习的内容。这在徽州人的年谱、文集中多有记载。如生活在乾隆、嘉庆年间的潘奕隽自述13岁时,在潘家坐馆六年的塾师谭东来对其父说:"郎君读《诗》《书》《礼》《三传》毕,将从事于制艺,余非所习也。明年宜更延师。"由于八股文非其所长,谭东来遂于当年十二月辞馆,潘奕隽随即跟从"吴筠竹先生霄翰学为时文,先生日选明文一篇,命余手录,为之评点课之"。吴霄翰病归后,又随宋永浩先生学习时文,且其祖父闲斋公"以前明小题文及国初虚缩枯寂题文属命题,每一艺毕,即以前辈文示之,以为楷式"。潘奕隽从师学习时文两年多,16岁时就顺利考入县学,成为生员。③ 生活在道光、咸丰年间的歙县徐景轼在《草心阁自订年谱》中更详细地自述了在塾馆学习制艺的过程:13岁时塾师张蛰亭"手钞明庆、历间(注:当指明隆庆、万历年间)时文十数首令余读";14岁时开始从塾师李喆读,"始开笔为制艺,冬间完篇";15岁时"延郭桂山师授余读,谓余制艺、理法皆未有得,仍令作半篇"。因"李、郭二师皆从考卷、墨卷讲究,于前辈法度不甚深求",为寻求制艺写作能力的提高,16岁时徐景轼开始师从当时的举人吉泉师,称"吉泉师于制艺讲前辈遗法兼通古文辞,余自此始知时文门径,悟前此之皆非也"。两年之后,吉泉师进京参加会试,再加上家道困顿,无力从师问业,"从坊肆购得关中课士诸刻,见其评

---

① (元)倪士毅:《作义要诀》,见《景印文渊阁四库全书》第1482册,台北:台湾商务印书馆,1982年,第371页。

② (民国)赵尔巽等撰:《清史稿》卷一〇八《志第八三·选举三》,长春:吉林人民出版社,1995年,第2143页。

③ (清)潘奕隽撰:《三松自订年谱》,见薛贞芳主编:《清代徽人年谱合刊》,合肥:黄山书社,2006年,第864~865页。

语详细,恍然曰:'是亦吾师也。'每三、八日辄就其目录中拈一题,成文后与之参阅。如是者一年有余,于文始有所得"。① 从潘奕隽、徐景轼自述塾馆学习经历中可知,八股文的阅读与写作是当时经馆学习的重要内容。

终身坐馆的经学大师江永在给汪绂的复信《答汪灿人先生书》中解释为何编撰《四书典林》《四书古人典林》二书时称:"至若拙刻,有《四书典林》三十卷、《四书古人典林》十二卷,此别有其故,盖食贫不免授徒,授徒须讲时艺。学徒资分不齐,不能尽读经书,临文多有寒俭之病,所读时艺亦多不得其典据。是以设为方便法门,取《四书》中有典实处,分为门目,援众籍以实之。"② 可见,即便如江永这样的经学大家,在授徒时也不得不讲授时艺(即八股文),并为资质一般、不能尽读经书的生徒编撰《四书典林》《四书古人典林》,作为八股写作取材的方便法门。清末黟县潘国顺在《扫愁帚笔谈》"腐儒"条中也称:"我黟近年来文风兴盛,科甲频仍,所以业儒者日更多。大半家不丰足,欲子读书,急于成名,以博官秩而食厚禄。则为师者,亦往往以八股时文,授以门径。"③

在科举考试这根指挥棒的引领之下,由塾师编撰用于塾馆专门指导生徒写作八股文的书籍更是数量众多,其中,最具有代表性的是乾隆丙寅(1746)江宁汪承忠编撰的《启悟集》。其在自序中叙述此书由来时称:"余平日尝集破承起讲提比并清浅合法之文以授幼童,第见循序渐进,无不得心应手,其有不引申触类而窒于会通之域者益寡。爰是同学诸子见之击节叹赏,愿各得一本以课徒。"于是编为四册,付梓发行,在清中后期流传极广。其体例安排合理:首先,讲授撰写八股文各个部分的种种方法诀窍;其次,每种方法讲授之后,附数篇范文,并加以评点。这样既方便塾师教学中对八股文写作理论的讲授,也便于生徒结合范例深入领会八股文的写作要领。

---

① (清)徐景轼撰:《草心阁自订年谱》,见薛贞芳主编:《清代徽人年谱合刊》,合肥:黄山书社,2006年,第780～781页。

② (清)余龙光撰:《双池先生年谱》,见薛贞芳主编:《清代徽人年谱合刊》,合肥:黄山书社,2006年,第183页。

③ 王振忠:《山里山外》,北京:生活·读书·新知三联书店,2020年,第199页。

乾隆年间徽州本土所编具有代表性的八股文选是《初学指掌》。该书编成于乾隆十六年(1751),评选者为"古皖黄山郝正嵩"。郝正嵩在《序言》中称:"于授徒之暇,择其文之利初学者若干首,都为一集。"作为塾师的郝正嵩编选评注八股文选的目的是应教学所需,"务使初学之士,一见了然"。明清时期八股文试题类型有三种:一为大题,用经书中的几句话或一章、两章作为题目,如:"子曰:学而时习之,不亦说乎;有朋自远方来,不亦乐乎;人不知而不愠,不亦君子乎?"一为小题,只用经书中的某一句,如"学而时习之"。还有一种为截搭题,把两句话截头去尾放在一起,如"不亦乐乎人不知",这种题目难度最大,考得不多。考进士一般用大题,考秀才一般用小题。乡村经馆一般是科举的启蒙阶段,目标是考中秀才进入官学,为进一步的科举考试做准备。因《初学指掌》是为初学者所编,所以选录的均为科举考试中的小题文章。

乾隆之后,指导八股文写作的名作仍旧很多,如道光十八年(1838)钱塘人沈叔眉编选的《目耕斋》、道光二十六年(1846)李元度编选的《小题正鹄》等。在徽州,除了这些畅销的八股文名作之外,还可以见到以"闱墨""墨卷""墨选"等为题的科举考试范文选编。这类书籍所扮演的角色与《启悟集》《初学指掌》等名作类似,也是通过熟读科考成功者的范文来习得其中蕴含的八股文写作之道。

在徽州科举文献中,还留存大量的手抄本。既有称为"读本"之类的八股文选,也有结合例文专门讲授八股文写作理论的秘诀之类,如《十四层》《初学秘诀》《初学小讲秘诀》等。尽管官方所标举的科举考试要求士子"通习诸经,敦尚实学"①,但事实上,这类文选、作法书籍因对考试有很强的针对性而备受青睐。士子们可以通过揣摩、细读来掌握撰写八股文的诀窍并以此在科场上获得成功,甚至连儒家经典的原文都可不必精研。汪廷珍自述其嘉庆初年主考江西省童试所见时,称:"童生中多有文理颇顺,问以《四书》白文,不能记

---

① 沈云龙主编:《近代中国史料丛刊三编》第48辑《钦定科场条例》,台北:文海出版社,1966年,第1122页。

忆;《五经》《三传》,竟未谋面。又有十一二岁童子,《五经》尚未开卷,而试牍闱墨,成诵已多。"①在八股取士的科举制下,书肆充斥着八股文选,塾馆研习着八股文章与技法,导致八股文备受诟病。

4. 书法教育

中国古代一直很重视书法教育,在西周的学校教育"六艺"(礼、乐、射、御、书、数)中就有"书"的内容。隋唐以降,科举考试成为人才选拔的主要手段,书法更是与人才的教育选拔密切相关。唐宋时期的国子监中设有专门的书法教育机构——书学。唐代的科举考试中还设有"明书"这一科目,而朝廷在选拔人才时,主要从身、言、书、判四个方面来考查,其中对"书"的要求是"楷法遒美"②,就连武官在谋文职时,精于书法者也会被优先录取。科举考试、官吏铨选时对书法的重视必然影响着教育中对书法的强调。《明史》中记载国子监的学生须"每日习书二百余字,以二王、智永、欧、虞、颜、柳诸帖为法"。③ 清代同明代一样,国子监的学生以临摹晋、唐法帖数百字为日课,其学业的考核以一年为限,每月一小试,采取积分法,《清史稿》载:"常课外,月试一等与一分,二等半分,二等以下无分。有五经兼通。全史精熟,或善摹钟、王诸帖,虽文不及格,亦与一分。积满八分为及格。"④将书法作为日常考核评价的参考内容,文章欠佳但书法优者也可得分。

在科举考试的时代氛围中,民间塾馆与官学一样,重视对学生书法的训练。民间塾馆将书法练习作为日课之一,如前述同治年间《黟县十都宏村万氏文书》中万氏学塾的《课程》中,就要求生徒每日"习字一百"。蒙馆阶段主要进行写字的基本功训练,从描红至影写,直至脱格临摹楷书。经馆阶段在此基础上进一步进行书法训练,包括真、草、隶、篆以及各家各体的书法练习。潘奕隽在《三松自订年谱》称其九岁时已读完四子书,开始读《书经》,其父命

---

① 王德昭:《清代科举制度研究》,北京:中华书局,1984年,第124页。
② (宋)欧阳修、宋祁等撰:《新唐书》,北京:中华书局,1975年,第1171页。
③ (清)张廷玉等撰:《明史》,北京:中华书局,1974年,第1677页。
④ (民国)赵尔巽等撰:《清史稿》卷一〇六《志第八一·选举一》,长春:吉林人民出版社,1995年,第2108页。

其"习柳诚悬书,日课百字,心甚乐之";14岁时随宋永浩先生学,"先生精于楷法,余始得纵观晋唐碑刻及前人论书诸说,先生授以《右军笔阵图》,令习悬腕书";18岁参加县试,县令周隆谦评价甚高,称其"书法独踵晋人"。①

明嘉靖二年(1523),进士丰坊专作《童学书程》。该书对学书的次第进行了说明:"学书之序,必先楷法,楷法必先大字。自八岁入小学便学大字,以颜为法。十余岁乃习中楷,以欧为法。中楷既熟,然后敛为小楷,以钟、王为法。楷书既成,乃纵为行书。行书既成,乃纵为草书。学草书者,先习章草,知偏傍来历,然后变化为草圣。凡行书必先小而后大,欲其专法二王,不可遽放也。学篆书者亦必由楷书,正锋既熟,则易为力。学八分者先学篆,篆既熟,方学八分,乃有古意。"②丰坊为童蒙学书规划了由楷书起,经行书、草书、篆书的学书顺序,并设计了详细的"学书次第之图"。丰坊的《童学书程》是在综合前人书学经验的基础上撰写而成,符合当时人们学书的一般顺序。因此,经馆的书法练习是在练习小楷的基础上,进行行书、草书、篆书诸书体的练习。

除临摹名家名帖外,人们还编制了专门的书法教材,如将蒙馆阶段所学的识字教材"三、百、千"等变成真、草、隶、篆四体一一对应的书法练习的范本,出现《四体三字经》《四体百家姓》《四体千字文》等。笔者曾在徽州的旧书市场购得一册同治壬申年(1872)新镌的《四体千字文》、金陵宝善堂梓行的《新镌四体千家诗》,以及一些书法练习的抄本。其中最值得注意的是2010年在歙县瞻淇一农家购得的一册佚名书法练习抄本。此抄本应为塾馆生徒学习书法的教材,采用行书与草书并列对照的方式来教授生徒练习行草的书写。单个行书字体多与其草书字体对应,每一整句行书的内容又在讲授对应的草书字的写法与注意事项。如下图所示,单个行书"萧鼠头先辩,寅宾腹里推"与草书单个字相对应,其句意又在告诉练习者书写"萧鼠""寅宾"草体时

---

① (清)潘奕隽撰:《三松自订年谱》,见薛贞芳主编:《清代徽人年谱合刊》,合肥:黄山书社,2006年,第864~865页。
② 王伯敏等主编:《书学集成·元明》,石家庄:河北美术出版社,2002年,第359、363页。

应注意的事项,同时让练习者对行草这两种字体的结构和点画的不同写法一目了然。又如"之加心上恶",行草对应,句意又在告诉练习者"恶"的草书写法;"撇之非是乏,勾木可成村"也是如此,但行书中的"撇"与"勾"应是形旁本身,而不应用汉字代替,由此推知此书可能是教授者自编,故有些内容不够谨严。但这种为便于练习者掌握书写内容的探索却是值得推崇的,而且用歌诀的形式呈现,也便于儿童识记。

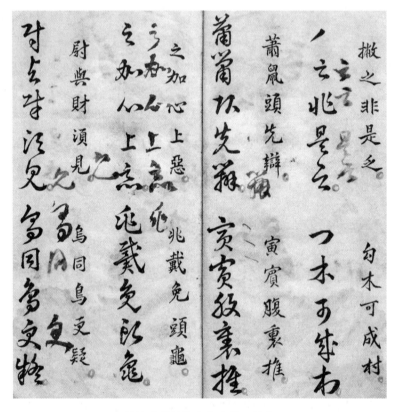

歙县瞻淇村佚名书法练习抄本

(三)徽州经馆的教学特点

1. 从教学对象看,蒙馆是普及性教育,即大众教育;经馆是选择性教育,属于精英教育

徽州宗族重视族内子弟的启蒙教育,休宁《程氏族谱·规训》指出:"吾族父兄于子弟幼时,无论家之有余不足,早就教读,端蒙养,习礼节,间以孝弟仁爱之道,阴消其滋肆淫荡之念。"①绩溪许氏宗族也强调:"一族子弟无论将来读书成名,即农工商贾,亦须稍读书本,略知礼义。"②可见,徽州宗族在儿童启蒙阶段倡导普及性教育,认为宗族子弟不论家庭贫富、资质贤愚,都要接受三五年的蒙馆教育。因此,他们在族内设立多处族塾、家塾以及义塾等,"随地有馆,以迎塾师",推行蒙养阶段的普及性教育。③

就知识技能的学习而言,蒙馆的教学具有双重指向性:一是普及基本的文化知识,传授简单的生活技能;二是初步学习儒家经典(主要是《四书》),为进一步的学习奠定基础。徽州宗族倡导经过三五年的蒙馆普及教育,"择其材之可教者,三或择一,五则择二",进行经馆教育。④ 上述《程氏族谱》在强调对所有子弟进行蒙学教育之后,接着指出:"再观敏钝何如,可读则读,不可读则耕,或技艺商贾各守一业。"⑤蒙馆教育之后,进行分流,资质好或资质一般但志坚者可进入经馆学习,其余则是从农工商贾中,各择一业,各安生理。

这种有选择地培养子弟入经馆业儒的做法在明清时期被很多徽州宗族所认同。如祁门《新安琅琊王氏宗谱》在家训《课读篇》中就提出:要观子弟"资性之敏钝,以为志趋之进止。敏者勖之以读,鼓其气而远期之,师友之。"⑥绩溪《绩邑东关黄氏宗谱》在《宗法》中称:"如其资质颖悟可期远大者则令习举子业,务使操修克慎,达则为良臣,穷则为善士。"⑦绩溪《南关惇叙堂宗谱》也指出:在蒙馆读三年后,"如果天高妙与天资平等而志大心专者",即便是孤贫之家,亲房、祠堂均要帮贴,原因是"将来发达,荣宗耀祖,宗族皆受其庇荫"。⑧ 这些宗族无一不强调经馆教育的选择性。

---

① 休宁《程氏族谱》卷首《规训》,道光癸巳年(1833)刊本。
② 绩溪《南关惇叙堂宗谱》卷之八《家训》,光绪壬午年(1882)刊本。
③ 卞利编著:《明清徽州族规家法选编》合肥:黄山书社,2014年,第147页。
④ 卞利编著:《明清徽州族规家法选编》合肥:黄山书社,2014年,第41页。
⑤ 休宁《程氏族谱》卷首《规训》,道光癸巳年(1833)刊本。
⑥ 卞利编著:《明清徽州族规家法选编》合肥:黄山书社,2014年,第403~404页。
⑦ 绩溪《绩邑东关黄氏宗谱》卷首《宗范附宗法》,光绪丙申年(1896)刊本。
⑧ 绩溪《南关惇叙堂宗谱》卷之八《家训》,光绪壬午年(1882)刊本。

不仅如此,族内设有蒙馆、经馆的歙县东门许氏家族还规定了入经馆学习的具体条件:"族内能成篇者,愿入经学,到祠,公同文会诸公面试准入。"①通过考核、面试才能进入经馆学习。这种有选择性的经馆教育属于精英教育,休宁《茗洲吴氏家典》将经馆的这种精英教育目的说得非常明确:"培植得一个两个好人,作将来楷模,此是族党之望,实祖宗之光。"②清代休宁人施璜在《塾讲规约》中也告诫塾师们要秉承孟子"得英才而教育之"的育人理念,因为"一家之政,非得英才之子弟不能继志而述事;国与天下,非得英才之臣不能安上而养民;道统学脉,非得英才之弟子不能承先而传后"。③

2. 从教学内容看,蒙馆强调实用性,经馆则更多地为科举服务,强调人才培养的道德与文化象征意义

明清两朝是封建官僚制度的完善期,也是社会经济生活相对最不稳定的时期。即便世家大族也兴替无常,科举及第就成为获得政治地位或保持世袭门第声望的重要途径。聚族而居的徽州人认识到要振作家声、光耀门户,在社会上享有较高的声望,必须依赖子弟的科举仕进。休宁茗洲吴氏宗族在家典中就告诫族人:"族之有仕进,犹人之有冠冕,身之有眉目也。"④歙县呈坎罗氏的"罗东舒祠"至今仍悬挂着一副期望宗族子弟专心业儒进而科举仕宦的传家楹联:"教子有遗经,诗经书经易经礼记春秋左传;传家无别业,解元贡元会元状元榜眼探花。"

如果说蒙馆教育是以读书习礼、应付生活为目的,强调教学内容的实用性,那么,作为精英教育的经馆教育则是以应试科举、培养儒学人才为旨归。徽州《孙氏宗谱》在《家规》"习文艺"条中指出:"各家教子者先之《四书》《五

---

① 卞利编著:《明清徽州族规家法选编》,合肥:黄山书社,2014年,第399页。
② (清)吴翟辑撰,刘梦芙点校:《茗洲吴氏家典·家规八十条》,合肥:黄山书社,2006年,第18页。
③ (清)施璜:《塾讲规约》,见《丛书集成续编》第62册,台北:新文丰出版公司,1988年,第470页。
④ (清)吴翟辑撰,刘梦芙点校:《茗洲吴氏家典》卷六《立春祭先祖议》,合肥:黄山书社,2006年,第242页。

经》以植其基,次之《通鉴纲目》以广其蓄,参之诸子百家以绎其趣,上下古今名物以悉其蕴,其学亦云正矣。至于文论、表策则本之程文以定其式,继之墨卷以咀其华,酌之柄文观风者之试卷以尽其变,此固习文艺者之必不可废也。如好观杂书,若佛老等经,好作杂技,若曲调等词,乃文艺之蠹,教者罚。"①其强调宗族子弟在确立以儒家经典为根基的基础上,广泛涉猎,然后辅以程文、墨卷等来进行科举应试、人才培养的教育,而对杂文、杂技严格禁止。

儒家的教育理想是培养"正谊""明道"的君子,虽然儒家并不讳言仕途利禄,但强调仕途利禄应建立在"学而优"的基础上。士子必须品德高尚、富有责任感,进而以君子之德来影响小民,将儒家的文化价值观念传播、渗透到社会各阶层尤其是民间社会,塑造社会成员共同的价值观念,达成"化其民为君子士夫,易其俗为礼义廉耻"的目标。

在儒家看来,士子们首先要修身、齐家,然后才能治国、平天下。备受徽州人推崇的朱熹在《白鹿洞书院揭示》中称:"熹窃观古昔圣贤所以教人为学之意,莫非使之讲明义理,以修其身,然后推以及人,非徒欲其务记览为词章,以钓声名取利禄而已也。"②因此,徽州人在强调读书仕进的同时,重视人才培养的道德与文化象征意义。明代歙县人方弘静在《家训》中告诫子弟:"宗族称孝焉,乡党称弟焉,士之次也,志乎上者见其进而不惰矣。其为人也,不亲于族,不信于乡,而长傲自满,岂惟不可谓士人,道恶盈孽且作矣。小子戒之!"③康熙年间《婺南中云王氏世谱》在《祠规》"课诗书"中告诫子弟:"义理尽在经史,气质镕于学问。出则致泽为期,均调海寓;处则廉隅自饬,端化家庭。"④其强调在教学中重视年轻士子们对义理经史的学习,不论未来穷达,都应成为关怀社会而且负责任的人。

---

① 太平县《孙氏宗谱》卷一《家规》,乾隆十二年(1747)刊本。
② 孟宪承选编,孙培青注释:《中国古代教育文选》,北京:人民教育出版社,1985年,第276页。
③ (明)方弘静:《千一录》卷二十四《家训》,见《续修四库全书·子部·杂家类》第1126册,上海:上海古籍出版社,2002年,第460页。
④ 卞利编著:《明清徽州族规家法选编》,合肥:黄山书社,2014年,第296页。

书中不仅有"黄金屋""颜如玉",更有道德文章。学习的意义与作用"是把知识消化于生命,转化为生命所具有的德性"。① 在读诗书、课文艺之时,"必于诗书中讲求道义,而使性情、学术之间从此端正;又必于文艺中发明学问,而使品行、德望之地皆从此精纯"。② 因此,在经馆教学中,塾师们不仅以身示范,更是将明道与经解结合,重视对生徒们进行品行、道德的教育。如休宁塾师吴钝庵,"每讲解经,以及古今事关忠孝大节,辄津津不已。(学生)学业进,一事一言之合乎道,则欣喜累日;稍有所失,眉宇为之不展,至于辍箸"。③ 明代祁门塾师周可宇在科举失利之后,"并力理学,以《易》为宗,以《中庸》为体,以孔孟为法,每告诸生以知礼成性,变化气质,学必如圣人而后已"。④ 清代休宁人曹觐文,"教子姓,一准诸道义,以身先之"。⑤

在"君子达则见用于朝,不达则表正乡族"⑥思想的影响下,接受儒家文化教育的士子们成为引导地方民众教化,维持地方社会秩序的重要力量。这在徽州的方志、文集、族谱等文献中均有大量记载。如元代休宁理学家倪士毅,终身授徒,"守身制行,不为名高,而事亲至孝,接物以诚。非其人不交,非其有不取,非仁义道德,尝论定于朱子者,不以教人。凡污苟贱之事,不接于身。利害得失揣摩计较之辞,不挂于口。虽大寒暑,未尝一日辍其业以嬉,终其身人不见疾言遽色,是故黟人信其言而尊其行"。⑦ 清代乾隆年间的廪生程陟洲,"不苟然诺,持躬严正,同学畏敬,里党中奉为典型。受业于门者极

---

① 牟宗三:《中国哲学的特质》,上海:上海古籍出版社,1997年,第34页。
② 卞利编著:《明清徽州族规家法选编》,合肥:黄山书社,2014年,第84页。
③ 休宁《忠孝城南吴氏宗谱·钝庵吴夫子行状》,雍正十一年(1733)刊本。
④ 祁门《周氏宗谱》卷四《汝泰公传》,康熙五十五年(1716)刻本。
⑤ 廖腾煃、汪晋征等修纂:《休宁县志》卷六《人物·学林》,康熙三十二年(1693)刊本,台北:成文出版社有限公司,1970年,第908页。
⑥ 歙县《歙西范川谢氏支谱》卷十二《元及公文》,民国乙丑年(1925)木活字本。
⑦ (清)施璜编,吴瞻泰等补,陈联、胡中生点校:《紫阳书院志》,合肥:黄山书社,2010年,第210页。

众,皆有矩度"。① 这些儒生以自己的言行引导地方民众,教化乡里。

三、徽州塾师群体的职业交流与培训

中国传统社会没有建立起完善的公共教育服务体系,普通民众子弟在进入官学之前接受教育一般通过家庭或宗族设立私塾、书院等方式。对这些教育机构的从业人员,国家也没有制度化的规定和专门化的职业培训,所以有研究者认为,"在前近代社会,塾师阶层一直以来没有任何行业性组织,也没有交流和培训的机会。即使碰巧有几位塾师凑在一起,也只是研习举业、探讨学问。"②然而,就徽州现存的文献来看,自宋元至明清,徽州民间塾师之间不仅有学问的探讨、举业的研习,也存在有关塾师行业的经验交流与职业培训。

(一)徽州塾师群体职业经验的交流与传授——陈栎与《与子勋》

王耀祖在其博士论文《社会变迁中的元代徽州社会教化研究》中认为元代徽州人在注重师承的传统影响下,"加之宋元鼎革,政局不稳,入元后社会政治环境愈加复杂,士子为此多选择了门槛较低的塾师职业,且相互影响,以致形成一家、一族、一村或师徒数人皆为塾师的群体现象"。③ 他根据方志、文集等文献的记载,梳理、勾勒了元代徽州 80 余年胡炳文、陈栎、汪炎昶、汪克宽、赵汸五大塾师群体师承简图,并以此说明宋元以来徽州塾师群体化、职业化的特点。

在强调家学、注重师承的古代社会,这些家族化、群体化的塾师之间显然不仅有学问的研习探讨,也有职业经验的交流与传授。以新安理学家陈栎为例,其父陈源长"终身假馆凡六十年,从游二百余人",叔父陈履正亦以塾馆为

---

① 谢永泰、程鸿诏等修纂:《黟县三志》卷六《人物志》,同治九年(1870)刊本,台北:成文出版社有限公司,1970 年,第 61 页。
② 蒋纯焦编:《中国私塾史》,太原:山西教育出版社,2017 年,第 217 页。
③ 王耀祖:《社会变迁中的元代徽州社会教化研究》,华东师范大学博士学位论文,2016 年,第 48 页。

生,陈栎本人自"十五岁出为人师",直至83岁去世,终身授徒不殆。^①受其影响,其子陈勋,外甥吴彬、吴宣、叶大有,族侄陈光以及曾孙陈鏊等亦先后为塾师,其家族成为一个典型的塾师世家。陈栎的《定宇集》中不仅收录陈栎与外甥吴彬、族侄陈光等探讨学问、研习课业的《送吴甥仲文序》《答吴仲文甥凡十四首》《与中泽程氏》等篇目,还收录了陈栎写给即将外出坐馆的儿子陈勋的一封书信——《与子勋》。^②这是一篇少见的古代塾师专门阐述塾师职业规范、传授坐馆经验的文献。其内容主要包含如下五方面。

1. 职业准备:转益多师

陈栎重视其子坐馆期间进德修业之事,强调不得有丝毫懈怠,"须是自卓立,自争气,自求长进"。他告诫儿子要转益多师,多方请教:向馆业所在地的长者吴执敬请教,认为"执敬老师,重厚典刑,可以亲炙取法";要时时向吴子静学习请教:"姊夫子静先生博淹修洁,可以资问请益,好文字、好说话随手录取,归日要观。"他还告诫陈勋要向同辈吴仲文多多学习:"仲文非特益友,实足为汝师,渠之言一一谨守之,不可一毫违之。"

2. 从业态度:不负重托

陈栎认为塾师应具有以教人为要务的职业态度,强调塾师"受人子弟之托,须是且以教人为急,自己事且放缓"。这种受人之托,忠人之事的职业态度在缺乏严格规范考评制度的古代民间教育中尤为重要,这也是徽州人契约精神的一种体现,素为徽州人所看重。如清道光年间绩溪人章道基在《师说》一文中就批评当时一些塾师"受人之托,不思忠人之事"的乱象:"管束不严,且曲庇以市恩;习课不勤,更弥缝以避怨。冒滥时名者,聚谈拜客之事多;经营俗务者,离家进馆之日少;其株守者,复勤于自课而懒于教人。"他指责这种塾师"虚縻东家之馆谷,厥罪犹小;错过后生光阴,损德甚大"。他认为良师应

---

① (元)陈栎:《定宇集》,见《景印文渊阁四库全书》第1205册,台北:台湾商务印书馆,1982年,第390、168页。

② (元)陈栎:《定宇集》卷十《与子勋》,见《景印文渊阁四库全书》第1205册,台北:台湾商务印书馆,1982年,第312~313页。以下引文中出自该文的,不再一一注明。

以培育人才为宗旨,要"秉慈惠之心者,及是时迎机开导,多术提撕,造就因材,宽严交尽,务使养成圣贤之基,蔚为硕辅之器"。①

3. 课程安排:日有定程

陈栎认为教学中首先应制定严格的规程,使教有所据:"学生事业与主人商量,各人具一日程,而日日谨守之。"其次,要事先认真准备教学内容。他认为塾师要透彻理解将要教学的内容,不能有丝毫的马虎,这是教学的前提:"教人读书,今虽不必与人尽解,然我却不可不自晓得。须是每日随人所上之书,逐段自检看解得晓得。不可徒读其句读而不晓其道理,如和尚念经也。"

4. 教学旨趣:教学相长

陈栎秉承《礼记·学记》中"教学相长"的思想,认为塾师可以在教学中逐渐成长,提升自己:"教人读即是我读,教人做文字即是如我自做,教人解书即是我自解,教人熟而记得即是我自熟自记得。教人便是自学。如此力行,不特人有长进,我亦自有长进。"

5. 教学态度:从容有度

陈栎认为与学生相处时,要为人师表,态度端庄,从容有度:"待学生必正色端庄",这样才"绝不遭侮"。他反对责打、体罚学生,认为"夏楚人家多不乐,此不宜施"。他告诫陈勋平时要"守得勤与谨二字","每日早起晏眠,除登厕外,莫妄出一步,不可与人闲说一句惹是非"。他强调教学中力求做到"言语要简而当,从容而分明,最不要夸张妄诞"。

《与子勋》全文虽不足字,但这是陈栎坐馆多年职业经验的总结,涵盖了塾师职业修养与态度、课程的安排、师生关系等多方面的内容,从职业层面对塾师的素养进行了较为全面的阐述。在注重家学与师承的古代,塾师群体的这种职业经验的交流更多地存在于日常的以身示范、口耳相传中,因少有记载而湮没在历史的尘埃中,踪迹难寻。如方承训的《复初集》就记载了明代歙县岑山人范廷忠,终其一生在歙县沧潭、北岸两地坐馆教授。方承训称:"凡

---

① 绩溪《西关章氏族谱》卷三十六《师说》,道光二十九年(1849)刊本。

邑南乡师规条模则、绳尺教度,为四乡师嚆矢,化公之属也。凡出门下,皆为乡师范,范则皆可称颂,即今乡师皆其授受也。"①不过,可惜的是,范廷忠传授给弟子们的关于乡村塾师职业经验的具体内容未留下任何文字记录。《婺源查氏族谱》中也记载其族人查之琳"幼受业于族贤滉公门下,门多时髦,学行纯谨,无出公右者",在其成为官学生员后,人们争以为师,他"因材启迪,悉心滉公师范而加以严厉,人皆敬而怀之"。②查之琳从族贤滉公那里得到的关于如何为师的经验,其具体内容我们无从知晓。而陈栎的这篇《与子勋》因机缘巧合(陈勋初次外出坐馆,陈栎在满腹担忧、满腔父爱的驱使下写下这篇包含谆谆教诲的书信)得以留存,显得弥足珍贵。

(二)徽州民间的塾师职业培训——塾讲制度

明清时期随着徽商对国家经济发展、文化教育的推动,又因为科举考试竞争的加剧,徽州对塾师的需求激增,塾师群体化、职业化的现象更为明显。方承训在《复初集》中提及歙县小溪村项元表所在的家族千余人,世代以塾师为业,被称为"塾师专业村"③。其实,以塾师为业的宗族远不止歙县项氏一族,婺源济溪游氏、婺源查氏等宗族也是如此。

为了规范塾师行为,提升塾师的职业素养,曾讲学于紫阳、还古书院,后又"居家塾授徒"的歙县施璜在康熙癸丑年(1673)发起以塾师为主体的徽州塾师讲会活动。为使塾讲活动真正成为塾师们"进德修业之一助",施璜等人制定《塾讲规约》,从"尚道德""定宗派"、要"持敬"、重"绎注"、要"力行"、"习六艺""育英才""务谦虚""防间断"九方面来阐明"联会讲学"的宗旨,达到"以贞其志",提升塾师职业素养的目的;并拟定《塾讲事宜》八条附于规约之后,用以阐明举办塾师讲会活动的时间、周期、仪式、流程等具体事宜,达到"以定其则"之目的,从而形成专门化的徽州民间塾师职业培训制度——塾讲制度。

---

① (明)方承训:《复初集》卷二十七《明故处士范公墓志铭》,见《四库全书存目丛书·集部》第188册,济南:齐鲁书社,1997年,第141~142页。
② 婺源《婺源查氏族谱》卷尾《文翰》,光绪壬辰年(1892)刊本。
③ 李琳琦:《徽州教育》,合肥:安徽人民出版社,2005年,第106页。

第四章 明清徽州塾师的教学与职业培训

下面就从《塾讲规约》①来看徽州民间塾师培训的具体内容。

张潮《昭代丛书》卷七《塾讲规约》

---

① (清)施璜:《塾讲规约》,见《丛书集成续编》第 62 册,台北:新文丰出版公司,1988 年,第 466～474 页。注:以下引文出自《塾讲规约》的,不再一一注明。

1. 修炼塾师的品性道德

塾师职业的示范性决定了塾师在教学过程中必须做到为人师表、行为世范,除以自己的学识去引导学生学习知识技能外,更要以自己的品德行为等去熏陶影响学生。立德垂范是徽州人对塾师职业的一项基本要求,他们强调要"奉道德者为之师",认为"经师非难,人师为难;人师者,为能表率乎人也"。① 因此,以"约乎塾中人"为宗旨的《塾讲规约》第一条就指出塾师要"尚道德",告诫他们"联会讲学"的目的不是"以诗文相砥砺,以科举相期待",而是"以仁为己任,以明道相砥砺,以进德相期待",强调"孔门求仁之学,无非教人为人也"。

一些士子从事塾师这一职业并不是他们自觉的职业选择,实为不得已而为之,欲以舌耕来达到"济读"的目的,内心仍向往着有朝一日能够科举仕进、金榜题名。在徽州佚名塾师所作的《坐馆经文·叹馆诗百首》中就有此类期盼:"虎榜名标甲第高,一时英气压群豪。飞腾再见乘龙去,脱却蓝衫换紫袍。""冲天有日广寒游,一洗胸中万斛愁。脱去皮囊恩宴赐,扬眉吐气出人头。"施璜等人制定的《塾讲规约》道出了这类塾师的心情,设身处地来劝导他们即使是迫不得已投身这个行业也要注重自身道德的修炼:"苟道明德立,未尝不可以为诗为文、为公卿大夫。"其还告诫他们:"如道不能明,德不能立,则虽做了扬雄、李白,未闻可以为圣人;虽做了状元、宰相,未见可以称理学。又况科第未必得,诗文未必工,其与圣贤相去不大相远矣乎!"不仅如此,《塾讲规约》还以教授乡里达 23 年之久的新安理学家倪士毅等人为榜样,说明"即布衣不仕,亦可以为后学师表",来强化塾师立德明道、重视自身道德修养的重要性。

2. 端正塾师的职业志向

孟子将"得天下英才而教育之"②作为人生三大乐趣之一,并践履之,由

---

① 卞利编著:《明清徽州族规家法选编》,合肥:黄山书社,2014 年,第 32、84 页。
② (战国)孟子著,杨伯峻、杨逢彬译注:《孟子·尽心章句上》,长沙:岳麓书社,2000 年,第 232 页。

此获得历代士人们的广泛认同,成为古代君子贤士们的理想追求。《塾讲规约》继承这一思想,将"得英才而教育之"作为处馆士子的人生价值与责任加以强调:"从来文行兼修、才德并懋之士,随其所居之时位,皆可以维世道、正人心,而最有补于世道人心者,莫如育英才一事。"他们要求塾师"或在家塾受徒,或就他乡西席,皆当以教育英才为己任",并从家国的治理、道统学脉的传承角度来阐释塾师要以育英才为己任的原因:"盖一家之政,非得英才之子弟不能继志而述事;国与天下,非得英才之臣不能安上而养民;道统学脉,非得英才之弟子不能承先而传后。故圣贤之生,无论出处,皆以教育英才为心。"以此敦促塾师们应以"育英才"为职志。

施璜等人在充分肯定教育英才重要性的同时,也认识到由于人的气质、秉性不同,英才实为难得。尽管如此,作为教育者的他们仍坚信教育最终能起到化民成俗、维护世道人心的作用:"虽人之气禀不齐,英才难得,然随在教育,亦可以因材而成就。即至暴戾欺诈之人,闻吾孝弟忠信之说,毕竟有所畏惧,而不至于大为奸恶。自私自利之人,闻吾安贫乐道、有天下不与之说,毕竟有所感悟,而不至于利己害人。但患在我无实心以化导之耳。"

3. 明确塾师研习学问的方向与方法

"学高为师",渊博的学识是为师者基本的职业素养。韩愈云:"师者,所以传道受业解惑也。"[①]要传授大道、讲授学业、解决疑难问题,为人师者必须研习学问,有渊博的学识。程颢、程颐也称:"所谓师者何也?曰:理也,义也。"[②]而研习学问,首先要明确研习学问的目标和方向,即"先定宗派,立个学的"。在施璜等人看来,孔孟的后学"宗派只有程朱,宗程朱即所以宗孔孟,宗孔孟即所以宗尧、舜、禹、汤、文、武、周公也。盖孔孟道统惟程朱接续不差,孔孟宗派惟程朱指示亲切。舍程朱而欲学孔孟,是犹舍阶级而欲登泰岱也,难矣"。他们认为,"向来学术之坏,其病在不宗程朱",而朱熹又"集诸儒之大

---

① 孟宪承选编,孙培青注释:《中国古代教育文选》,北京:人民教育出版社,1985年,第219页。

② (宋)程颢、程颐著,王孝鱼点校:《二程集(全四册)》,北京:中华书局,1981年,第323页。

成",因此,作为朱子桑梓之邦的徽州塾师,"熟读朱子之书,熟讲朱子之学"自然是为学为教之分内事。

施璜等人强调,学问研习不惟义理之学,同时还要"兼习六艺、时务,以适于用",不可一味"虚谈理道,专事雕镂之文,而置六艺、时务不讲,及临事应变,茫然不知不能"。因此,学者在穷经之暇,"礼乐射御书数,及历象、兵刑、钱粮、治河之类"的经济实学,都要"精研习炼,实实可以措诸事业"。对各种实学的研习,使得一些徽州塾师在科举无路、经济贫困的情况下,弃儒从商,进而以商济儒,甚至在危难时期,他们能够采取措施保乡捍民,这在徽州的乡土文献记载中多有体现。如婺源塾师吕则,"康熙甲寅,寇氛扰攘,公毅然以身捍大难之卫,为一方保障,乡人得安故土"。① 又如黟县塾师李政元,教授乡里,"无何,粤匪直犯徽宁,旁掠郡邑。承平日久,人民不见兵革,望风逃窜,遂至糜烂不堪。先生创保甲以卫地方,实事求是,邑赖以安,为知县唐公所嘉许"。太平天国运动失败后,李政元"居家仍理旧业,与诸生讲贯剖析疑义,终日酬答无倦容"。②

为获得渊博的学识,《塾讲规约》结合理学家的理论思想向塾师们阐明研习学问的四大方法。

一要"持敬",即"主一无适"。《塾讲规约》强调"敬为一心之主宰,万事之根本,涵养省察、格物致知,种种工夫皆从此出",认为塾师们若"能实下工夫,推寻此心之动静而务主于一,则静有所养,而客念不复作;动有所持,而外诱不能夺。以之穷理则理亦易明,以之反躬则无不恪圣贤之道"。在现存文献中,也能看到一些塾师在教学中将持敬工夫作为课程内容予以传授。如黟县宏村万氏家塾《课程》开篇即为"主敬""静坐":

> 主敬　整齐严肃,无时不惧。无事时心在腔子里,应事时专一不杂。

---

① 婺源《婺源沣溪吕氏世谱》卷十五《月潭公传》,民国三十一年(1942)刊本。
② 黟县《鹤山李氏宗谱》卷末《李政元先生传》,民国六年(1917)刊本。

> 静坐　每日不拘何时静坐一会,体验静极生阳来复之仁心,正位凝命,如鼎之镇。①

二要"力行"。施璜等人认为,"诚意正心修身功夫"的目的是要做到"知行并进","知一字,行得一字;知一句,行得一句"。他们强调:"今同人既读圣贤经书,讲究义理,则当字字句句体贴到身上来,着实做践履工夫。"只有这样,"所读经书方有着落,所讲义理方得亲切,而道德之归也有日矣"。

三是"务谦虚"。施璜等人明确提出,聚会塾讲的目的是各求进益,故"绝不可矜悻自高,各逞己长",而且"义理无穷,何可自足?若稍自足,终无受益之地矣"。其以孔门弟子颜渊的"以能问于不能,以多问于寡"的谦虚态度为例,劝勉塾师要"以骄矜为切戒,以谦虚相勉励"。

四是"防间断"。士人为学目的是希圣希贤,而"圣人之域不能遽至",所以"日用功夫不可顷刻间断"。施璜等人认为:"圣人之所以为圣人者,亦只是个学而不厌,诲人不倦,不厌不倦非无间断而何?"他们强调圣贤为学、育人均无间断,持之以恒。他们不仅希望塾讲联会通过各项事宜的规划而做到有始有终、一无间断,更希望与会的乡塾同道们日常为学工夫亦不可间断,"不以讲会间断为虑,而以工夫间断为忧,同人万不可悠悠忽忽,半途而废也"。

4. 规定塾馆教育之法与基本教材

朱熹将古代教育划分为小学、大学两个阶段(八岁入小学,十五岁入大学),并施以不同的教育内容与方法,"小学者,学其事;大学者,学其小学所学之事之所以"。② 即小学阶段学习洒扫、应对之事,而大学阶段则要学习这些事中所蕴含的道理。以教事为主的小学,教学内容要浅近具体,教学方法要生动形象。因此,朱熹汇辑古人的嘉言善行编辑《小学》一书用于教学。程颐

---

① 刘伯山主编:《徽州文书·第二辑》第8卷《黟县十都宏村万氏文书》,桂林:广西师范大学出版社,2006年,第464页。
② 毛礼锐、沈灌群主编:《中国教育通史(第三卷)》,济南:山东教育出版社,2005年,第177页。

以《大学》为"孔氏之遗书",认为"古人为学次第者,独赖此篇之存"。① 秉承程朱之学的施璜等人在对塾师行业进行规范时,明确指出"教育之法,圣贤经书甚详,莫要于《小学》《大学》二书"。他们号召徽州塾师在实施教学时应"悉遵《小学》《大学》之法教训童蒙,培植后进,其所以诱掖激厉,又能循循有序",以此来成就英才,传承圣人之学。

朱熹将《大学》《中庸》《论语》《孟子》合编为《四书》,毕其一生研习它们。所著《四书集注》,被公认是注解《四书》的标准文本,施璜等人认为"熟读朱注而精思之,庶几《四书》精蕴始可得而明也"。明清时期科举考试以《四书》来命题,徽州各大书院讲学也是先讲《四书》。因此,《塾讲规约》在规范徽州乡塾教学内容与教学次序时称:"同人乡塾讲书,必要阐明朱注,使朱子注义莫逆于心,然后孔、曾、思、孟之微言始有入路。由是而兼读《小学》《近思录》《太极图说》《通书》《西铭》诸书,由是而循环理会《六经》与《纲目》诸史,则天下之理皆可以一以贯之而无疑矣。"明确规定了用于徽州乡塾的基本教材与教学的内容、次序,这是《塾讲规约》对塾师进行行业规范指导的重要表现之一。

5. 规范塾讲活动的管理,强调行业自律

为保证塾讲制度有效实施,"广通声气",成为与会者"进德修业之一助",施璜等人还通过制定附于《塾讲规约》之后的《塾讲事宜》,对塾讲活动进行规范化管理,包括以下几方面。

塾讲活动主办人与地点的选择。每会"诸友轮司",但考虑与会人数,一人恐难应付,"必二三人商量赞助",如此"方不觉劳本家,亦不生厌,斯会庶几可久"。并根据活动规模的大小,安排不同的地点:"大会齐集紫阳书院,月会则宜在各乡,或家塾、或祠堂、或众厅、或山馆,皆可。"

塾讲活动举办的次数与时间。施璜等人考虑到与会者多为塾师,"频会恐妨馆课",所以"讲期每年七次,俱以解馆暇日为定"。具体日期是:"正月初

---

① 孟宪承选编,孙培青注释:《中国古代教育文选》,北京:人民教育出版社,1985 年,第 91 页。

七为期,三月清明后四日为期,五月初六、七月十八、八月十六、十月十五、十二月二十为期。"同样是为了不影响塾师正常的教学,规定塾讲活动以一日为期限,"远则先一日集,后一日散;近则卯刻集,酉刻散"。

塾讲活动的内容安排。借鉴书院教育析疑辨难、阐发学术的传统,每次塾讲要对规定的经书进行质疑问难、辨析交流。每次塾讲均有课业要求,"或讲录、或制艺、或同人问答、或诗歌、或策论,无所不可"。与会时将这些课业"呈众就正,辨别所学之是非"。阅者则"要细心精阅,辨其是非而救之"。《塾讲事宜》还要求塾师作"日录",记录自己"每日行何事、接何人、存何念、读何书,善与不善皆备书之",以检点过失,从而显示出鲜明的行业自律特点。这种自律既是徽州塾师职业发展的客观要求,也是塾师提升自我、更好地服务教育教学的主观意愿的表达。

规定塾讲活动具体的仪式流程。"会之日辰刻,会友到齐。行释菜礼毕,陈设经案。诸友齐集堂上,谒朱子,行一揖一躬礼。分班东西,相向一揖。就坐位以齿序,或分不可同列者后一席。鸣讲鼓,供书案,命童子宣圣经一章。诸友静坐片时,然后质疑问难,虚怀明辨。讲毕,命童子歌诗一章,以为开畅性灵之助。歌讫,撤书案,复向朱子行一揖一躬礼,分班,班揖,少退。午后复讲,礼亦如之。"

《塾讲事宜》对活动期间饮食供给也做了规定。总体要求是"会日供给须尚节俭,戒奢侈"。具体规定:"早食小菜四碟。午食只用蔬腐,不必设肉。下午随意点心。晚酌四簋:二腥、二菜,不特杀酒数行,不用骰子行令,能歌者即席歌诗。"

为使塾讲活动有一定的实效,《塾讲事宜》还规定了考核办法:"备簿一册,以登列到会者之姓氏、里居,会于某地、某时,司会某人,所讲何书,所歌何诗,何人有讲录,一一备书,以验勤惰,并可验会后之操履,为将来之劝惩。"

从施璜等人制定的《塾讲规约》中可以看出徽州人为使民间塾师行业培训规范化、制度化所做的努力。这既反映了徽州人对塾师职业素质的重视,也从一个侧面说明徽州塾师人数众多,群体化、职业化程度加深,他们确实需要这样的塾讲组织来"广通声气",进行职业交流与培训。

综上所述,徽州在塾师职业交流与培训方面的做法,改变了我们过去所持有的塾师职业培训源自近代私塾改良这一看法。而且,由上述《与子勋》《塾讲规约》《塾讲事宜》等文献可以看出:徽州人对塾师这一职业的要求与规范不仅有塾师个体的暗中摸索,还有塾师群体之间的明里探讨;不仅口耳相传,还通过书信、规约等形式,将其书面化、程式化,从而有意识地推动塾师这一职业群体的专业化进程。

第五章　明清徽州塾师的经济收入

经济收入状况不仅是人的生存状态的一种外在表现,也是其社会地位的反映。因此,了解塾师的经济收入状况有助于我们进一步揭示其生存状态与社会地位。

明清时期,乡村塾馆多为民间创办。塾师的经济收入因受塾馆的层次、性质,以及生徒的家庭情况等因素的影响,而难以有统一的标准。而且,受传统社会君子"耻于言利"价值观念的影响,留存下来的关于塾师经济收入的直接资料相对有限。李伯重在研究19世纪初期松江府华娄地区的教育产业时就曾感叹:"因为记载匮乏,很难确知19世纪初期华娄私塾教师的收入到底有多少。"[①]

徽州作为"文献之邦",传世文献、民间文书等浩繁无数。就账簿而言,不仅留存数量可观的商业经营账簿,也留存一定数量的日常生活收支账簿,其中就包括徽州乡村塾师所写的这类账簿。尤其是18世纪当排日账成为徽州塾馆学生的一项课业之后,塾师不仅教授生徒记排日账,他们自己也进行这类账簿的记录。如祁门塾师胡廷卿的家庭收支账簿、婺源龙源塾师欧阳起瑛的家用账簿、黟县方氏学塾的塾师关于束脩的记录以及徽州佚名塾师在《舌耕录》中关于束脩的记录等。除此之外,徽州的族谱、方志、文集等文献中也有一些关于塾师经济收入的相关描述。因此,本章仅据所见文献,试图呈现

---

① 李伯重:《19世纪初期华娄地区的教育产业》,载《清史研究》,2006年第2期,第68页。

并分析明清时期徽州塾师的经济收入状况。

一、明清徽州塾师的馆业收入

在传统社会中,塾师这一职业历来被视作士子科举不达后治生之本业。徽州宗族在家训中也将舌耕乡里作为士子维持生计的恒业:"人生无恒产者,必有恒业。所谓恒业,耕读其上也。读书而不达,则退而教授乡里,以收笔墨之获。"[①]一般而言,塾师大多是"无恒产可依",而依靠教学活动获得收入的职业群体,馆业收入自然是其经济的主要来源。

(一)馆业收入的构成

塾师通过教学课徒获得的收入因年代、地域、身份、地位等不同而差别较大,但大致来说,主要包括束脩、膳食、节敬与谢仪。

1.束脩

《论语·述而篇第七》中孔子云:"自行束脩以上,吾未尝无诲焉。"[②]束脩,本指肉干,后来逐步演变为学生向教师所交纳学费的一种代称,民间也称其为"馆资""学俸""学钱"等。束脩是塾师馆业收入中最主要的部分,因为它一般是事先议定,按照月、季或年来领取的固定薪酬,稳定性较强。不仅如此,注重契约精神的徽州人在延聘塾师时,往往在关书中明确规定束脩的具体金额。如歙县石川吴百义、吴善义的《丛杂为则(应酬)》所载"训蒙关书"范本的末尾称"礼文疏具于前,束金详载于后";"经学关书"范本的结尾也有"谨将门生姓名以及束金开列于后"等内容。

束脩在明清时期多为金钱,但也有米、柴等实物,或者二者兼而有之。如清初西周生的《醒世姻缘传》第三十三回中狄员外聘请程乐宇来教授其子狄希陈,所讲定的束脩除一年白银二十四两外,还有"三十驴柴火"。[③] 可见,狄员外付给程乐宇的束脩既有银两,也有实物。婺源庆源村塾师詹元相的《畏斋日记》康熙四十四年(1705)五月初五的日记中也有关于束脩、钱物兼收的

---

① 卞利编著:《明清徽州族规家法选编》,合肥:黄山书社,2014年,第41页。
② (春秋)孔子著,杨伯峻、杨逢彬注释:《论语》,长沙:岳麓书社,2000年,第59页。
③ (清)西周生著,童万周校注:《醒世姻缘传》,郑州:中州古籍出版社,1997年,第312页。

记载:"收棠弟本年束脩三钱,麻饼、苏油果二十。"①

2. 膳食

膳食是塾师在执教期间所享受的由学生家庭所提供的饮食。塾馆性质不同,膳食供给的形式也不同。那些坐馆于富贵缙绅之家的塾师,一日三餐自然由东家提供。光绪年间山西塾师刘大鹏在日记中曾描述过这种供膳的情形:"余之馆馔,皆东家供给,瑄儿从余读书,亦不出一钱以摊饭食之费,东家之待余,可谓厚矣。平日在馆,一日三餐皆余为吩咐,书童备办,恒择可口者食之,多素而少荤,在己以为过奢,而旁观者反诮余过俭。"②而那些课徒于族塾、村塾、义学等塾馆的塾师,膳食之供常见的形式有以下两种。

(1)自爨公养。由东家提供给塾师一定的银钱或柴、米、油、盐、菜蔬等,由塾师本人或其家属自烹自调。如乾隆年间歙县许氏宗族在《重修古歙东门许氏宗谱》的"规约"中就规定,族中经馆塾师,"每岁束脩,以三十六金为率,供给十二金";蒙馆中的塾师,则"每岁束脩,以二十四金为率,供给十二金"。③ 在许氏族学中,不论经师、蒙师,在固定的束脩之外,宗族每年还以给予银两的方式另付十二金作为膳食之供。有时,人们也将膳食费与束脩合在一起支付。如歙县一位乡村塾师的《舌耕录》④在光绪十八年(1892)时就记录了学生束脩与膳食费交纳的情况。现以其账簿所列前三位学生为例:

  国瑞 端节,脩膳本洋八元

     中秋,脩膳本洋八元

  国和 端节,脩英洋贰元,膳本洋四元

  国光 端节,英洋一二元

     中秋,英洋一二元,月饼贰筒

学生国瑞在端午、中秋交纳的"本洋八元"是将束脩与膳食之供合在一起

---

① (清)詹元相:《畏斋日记》,见中国社科院历史研究所编:《清史资料》第4辑,北京:中华书局,1983年,第263页。
② 刘大鹏著,乔志强标注:《退想斋日记》,太原:山西人民出版社,1990年,第101页。
③ 卞利编著:《明清徽州族规家法选编》,合肥:黄山书社,2014年,第399页。
④ 《舌耕录》抄本为黄山学院图书馆徽学资料研究中心所藏。

的,学生国光虽未注明,但据其交纳的银钱数也应是这样,只有学生国和将束脩与膳食之供分开了。

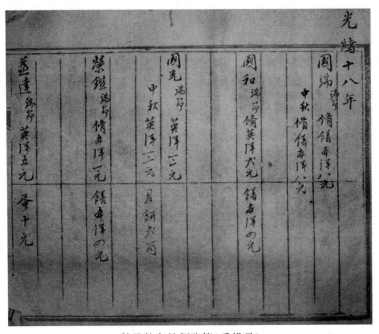

歙县佚名塾师账簿《舌耕录》

(2)轮值供应。轮值供应即由离塾馆近而且有供膳能力的学生家庭轮流供膳。如一位徽商妇写给远在他乡的丈夫的信函中就提及这种供膳形式:"细儿二月上学,送从富贵先生。只好描红把笔,教法看来中平。吃饭几碗不饱,菜蔬一扫尽空。好酒壹壶不醉,还说供饭不精。"①由"上学""送从""供饭"等词来看,塾师"富贵先生"显然不是被延聘于家,而是坐馆于村塾或族塾,其膳食是由包括这位妇人家在内的学生家庭轮流供应。这种供膳形式在徽州乡村塾馆中比较常见,并延续到民国时期。如民国时期休宁私塾学生王福祥所写排日账《日就月将》中就较具体地展现了这种轮值供应的供膳方式。王福祥的排日账《日就月将》记录了民国十八年(1929)自二月十三日至十月二十日共107天的日常生活,其中明确记录了塾馆先生的膳食供应情况。如

---

① 王振忠:《两地书:从敦煌到徽州(上)》,载《读书》,2007年第2期,第72页。

排日账的首日,即二月十三日:"十三日天晴,丁卯属火肖兔,值逮女宿管日。祖母在家万福,父亲上山挖笋,福顺兄挖笋,母亲做粿,莲英同菊女、金女、成女在家嬉,先生福松家具膳,本身攻书。"

又如二月十八日:"十八日天阴,壬申属金肖猴,值执奎宿管日。祖母在家万福,福顺兄挖笋,父亲上山烧煤炭,母亲上山挖笋,莲英同菊女、金女、成女在家嬉,先生泉海家具膳,本身攻书。"①

据这两天的排日账,塾馆先生分别由福松家、泉海家供膳。仅从二月所记的18天排日账中就可以看出,在王福祥就读的这所塾馆中,先生的膳食多由在读学生各家轮值供应。在这18天中,除"先生下午回家"4天不用提供膳食与"先生在馆具膳"2天外,由福松家供3天、泉海家供4天、元城家供4天、荣棋家供1天。

不仅如此,该塾馆先生的膳食供应似乎不限于轮值供应这一种形式,还糅合了自爨公养的成分。徐俊嵩、郝晓丽曾统计排日账《日就月将》中关于塾馆先生105天(因七月初六日和十月二十日这两天部分内容缺失,无先生和作者本人的记录)膳食的记录,整理如下(见表5-1),从中我们能更清晰地了解该塾馆先生的膳食供应情况。

表 5-1 先生膳食安排表(单位:天)

膳食供应地点	二月	三月	五月	六月	七月	九月	十月	合计
福松家	3		5	2	9	1	1	21
泉海家	4			4		5		13
元城家	4			5		2		11
荣棋家	1	4	3	7	1		9	25
荣堂家			3		1		5	9
回家	4			3	3	1		11
在馆	2		1	6		2	4	15
合计	18	4	12	27	14	11	19	105

注:引自徐俊嵩、郝晓丽的论文《民国年间徽州小农家庭的日常生活管窥——以1929年王福祥所立流水〈日就月将〉为中心》(《农业考古》2016年第1期,第67页)。

---

① 刘伯山主编:《徽州文书·第三辑》第7卷《休宁二十八都九图黄刘氏文书》,桂林:广西师范大学出版社,2009年,第137~138、139页。

在排日账详细记载的 105 天中,塾馆先生有 11 天回家("先生中午回家"),不需提供膳食。先生在馆共 94 天,其中 79 天是由福松、泉海、元城、荣棋、荣堂这五位学生家庭轮流供应膳食,占在馆总天数的 75.2%。其中,荣棋家供 25 天,占总天数的 23.8%;福松家供 21 天,泉海家供 13 天,元城家供 11 天,荣堂家供 9 天,分别占总天数的 20%、12.4%、10.5%、8.6%。剩余的 15 天是"先生在馆具膳",占总天数的 14.3%。而就排日账所记内容来看,排日账的作者王福祥家一次也没有为先生提供膳食,这在情理上似乎说不通。因此,我们可推断王家(或许还有其他学生家庭)由于距离塾馆路程较远或其他原因,采用了给予先生一定的银钱或柴、米、油、盐、菜蔬等方式,由先生在塾馆自行烹饪,所以王福祥才会有"先生在馆具膳"的记录。

3. 节敬

每年特定的节令或值得庆贺的日子(如塾师的生日等),东家往往会向塾师致送银钱或礼物,即所谓"节仪"。因节仪是用来表示对塾师礼敬的,所以被称为"节敬"。节敬因时代、地域不同而有区别。在很多地方,最重视的是"三节""两寿"("三节"指端午节、中秋节、年节;"两寿"则是指孔子诞辰日、塾师生日),需送节敬。还有一些乡村塾馆,平时并不向塾师支付束脩,而是在端午节、中秋节、年节时支付。徽州塾馆塾师的束脩一般在三节支付,被称为"午束""秋束""年束",在以银钱支付束脩的同时,还附送鸡蛋、应节性的礼物(如月饼等)作为节敬。歙县佚名塾师《舌耕录》中所载收入情况即是如此,如光绪十九年(1893)记录在前三位的学生所致送的束脩与节敬:

> 益达　端节,英洋六元,蛋十枚;
> 　　　中秋,英洋六元,月饼一筒;
> 　　　年节,英洋六元,蛋十枚。
> 益逵　端节,本洋贰元,钱四百文,蛋十枚;
> 　　　中秋,英洋三元,月饼一筒;
> 　　　年节,本洋乙元,英洋二元,蛋十枚。
> 嘉猷　端节,本洋贰元,蛋十枚;

中秋,本洋贰元,蛋十枚;

年节,本洋贰元,蛋十枚。

又如刘伯山主编的《徽州文书·第二辑》第 8 卷《黟县十都宏村万氏文书》中有宏村万氏塾馆中门人的姓名与束脩交纳的记录。现以同治三年(即甲子年,1864 年)入塾,同治六年(丁卯年,1867 年)出塾的学生胡荣利在塾期间致送给先生的束脩为例,来看其束脩与节敬致送的情况。

胡荣利,甲子正月廿二日入塾

甲子:五月初四,午脩,钱六百文,子六。

八月初八,秋束,钱八百文,代子六。

十一月十八,年束,洋钱乙元,子六。

乙丑:五月,午,洋钱乙元,连[莲]子。

秋束,钱八百,子六。

年束,洋钱乙元,子六。

丙寅:午束,钱八百,子六。

秋束,洋钱乙元,子六。

年束,洋钱乙元,子六。

丁卯:三月出门。

送果子二包,子六个,钱四百。①

根据上引《舌耕录》和《黟县十都宏村万氏文书》所记录的情况可知,徽州人一般是在三节时支付塾师束脩,并附送如鸡蛋(徽州人称鸡蛋为"鸡子",故上文有"子六"之类)、干果、月饼之类的实物,或等额的金钱作为节敬。如《舌耕录》中就有来自同一家庭的两学生培桂、培荣以钱代物来作为节敬的记录。现将光绪二十八年(1902)至光绪三十一年(1905)培桂、培荣所致送的束脩与节敬照录如下:

---

① 刘伯山主编:《徽州文书·第二辑》第 8 卷《黟县十都宏村万氏文书》,桂林:广西师范大学出版社,2006 年,第 33 页。

光绪二十八年：端节，洋贰元，蛋十二枚；
　　　　　　中秋，洋贰元，蛋十二枚；
　　　　　　年节，洋贰元，蛋十二枚。
光绪二十九年：端节，洋贰元，蛋十二枚；
　　　　　　中秋，洋贰元，蛋彩钱一百；
　　　　　　年节，洋贰元，蛋彩钱一百。
光绪三十年：　端节，洋贰元，蛋十二枚。
光绪三十一年：端节，洋贰元，蛋钱二百；
　　　　　　中秋，洋贰元，蛋钱二百；
　　　　　　年节，洋贰元，蛋钱二百。

培桂、培荣二人在端午、中秋及年节时送给塾师的节敬既有实物鸡蛋，也有所谓蛋钱。统观《舌耕录》和《黟县十都宏村万氏文书》中记载的学生在三节所奉送的主要节敬——鸡蛋（多则二十个，少则六个），从总体看，数量还是很可观的，每年有三四百个鸡蛋，值三至五两银子。

在所有的节敬中，贽敬是最基本的。贽敬又称"贽见之仪"，是拜见之资，也就是学生第一次进学拜见老师所敬呈的礼物。前述休宁《茗洲吴氏家典》收录的《童子入塾释菜拜师仪节》中就规定：童子入塾先要严格按照传统礼俗行释菜礼，在父兄与师相互拜答，塾师南面就座后，童子需要三拜跪师，并献贽敬及仪束。像茗洲吴氏这样的世家大族将致送"贽敬"作为童子拜师必不可少的一种礼仪，可见其对贽敬的重视。

在一般的乡村塾馆，拜师礼虽不如茗洲吴氏家族那样正规严格，但孩童破蒙拜师，送上贽敬也是必不可少的。贽敬的品类、数量等因所处时代、所在家庭、所处地域的不同而有差别。就徽州而言，孩童破蒙送给塾师的贽敬通常是粽子、潮糕，如徽州塾师所作的《坐馆经文·冬烘叹》称："最难初学把红描，四句生书教一朝。百个破蒙都不厌，想收粽子与潮糕。"可见，拜师送粽子、潮糕是习俗惯例，如果不送就被视为不知礼节。如《坐馆经文·叹馆诗百首》中就有"可笑门生入学初，叫人圈点两行书，潮糕粽子都全省，风俗才为顶不知"的诗句。在徽州,贽敬也有直接送银钱的,如前述黟县宏村万氏塾馆的《门人姓名附录典故》在记录束脩时也对贽敬(即"启蒙贽""破蒙贽"之类)做了记录。自同治三年(1864)至同治八年(1869)该塾馆学生37人中破蒙致送贽敬的共有16人(见表5-2)。

表5-2 宏村万氏塾馆塾师同治三年至同治八年贽敬收入(单位:文)

破蒙入馆时间	学生姓名	贽敬	合计
甲子(同治三年)	程高发	200	800
	叶灶仪	200	
	汪长发	200	
	叶观吉	200	
乙丑(同治四年)	汪延禧	200	1000
	蒋德田	200	
	万士喜	200	
	朱兆高	200	
	万懋霖	200	
丙寅(同治五年)	金成燧	200	1000
	汪延镳	200	
	韩秉忠	200	
	万学乾	200	
	丁迎禄	200	
丁卯(同治六年)	万学吉	200	200
己巳(同治八年)	万纯韶	200	200

资料来源:刘伯山主编《徽州文书·第二辑》第8卷《黟县十都宏村万氏文书》(桂林:广西师范大学出版社,2006年)第33~46页。

由表5-2可见,黟县宏村万氏塾馆塾师所收贽敬的金额是相对固定的,均为钱200文。最多的年份是乙丑、丙寅年,均有5位学生入塾,每年收1000文的贽敬钱,丁卯、己巳年分别仅有一名学生入塾,贽敬只有200文,而戊辰年(同治七年)由于无新入馆的生徒,故无贽敬记录。

贽敬是首次与塾师相见的拜见之资,是礼仪的一种体现,但统观《门人姓名附录典故》中所记的束脩、贽敬数量,可以发现徽州人有时是将贽敬与束脩合而为一的,或者说,他们只是为了遵循拜师的礼仪,直接从束脩中扣除一部分作为贽敬。如汪延禧乙丑年初入塾时送贽钱 200 文,当年的端午束脩是 400 文,合起来是 600 文,而当年的中秋与过年时交的束脩皆是 600 文;汪长发亦是如此,在甲子年六月初八入塾,送贽钱 200 文,当年十月所交束脩是 300 文,合起来共 500 文,而过年时交的束脩也是 500 文。因此,我们就可以理解徽州塾师在《坐馆经文·叹馆诗百首》中的喟叹:"贽礼通身可赖疲(皮),脩金数百尚拖迟。此中苦楚诚难诉,惟有先生仔细知。"

4. 谢仪

在一些特殊的情况下(如学生考中生员、学业进步等),学生家庭有时还会奉送一定的钱物,以感谢塾师的教诲之功,这就是"谢仪"。如在明代小说《欢喜冤家》第十七回中,浙江秀水乡宦江五常因家塾师孔良宗教学有方,在年末特意奉送"礼仪二两",以示谢忱。①

谢仪相较于节敬而言,随意性更大,送与不送、送的数量多少等,均无定规。在黟县宏村万氏塾馆塾师的六年教学收入中,能归为谢仪的只有一笔,即学生胡荣利离馆时致送的。胡荣利甲子年正月入塾读书,在馆三年(甲子、乙丑、丙寅)的束脩均按午束、秋束、年束奉送,丁卯年"三月出门,送果子二包、子六个、钱四百"。究其原因,谢仪的奉送固然与学生及家庭的个体因素有关,但最主要的原因应该与宏村万氏塾馆的性质——蒙馆有关。

蒙馆的教学成效难以衡量,而经馆则不同,教学实效好,就能让生徒入泮游庠,成为官学的生员,这是学生奉送谢仪的主要原因。这在光绪年间祁门贵溪村塾师胡廷卿所收谢仪中得以体现。据刊刻于光绪十四年(1888)的《祁门胡氏族谱》,胡廷卿本人为"邑增生",他在授徒的同时,仍不断参加科举考试,光绪十四年(1888)还离乡参加乡试。胡廷卿虽未曾获得举人之类的功名,但具有秀才的身份,所开设的塾馆应为经馆,至少是经蒙俱授的塾馆。胡廷卿的教学效果颇佳,门下多名生徒入泮游庠,并送来谢仪,这在其账簿中有

---

① (明)西湖渔隐主人:《欢喜冤家》,长春:吉林文史出版社,2006 年,第 231 页。

所体现。例如：光绪九年(1883)腊月二十七日，"收日华先(生)令侄宽林入泮谢金，洋捌元"；光绪十二年(1886)十一月"廿七日冬至，承霭庭先(生)令郎入泮，送来谢金，洋拾元"；光绪十六年(1890)"腊月念四，收王泽湘先(生)送来本洋四元，令郎入泮"；光绪二十七年(1901)十一月初二，祁门红茶创制人胡元龙"令郎入泮送亦洋贰元，又盒六种"。①

总之，节敬、谢仪等经济收入，以及膳食供应之类的经济待遇，是因塾师馆业的取得而获取，自然属于其馆业收入。但是，从总体看，塾师的馆业收入主要还是以束脩为主。因为束脩是事先商议的、以关书等明文形式规定的，属固定收入部分，而谢仪、节敬等则是随各地风俗、民情而定，是民间社会"尊师重教"教育习俗的一种体现，并无强制性规定。正如《醒世姻缘传》第三十三回中狄员外聘请塾师程乐宇时所说："共是十一二，十三四的四个学生，管先生的饭，一年二十四两束脩，三十驴柴火，四季节礼在外，厚薄凭人送吧。"②这明确说明四季节礼之类是"厚薄凭人送"的。实际上，在现实社会中不送节敬、谢仪，无膳食之供，或者从束脩中扣除一部分作为膳食、节敬的现象并不少见。因此，我们讨论徽州塾师具体的馆业收入时，主要以束脩为分析对象，其他方面的收入仅做参考。

(二)馆业收入的具体状况

和其他地区一样，方志、族谱、文集等文献中关于徽州塾师束脩的记载大多语焉不详；即使有，也是寥寥数语，难以知晓其具体状况。如《道光徽州府志》记载，清代歙县汪景晃经商30年，50岁时将经商事业交付子孙，专务各种利济之事，对族中"贫不能亲师者，设义馆，岁费钱约二十千"。③婺源詹鸣铎在《我之小史》中述及自己的蒙师余翀远时，称："向在东山设帐，今延至我家，教我兄弟三人，及加入永康共四人读书。先生统年所入，不过二十余番，

---

① 中国社会科学院历史研究所编：《徽州千年契约文书(清·民国编)》，石家庄：花山文艺出版社，1991年，第14卷第118页、第14卷第373页、第15卷第229页、第16卷第381页。
② (清)西周生著，童万周校注：《醒世姻缘传》，郑州：中州古籍出版社，1997年，第312页。
③ 马步蟾等纂修：《道光徽州府志(三)》卷十二《人物志·义行》，道光七年刊本，南京：江苏古籍出版社，1998年，第11页。

殆所谓束脩,其至薄者。"①徽州塾师编撰的《坐馆经文·冬烘叹》中也有对束脩简薄的抱怨:"一年辛苦到三冬,几百铜钱当赏封。接着铜钱佳主顾,待他还要带谦恭。"其实,在明清徽州塾师中不乏以束脩致家境殷实者。这在明代方承训的《复初集》中多有描述,如:歙县黄埠口人曹锋,"家愈益贫,门下士愈益多,于是专一设帐,因资生,生日益饶";婺源济溪人游逊,"门下讲业士丛盈门墙,其贽脩丰腆,自大江以南皆莫茂才若也";歙县小溪人项化中,"籍名郡博士,于是受业者愈益丛门墙,而脩愈益饶裕,俯仰愈益赡"。② 可见,明清时期徽州塾师既有馆业收入丰厚者,也有以塾馆为业但束脩简薄者。

张仲礼在对从教学中获得收入的绅士进行专门研究后认为:"从整体来说,在很多地方,有绅士身份的塾师平均的年收入维持其合家的生活尚绰绰有余,尽管这一收入低于从事其他职业的绅士的平均收入。"据其研究,有绅士身份(即通过科举考试获得功名)的塾师,平均年收入在 100 两,而那些普通塾师的年平均收入不足 50 两。③ 至于普通塾师年收入的具体数量,由于记载的匮乏,没有确切的数据。

乾隆年间歙县许氏宗族在《重修古歙东门许氏宗谱》的《规约》中规定:经馆塾师,"每岁束脩以三十六金为率";蒙馆中的塾师则"每岁束脩以二十四金为率"。④ 不过,我们仍难以确知:许氏宗族为经蒙塾师设定的束脩标准是族内已实行的宗族约定,还是停留在纸面上的设计?是一族一地的束脩标准,还是徽州各地通行的惯例?

鉴于此,现以三位坐馆时间大致相同(清末,即同治到宣统年间)、分居徽州不同地域(黟县、歙县、祁门)的普通塾师所记的日常账簿,来分析、探讨徽州普通塾师馆业的具体收入状况及影响因素。

---

① (清)詹鸣铎著,王振忠、朱红整理校注:《我之小史》,合肥:安徽教育出版社,2008 年,第 208 页。
② (明)方承训:《复初集》,见《四库全书存目丛书·集部》第 188 册,济南:齐鲁书社,1997 年,第 159、203、208 页。
③ 张仲礼编著:《中国绅士研究》,上海:上海人民出版社,2008 年,第 281、285~286 页。
④ 卞利编著:《明清徽州族规家法选编》,合肥:黄山书社,2014 年,第 399 页。

1. 三所塾馆塾师的束脩收入状况

(1)黟县宏村万氏塾馆的塾师束脩收入。刘伯山主编的《徽州文书·第二辑》第8卷《黟县十都宏村万氏文书》中收录了《清同治三年岁次甲子春月立〈门人姓名附录典故〉》抄本,其中详细记载了万氏塾馆从清同治三年(1864)至同治八年(1869)这六年中37位门人交纳束脩的具体情况。

按照徽州乡村塾馆的惯例,学生一年向塾师交纳三次束脩,即端午的午束、中秋的秋束和过年的年束。《门人姓名附录典故》抄本分别记录了37位门人在甲子、乙丑、丙辰、丁卯、戊寅、己巳这六年间所交的三次束脩的具体金额。据此,可整理出宏村万氏塾馆塾师六年的束脩收入(见表5-3)。

表5-3　同治三年至同治八年宏村万氏塾馆塾师的束脩收入

时间	学生数(人)	年束脩金额	
		钱(文)	洋(元)
甲子(1864)	16	17000	4.5
乙丑(1865)	24	32900	4
丙寅(1866)	24	34400	5
丁卯(1867)	24	34200	4
戊辰(1868)	13	17600	6
己巳(1869)	6	3400	—

资料来源:刘伯山主编《徽州文书·第二辑》第8卷《黟县十都宏村万氏文书》(桂林:广西师范大学出版社,2006年,第33～46页)。

宏村万氏塾馆学生所交的束脩既有制钱,也有银洋。为了便于统计,我们将其统一折算为以文为单位的制钱。这就牵涉到银与钱的比价问题,即1元相当于多少文?杨端六在《清代货币金融史稿》一书中认为,清朝268年银钱比价的变动,可分为三个时期:第一个时期,从顺治元年(1644)到嘉庆十二年(1807),银价比始终动摇于一千文上下;第二个时期,从嘉庆十三年(1808)到咸丰六年(1856),银钱比价由一千二三百文涨到两千文;第三个时期从咸丰七年(1857)到宣统三年(1911),银钱比价由一千五六百文跌到一千一百文。[①] 由于银钱价格涨跌频繁,徽州人为了防止日后发生经济纠纷,在签订契约时往往

---

① 杨端六编著:《清代货币金融史稿》,武汉:武汉大学出版社,2007年,第179页。

在契约中注明当时银钱价格。吴秉坤曾根据清代徽州各时期多份契约所标注的银钱价格,认为同治年间的徽州银钱比价为1:1200左右。① 这一比价也符合杨端六所说的清代银钱比价的区间,故我们在进行银钱折算时,采用1:1200的比价进行折算。

如前所述,徽州人为了遵循拜师的礼仪,有时直接从束脩中扣除一部分作为贽敬,万氏塾馆名曰贽敬的银两往往就是当次束脩的一部分。因此,在计算万氏塾馆塾师的束脩时,将名曰"破蒙贽"的银两也计算在内。由于37位门人入塾与在塾时间不一,故而每年在馆学生数也是不一的。另外,不知何种原因,己巳年(同治八年)《门人姓名附录典故》中只有午束的记载,而无秋束、年束的相关记载。为了计算出学生每年所交的人均束脩,只能根据午束的数量估算秋束、年束,从而得出当年束脩的总额,约10200文。

考虑到上述诸种因素,现将表5-3的内容进行转换,形成表5-4,进而计算出黟县宏村万氏塾馆每年的人均束脩。

表5-4 同治三年至同治八年宏村万氏塾馆塾师的束脩收入

时间	学生数(人)	年束脩金额		银钱比价	年束脩总金额(文)	人均束脩金额(文)
		钱(文)	洋(元)			
甲子(1864)	16	17000	4.5	1:1200	22400	1400
乙丑(1865)	24	32900	4	1:1200	37700	1571
丙寅(1866)	24	34400	5	1:1200	40400	1683
丁卯(1867)	24	34200	4	1:1200	39000	1625
戊辰(1868)	13	17600	6	1:1200	24800	1908
己巳(1869)	6	10200	—	—	10200	1700

由上表可知,在万氏塾馆中,门人年人均束脩由1400文到1908文不等。均衡这六年的人均束脩,约为1648文。万氏塾馆的塾师在自同治三年至同治八年这6年的时间,各年的束脩总收入分别为22400、37700、40400、39000、24800文、10200文,平均为29083文(约等于29.083两),高于歙县许氏宗族

---

① 吴秉坤:《清代徽州银洋价格问题》,载《黄山学院学报》,2010年第1期,第41页。

规定的蒙馆塾师的24两,而低于其经馆塾师的36两。① 每年束脩的高低与该塾馆当年在馆的门人数量有关,乙丑、丙寅、丁卯年门人为24人时,其年均束脩总收入为39033文(约等于39.033两),就高于36两。故而要达到每年束脩36两银子的标准,该塾馆的在馆门人至少为22人。

(2)歙县塾师《舌耕录》中的束脩收入。歙县一位佚名塾师的《舌耕录》抄本记录了自光绪十八年(1892)至光绪三十一年(1905)共13年的束脩收入(注:缺光绪二十年的记录)。与黟县宏村《门人姓名附录典故》按门人分别记录所交束脩不同,《舌耕录》中的束脩收入是按年份(分为午束、秋束、年束)记录,现将其每年的束脩整理如下(见表5-5)。

表5-5 光绪十八年至光绪三十一年《舌耕录》中佚名塾师束脩收入

时间	学生数(人)	年束脩金额		银钱比价	束脩总金额(文)	人均束脩金额(文)
		洋(元)	钱(文)			
光绪十八年(1892)	21	77	8300	1:1000	85300	4062
光绪十九年(1893)	17	52	16500	1:1000	68500	4029
光绪二十一年(1895)	20	38	19400	1:1000	57400	2870
光绪二十二年(1896)	26	49	28200	1:1000	77200	2969
光绪二十三年(1897)	24	39	24700	1:950	61750	2573
光绪二十四年(1898)	24	43	17500	1:950	58350	2431
光绪二十五年(1899)	28	33	34000	1:950	65350	2334
光绪二十六年(1900)	30	41.6	74200	1:930	112880	3763
光绪二十七年(1901)	31	57	27900	1:930	80910	2610
光绪二十八年(1902)	27	56	19500	1:930	71580	2651
光绪二十九年(1903)	34	64	23200	1:900	80800	2376
光绪三十年(1904)	32	56	11100	1:900	61500	1922
光绪三十一年(1905)	30	89	13700	1:950	98250	3275

注:银钱比价主要依据吴秉坤的《清代徽州银洋价格问题》(《黄山学院学报》,2010年第1期)一文中所列光绪年间徽州契约中标注的银钱比价。

由上表可见,《舌耕录》中所记的学生年人均束脩除光绪三十年低于2000

---

① 根据上文所引杨端六对清代银钱价格的分析,认为从顺治元年到嘉庆十二年(1644—1807),银钱比价始终动摇于1000文上下,故推算乾隆年间歙县许氏宗族所规定的经蒙塾师的束脩约为36000文、24000文。

文外,其余年份均在 2000 文以上,光绪十八年甚至高达 4062 文。均衡这 13 年的人均束脩,约为 2913 文,学生所交的年人均束脩远高于宏村万氏塾馆。不仅如此,由统计可知,这位佚名塾师的年束脩总收入也远远高于宏村万氏塾馆的塾师,也高于歙县许氏宗族所规定的经蒙两馆塾师的束脩金额。其中光绪二十六年高达 112880 文,最低年份光绪二十一年也有 57400 文。从光绪十八年到光绪三十一年,这位塾师 13 年的年平均束脩约为 75367 文。

(3)祁门县十二都贵溪村塾师胡廷卿家庭收支账簿中的束脩收入。中国社会科学院历史研究所主编的《徽州千年契约文书(清·民国编)》第 14 至 18 卷中收录了光绪年间祁门十二都贵溪村塾师胡廷卿的 28 册家庭收支账簿。据黄山学院图书馆所藏光绪十四年(1888)《祁门胡氏族谱》,胡廷卿名"兆祥,字廷卿,号和轩,邑增生。生道光乙巳(1845)"。曾在溶口设馆,40 岁左右时(父胡昌升去世),作为家庭长子的胡廷卿移馆回到家居地——贵溪村,边设馆授徒,边管理家庭中诸项事务。作为家庭经济的重要组成的束脩收入在其家庭账簿中多有记录。现将其自光绪二十六年(1900)至宣统三年(1911)总共 12 年的束脩收入整理如下(见表 5-6)。

表 5-6　光绪二十六年至宣统三年祁门贵溪村胡廷卿的束脩收入

时间	学生数(人)	束脩总金额(元)	洋钱比价	束脩总金额(文)	人均束脩金额(文)
光绪二十六年(1900)	9	37	1:930	34410	3823
光绪二十七年(1901)	10	38	1:930	35340	3534
光绪二十八年(1902)	8	24	1:930	22320	2790
光绪二十九年(1903)	15	48	1:900	43200	2880
光绪三十年(1904)	8	33	1:900	29700	3713
光绪三十一年(1905)	11	42	1:900	37800	3436
光绪三十二年(1906)	13	52	1:950	49400	3800
光绪三十三年(1907)	12	50	1:1000	50000	4167
光绪三十四年(1908)	14	64	1:1000	64000	4571
宣统元年(1909)	12	61.5	1:1000	61500	5125
宣统二年(1910)	13	68	1:1000	68000	5231
宣统三年(1911)	12	60	1:1000	60000	5000

资料来源:中国社会科学院历史研究所编《徽州千年契约文书(清·民国编)》(石家庄:花山文艺出版社,1991 年)第 18 卷,第 18 页。注:银钱比价仍依据吴秉坤在《清代徽州银洋价格问题》(《黄山学院学报》,2010 年第 1 期)一文中所列光绪、宣统年间徽州契约中标注的银钱比价。

由表 5-6 可知,胡廷卿的塾馆规模一般。每年能招收到的门生在 11 人左右,远低于《舌耕录》佚名塾师的门人数,也低于黟县宏村万氏塾馆的门人数。在 12 年中,人均束脩金额最低的是光绪二十八年,为 2790 文;最高的是宣统二年,为 5231 文。这 12 年中人均所交束脩金额约为 4006 文,高于《舌耕录》中佚名塾师与黟县宏村万氏塾馆塾师的人均束脩金额。胡廷卿从光绪二十六年到宣统三年这 12 年年均束脩总收入约为 46306 文,高于歙县许氏宗族所规定的经蒙两馆塾师的束脩金额 36 两、24 两,介于宏村万氏塾馆的塾师与歙县《舌耕录》佚名塾师之间。但考虑到胡廷卿是具有低级绅士身份(邑增生)的塾师,其年束脩金额与张仲礼所说的 100 两左右仍有一定的差距。

蒋威在《论清代塾师的职业收入及相关问题》一文中,通过对文集、方志、日记、年谱与家谱等文献的定量分析认为,一般私塾教师的平均年收入为 19.55 两,而江南地区略高于非江南地区,年均束脩为 21.75 两。[①] 但我们通过对清末徽州不同地区(黟县、歙县、祁门)三位塾师留下的日用账簿中束脩记录的统计分析发现,这三位多年设馆授徒的徽州塾师年均束脩分别为 29083 文、75367 文、46306 文,均高于其他江南地区,这从一个侧面说明徽州人对教育的重视。即便是在清末徽商经济凋敝的情况下,很多徽州人依然对子弟的教育给予了应有的经济支持。

张仲礼认为:"在中华帝国,教学被认为是绅士荣耀的职业。然而,教学虽受人尊敬,但比起绅士从事的大多数其他事务,其收入较低。"因为据其研究,"一个高级官员,比如一个巡抚,估计其年收入约为 18 万两银子;重要的地方行政官员,比如知县,约为 3 万两银子;一个学官约为 1500 两银子,但若为知县服务,则为 250 两银子。"[②]虽然有绅士身份的塾师(如胡廷卿)束脩收入比无绅士身份的塾师高很多,但与巡抚、知县、学官等相比,其收入就非常

---

① 蒋威:《论清代塾师的职业收入及相关问题》,载《历史教学》(下半月刊),2013 年第 14 期,第 17~23 页。

② 张仲礼编著:《中国绅士研究》,上海:上海人民出版社,2008 年,第 276、186 页。

低了,而不具有绅士身份的塾师,束脩可能就更少了。明清时期一般劳动者的年收入约为 10 两,与这些人相较,处于明清时期知识阶层最底层的塾师的收入又高出他们许多。

因此,从总体上看,具有绅士身份的塾师收入足够其与家人过上小康生活,而那些普通的塾师,在正常情况下,其束脩收入也大体能维持一家人的温饱和还算体面的生活。

2.影响徽州塾师束脩收入的主要因素

明清徽州塾师的个体束脩收入状况,因人、因地、因时而异,可以说是千差万别,其影响因素也各不相同。但从总体来看,束脩收入的影响因素主要有如下几方面。

(1)塾馆层次的高低。前文述及,明清时期私塾由低到高,大致可分为经馆、蒙馆两个层次。学者大多从固本培元、人才培养的角度,强调蒙馆教育的重要性,要求提高蒙师的社会经济地位。如崔学古在《幼训》中称:"为师难,为蒙师更难。蒙师失,则日后难为功;蒙师得,则后来易为力。甚矣,不可不慎也!"[①]唐彪则在《父师善诱法》中强调:"蒙师教授幼学,其督责之劳,耳无停听,目无停视,唇焦舌敝,其苦胜于经师数倍。且人生平学问,得力全在十年内外。学生之言动,宜时时训诲,使归于正也;所读之经书,宜精熟也;书法与执笔,宜讲明也;切音与平仄,宜调习也;经书之注,节读宜有法也。工夫得失,全赖蒙师。非品端学优,而又勤且严者,不克胜任。夫蒙师劳苦如此,关系之重又如此,岂可以子弟幼小,因而轻视先生也哉!"[②]唐彪从蒙师教学的辛苦程度、对学生的重要影响等方面详细地阐述蒙师的重要性,呼吁人们不可因子弟幼小而不重视蒙学教育,轻视蒙师。

应然与实然、理想与现实往往有着较大的差距。在现实生活中,由于经

---

① (清)崔学古撰:《幼训》,见徐梓、王雪梅编:《蒙学要义》,太原:山西教育出版社,1991年,第 73 页。

② (清)唐彪撰:《父师善诱法》,见徐梓、王雪梅编:《蒙学要义》,太原:山西教育出版社,1991 年,第 196 页。

馆教育与科举考试有着特殊而密切的关联,世人更重视经馆教育而忽视蒙馆教育,经师的社会经济地位也就明显地高于蒙师。明清之际的张履祥(1611—1674)就曾感叹:"蒙师之责至重,而世轻贱之;举业之学至陋,而世尊隆之,可谓不知类矣。"①因此,这种层次之分从客观上就造成了二者在经济待遇上的差别,"人仅知尊经师而不知尊敬蒙师,经师束脩犹有加厚,蒙师则甚薄,更有薄而又薄者。经师犹乐供膳,而蒙师多令自餐,纵膳亦亵慢而已矣"。②

徽州宗族在设立族馆时,大多明确区分经蒙两馆,所提供的脩金也有所区别,如前述乾隆年间歙县许氏宗族规定经师的年束脩"以三十六金为率",而蒙师则"以二十四金为率"。胡梦龄在《黟俗小纪》中称:"我邑风俗,于蒙师非但不知所择,而且待之甚薄,束脩极菲。"③在上述三所塾馆中,黟县宏村万氏塾馆就其学生在馆时间来看(学生在馆时间多为两、三年,近一半不足两年),应是一所蒙馆,六年来学生的人均年束脩约为1648文。而祁门贵溪胡廷卿的塾馆是一所经馆(由多次收到学生入泮谢仪推断),12年来学生的人均年束脩为4006文。歙县塾师的《舌耕录》中所述的塾馆虽无明确的依据可用来判断其性质,但从一位名叫益达的学生在馆时间长达十年之久来推断,至少是一所经蒙俱授的塾馆。从光绪十八年至光绪三十一年(除光绪二十年),13年来该塾馆学生的人均年束脩为2913文。可见,塾馆的层次直接影响着塾师的束脩收入。

(2)塾师社会身份的高低与声望的有无。有科举声名与教学声望,具有较高社会身份的塾师(无论是蒙师还是经师),不仅容易获得馆业或招收生徒,而且束脩的数量也相对更高一些。吴敬梓在《儒林外史》的多个回目中提及塾师,这些塾师的束脩收入与其社会身份密切相关:第二回中的周进为童

---

① (清)张履祥著,陈祖武点校:《杨园先生全集》卷三十九《备忘一》,北京:中华书局,2002年,第1072页。
② (清)唐彪撰:《父师善诱法》,见徐梓、王雪梅编:《蒙学要义》,太原:山西教育出版社,1991年,第195~196页。
③ 吴克俊等修纂:《民国黟县四志》卷三《风俗》,民国十二年刊本,南京:江苏古籍出版社,1998年,第27页。

生时,在薛家集的村馆中做蒙师,"每年馆金十二两银子,每日二分银子在和尚家代饭";第三十六回中的虞育德24岁应考进学,成为儒学生员(俗称秀才)的第二年,他便坐馆杨氏家塾,"每年三十两银子";第四十六回中的余特是明经贡士,所教为富家子弟的举业,"每年修金四十两,节礼在外";而第五十五回中的盖宽略识文字,先开当铺,家败后开茶馆,最后做了塾师,"有个人家出了八两银子束修,请他到家里教馆去了"。① 由《儒林外史》的描述可见,这几位塾师束修的多寡与科举声名密切相关:无科举声名的盖宽、周进年束修仅有八两、十二两银子,而有科举声名的虞育德、余特年束修为三十两、四十两不等。

  社会身份、声望与束修的相关度在祁门塾师胡廷卿与黟县宏村万氏塾馆塾师的束修对比中体现得也较为明显。胡廷卿在光绪十三年(1887)通过府试,成为儒学生员中的邑增生,是一位具有低级绅士身份的塾师。因此,从光绪二十六年到宣统三年这12年中,尽管其塾馆每年生徒人数为11人左右,但其年均束修总数(46306文)明显高于宏村万氏塾馆塾师乙丑、丙寅、丁卯连续三年生徒数为24人时的平均束修数(39033文)。

  不仅如此,科举声名与束修的相关度也体现在塾师在获取科举声名前后束修收入的差别上,如方承训《复初集》载,明代歙县小溪村塾师项化中家境贫困但聪明异常,总角之时就成为句读师(蒙师),束修收入使其能维持生计而无内顾之忧。他亦教亦读,后因科考第一的声名而门人大增、束修丰饶:"籍名郡博士,于是受业者愈益丛门墙,所修愈益饶裕,俯仰愈益赡。"②

  (3)学生数量的多寡。被富室缙绅之家聘为西席的塾师,其束修是事先议定的,自然与学生多寡无关。但对于那些设馆授徒的乡村塾师来说,学生数量的多少直接影响着其所得束修的高低。黟县宏村万氏塾馆的塾师尽管生徒人均致送的束修约为1648文,但从同治三年到同治七年这五年时间,在

---

① (清)吴敬梓:《儒林外史》,北京:大众文艺出版社,1999年,第14、337、431、512页。
② (明)方承训:《复初集》卷三十三《项茂才传》,见《四库全书存目丛书·集部》第188册,济南:齐鲁书社,1997年,第208页。

馆门人数分别为 16、24、24、24、13 人,平均每年约 20 人,故该塾师的年束脩也很可观,有 30 多两银子。同治八年,生徒数降至 6 人时,就只有午束的记载而无后面的记录。这说明万氏塾馆的塾师很可能是由于人数少而无法继续维持馆业而不得不另寻他业,或移至他地了。休宁人胡光琬自述在光绪十一年(1885)教读的学生只有四人,"馆谷几不能糊口",而光绪十二年(1886)他将塾馆搬至五彩巷,"学生是十四人,馆谷略可敷用"。光绪十四年(1888)时,"小坑里汪请迎开学,教读汪、李学生五位,计脩金廿五元。随带本村学生三、汪源社学生四、东州学生一,计洋卅元",因此这一年共有学生 13 人,脩金为 55 元。光绪十五年(1889)时,胡光琬在"本里开馆,教读学生六人,约脩洋三十元"。① 可见,学生的多寡直接影响着塾师的收入。

在我们所分析的徽州三地(黟县、歙县、祁门)的三家塾馆中,年束脩收入最高的是歙县《舌耕录》的塾师,其年束脩最高时为 112880 文,最低时也有 57400 文。从光绪十八年到光绪三十一年这 13 年(缺光绪二十年的记录)中,该塾师的年平均束脩约为 75367 文,远远高于差不多同时期的祁门塾师胡廷卿的年平均束脩 46306 文。究其原因,胡廷卿塾馆规模一般,每年在馆学生数为 11 人左右,而歙县《舌耕录》塾师塾馆规模较大,在馆的学生数最多的年份达到 34 人,最少时也有 17 人,平均每年约有 26 人在馆,远多于胡廷卿塾馆的学生数。故而两家塾馆学生人均束脩虽相差不大,但两位塾师的年束脩却相差较大。正因如此,歙县石川吴百义、吴善义的《丛杂为则(应酬)》中有"近来施教要奇方,方赚顽童坐满堂"的感慨,《坐馆经文·蒙馆赋》中也有"束脩不足,何妨高下兼收?小子何知,一任东西列坐"的无奈。一些乡村塾馆学生的流动性较大,塾师束脩的多少自然大受影响。《坐馆经文·冬烘叹》称:"学生多少叫谁包?就是撑船有搭稍。正喜新添三五个,旧家子弟又飞跑。"塾师的无奈之情溢于言表。

(4)学生家庭的贫富及其父兄对教育的重视程度。道光三十年(1850),

---

① 王振忠主编:《徽州民间珍稀文献集成》第 2 册《迪祥胡氏谱局韵枫氏日记》,上海:复旦大学出版社,2018 年,第 368~370 页。

石平士所编的《童蒙急务》在论及尊师时,对当时塾师束脩低的状况进行了批评:"近见蒙馆中,富者学钱止一二千,贫者学钱止七八百,甚至有二三百文者,殊属不成事体。屈指一堂学生,已有二十余人,统计一年学赀,不过十三四千。比之人家雇工,虽见有余,较之有等匠师,则大不足。"意在告诫那些为人父兄者"学钱宜重",认为既然希望塾师教授自家子弟,就不要吝惜学钱,应根据家庭经济状况给予塾师适当的束脩,并提出理想中的塾师束脩标准与在馆人数:"出得起学钱得[的],每人一年或四千、五千、六千、七千,务须尽力具办,不可推诿。如顶上极富者,可出五六十千文;即极贫者,亦宜有二三千之谱。学人不可多,亦不可太少,或六七人,多则十一二人。总计一年学钱,必有五六十千,少亦要有四十千之谱,方可成事。"①

徽州宗族素来崇文重教,为教育子弟往往不惜重资聘请名师,如歙县钱氏宗族就在家训中告诫族人:"吾家自祖宗以来,理学、文章渊源相续。凡有志承先者,先须累德积功,以培读书种子,而又不惜隆礼重贽,择名师以祈式谷,俾成人有德、小子有造,于以振家声而光大门闾,不胜厚望焉。"②以歙县江村为例,据江登云撰写、刊刻于乾隆四十年(1775)的《橙阳散志》卷十二《别志·旅客》记载,多位名贤才士曾移驾于橙阳村坐馆教授,如明代松江人董其昌,被江一鹤迎馆于家,并留下多幅书画真迹;清代秀水名诸生范粲被江廷祥迎馆于家多年,后官至安徽巡抚;泰州籍诸生叶雯,书法得董思白神髓,被江嘉谟等人迎馆于家;休宁进士汪元麟,被江春迎馆于家。《橙阳散志》虽未提及馆资几何,但能将这些外地的有绅士身份的名贤才士延至家中教授,束脩自然非常丰厚。

清代吴梅颠在《徽城竹枝词》中虽有"千金嫁女常常有,教子锱铢计束脩"之语,但即便是在清末徽商经济凋敝的情况下,徽州也不乏经济状况较好、重视子弟教育的家庭。他们对塾师礼待有加,致送比一般人家更为丰厚的束脩。这在胡适的《四十自述》中就有记载:"我们家乡的蒙馆学金太轻,每个学

---

① 徐梓:《明清时期塾师的收入》,载《中国社会经济史研究》,2006年第2期,第33页。
② 卞利编著:《明清徽州族规家法选编》,合肥:黄山书社,2014年,第41页。

生每年只送两块银元。……我一个人不属于这'两元'的阶级。我母亲渴望我读书,故学金特别优厚,第一年就送六块钱,以后每年增加,最后一年加到十二元。"①胡适的母亲重视对儿子的教育,故致送给塾师的年束脩甚至是别人的六倍,胡适自然也得到了塾师特别的待遇:

> 有一天,一件小事使我忽然明白我母亲增加学金的大恩惠。一个同学的母亲来请禹臣先生代写家信给她的丈夫;信写成了,先生交她的儿子晚上带回家去。一会儿,先生出门去了,这位同学把家信抽出来偷看。他突然过来问我道:"糜,这信上第一句'父亲大人膝下'是什么意思?"他比我只小一岁,也念过《四书》,却不懂"父亲大人膝下"是什么! 这时候,我才明白我是一个受到特别待遇的人,因为别人每年出两块钱,我去年却送十块钱。②

由于家境宽裕、重视教育而特别致送丰厚的束脩对以设馆授徒为业的塾师来说,自然是收入增加的重要因素。如歙县《舌耕录》中一名叫"益达"的学生在馆十年(光绪十八年至光绪二十七年),一般每年交三次束脩,除光绪十八年致送两次,每次 5 元外,其他年份每次都是 6 元,远远高于一些学生的 300 文到 800 文不等的束脩金额。以光绪十八年的束脩为例,《舌耕录》登记在册的学生共有 21 人,其中"科名"下注"两免",即免交束脩之类;"科成""成美"名下无交束脩的记录;"端孝""茂余""端义""家泰"等人一年的束脩分别为 900 文、1000 文、1000 文、600 文,但当年由于"国端""国和""国光""益达"等学生致送了较多的束脩,分别为 16 元、6 元、24 元、10 元,故该塾师的年束脩(洋 77 元、钱 8300 文)仍然能达到,甚至高于其他年份,约为 85300 文。这倒是比较符合石平士在《童蒙急务》中所提出的,根据家庭情况分别给予塾师适当的束脩,以使其束脩总数达到一定数额的理想设计。

---

① 胡适:《四十自述》,合肥:安徽教育出版社,2006 年,第 24 页。
② 胡适:《四十自述》,合肥:安徽教育出版社,2006 年,第 24 页。

二、明清徽州塾师馆业之外的经济收入

身处"十室九商"的明清徽州,或受"交征于利"社会风气的影响,或为生活所迫,塾师们在馆业之外,也通过其他方式来获取一定的经济收入,主要有如下几种途径。

(一)社会兼职:提供合八字、择期、治病、做中人等乡村文化服务来获得一定的经济收入

我国古代成年人识字率极低,即使在文化之渊薮的江南地区,识字率在19世纪也仅有30%左右,而乡村社会成年人的识字率远远低于这个水平。[①] 因此,乡民们在遇到一切涉及文字、文化问题时,往往就近求助于乡村塾师,有时会支付少量的酬金或致送礼物以示谢意。婺源塾师欧阳起瑛的家用账簿中就有相关记载。如光绪三十一年(1905)二月十六日:"身在游汀,代步蟾兄之母祠土题红,并主虞祭,来蓝帛二只。"同年七月十七日:"秋芳叔竖住屋,接身仝鸿文饮竖屋酒。仪凤弟媳来万年红二张,写四字贺秋芳竖屋,未付钱。"[②]

在教学之余,为乡民提供合八字、择期、做中人及治病等服务来获得一定的经济收入的情形,在祁门塾师胡廷卿身上体现得更为明显。胡廷卿在家用账簿中将这一收入统称为"喜包钱"。据账簿的记载,胡廷卿自光绪七年(1881)以后的历年收入中均有喜包钱。光绪三十年(1904)之前,喜包钱收取的频次与数量较少,如光绪十一年(1885)收喜包1次,钱100文;光绪十二年(1886)收喜包2次,钱200文及鸭蛋等物;光绪十三年(1887)收喜包3次,钱300文及猪肉等礼物;光绪十四年(1888)收喜包2次,钱200文及猪肉、鲞鱼等礼物。但光绪三十年,胡廷卿分家析产,将茶荈地均分给子孙,所以他本人

[①] 李伯重:《19世纪初期华娄地区的教育产业》,载《清史研究》,2006年第2期,第64页。
[②] 王振忠:《排日账所见清末徽州农村的日常生活——以婺源〈龙源欧阳起瑛家用账簿〉抄本为中心》,见常建华主编:《中国社会历史评论(第13卷)》,天津:天津古籍出版社,2012年,第119~120页。

就失去了这一重要的经济来源,仅依靠束脩维持生活,再加上年过六旬的胡廷卿已然断绝了科举入仕的想法,愿意花较多的时间和精力从事这种乡村文化服务。因此,光绪三十年及以后,胡廷卿的喜包钱收入大增,成为束脩之外的重要经济收入来源(见表5-7)。

表5-7 胡廷卿光绪三十年至宣统三年"喜包钱"收入

时间	喜包金额			喜包收入的事由与次数
	洋(元)	钱(文)	总额(文)	
光绪三十年(1904)甲辰	7	3100	9400	治病10,合八字7,择期4,中资1,回书1
光绪三十一年(1905)乙巳	2	5100	6900	治病7,合婚3,择期2,回书1,中资1
光绪三十二年(1906)丙午	10	5100	14600	治病11,合婚1,回书2,择期4,中资2
光绪三十三年(1907)丁未	12.5	13120	25620	治病14,择期6,合婚4,回书3,写招牌1
光绪三十四年(1908)戊申	11	20000	31000	治病37,合婚13,择期10,回书3,查八字1
宣统元年(1909)己酉	8.5	2770	11270	治病55,合婚20,择期4,中资1
宣统二年(1910)庚戌	11	25000	36000	治病31,合婚15,择期5,回书4
宣统三年(1911)辛亥	7.5	34600	42100	治病24,合婚3,择期2,中资1

资料来源:中国社会科学院历史研究所编《徽州千年契约文书(清·民国编)》(石家庄:花山文艺出版社,1991年)第17卷第432、431、414、456~457、472~474、475~476、494~495、497~499页。注:银钱比价仍依据表5-6中的比率。

由表5-7可见,胡廷卿收受喜包的事由主要为合八字、合婚、择期、回书、治病及中资等。这八年所收受喜包的金额,平均每年为22111文,数量相当可观。

在各类喜包中,为村民治病而收受喜包的频次最高。因为"达则愿为良相,穷则愿为良医"是古代很多儒士的理想追求。儒士兼通岐黄,既可淑世救人,又可充实资产,胡廷卿乐于为乡民治病原因无外乎此。在徽州文献中不乏乡村塾师兼通岐黄、治病救人之事的记载。如婺源《济溪游氏宗谱》就记载了族人游翘楚在明清鼎革之际,放弃举业。因其精岐黄之术,故在歙西设馆之时,兼治病救人,"痘症全活甚众,人多感念";游氏另一位族人游启贤,家贫舌耕以自给,"精岐黄,尤善童科,活人甚众,然不受贫者谢"。①

合八字、合婚、择期等类事项也为乡村塾师所擅长,在他们编写、使用的塾馆教材中多有天干地支、术数算法口诀等项内容。表 5-7 中所谓"中资",为致送中人之酬金。在传统乡村关系网络中,"凭中说合""凭中立契"或"居中调停"等中人现象普遍存在。从现存明清徽州契约文书来看,中人群体不仅活跃于商品买卖中,而且在民间分家、合伙、租赁、借贷、嗣承等各种民事活动中也发挥着重要作用。根据胡廷卿的账簿可知,他的中资来源主要是为茶号书写招牌,或者是为乡民间土地买卖充当中间人。

值得注意的是,胡廷卿为乡民提供合八字、合婚、回书、择期等文化服务时,不仅收取报酬,似乎还存在一定的价格标准,例如光绪三十年(1904)的账簿记载:

> 正月十四,收田坑海林弟喜包钱 200,为合八字。
> 四月□□,收板溪送喜包钱 200,为择婚期。
> 四月十四,收十甲银桂喜包钱 200,仝。
> 四月廿,收仁和德家喜包钱 200,合八字。
> ……
> 五月廿四,收三余送喜包钱 200,为择婚期。
> 中秋后,收喜包钱 200,为合婚。②

每次收 200 文钱的标准可能是由胡廷卿本人确定的,也可能是民间约定俗成的。

(二)土地产出:通过土地耕种,尤其是茶叶的种植、销售来获得一定的经济收入

"耕读传家"是传统农耕社会人们努力追求的一种理想生活图景,即便在

---

① 婺源《济溪游氏宗谱》卷二十二《人物》,乾隆丙戌年(1766)刻本。
② 中国社会科学院历史研究所编:《徽州千年契约文书(清·民国编)》第 17 卷,石家庄:花山文艺出版社,1991 年,第 432 页。

深受商业文化影响的明清徽州依然如此。如嘉庆年间绩溪曹氏宗族在家训中称:"守田园而自我作之,自我享之,庶不致见尤于造物。而且朴者既耕,秀者又读,亦不致朝野贻讥。"①黟县古民居至今仍留存倡导耕读传家的楹联:"二字箴言,惟勤惟俭;两条正路,曰耕曰读。""传家无别法,非耕即读;裕后有良图,惟俭与勤。"②因此,土地对农耕社会的士农工商各个阶层都具有吸引力。祖传的土地或者利用节余束脩购买的土地可以为塾师带来一定的收入,解决生计问题。如张履祥自称:"仆老病日甚,而家贫子幼,内治田桑,外资教学,方免死亡。"③蒲松龄在外坐馆授徒半生,70岁解馆归家之时,其家中已有"养老之田五十余亩"。④

清康熙年间徽州婺源庆源村塾师詹元相即是如此。据其所著《畏斋日记》载,他不断地从亲戚们手中购买少量的田、地、山等,来扩充自己土地拥有量。如康熙四十二年(1703)十月二十六日,"支九五色银二两四钱,买鉴兹兄地二十步";康熙四十五年(1706)三月二十九,"支九七银八钱,又扣前付银五钱五分,共一两三钱五分,买之巽伯松坑田租二秤"。詹元相不仅购买田地,也将田地租与他人,收取地租。如康熙四十五年(1706)三月十八日,"将庄基山田皮五秤(一主三秤系逊韶田租十五秤内;一主二秤系本家田租十一程内),出佃与占清明,得九七银一两九钱五分,常(批定占清明不得转佃与人,其田清明倘不自耕种,本家备价取赎)"。⑤ 在祁门塾师胡廷卿的账簿中,自光绪七年(1881)至光绪二十六年(1900),也有数量不等的谷米收入。有研究者认为:"胡廷卿每年的米谷收入大致可以分为两类,一类是自己个人土地的

---

① 卞利编著:《明清徽州族规家法选编》,合肥:黄山书社,2014年,第32页。
② 余治淮:《桃花源里人家》,合肥:黄山书社,1993年,第121~127页。
③ (清)张履祥著,陈祖武点校:《杨园先生全集》,北京:中华书局,2002年,第415页。
④ 路大荒:《蒲松龄年谱》,济南:齐鲁书社,1980年,第77页。
⑤ (清)詹元相:《畏斋日记》,见中国社科院历史研究所编:《清史资料》第4辑,北京:中华书局,1983年,第250、269、269页。

租谷,另一类是从宗族组织分得的租谷。"①这些来自土地的谷米收入,是胡廷卿馆业之外的家庭经济收入的一部分。

徽州山多田少,山地种植较为普遍,尤其是茶叶较多。因此,茶叶的种植与销售也成为徽州塾师馆业之外的一项重要收入。婺源塾师欧阳起瑛的家用账簿就记录了茶叶种植采摘与销售的情况。如光绪二十九年(1903)四月:

> 十六日,阴雨。采茶十三斤。
>
> 十七日,晴。身往上姚有事,家采茶九斤。
>
> 十八日,晴。水根、鸿渐、养大采茶,下午二人采油菜子,养大苦竹塔拷茶片九斤。
>
> 十九日,晴。采茶九斤。承顺圭嫂送来茶一斤半。
>
> 二十日,采茶完工,十斤,共做成户茶壹百一斤。
>
> 廿一日,雨。嘉成兄到舍,代满春香号买去户茶玖拾玖斤半,每担计价英洋卅三元,共茶价英洋叁拾贰元捌角叁分伍厘。②

这里既有采茶的记录,也有做茶销售的说明。在此后几年中,欧阳起瑛的账簿仍有关于茶叶销售的记录。如光绪三十年(1904)四月初十:"董乾生号买去户茶八十五斤,每担二十六元五角,照上年八折扣算,计价廿二元五钱二分五厘。"光绪三十一年(1905)四月二十日:"游山董乾生号买去户茶玖拾壹斤,每担计价英洋廿四元贰角,计英洋贰拾贰元。"光绪三十二年(1906)三月二十五日:"身在馆。游山乾大生号买去户茶壹百零伍斤拾贰两,每担英洋贰拾元算,计价英洋贰拾壹员[元]零壹角五分,又去茶六斤十二两。"③这些

---

① 董乾坤:《晚清徽州乡村塾师的土地经营——以"胡廷卿账簿"为核心》,载《安徽大学学报(哲学社会科学版)》,2019年第3期,第15页。

② 王振忠:《排日账所见清末徽州农村的日常生活——以婺源〈龙源欧阳起瑛家用账簿〉抄本为中心》,见常建华主编:《中国社会历史评论(第13卷)》,天津:天津古籍出版社,2012年,第114页。

③ 王振忠:《排日账所见清末徽州农村的日常生活——以婺源〈龙源欧阳起瑛家用账簿〉抄本为中心》,见常建华主编:《中国社会历史评论(第13卷)》,天津:天津古籍出版社,2012年,第115~116页。

详细的记录,清晰地表明了每年的茶叶采摘与销售是婺源塾师欧阳起瑛家庭收入的重要组成部分。

祁门塾师胡廷卿的家用账簿中5册《春茶总登》显示,茶叶销售是其家庭收入的重要组成部分。祁门向为徽州传统茶区之一,"祁地山多田少,上产不足给居民之食",因此"居民恒籍养茶为生"。① 清光绪以前,祁门生产安茶(也称枝茶,绿茶之一),然后运往广州及各地销售,因茶价低,销量也不大,茶叶生产停滞不前。光绪初年,祁门贵溪人胡云龙仿效江西"宁红"改制红茶取得成功,祁门红茶逐渐受到欧美等国际茶商的青睐。由于红茶走俏,当地茶农植茶之风蔚然兴起。在此背景下,同处贵溪村的胡廷卿在设馆授徒的同时,利用承袭祖业阄分而来的小弯、祠背后山、黄土块三处茶荄地以及后来购买的茶荄地进行红茶的种植采摘与制作销售,来获取一定的家庭经济收入。我们看光绪十一年(1885)至光绪十六年(1890)胡廷卿家茶叶产量与红茶销售所得的收入(见表5-8)。

表5-8 光绪十一年至光绪十六年胡廷卿家的茶叶产量与红茶销售收入

时间	茶叶年产量(斤)	红茶产量(斤)	红茶销售收入(元)
光绪十一年(1885)	41	36.04	8
光绪十二年(1886)	41	41	11.2
光绪十三年(1887)	61	51	8.2
光绪十四年(1888)	39.12	30	5.31
光绪十五年(1889)	40	47.08	11.72
光绪十六年(1890)	61.14	45.10	8.34

资料来源:中国社会科学院历史研究所编《徽州千年契约文书(清·民国编)》(石家庄:花山文艺出版社,1991年)第14卷,第322页。

由于这一时期胡廷卿家的茶叶种植主要依靠承祖业而来的茶荄地,所以茶叶产量不大。由表5-8可知,制作红茶销售所得收入每年维持在洋钱10元左右。不过,胡廷卿的茶叶种植与销售并没有止步于此。为维持家庭生计,增加经济收入,胡廷卿在光绪十一年(1885)、光绪十二年(1886)、光绪十

---

① 周溶修,汪韵珊纂:《同治祁门县志》卷十六《食货志》,同治十二年(1873)刻本,南京:江苏古籍出版社,1998年,第150页。

三年(1887)、光绪二十三年(1897)、光绪二十五年(1899)先后从族人手中购置汪郎冲、徐家坞、蒋家坞、山枣弯、枫树坦、东岸园地等六处茶荙地。随着茶荙地面积的拓展,胡廷卿家茶叶年产量几乎增加一倍,红茶的销售收入亦能稳定在20元以上,甚至达到30多元(见表5-9)。这些收入不仅补贴了日常的家用,胡廷卿还在后来的分家过程中,将其置办的茶荙地作为重要的家庭资产析分给子孙。

表5-9 光绪二十五年至光绪三十年胡廷卿家的茶叶产量与红茶销售

时间	茶叶年产量(斤)	红茶产量(斤)	红茶销售收入(元)
光绪二十五年(1899)	134.08	114.04	32.689
光绪二十六年(1900)	125.1	109.13	25.205
光绪二十七年(1901)	124.4	105.12	25.83
光绪二十八年(1902)	117.12	95.12	23.051
光绪二十九年(1903)	110.4	93.11	30.11
光绪三十年(1904)	108.12	90.04	24.283

资料来源:中国社会科学院历史研究所编《徽州千年契约文书(清·民国编)》(石家庄:花山文艺出版社,1991年)第17卷第284~285页。

作为塾师的欧阳起瑛、胡廷卿,均在授徒之余兼营茶叶以补贴家用,这可被看作寒门士子对传统耕读传家这一治生模式的调适之举,是徽州塾师群体家庭生活状况的一种反映。

(三)借贷投资:通过借贷获息、入伙分红等方式获得一定的经济收入

明清时期,一些略有资产的徽州塾师身处商品经济大潮中,也会通过投资借贷的方式来获得一定的经济收入。

婺源庆源村塾师詹元相是一个有少量田地的乡村秀才(其具体身份为邑增生),由于忙于各种社会交际与科举考试(或许还有其他原因),其束脩收入有限。根据《畏斋日记》的记录,自康熙三十九年(1700)至康熙四十四年(1705),各年束脩分别为1两6钱、4钱5分、2钱、1两7钱8钱、1两9钱7分。[①] 一年

---

① (清)詹元相:《畏斋日记》,见中国社科院历史研究所编:《清史资料》第4辑,北京:中华书局,1983年,第188~266页。

间最多的束脩也不到 2 两,束脩收入在詹元相的经济收入中所占的比重有限。

詹元相除利用土地出租增加收入外,还通过多种形式的民间借贷以获取利息增加收入。常见的方式是借出银两,收取约定的银两利息。如康熙四十年(1701)二月初四,"收元荣弟还旧年移银三两,系三月间者,还足加色一钱五分,利二钱,共三两三钱五分";同年十二月十五日,将纹银 2 两(实,常平),借给了青浩和尚,"言定每月加三起息",即约定一两每月 3 分息。这两次都是以借出银两的方式收取利息。有时,詹元相在借出银两后,利息是以银两加上实物的形式来收回的,如康熙三十九年(1700)二月初一,借给殿臣兄银 1 钱 5 分,五月四日收回 1 钱 6 分和川纸 100 张。如果是接受抵押借出银两,事先会约定利息的数额,如康熙四十三年(1704)二月十六日盛叔用璎珞珠帘、团衫做抵押借走了以常平计算的纯度为 93% 的银两 7 钱 2 分,算成应还 8 钱;康熙四十四年(1705)四月十九日鉴兹兄用低湖 4 秤做抵押借走纯度为 97% 的银两 2 两(常平),詹元相决定以地租来充当利息。[1] 正如韩国学者权仁溶所说,尽管詹元相通过各种各样的利息收取活动得到的经济收入具体总量难以测定,但可以确定,这些收入即使不多也可给予其生计以很大的帮助。[2]

生活在清代后期的祁门塾师胡廷卿则通过投资入伙的方式来获得利息。在祁门红茶畅销的时代背景下,胡廷卿在授徒的同时,从事茶叶的种植与销售,并将部分收入注资入伙福和祥、恒丰等茶号,成为茶号的股东,获得售茶收益。如光绪二十四年(1898)的账簿《收支总登》中详细记载了胡廷卿投资福和祥茶号的本金及茶号盈利后的利润分配:

---

[1] (清)詹元相:《畏斋日记》,见中国社科院历史研究所编:《清史资料》第 4 辑,北京:中华书局,1983 年,第 216、228、188、253、262 页。

[2] [韩]权仁溶:《清初徽州一个生员的乡村生活——以詹元相的〈畏斋日记〉为中心》,见安徽大学徽学研究中心编:《徽学(第 2 卷)》,合肥:安徽大学出版社,2002 年,第 95 页。

五月十六日

福和祥号结账,本金亦洋38元8角7分。

本身获利余赀亦洋9元4角,作235利分派。

又箱头钱3474,入洋3元8角6分。

又阳开回来轿马亦洋2元5角。

又分红亦洋7角8分。

共计亦洋55元2角9分。①

由上述记载可知,福和祥茶号采用合伙制经营,股东利润实行正利、余利制分配模式。所谓正利,不论盈亏,入伙股东均按事先约定的利率分配。正利分配后仍有盈余,再行分配,是为余利。胡廷卿入伙茶号的本金是洋38元8角7分,按2角3分5厘利率分配利润,获得正利9元4角。在扣除箱头钱、回家交通等费用后,又获得分红余利7角8分。② 在其后年份的账簿中,仍有注资入伙茶号的记载,如光绪二十六年(1900):"四月廿四,支洋捌元,付福和祥本金。福和祥号四月廿四结,共付过亦洋47.961元,入代做红茶生意本金。"③如光绪二十七年(1901)三月初七,"支亦洋八元,付恒丰茶号本金";三月十五,"支亦洋四元,付恒丰茶号本金"。④ 这说明,胡廷卿多年来一直通过投资入伙的方式收取利息,获得一定的经济收入。

除上述几种馆业之外的收入,还可以到书院考课,做兼职学生,领取膏火银;凭借生员身份给应童子试者签字作保,收取"保护费";等等。

---

① 中国社会科学院历史研究所编:《徽州千年契约文书(清·民国编)》第16卷,石家庄:花山文艺出版社,1991年,第331页。

② 马勇虎、李琳琦:《晚清乡村秀才的多重角色与多样收入——清光绪年间徽州乡村秀才胡廷卿收支账簿研究》,载《安徽史学》,2018年第3期,第151页。

③ 中国社会科学院历史研究所编:《徽州千年契约文书(清·民国编)》第17卷,石家庄:花山文艺出版社,1991年,第60页。

④ 中国社会科学院历史研究所编:《徽州千年契约文书(清·民国编)》第16卷,石家庄:花山文艺出版社,1991年,第409页。

第六章 明清徽州塾师的社会文化生活

作为社会文化中的人,塾师除维持生计的教学与经济生活外,还有丰富的社会文化生活。读书、著述以及各种社会交往,构成了徽州塾师社会文化生活的基本内容。

一、明清徽州塾师的读书与著述

古代儒家学者有追求博学的传统,认为"一物不知,儒者之耻"。塾师身为读书之人,以儒士自居,以承传先圣先贤思想为己任,应熟读群经诸史,擅长写文作诗,熟谙各种制度礼仪;要教授生徒,则需要透彻理解所教内容。对那些"以教济读"的塾师来说,教学之余,自然是潜心科举事业,熟读诗赋经史,写作八股文、试帖诗等以应科考。在一些偏僻的塾馆中,读书著述也成为塾师排遣寂寞的一种方式,如《坐馆经文·蒙馆赋》称:"至若暮霭前村,斜阳翠峡,比户扃扉,归农荷插,儿童既去,甚是凄凉。神鬼相亲,能无悒怯?若抛书而枕藉,定触愁怀;惟乞火邻家,潜修旧业。"

因此,读书是塾师馆课之外社会生活的重要内容。徽州文献中关于塾师潜心修业,以读书为乐的记载颇多。如《黟县三志》载,黟县横岗人汪世宗,无意功名,不入场屋,"好读书,子史百家无不遍诵,尤喜朱子《纲目》,终身玩索不倦,教授乡党,远近知名,从游日众";黟人孙垣,"少随父兄寓寿州读书攻苦,回黟后肄业金竹庵,从程赓唐学为文字,精心孤诣,力追先正,群经皆背诵如流,字读宫韵不杂南音",因此被黟县大族如南屏叶氏、桂林程氏争相延请于家教授子弟。① 又如《道光徽州府志》记载,婺源桃溪人潘第,"潜心圣学,精研《性理》诸书,于程朱奥理,多所阐发,编列日、月、星、辰四笥,子孙珍藏之";婺源甲路人张元泮,"沉潜嗜学,六经、秦汉诸子百家无所不窥"。② 这些塾师在教学之余,熟读经史,精研学问。一些塾师不仅熟读儒家经典,也广泛涉猎其他杂艺各科。如婺源塾师游芳远,年少时居家潜心学习,三年不窥户,不仅研读《毛诗》《周易》兼及余经"这些儒家经典,而且"《骚》《庄》《太史》、星官地志、文武之书,靡不究切"。③ 陈栎的侄儿陈光,居乡教授生徒,"明洽群经,网罗百氏,时人以'书橱'目之"。④

既以读书为乐,书籍自然成为塾师们的全部家当与精神寄托,一些文献中还留存了徽州塾师不惜资财,以购买书籍的叙述。如婺源塾师张湘,家境富裕,"常构书斋训子弟,获奇书不惜重赀购";⑤而同族贡士张环,博学多才,执经投贽求教者户履常满,"遂辟双泉之馆,购书千卷,日枕籍其间"。⑥ 对一些家境并不富裕的塾师来说,购书也作为家庭必要的一笔消费支出而被记录。婺源庆源村塾师詹元相的《畏斋日记》中就有关于购书的多次记录,如:康熙三十八年(1699)十一月,"借来六保弟纹银一钱,还云级代买书";康熙四十一年(1702)六月二十七,"买答保舅《通鉴[纲]目》一副,言定二两一钱,常,现付八钱,仍欠一两三钱(又付四钱,又付二钱,又付七钱,外加色五分,书银俱清讫)";康熙四十二年(1703)十二月初八,"收无及客《明纪本末》一副,现

---

① 谢永泰、程鸿诏等修纂:《黟县三志》,同治九年(1870)刊本,台北:成文出版社有限公司,1970年,第61、139页。
② 马步蟾等纂修:《道光徽州府志(二)》,道光七年(1827)刊本,南京:江苏古籍出版社,1998年,第311、342页。
③ 婺源《济溪游氏宗谱》卷二十二《人物志》,乾隆丙戌年(1766)刻本。
④ 马步蟾等纂修:《道光徽州府志(三)》,道光七年(1827)刊本,南京:江苏古籍出版社,1998年,第92页。
⑤ 婺源《星源甲道张氏宗谱》卷六十《处士兰波公传》,光绪二十四年(1898)木活字本。
⑥ 婺源《星源甲道张氏宗谱》卷六十二《先考贡士双泉府君行状》,光绪二十四年(1898)木活字本。

付银四钱三分,仍欠二钱五分(还讫)";康熙四十三年(1704)七月二十四的内容就是关于购书的记载:"天晴。支银一钱二分,买盛叔书十五本。"①祁门塾师胡廷卿的家用账簿中也有关于购书的记录,如:宣统二年(1910)二月初十,"支洋壹元,又钱一百,买书三付。"②

塾师不仅乐于读书,也勤于著述。明代休宁塾师金德玹,家贫好学,"手自抄录,箱帙满家,虽饥寒困苦,手不释卷,《六经》《三传》、诸史百氏、山经地志、医卜神仙道佛之书,靡不研究"。其学识渊博,而被世家士族争聘为西席。金德玹认为新安理学先儒们的著作是其思想精神的凝聚,如今却湮没不传。因此,在坐馆授徒之余,他遍访藏书家,寻获陈栎的《四书口义》和《批点百篇古文》、倪士毅的《重订四书辑释》、朱升的《九经旁注》、赵汸的《春秋集传》等30余种,一一抄校完毕,"送入书坊,刊行天下"。其平生著作也颇丰,著有《新安文集》10卷、《小四书音释》等。③ 又如清代婺源塾师查人纲,"笃志勤学",即便"适值离乱(注:太平天国运动),停试遁迹深山中,手不释卷,无日不以诵读为心",教学之余,编著未刊本《历代史选》《翔凤山馆文稿诗稿》《举业正宗》《举业津梁》《历朝诗别裁选本》《试帖选本》等。④

除文集、族谱外,内容丰富的徽州方志也为我们保存了一些有关塾师著述的材料。现仅撷拾《道光徽州府志·人物志》的"儒林"与"文苑"两类中有关明清时期徽州塾师著述情况的记载(见表6-1),以窥其著述丰富之一斑。

---

① (清)詹元相:《畏斋日记》,见中国社科院历史研究所编:《清史资料》第4辑,北京:中华书局,1983年,第188、234、252、258页。
② 中国社会科学院历史研究所编:《徽州千年契约文书(清·民国编)》第17卷,石家庄:花山文艺出版社,1991年,第488页。
③ 马步蟾等纂修:《道光徽州府志(二)》,道光七年(1827)刊本,南京:江苏古籍出版社,1998年,第307页。
④ 婺源《婺源查氏族谱》卷尾《文翰·植卿查先生行状》,光绪壬辰年(1892)刊本。

表 6-1 《道光徽州府志·人物志》"儒林"与"文苑"中塾师著述情况

姓名	籍贯	从教经历	著述
范准	休宁汊口	丙辰郡邑大乱,遂决意当世。以讲学为业,虽俯仰之资愈困,处之泰然。游于闽,从游者益众	辑《东山诗文》,并订《春秋集传》;著《斋瓮稿》《西游率稿》《何陋轩稿》等
施璜	休宁	教人九容以养其外,九思以养其内,九德以要其成……与歙县吴曰慎讲学紫阳、还古两书院	著有《五子近思录发明》
汪绂	婺源	寻入闽,有陈总兵者延为子师,执礼甚恭,浦城学者争受业焉	著有《易》《书》《诗》①《四书诠义》《春秋集传》《礼记章句或问》《六礼或问》《乐经》《律吕通解》《乐经或问》《孝经章句》《理学逢源》《读〈近思录〉》《读〈读书录〉》……《大风集》,共若干卷
游芳	婺源济溪	隐居教授,以师道自任	编有《皇明雅音》三十卷,其诗文集曰《沟断稿》。族子祖贤等编其诗曰《初月梅轩集》
金德玹	休宁汪坑桥	世家士族争为西席,子弟经其训诲,悉有礼度	平生著述有《新安文集》十卷、《道统源流》《程朱氏录》《小四书音释》
游逊	婺源济溪	立讲会以明正学,躬行以范俗	著有《四书说诠》《督化通史》《风化小补》《字林便览》《咏史》《小学纂释》《文要》诸书
陈履祥	祁门文台	授徒金陵、宛水间,从者如云	有《四书翼》《易会通》等书
程缵洛	休宁富溪	笃学力行,不干仕进,教授生徒,远近争师之	著有《大学翼》《烟霞外史》《大明混一古今人物表》《切字韵诀》《承斋集》百余卷
余棐	歙县岩镇	性孝友,家产尽付诸兄弟而已,独以舌耕养亲	著有《易经本旨》《孝经尽义》《获心录》等书
江世育	婺源旃坑	孝友笃挚,教授弟子以身为的,被金太史声称为"畏友"	著有《四书正义》十卷、《近居录》二卷、《朱王异同辨》四卷
程昌谊	婺源城西	日课子姓以性理之学	著有《性理宗要》《未成堂集》《霞思草》《易解》数十卷
汪伟	黟县	每月朔望谒先师,率子弟诵《孝经》,歌诗习礼	著有《听石吟》《广孝篇》《天潜讲义》《大易解》等书

---

① 此处的《易》《书》《诗》指的是汪绂所著的《易经诠义》《书经诠义》《诗经诠义》。

续表

姓名	籍贯	从教经历	著述
朱存仁	黟县朱村	远近来学者,户外之履常满	生平著述有《乾一子》《性理宗旨》《观心录》《严溪家训》等书
潘第	婺源桃溪	家贫仅遗乡贤祠房,让与弟,而授徒筑室馆旁	精研性理之书,于程朱奥旨多所阐发,编列日、月、星、辰四筒,子孙珍藏之。著有《易经参微》《尚书讲意》《正心录》《迪吉录》
王鸿嵩、王天纪父子	婺源词源	诱迪后进,为一家师法。子天纪,字有伦……四经及五子皆诠抉旨归,《左》《国》以下诸大家各标所见评选,以示来学	(王天纪)著有《四书阐微》《周易宗旨》等
王祺	婺源大鹏	尝授徒吴间武林……从学多名士,姑苏内翰姜邵湘、杭州进士倪嘉谦,其弟子也	辑《五子性理》,编《四书定解》《易经定解》《操选政》,有《怀珠》《悦心》等集梓行
舒度	黟县屏山	苦心向学,门弟子日益众	著《四书会通》,剖析先儒之说最为精粹,往往发其未尽之蕴
洪滕蛟	婺源	教授生徒皆言行而身化之	著有《思问录》《春秋摘抄》《婺源埤乘》《郫麓常谈》《寿山存稿》《稽年录》《寿山丛录》,共若干卷。丙午与修邑志
余皋	婺源鹄溪	其教人先德行后文艺,一颦一笑皆以身先之,虽知交无不望之而生敬畏	著有《四书精义》《学庸发微》及评选《史记》《唐宋文粹》,凡若干卷
胡光琦	婺源玉垣	引病归,以母老授徒里党。福山者,湛甘泉讲学处也,琦晚年馆焉	著《日知笔记》二卷,汪大学士瑟庵作序称其得紫阳真脉,其余古文诗集若干卷
张孟元	绩溪北门	以经授子孙,徜徉山水以自适	著有《借景和古》《吾庐集》《书经提要》等
赵德相	歙县岩镇	年十五,教授乡里。善属文,工诗	著有《复斋遗稿》,一时相传诵云
姚允明	休宁苏田	箪食瓢饮,束脩之外,无取也	手著《史书》十卷,仿《春秋》用字法,以编年兼论断,张太史溥梓之,为世所珍
程弁	婺源城西	邑令延训诸子,严敬有加	所著多散佚,有《缘督堂诗稿》藏于家

续表

姓名	籍贯	从教经历	著述
张济泽	绩溪市东	生平束脩自爱	读书有得,辄为手录,有《圣经讲解》《学文规则》《庄骚及唐宋大家读本》《咸山文集》
吴龙锡	休宁培郭	为文原本经术,问难执贽者盈门	著有《四书翼注》《藻云斋诗文》
吴廷瑛	休宁和村	游其门者多知名士,汪由敦为最著	著有《增订汉魏唐诗摘抄》《逊志轩诗文稿》《僦云书屋时艺》
洪载	绩溪	丁外艰回籍,遂不复求仕进,授徒于歙吴太史翼堂家	著有《竹迈草堂文稿》,与修前邑志
曹学诗	歙县雄村	丁忧归,遂授徒终身	著有《经史通》《易经蠡测》《香雪文钞》《古诗笺意》诸书行世
程杞	休宁霞阜	设教里门,以崇实学、端士品为宗	著有《森崖文稿》《三礼集评史》《汉唐宋文集》《评砚谱》《画家纪略》诸书
潘宗硕	歙县大阜	授徒于外,多所造就	有《四书说意》《读经笔记》《离骚补注》等书
鲍倚云	歙县岩镇	年四十即不赴乡举,以经学授于乡。金补之先生,其弟子也	著有《寿藤斋诗集》三十五卷、《诗剩》五卷、《古文》十卷以及丛话、尺牍、家乘、制艺若干卷
张元泮	婺源甲路	尝馆于休宁,与戴震、郑牧为文章知己	所著多散佚,存者仅《留轩存稿》
曹孚	歙县雄村	年未四十,以病不应举,砚田自食。御史曹垣、孝廉程廷丰、曹榜、汪苏辈,皆出其门	著有诗、古文《蔚华堂稿》
胡赓善	歙城	母殁遂绝意仕进,杜门著述。……授徒不屑屑程课而各达其材	著有《新城伯子文集》《春秋述传》
金成连	休宁东阁	家居教授,以根柢励生徒,晚主海阳讲席	著有《文集》《诗经集解》
吴昌龄	休宁大斐	居家讲授,郡人士争贽其门	著有《读易图经》《文选增注》《梅村诗笺》,藏于家
汪会授	休宁上资	设教于还古书院,从游者多知名士	著有《易经阐注》《左传分类》《梅溪时艺》
金枢	歙县岩镇	尝设帐都门,名公卿争欲令出其门下,而枢无所就,遂终不遇而归。居家以诗文教授后进	有《蓉湖制艺》行世

续表

姓名	籍贯	从教经历	著述
黄桂芳	祁门	不求仕进,筑馆金粟庵旁,课徒自乐	著有《春秋集解》,藏于家
董炼金	婺源城东	不乐仕进,枕经葄史,规模先正,迪及门,多所成就	著有《五代史》《乐府》《绿满园诗集》十四卷
吴书升	祁门渚口	从游者甚众,同邑门人最著者恩贡生饶芳	著有《爪雪居诗文》《松门晚稿》

资料来源：马步蟾等纂修《道光徽州府志（二）》,道光七年（1827）刊本（南京：江苏古籍出版社,1998年）第297～366页。

由表6-1可见,明清时期徽州塾师写作之勤勉,著述之丰富。表中塾师著述的内容主要包括如下几方面。

(1) 对儒家经典的研究与阐发。如前所说,塾师以儒士自居,他们熟读儒家经史著作,以阐发儒家先贤思想为己任。这可以从光绪年间塾师王仲勋《环川乡音字义考正》一书的序言中约略明了他们勤于著述的原因："夫著书不外二途,有圣贤之书,有才子之书。诸经史,圣贤之书也;诸注疏,羽翼圣贤之书也,一切皆益人之书也。诸百家,才子之书也,一切皆眩己之书也。然著眩己之书者,其心必不具溥益天下之志,姑弗论矣。而著益人之书者,大者可经纬宇宙,小者亦闻达家邦。虽才之大小由乎天畀,而益人之志一也。如吾兄之辑《环川乡音字义考正》一书者,是可谓羽圣贤之书,不过翼具体而微也。"① 明清两代尤重视对《四书》《五经》的研读与阐发,塾馆也以《四书》《五经》为教学重点。因此,塾师大多对此颇有心得,著作多与此相关,如汪绂的《四书诠义》《春秋集传》《六礼或问》、游逊的《四书说诠》、余皋的《四书精义》《学庸发微》、黄桂芳的《春秋集解》等,均属此类。性理之辨是新安理学的重要内容,也是徽州塾师学术研究的范畴之一,相关著述如程昌谊的《性理宗要》、江绂的《理学溯源》、朱存仁的《乾一子性理宗旨》、王祺所辑《五子性理》等。

---

① 刘伯山主编：《徽州文书·第三辑》第10册,桂林：广西师范大学出版社,2009年,第294页。

(2)诗文的写作。工诗能文是古代儒士的基本技能,自幼学习。不论是平时唱和还是科举应试,均有涉及。塾师在教授生徒写作诗文的同时,诗文写作也是其日常生活的内容,故有表6-1中的各种诗集文稿,如曹学诗的《香雪文钞》和《古诗笺意》、吴廷瑛的《逊志轩诗文稿》、洪载的《竹迈草堂文稿》等。

(3)教学经验的总结与教材的编撰。结合教学实践,进行教学经验的总结与教材的编撰、评注,是徽州先贤一贯的做法,如朱熹编撰《小学》,评注《四书》;倪士毅为教授文章写法而编撰《作义要诀》等。明清时期徽州塾师秉承先贤们这一做法,在教学过程中进行教学经验总结与教材的编撰,如吴廷瑛的《儌云书屋时艺》、汪会授的《梅溪时艺》、金枢的《蓉湖制艺》等,均是教授八股文写作的教材。

此外,塾师的著述还包括尺牍、家乘、笔记等日常应用性作品。如表6-1中歙县以经学教授乡里的鲍倚云除诗文写作外,还著有"丛话、尺牍、家乘"等。

总之,徽州塾师在授徒之余苦心孤诣写成的著作,数量相当可观。但可惜的是,这些著作中的大多数都消失在历史的尘埃中。

二、明清徽州塾师的社会交往

塾师不仅是教育者,也是社会文化中的人。在馆课之余,他们必然会与形形色色的人发生各种形式的交往。"谈论社会生活,就是谈论人与人之间的交往"①,而透过人与人之间的交往,也可以了解其社会生活状况。因此,通过对这些交往活动的梳理分析,可以考察明清徽州塾师在乡村社会中充当的角色与所处的地位。塾师作为士人阶层中的一员,其社会交往主要包括如下几方面。

---

① [美]彼德·布劳著:《社会生活中的交换与权利》,孙非、张黎勤译,北京:华夏出版社,1987年,第13页。

(一)与学生家长的交往

学生家长是塾师的"衣食父母",坐馆者一般食宿于东家,与学生家长关系的好坏就非常重要了。如小说《一片情》第四回中一位坐馆的塾师称:"你不知先生高贵么?第一要趋承家长,第二要顺从学生,第三要结交管家。三者之中缺了一件,这馆就坐不成了,如何不微不贱?"①这显然是塾师自嘲的愤激之语。在现实社会中,很多塾师与馆东之间形成一种亦师亦友、亦主亦佣的多重复杂关系。蒲松龄凭借自己的才华、交往能力与其两任馆东王如水、毕际有之间都建立了超乎雇佣的亦师亦友的情谊。蒲松龄曾为王如水的《问心集》作序,互引以为知己,王如水曾进京看望长兄,蒲松龄怅然若失,"侧身望燕关,涕泪零如注"。坐馆毕家时,他还为毕际有处理一些日常琐事,回复一些私人函件,而蒲松龄写作《聊斋志异》时,毕际有为其搜罗写作素材,毕际有去世后,蒲松龄写《哭毕刺史》诗多首,表达痛失知己的悲痛之情。②

徽州很多塾师与馆东之间的交往颇类似于蒲松龄,如汪绂,在浙江枫溪、福建蒲城、休宁蓝渡等地坐馆时,与沈卧庵、姜载臣、王陈素书、郑朝选、朱德辉等多位馆东之间都建立了亦师亦友的情谊。《双池文集》中收录了多篇汪绂为这些馆东兼知交所写的序、传、祭文,如《沈卧庵诗集序》《沈卧庵传》《哭王陈素书》《郑朝选传》《赠中宪大夫朱凤仪墓志铭》《赠中宪大夫朱定侯墓志铭》等。在《哭王陈素书》这篇祭文中,汪绂称其"年未四十遽尔谢世",悲叹自己坐馆枫溪"忽忽十年,所谓知交仅此数子,如素书诸人年方未艾而孰意五六年之间相继云亡,悲夫!今枫溪故友惟卧庵与载臣而已"。③

塾师与馆东相处融洽的记载在族谱中也较为常见。如婺源《济溪游氏族谱》就有族中多位塾师与馆东交好的记载:游骧年轻时坐馆于歙县南乡张家,"与其耆俊曰大恭、大节忘年结兄弟,欢为吟社";游严寿坐馆流塘詹氏,宾主

---

① 薛亮:《明清稀见小说汇考》,北京:社会科学文献出版社,1999 年,第 128 页。
② 姚蓉:《论清代文士的塾师生活与底层写作——以蒲松龄为例》,载《上海大学学报(社会科学版)》,2012 年第 2 期,第 110~120 页。
③ (清)汪绂撰:《双池文集》,道光十四年(1834)刻本,见《续修四库全书》第 1425 册《集部·别集类》,上海:上海古籍出版社,2002 年,第 132 页。

相处极为融洽,故詹氏"事无巨细,咸咨而处焉";游善生在歙县呈坎罗氏家族坐馆时,罗氏家族修撰族谱,应邀为其作序。由于"馆罗氏久",游善生与罗氏族人有深厚的情谊,"晚失明犹延致之,口授生徒传习焉"。①

更有一些塾师在与馆东长期相处过程中,或为东家出谋划策,提出一些颇具建设性的建议;或在东家遭遇变故时,能与东家患难与共。清雍正年间塾师潘鸿翔坐馆于婺源双杉王氏家族,与东家王仁伯交好。他发现王氏家族"庙中祭祀,亲亲诸典礼俱备,惟是所以作人者未之行",认为"京师郡县皆立学,此教之成于上者也;而成于下者,家塾而外,莫重于宗族之文会"。因此,其向馆东王仁伯建议设立王氏宗族文会:"王氏既有诸名贤,又有乐善不倦如仁伯先生其人者,如之何斯典不行也?"王仁伯赞同其建议,但因病未及实行,去世前以此事嘱咐其子王冰如办理。雍正八年(1730),在王冰如的率领下,王氏族人输金置田,大兴文会,制定《会文条例》等,并"请弁言"于潘鸿翔。② 此后,王氏文会在乾隆十年(1745)、十九年(1754)、二十六年(1761)、三十三年(1768)不断制定完善《考费条例》《贺仪条例》等,增加文会捐输,由此成为婺源双杉王氏一项重要的宗族制度,为宗族人才的培养作出了重要贡献。又如休宁塾师吴钝庵,在东家坐馆 20 多年,见证了其家族的"荣悴变更",尤其当馆东家"遭大故"时,"不厌烦琐,艰窘筹画尽善,视(东)家事不啻己事",与馆东同甘共苦,"挑灯相对相泣相乐",休戚与共,完全超出了一般意义上的雇佣关系。③

(二)与地方乡民的交往

"乡民",即我们常说的庶民阶层、普通民众。塾师施教乡里,启迪童蒙,不仅所教生徒为普通人家的子弟,且其自身亦多出自庶民之家,他们与乡民之间有着不可避免的接触与交往。而且与乡民交往也是塾师获得社会认同、

---

① 婺源《济溪游氏宗谱》卷二十二《人物》,乾隆丙戌年(1766)刻本。
② 婺源《双杉王氏宗谱》卷十七《文会总览》,光绪十九年(1893)木活字本。
③ 休宁《忠孝城南吴氏宗谱·钝庵吴夫子暨师母金夫人六十双寿序》,雍正十一年(1733)刊本。

树立自我形象的重要途径,如《坐馆经文·叹馆诗百首》中云:"人家写信时寻常,冥袋分单也要行。提起手来千样会,先生好处自名扬。"因此,执教一地的塾师往往通过各种方式融入当地事务,与当地乡民交往密切。

1. 为乡民提供各种文字方面的服务

在教育资源缺乏的传统乡村社会中,成年人的识字率很低。乡民们日常生活中遇到如看八字、写信和撰写祭文、楹联等文字方面的事项时,自然会就近求助于乡村塾师。同治年间徽州塾师所作的《坐馆经文》中多处提到塾师为乡民们提供各类乡村文化服务。其中《坐馆先生文》称:"坐馆先生有时为算命先生,有时为做卦先生,有时为看地先生,有时为测字先生,有时为医病先生,有时为日子先生。"《蒙馆赋》则云:"报赛写戏台联句,众口咸称;息争书创业分单,公心自在。"《叹馆诗百首》中也有"一入门来百事牵,戏联排[牌]匾并堂联"这样的描述。

在徽州一些纪实性文字中也留下很多关于塾师为乡民提供文字服务的记载。如近代学者胡适在《四十自述》中提到外祖母故意报错生辰八字的庚帖就是请祠堂蒙馆先生开出的。① 清末生员婺源庐坑的詹鸣铎(字振先)曾在村中设帐授徒,也经常为乡民们撰写各种应酬性文字,"自乙巳至今(己酉)五载,村人每求行状,请题红,我亦屡为之"。② 詹鸣铎的个人文集《振先杂稿》中收录多篇代别人撰写的应酬性文字,如卷一中收录的《代玉屏撰拦路祭岳父文》《代世兄克明撰回堂祭父文》、卷二中收录的《演戏对(村里迓鼓)》《三月三(即上巳)上帝神戏对子》《代质芬撰演戏对子》、卷八中收录的《代丁当庆撰时婆行述》《代松川入栗主祭文》《代连甲拦路祭岳丈文》《代列文贺娶亲,婚期三月》,等等。③ 在1949年婺源水岚村詹庆良的日记中,对塾师为乡民提供文字方面服务的记载则更为详细。例如:

---

① 胡适:《四十自述》,合肥:安徽教育出版社,2006年,第12页。
② (清)詹鸣铎著,王振忠、朱红整理校注:《我之小史》,合肥:安徽教育出版社,2008年,第211页。
③ 王振忠:《明清以来徽州村落社会史研究》,上海:上海人民出版社,2011年,第166页。

七月二十五日,晴。今日有一学友之父,因为次子生病,到程家庵堂,求得下下签来,请先生解说。他自己也说道:求此下下签诗,解来童运不好,生病还要破财。

闰七月初八日,晴。今日我的堂姐,要想归宁父母,来校相请先生,看看明天日主[子?],如其是逢好日,我把他抱因回家。先生掐到:明日有拦路虎当道,有小人,不宜行路,过此七月十五、十六可以回家。

农历二月十五日,天晴。今天有石门人拿着一副对联来,托先生写字,先生问他:是到西山蓬去贺喜的吗?我也去一个吧。那人说:是的,你加入也可以的。先生便叫我把墨替他磨起来就写了。①

2. 乡村纷争的调停与仲裁

明清时期,地方官员为了减少刑狱案件的发生,往往希望民间社会能够自行化解矛盾。乡村社会的保甲、里长、乡绅以及族长等就往往成为主要的居间调停与仲裁者。乡村塾师由于其士绅的身份与端方正直、善于劝谕的特点,也常常成为乡间纷争的调停者、仲裁者。如明成化、嘉靖年间的郑天静舌耕养亲,为人正直,"尤善劝谕人,里中事有不平者,咸就公质,悉为分息,人皆悦服,莫不德公"。② 婺源沣溪的吕其丽,"绛帐三十余载,桃李遍植门墙",每当乡党有纷乱,则"力为排解,无遽词、无厉色,慨然以维俗为己任"。③ 清同治年间绩溪柯寿光也是一位擅长调解民间纠纷的乡村塾师,据《新安柯氏宗谱》记载:"有就质纠纷者,则剖析排解罔遗余力。其盘根错节,无法解决之事,公咸求其症结所在,多方晓譬,务令平释而后已。尝举娄公唾面自干之语以劝人,意气恳恳,闻者感化。虽虎冠狙诈辈,亦多俯首就范。"④

詹鸣铎在其自传体小说《我之小史》中详述了他自光绪三十一年(1905)

---

① 王振忠:《明清以来徽州村落社会史研究》,上海:上海人民出版社,2011年,第170页。
② 祁门《祁门清溪郑氏家乘》卷二《静公行实》,明代刻本。
③ 婺源《婺源沣溪吕氏世谱》卷十六《成億公传》,民国三十年(1941)刊本。
④ 绩溪《新安柯氏宗谱》卷二《列传·表叔谷川柯寿光公传》,民国十四年(1925)刊本。

至宣统元年(1909)五年间舌耕乡里,常为乡邻居中调停之事:

> 至于排难解纷,在这五年之中,尤为更仆难数。记得本家某婶,私斫某山荫木,被人拿获镰刀,反仍抗拒,对方无法可治,到我处来投诉。我原先本置不理,嗣因细审情形,知对方无罚办能力,不得不养人家的脸子,于是出身调停,遵罚百文,将镰刀缴回了事。这事虽不见奇,乃是我破题儿第一遭做中人的事,不得不为表出,以下则略写一二,实记不得许多了。休宁梅溪,被沱川余姓某欺侮,负谱来诉,我乃约众聚议,具公函至察关,托怀玉代理。怀玉至川,余某力白,并无此事,其实则消弭于无形。未几又争山业,被人阻葬,复来跪求。我又会族众,浼信臣往调停之。①

这种在没有官方介入的情况下解决纷争与冲突的方式,显示了传统社会乡民的相对自治状态,也体现了国家之外的一种社会力量的存在,这种力量是基于调解者的社会地位与声望。在传统社会,士为四民之首、一方表率。信官不如信绅,是一般民众的社会心理,尤其是在天高皇帝远的僻远之地,对知识的垄断,赋予了士绅以文化典范与社会权威的特殊身份。因此,乡村塾师尤其是具有士绅身份的塾师自然就成为乡村社会各种纷争的调解者与仲裁者。反过来,这也彰显出塾师在乡村社会中的身份地位。

3. 乡民礼仪生活的指导与推行

冠、婚、丧、祭四礼,既是传统社会的一种礼仪文化,也是乡村民众一项重要的社会活动。由于各种礼仪程式纷繁复杂,知识驳杂,再加上以文化人自居的乡村塾师往往在民间礼仪生活中扮演着重要角色,因此,他们就成为各种礼仪的指导者与推行者。据族谱记载,婺源沣溪塾师吕其丽不仅是乡邻纷争的调停者,而且宗族中"凡一切祖灵妥茔安顿、祭祀蒸尝、醵赀兴创、承先裕

---

① (清)詹鸣铎著,王振忠、朱红整理校注:《我之小史》,合肥:安徽教育出版社,2008年,第211~212页。

后之事,实多赖焉"。① 清末婺源塾师欧阳起瑛的家用账簿中也有关于其主持婚丧礼仪的记载,如光绪三十一年(1905)二月十五、十六日的记载:

> 十五日,春社,雨。张步蟾兄遣舆,接身往游汀,代伊令先堂题红,夜至荫泉姑丈住宿。具挽联一对、毛长一刀、息香一帖、双放一块、石烛六枝,堂红一包,吊香。承赠蓝帛二尺五寸,果子二封,鸡蛋十六枚,未收。

> 十六日,阴,雨。身在游汀,代步蟾兄之母祠土题红,并主虞祭,来蓝帛二只。②

由上可知,欧阳起瑛被张步蟾专门接到游汀为其先母主持虞祭(既葬之后的祭祀),并为其母祠题红(即题主)。徽州民间办丧事时,请人将死者的名衔、生卒年月及子女配偶姓名等书写于牌位上,以便长期供奉祭祀。牌位正面的"主"字,通常暂且写成"王"字,以待日后举行点主仪式时补上一笔。③ 在乡村社会,唯有德高望重之人才有资格主持仪式并题写神主。欧阳起瑛被人专门接去主持祭祀并题红,我们由此可推知他至少应具有生员身份。

光绪三十一年(1905)三月廿五日,欧阳起瑛的家用账簿记载"身往汪宅为步青抢辉堂兄之女接酒"。④ 这说明欧阳起瑛为汪氏主持了一次婚礼。徽州婚俗中吟唱"撒帐歌"是一项重要内容。由于一些塾师在婚礼中是赞礼人,吟唱撒帐歌,故他们也编撰、抄写一些撒帐歌,目前仍有一定数量的留存。如光绪二十年(1894)歙县三阳"草堂山房"塾师洪集贤就抄有包括"接新人""送

---

① 婺源《婺源沣溪吕氏世谱》卷十六《成亿公传》,民国三十一年(1942)刊本。
② 王振忠:《排日账所见清末徽州农村的日常生活——以婺源〈龙源欧阳起瑛家用账簿〉抄本为中心》,见常建华主编:《中国社会历史评论(第13卷)》,天津:天津古籍出版社,2012年,第119页。
③ (清)詹鸣铎著,王振忠、朱红整理校注:《我之小史》,合肥:安徽教育出版社,2008年,第62页。
④ 王振忠:《排日账所见清末徽州农村的日常生活——以婺源〈龙源欧阳起瑛家用账簿〉抄本为中心》,见常建华主编:《中国社会历史评论(第13卷)》,天津:天津古籍出版社,2012年,第119页。

新人""进果子""敬酒洞房"等 30 多首撒帐歌的《帐书》文本;歙县大阜村塾师潘子隆也抄有包括"撒帐千字文""撒帐四言杂字""撒帐四方""合房交杯"等十余首歌词的《撒帐》文本。① 这些实用性极强的撒帐文本恰恰反映出乡间塾师在民间婚俗中充当礼生的角色。

据相关研究,徽州祠祭、墓祭、会祭、丧葬、冠礼、婚礼以及迎神赛会等各种场合,都要用到礼生。礼生,又称赞礼生、奉祀生、主礼生,在各种礼仪实践中承担着赞相礼仪的职能。王振忠认为,在徽州无论是称呼还是实际所为,都尚未看到那种专门的职业性礼生,而最为活跃的则是识文断字的"先生"(或曰"斯文"),而这些"先生"就是乡村社会里知书达理的文化人。② 塾师凭借自己文化人的身份充当礼生除体现在塾师欧阳起瑛的家用账簿中,在婺源庆源村塾师詹元相、祁门贵溪村塾师胡廷卿的日记、账簿中体现得更为明确。詹元相在《畏斋日记》中多次写到参加各种祭祀活动,饮礼生酒,现摘引如下。

(康熙三十九年十二月)
  二十七,天雨。中午冠六叔家接行祭,祭秀升叔公——出殡虞祭。
  二十八,天雨。晚扰冠六叔谢礼生酒。
(康熙四十年正月)
  初七,天晴。祀先达,本门充首。晚源伯家吃礼生酒。
(康熙四十一年三月)
  初七,上午大风雨,有雹。起元堂祀生一公,晚饮礼生酒。
  初九,天阴,祠中祀先,晚饮礼生酒。
(康熙四十二年正月)
  初七,天雨。起元堂祀先达,晚饮礼生酒。
  初八,天阴。起元堂祀先,晚饮礼生酒,八肴。

---

① 江巧珍、孙承平:《歙县南乡婚嫁撒帐歌》,载《黄山学院学报》,2004 年第 2 期,第 12 页。
② 王振忠:《明清以来徽州村落社会史研究》,上海:上海人民出版社,2011 年,第 161、163 页。

(十一月)十五,天晴。冬至,祠中祭祖,晚饮礼生酒。

(康熙四十四年正月)

初七,晴。大文会起元堂祀先达,晚饮礼生酒。

(康熙四十五年正月)

初七,大雪。瑞环堂祀先达。云生伯家饮礼生酒。①

由上可见,詹元相作为知书达礼的秀才,参与了庆源村内祭祀祖先的冬至会、祠中祭祖、文会祀先达、家族成员丧葬时的虞祭等祭祀活动,并充当礼生,故而常饮礼生酒。

在祁门贵溪村塾师胡廷卿的家用账簿中,自光绪七年(1881)至光绪三十二年(1906),绝大多数年份中都有参与会祭("三元会""五福会")、祠祭("宅祀""宅四公祀"等)而收到"礼生亥"的记载。如:光绪七年(1881)正月二十一,"三元会礼生亥二斤";光绪九年(1883)正月十八,"五福会礼生亥二斤";光绪十年(1884)正月十七,"三元会礼生亥二斤";光绪十一年(1885)正月十八,"五福会礼生亥二斤";光绪十一年(1885)二月廿四,"宅祀礼生亥一斤";光绪十二年(1886)十二月初六,"承纶堂酬礼生亥四斤,并果子、鲞鱼、礼饼等"。②。这些"礼生亥"收入的记录,表明胡廷卿在祭祀中充当的是礼生的角色。

古代祭祀的礼仪极为复杂,充当祭祀的礼生必须熟知礼仪规范。詹元相、胡廷卿二人既是乡村塾师,也是具有初级功名的绅士,他们熟知礼仪,在祭祀中起着指导、顾问的作用。因此,不论是"礼生酒"的款待,还是"礼生亥"的赠送,实际上反映了乡村社会对他们熟悉祭祀礼仪以及他们在乡村仪式中领袖地位的一种确认。

---

① (清)詹元相:《畏斋日记》,见中国社科院历史研究所编:《清史资料》第4辑,北京:中华书局,1983年,第212、214、231、241~250、261、266页。

② 中国社会科学院历史研究所编:《徽州千年契约文书(清·民国编)》第14卷,石家庄:花山文艺出版社,1991年,第19、100、123、193、195、375页。

4. 宗族、地方公共事务的参与

在聚族而居的徽州乡村社会中,塾师是宗族中有一定声望的读书人。他们肩负着教育宗族子弟的责任,是编谱修祠等宗族活动的支持者与践行者。在"辑修家乘,乃读书人事也"的价值观念影响下,很多塾师在授徒之余,参与到编谱修祠等宗族事务中,甚至成为主导者。绩溪西关章氏族中的塾师章名迪为邑增生,"造士有法,为士林所宗仰",在族内也颇有声望。乾隆丙申年(1776),章名迪"督修宗祠,查祠产,定条规,刊谱示后。事既竣,复整理仁聚堂,一切祠务不辞劳瘁"。① 婺源济溪游千仞,设教乡里,"贫而可教者,必收之门下,不计其脩脯",其族侄游恒泰去世,家境贫寒,其妻儿孤苦无依,"公收之于家,恤其嫠而教其孤,成始遣去"。游千仞发现宗族"祀典缺略",则"慨然输租,丰其俎豆",晚年还续修了《游氏家乘》。② 清初歙县徐禋以一人之力修撰了《歙北皇呈徐氏族谱》,并在《修谱自叙》中详述自己在应试、授徒的同时为家族建祠修墓、召集族人修筑被洪水冲断的乡里道路等事务以及为修谱多方奔波,查考族源等。在其撰写的族谱"凡例"的最后,徐禋称:"修谱重任从无以一人独主其事,况禋年来清理始祖墓、置墓祠祀产、修宗谱暨本宗各邑族谱,而本里又适有建下桥之石工,俱集一身,实不胜其任,举族并无助理者,虽费尽心力,而老迈之精神、浅陋之学问,不过如此。其中必多疏略,徒抱愧心总[中]。望后贤明鉴,以补我不及。"③ 虽是自谦之辞,但从中可见他为宗族公共事务不辞辛劳,殚精竭虑。

婺源吕氏宗族塾师吕京不仅在宗族怜孤恤贫,抚养援助族弟吕鳌、姻侄张富,而且在康熙辛丑(1721)饥荒年之时,"罄廪以赈"乡人,极受人们敬重。④ 婺源江氏宗族塾师江景泉,"乡有文塔就殁,先生捐金卜址更造,人文秀发,皆其力也"。⑤ 歙县生员曹汝宏教人善诱,散财以济贫困,"每腊月除

---

① 绩溪《西关章氏族谱》卷十四《家传》,道光二十九年(1849)刊本。
② 婺源《济溪游氏宗谱》卷二十二《人物志》,乾隆丙戌年(1766)刻本。
③ 歙县《歙北皇呈徐氏族谱》卷一《凡例》,乾隆六年(1741)刻本。
④ 婺源《婺源沣溪吕氏世谱》卷十五《乡宾省斋公传》,民国三十一年(1942)刊本。
⑤ 婺源《萧江全谱》附录卷之三《文学景泉先生行状》,万历三十九年(1611)刊本。

夕,袖金过穷者之门,暗中投赠,不使人知"。歙县瞻淇汪莘,少孤贫,以训蒙糊口,后经商,略有资财后,"辄济服属之亲,尝积赀百数十金,尽捐为修里中要路及村口石栏杆费"。①

当生逢乱世,遭遇战乱之时,一些塾师会利用经世之学捍乡保民。如婺源塾师吕则,崇尚实学,才堪济变,康熙甲寅年(1674),"寇氛扰攘,公毅然以身捍大难之卫,为一方保障,乡人得安故土"。② 太平天国之时,徽州遭受史上最严重的战乱,"粤匪直犯徽宁,旁掠郡邑,承平日久,人民不见兵革,望风逃窜,遂至糜烂不堪",黟县塾师李政元于此时"创保甲以卫地方,实事求是,邑赖以安"。③

总之,在徽州传统社会中,塾师以各种方式参与到普通民众的各项事务中,与乡民们形成紧密联系,在授徒的同时服务于乡村社会。

(三)与地方官员的交往

地方官员是基层社会的统治力量,与之修好可提高塾师的身份地位以及在地方事务中的发言权。如清代休宁塾师吴怀万,与平乱饷而驻扎在休宁的黄公相交,为黄公所"雅重"。后来,"黄公擢徽宁守道,时邑兵燹后尚踵陋规,民不堪命",吴怀万"蒿目时艰",乃"密条其事,请于黄公",陋规得以废除,乡民的负担得以解除,"民受其利而不知为君之赐"。④ 詹元相在《畏斋日记》中也提到其与知县之类的地方官、府县学的学师等的会面交往。如康熙四十年(1701)三月二十日他去府城参加岁试时,曾带着礼物问候包括婺源县学教谕何允谦在内的府县学的四位学师;而在康熙四十四年(1705)三月十八日何允谦为催征税粮来到庆源,詹元相曾在家中设宴款待。当乡村纷争扩展成诉讼时,詹元相亲自或派人到府城、县城,动用各种关系使诉状得以受理,这时他与地方官绅的交情就起到了非常重要的作用。

---

① 马步蟾等纂修:《道光徽州府志(三)》卷十二《人物志·义行》,道光七年(1827)刊本,南京:江苏古籍出版社,1998年,第10、19页。
② 婺源《婺源沣溪吕氏世谱》卷十五《月潭公传》,民国三十一年(1942)刊本。
③ 黟县《鹤山李氏宗谱》卷末《李政元先生传》,民国六年(1917)刊本。
④ 休宁《忠孝城南吴氏宗谱》,雍正十一年(1733)刊本。

一方面,塾师作为士人阶层中的一员,有相对丰富的知识阅历,谈吐风雅,甘于寒素,坚持操守,往往成为地方官绅乐于交往的对象,可以和他们一起研析圣人之理,讨论国家政事,闲论诗词文赋。如乾隆年间的歙人潘宗硕,"贯通经义,旁及子史,为文操笔立成",家贫,"授徒于外",与大兴的学士朱筠、中州太守何达善、相国刘墉均有交往,这些官绅"俱以国士目之"。他师从淳安进士方楘如,方曾以"经术湛深千古事,文章流别一家言"相赠。①

另一方面,塾师作为生活在乡村社会中的士人阶层中的一员,与乡民联系密切,熟知乡土民情,在地方社会发挥着特殊作用。正如孔飞力所说:"士子——绅士指那些得到功名的人,他们没有官职,生活于家乡社会,凭借他们的身份、财富和关系操纵地方事务……对社会事务的所有方面实施广泛的、非正式的影响。"②因此,地方官员也往往借助于他们的力量来处理一些地方事务,包括了解风俗民情、修撰地方志等。如婺源济溪游其广,"严师范,授经生,及门多知名士,康熙甲戌蒋邑侯燦延修邑志";③婺源塾师张厥修,"每邑侯下车,黉宫释斋,必访于公,为商民风土俗";④经学大师江永一生蛰居乡里为塾师(自二十七岁坐馆休宁碧云庵始,至79岁仍在外坐馆),多部著述被四库馆采入,地方官员也多次敦请其参与地方事务:乾隆四年(1739)九月,"郡守杨敦请校刻《朱子经济文衡》";乾隆七年(1742)十月,"江西学政金公德瑛敦请阅卷";乾隆十九年(1754),"婺源县令俞敦请修县志"。⑤ 据《(嘉靖)徽州府志》载,明代正统时"聚徒讲道"的祁门塾师谢复,受"邑令郑公问政,告以'谨义利之辨,视民如伤'两言",并被郡守彭公"征修郡志,叹其有良史之材";

---

① 马步蟾等纂修:《道光徽州府志(二)》卷十一《人物志·文苑》,道光七年(1827)刊本,南京:江苏古籍出版社,1998年,第339页。
② [美]孔飞力著:《中华帝国晚期的叛乱及其敌人》,谢亮生等译,北京:中国社会科学出版社,1990年,第5页。
③ 婺源《济溪游氏宗谱》卷二十二《人物志》,乾隆丙戌年(1766)刻本。
④ 婺源《星源甲道张氏宗谱》卷三十七《慕庵公传》,乾隆三十年(1765)刊本。
⑤ (清)江锦波、王世重撰:《江慎修年谱》,见薛贞芳主编:《清代徽人年谱合刊》,合肥:黄山书社,2006年,第62~64页。

明正德年间,婺源塾师汪铨,"家故贫,惟教授生徒,与同志论学,邑令鲁怀闻而延之,相与参定《谕俗礼要》"。①

明清时期徽州塾师大多"入泮游庠",是具有低级功名的绅士,绅士的社会地位也多为塾师所享有。他们"既与国家官僚休戚与共,而同时与基层民众保持着密切联系,成为官与民的缓冲和中介,正是绅士在官民之间上下沟通,并形成一种良性互动关系,在一定程度上维持了传统国家与社会的整合"。②

(四)与文人学者的交往

塾师作为士人阶层中的一个群体,与一般文人学者在文化背景、生活及文化趣味方面相对趋同,使得他们在求学生涯或日常生活中彼此相伴、相互投契,自然容易发生主动的联系,结下深厚的情谊。如明代徽州塾师汪尚琳与休宁学者程敏政相交,弘治己酉年(1489)寒冬,梅花还未曾完全开放,独有程敏政家南山的一株盛开。汪尚琳与教谕刘孟纯、训导黄汝彝以及汪克敬、詹存中等人应邀至程家赏梅。程敏政在《题南山赏梅联句诗后》一文中描述了众人赏花联句、酹花神的雅事:"倒瓦盆,撷园蔬,对花大嚼。至莫倡为联句酹花神而告之,以为岁岁赏约张本。"③

《道光徽州府志》记载,婺源塾师张元泮,"尝馆于休宁,与戴震、郑牧为文章知己"。④而在乾隆五十年(1785),当事人之一的郑牧在《明经张鲁池先生传》一文中详细回忆了当年三人切磋交流、研习学问的情形:

> 初,鲁池(张元泮字鲁池)为诸生,即来馆于予邑之隆阜,去余所居乡五六里。时余兄奎光亦馆于其地,余因得交于鲁池。予友戴震

---

① 汪尚宁、洪垣纂修:《(嘉靖)徽州府志》,嘉靖四十五年(1566)刊本,见《北京图书馆古籍珍本丛刊》第29册《史部·地理类》,北京:书目文献出版社,1998年,第315、392页。
② 周积明、宋德金:《中国社会史论(下)》,武汉:湖北教育出版社,2000年,第551页。
③ (明)程敏政:《篁墩文集》卷三十八《题南山赏梅联句诗后》,见《文渊阁四库全书·集部》第191册,台北:台湾商务印书馆,1985年,第675页。
④ 马步蟾等纂修:《道光徽州府志(二)》卷十一《人物志》,道光七年(1827)刊本,南京:江苏古籍出版社,1998年,第342页。

东原方年少,好语经学,而适应童子试为时文,以时下揣摩之习不足学也。闻予与鲁池好与人言前辈大家之文,于是东原酷嗜章大力,鲁池则嗜罗文正,予方沉潜于孟旋干矛之间而大宗则震川也。三人者间数日必相与会集,或于野田蔓草之地,席地坐,各质其所是,各论其所非,必至日暮方散。①

从文字间我们就可以想见当年郑牧、张元泮、戴震三人意气风发、切磋研习学问的场景。

经学大师俞樾在未显之时,曾坐馆于休宁汪氏,与休宁"能为诗,兼善书画"的文人孙殿龄(字莲叔)交好。俞樾在《春在堂随笔》中称:"莲叔一见如故,长于余一岁,有异姓昆弟之约。余未通籍前馆新安汪氏者五年,距莲叔所居霞塘二十里而近,时相过从。"二人相交甚笃,一起宴游观剧、论诗作画,极尽少年游冶之乐,"每宴客,必招余往,张筵演剧,灯火通宵,亦少年游冶之一乐也"。② 俞樾自述这段经历时,曾称"余客新安,与孙莲叔交最深",《春在堂诗编》中收录多首与孙殿龄唱和的诗作,如《莲叔以咏古诗见示戏和四首》《莲叔以三十自寿诗见示又依韵和之》等。俞樾在去礼部应试之前,赋诗四首与孙殿龄作别,其一云:"人生半而莫非缘,何况论交近十年。灯火正寻文字契,风霜又到别离天。坚留后约烦县榻,遥指前程盼箠鞭。却怨长安居不易,未行先赠办装钱。"③ 二人的情谊可见一斑。孙殿龄死于太平天国战乱之时,俞樾闻讯作《哭孙莲叔》五古一首。光绪十三年(1887)孙殿龄的儿子孙祖恩拜见俞樾,"出旧时《剪烛谈诗图》乞题,图中二人相对,即莲叔与余也,感念盛衰,为之怃然,为题七言古诗一章"。④

在明代江南士人结社之风的影响下,明清时期徽州文会(文社)极为盛

---

① 婺源《星源甲道张氏宗谱》卷六十《明经张鲁池先生传》,光绪二十四年(1898)木活字本。
② (清)俞樾撰,徐明、文青校点:《春在堂随笔》,沈阳:辽宁教育出版社,2001年,第141页。
③ (清)俞樾撰:《春在堂诗编》,见《清代诗文集汇编》第684册,上海:上海古籍出版社,2010年,第571页。
④ (清)俞樾撰,徐明、文青校点:《春在堂随笔》,沈阳:辽宁教育出版社,2001年,第142页。

行,"乡村多有斯文之会"。① 著名的如黟县的雉山文会、聚奎文会、集益文社、萃英文社、集成文会,婺源的毓英文会、炳蔚文社、志成文社、登瀛文社,歙县江村的聚星文社、蟾扶文社等。文人学者通过定期聚会,相互交流,以文会友。在文会大兴的风潮中,作为基层社会的士人阶层中的一员,塾师自然是众多文会不懈的参与者。如清道光年间,歙县塾师程焜在槐塘村授徒期间,也时与亲友饮酒会文,"课徒之暇,与族人雅抚赠公、隐鄱封翁希辕、啸生宗丈胡城东先生,杨柚宾广文铎,许□□孝廉树屏时为文酒之会,有次韵城东先生《送春》诗及《买菊》《插菊》二诗";同治年间黟县塾师程朝仪,"于授徒之暇,与同邑友人汪君伟卿、黄君辑五、江君作梅、余君春泉、孙君春生、黄君伯谐、汤君南田、族兄佩蘭等时相讨论,讲求音韵、词章之学,兼究经、史、性命之原,命名曰'会文学社'"。②

有的塾师还是一些会社的领导者。如明代祁门乡贤谢显居乡授徒时,以月、季、年为区分,联络一乡、一邑、一郡的文人学者聚会论学:"月联族人及乡之彦者会于神交馆,每季聚邑之同志会于范山书屋,每岁合一郡同志为大会,歙、婺、休、祁、黟五邑轮至之,每会数百人,学者纷纷兴起。"③又如前述居家授徒的施璜,在康熙年间组织发起了以塾师为主体的徽州塾师讲会活动,作为塾师"进德修业之一助"。他们制定《塾讲规约》《塾讲事宜》,明确塾讲的目的宗旨,希望塾师在与同仁一起组织的讲会交流活动中,提高职业素养。

从整体看,徽州文会的主要功能是集一族一乡之士,"偕攻制义",是为士人们校艺应举而设,通过"同类相求,同明相照,同业相励,同美相成",共同提高。④如休宁江村洪氏的文会楹联就非常明确地表明切磋文艺、备战科举的宗旨:

龙光射斗牛之墟,黄榜名扬,快睹风云际会

---

① 吴克俊等修纂:《民国黟县四志》卷三《风俗》,民国十二年(1923)刊本,南京:江苏古籍出版社,1998年,第27页。
② 薛贞芳主编:《清代徽人年谱合刊》,合肥:黄山书社,2006年,第671、821页。
③ 祁门《王源谢氏孟宗谱》卷十《谢一墩先生行略》,明嘉靖丁酉年(1537)刻本。
④ (清)江登云辑,江绍莲续编,康健校注:《橙阳散志》卷十二《艺文志》,芜湖:安徽师范大学出版社,2018年,第215页。

>文运启山川之秀,朱衣暗点,喜看奎壁联辉①

这副楹联结合文会场景,通过"黄榜名扬"(即科举高中)、"朱衣暗点"(指文章被考官看中入选,古人有"文章自古无凭据,唯有朱衣暗点头"的诗句)等生动表达了洪氏宗族通过文会培养人才,保持宗族文运以及期望子弟科举及第。

徽州很多的宗族将文会的有无与本族人才的培养、科举功名的兴衰紧密联系起来。如绩溪高氏宗族在同治年间创立学愚文会时,称:"我族生齿日繁而未有文会,其何以培后进而绍前徽?"②乾隆年间歙县沙溪人凌应秋在《文会簿序》中强调了文会对于宗族的意义:"文会以会文事也。正其名,宜有其地,而立会于族党之间,斯文以伯叔仲季,而兼师友之谊焉。吾宗道义文章,虽不固文会而始兴,然自文会之建,风轨愈振。"《重修文会所记》开篇更明确指出:"文会之废兴,关一乡之隆替。"其接着回顾先祖创立文会为凌氏家族带来的人才培养的兴盛:"昔有明赠君沙洲公,创辅仁堂,立文会,以振文学。其时淹雅之士,忠节之臣,后先辈出,载记详之矣。"③不仅宗族文会如此,郡邑的文会亦如是,杨如绪在阐述黟县五都文士设立聚奎文会的目的时也称:"盖地近则易集,而会数则文日工,此通经能文之士所由设文会也。"④很多塾师以教济读,舌耕的同时并未放弃举业,以求科举功名。他们通过参加各种形式的文会活动,与文人学者们交流切磋,既砥砺道德学问,也提高了他们参加科举考试的竞争力。

总之,通过对明清时期徽州塾师馆业之外的文化生活与社会交往的分析,可以看出他们作为社会人的多重面相。一方面他们清高自傲,有着儒家先贤的立德、立功、立言"三不朽"的理想,以修身、齐家、治国、平天下为己任;另一方面为了谋生,又不得不与社会各类人士保持着良好的私人关系。

---

① 休宁《江村洪氏家谱》卷十三《江村匾额对联》,清雍正七年(1729)木刻本。
② 绩溪《梁安高氏宗谱》卷十一《学愚文会序》,清光绪三年(1877)刊本。
③ (清)凌应秋撰,邵宝振校注:《沙溪集略》卷五《艺文·文会簿序》,芜湖:安徽师范大学出版社,2018年,第150、174页。
④ 谢永泰、程鸿诏等修纂:《黟县三志》卷十五《艺文·政事类》,同治九年(1870)刊本,台北:成文出版社有限公司,1970年,第523页。

第七章　明清徽州族谱传记中塾师形象的书写

明清时期，由于世家大族的昌盛、宗族制度的高度发达以及乡绅仕宦等宗族精英分子的积极参与，宗族商人雄厚的财力支持，徽州族谱编纂活动空前活跃，徽州成为当时族谱编纂最发达的地区之一。随着谱学思想的逐渐成熟和修谱实践的不断深入，这一时期的族谱已不再如早期那样只是简单记述世系与先人履历。举凡姓氏源流、祖容祖像、世系表、科名录、族规家训、家传、艺文著述等，均成为徽州族谱的基本内容。族谱修撰模仿史书也成为当时之风尚。徽州人认为："家乘之与国史，其旨虽殊，而发幽光昭潜德则一，顾有善弗彰，使奇节懿行淹没不传，长逝者隐恨无穷。"① 因此，人物传记在族谱中占有了重要地位。这一现象已引起王铁、周晓光、常建华等研究者的关注，他们对徽州族谱传记的史料价值、社会教化价值等进行了论述，并涉及族谱传记中的人物如中下层官吏、将士、徽商、节妇等②，但对徽州族谱中大量存

---

① 歙县《棠樾鲍氏三族宗谱》卷首《重编宗谱凡例》，乾隆二十五年（1760）刻本。
② 王铁：《浅谈旧族谱中人物传记的文献价值》（《历史文献研究》，2008年辑刊）论及族谱谱传的文献价值时，认为中下层官吏、将士传记往往保存了珍贵的社会史料和军事史料；周晓光《论徽州家谱谱传的价值——以〈新安商山吴氏宗祠谱传〉为例》[《安徽大学学报（哲学社会科学版）》，2015年第6期]认为应重视谱传的社会教化价值和学术研究价值，并对谱传中的理学家、徽商等进行了论述；常建华《中国族谱的人物传记》（《社会生活的历史学——中国社会史研究新探》，北京：北京师范大学出版社，2004年，第318～326页）论及家谱谱传的史料价值；王鹤鸣《中国家谱体例概说（三）》（《寻根》，2009年第3期）对家谱谱传的文献价值亦有所论及。

在的塾师传记鲜有关注。

作为中下层士人代表的塾师为何在族谱中得以书写？这些塾师形象又是如何书写的？谱传中的塾师形象与通俗文学中的塾师形象有何不同、不同的原因何在？这些问题的探讨有助于我们更进一步地认识徽州文化、徽州教育以及以塾师代表的中下层士人在明清徽州的社会地位与生活状况。

一、客观存在与主观选择的交融：谱传中塾师形象得以书写的缘由

(一) 客观存在：以塾师为业的族内士子数量众多

明清时期的徽州民间设塾立教之风极为盛行，家塾、族塾、书馆遍及乡野，有"山间茅屋书声响"之俗谚。很多宗族在族内、村内建立多所塾馆，用以课子读书。歙县东门许氏宗族因族中蒙童数量较多，故在家规中强调族中"设馆非一，随地有馆，以迎塾师"。[①] 赵华富在对徽州宗族进行调查后认为，"一个较大的宗族往往有蒙学数所，多至一二十所"，黟县西递明经胡氏宗族仅清末就设立私塾近20所；黟县南屏叶氏宗族设立的私塾也有多所。[②] 私塾的广泛设置必然催生众多塾师，在一些以世系人物为家传的宗族内，以塾师为业的族人众多，故而其家传中出现数量较多的塾师传记。如刊刻于道光二十九年(1849)的绩溪《西关章氏族谱》中收录30位塾师的传记；刊刻于光绪壬辰年(1892)的《婺源查氏族谱》中收录21位塾师的传记。这些传记或详或略，既有对从教生涯的描绘，也有对其日常生活、重大事件的记述(具体内容见表7-1)。

---

① 歙县《重修古歙城东许氏世谱》卷七《许氏家规》，明崇祯七年(1634)刻本。
② 赵华富：《徽州宗族研究》，合肥：安徽大学出版社，2004年，第429页。

表 7-1　西关章氏、婺源查氏、济溪游氏族谱传记中的塾师及从教情况

出处	塾师及从教事略
《西关章氏族谱》卷二十四《家传》，道光二十九年刊本	1. 章宏经，"教授乡塾"。2. 章宏规，"治春秋,设讲石镜山堂"。3. 章以彪，"聘主师席,以淑后进,若举人程容、同知程伯祥、司训周颙张翱诸公皆出其门"。4. 章璁，"开门授徒,师道尊严"。5. 章焕，"木庵公乔尝从游门下……师道尊严"。6. 章海一，"多方造士,承其教者,咸知自重"。7. 章炫，"邑令温泉公甚器重之,延之为师,以风后进"。8. 章献谟，"教授歙邑三十余年,受业者皆彬彬之士"。9. 章世功，"捐资买宅为志道会所,以与同人讲学其间,士林重之"。10. 章世琮，"崇本笃学,宗法性道,曾兴六邑道会,与都人士讲学其中"。11. 章启澄，"家贫舌耕,克守遗业"。12. 章启瑶，"以诗古文辞知名,教授于歙东鄙"。13. 章传仁，"家故贫,初执艺以养父母"。14. 章之佳，"品行端严,诲人以正,游其门者,咸知自守"。15. 章有栋，"尊师信友,以诗书课子侄"。16. 章冕，"周子洁斋、程子璞斋咸师事焉"。17. 章远，"父素豪迈,常与故旧诗酒为乐,远克承厥志,以馆谷所入供其不济"。18. 章名挥，"教授生徒以济家需"。19. 章名本，"四方之士咸慕而从之,成名甚众"。20. 章名迪，"造士有法,为士林所宗仰"。21. 章必杰，"以大家食箸甚繁,设教授徒。初馆于城内,后馆于七都旺川清可楼"。22. 章必桢，"教授生徒,以终其身"。23. 章定海，"为文词气丰赡,所授生徒如外甥葛启松、族人大中,皆邑中名诸生"。24. 章定高，"教授于歙之西鄙,束脩所入不计厚薄"。25. 章定俊，"少业儒,应童子试,旋馆于仁里程中表家教授生徒"。26. 章定成，"年未及冠,临溪村人胡茂才文集延于其家,授经二子"。27. 章定琦，"教授乡里,造就颇多"。28. 章亮工，"设教灵山、眉山、东山,游其门者,以文章诗赋获隽不下三十余人"。29. 章以彬，"事母以孝,丧弟抚侄以慈,诗书课子"。30. 章步蟾，"以授徒自给,后乃馆于歙西之檀干……所从游者多名士"。
《婺源查氏族谱》卷尾《文翰》，光绪壬辰年刻本	1. 查稷，"居乡教授,务为实践,一时名士多出其门"。2. 查余庆，"善读书,尝处馆以乐升平"。3. 查联芳，"弱冠为休邑塾师,日课童蒙"。4. 查荣珍，"屡试棘闱,远近从学者众,所造就多成材"。5. 查汉，"授徒多所就"。6. 查文潞，"家贫训铎于休"。7. 查奎，"屡试前矛,棘闱不售……若进士游肇纪、休之黄锡、祁之方效坤等,皆公所造就者"。8. 查公集，"习儒业,博览群书,有文誉……处为本邑塾师"。9. 查公著，"五试不遇,隐居教授"。10. 查槐，"弱冠补博士弟子员,屡试棘闱不售……虽各爨,馆谷皆付季弟支度"。11. 查梦鲤，"游庠好学,时尚诸子,公独以经传设教海阳"。12. 查之琳，"比为诸生,名誉益振,争执贽焉,公因材启迪"。13. 查大经，"继父志业儒,处乡塾,蒙养必正,束膳甚薄,怡然自适"。14. 查奇，"屡赴科不售,遂淡于进取,教育生徒为事"。15. 查思溈，"教人随高下开示,咸得达"。16. 查建言，"诲人循循善诱,游其门者多知名士子"。17. 查廷昭，"不慕时趋,以诱掖后进为务,游其门者多列胶庠"。18. 查世昌，"舌耕为业,馆于歙之某翁家数十年,三世及门得其陶淑者,皆成名宿"。19. 查观炳，"幼工举业,艰于遇,遂决意退取,开馆授徒,乡闾子弟多赖栽成"。20. 查焕奎，"家居课子侄读甚严,涛、森二侄尤蒙教泽,并列胶庠"。21. 查人纲，"从游之士甚众,教人有法度,循循善诱不见倦容"。

续表

出处	塾师及从教事略
《济溪游氏宗谱》卷二十二《人物志》,乾隆丙戌年(1766)刻本	1.游之光,"家故贫,脩脯所入不足供岁,尝称贷奉二人欢,不以累弟"。2.游梦翔,"任石井书院学录"。3.游善生,"馆罗氏久,晚失明犹延之,口授生徒传习焉"。4.游玄同,"馆黟叶田最久,及卒,门生咸来会葬"。5.游撰,"教读于乡子弟"。6.游芳远,隐居教授,"族之门生若维贞、文裕、叔清为能继其微"。7.游存正,"其教人随其资器高下鼓舞诱掖,譬而喻曲而中,虽昏愚之至皆开悟有渐无扞格者"。8.游胡茂,"工楷书篆隶,弱冠应役郡庭太守孙侯爱其书,俾诸子习学之"。9.游文贵,"族之学者多出其门,远近亦争延致之"。10.游渡,"年二十,始矜奋读书,遂为子弟师"。11.游三畏,"聪明负气,年十七已为童子师"。12.游炎,"昆季皆出其门,工诗古文词"。13.游方著,"以经艺为后进师,分章缀词,剖析勤恳,从之游者咸思之"。14.游逊,"笃信考亭,以躬行实践为学……从游之士总漕江新原、直指李宠潭、进士游午原其尤也"。15.游显达,"以书经补邑庠生,取束脩以赡家"。16.游维诚,"问业者满门,一经指授,多所成就"。17.游龙升,"舌耕事母,力以奉晨昏"。18.游嘉际,"设教休阳最久,门多高弟"。19.游士璠,"尝馆浙之婺州,门多高弟子"。20.游启贤,"家贫亦舌耕以给"。21.游光国,"值甲申兵变,遂无意仕进,设教乡里,学博东山实其高弟"。22.游隆昇,"尝授徒鸠兹,师范严肃,训诲详明,巨宦名流多从公门下"。23.游龙,"训徒谆谆经义,从游多名彦"。24.游锦,"生平海人循循不倦,请业之履填户外"。25.游千仞,"设教乡里,贫而可教者,必收之门下,不计其脩脯"。26.游介圭,"馆邑城,桃李满门"。27.游其广,"严师范,授经生,及门多知名士"。28.游起凤,"鼓铎海阳,士大夫多从之游"。29.游严寿,"馆流塘詹氏,质行浮洽,事无巨细,咸咨而处焉"。30.游骥,"少馆歙南张氏,与其耆俊曰大恭.大年忘年结兄弟"。31.游信盛,"生平乐善,义不苟取,尝馆歙之灵山"。32.游积兴,"年三十因耕牛争于人,发愤断未,励志读书,以笔代耕,尝诲门人曰:学者工力用十分自有十分益,若用五分仅得五分益"。33.游钊,"馆歙蒋村,持躬端洁,教育有方,人皆景慕"。34.游于艺,"弱冠游邑庠,为文有奇气……表侄江姓贫,让馆以资之"。35.游一阳,"业儒不售,从事舌耕"。36.游翘楚,"幼习经史应儒试,鼎革遭兵燹,遂谢举业,习岐黄,馆歙西"。37.游维新,"好学,攻古文诗词,兼青囊术,馆符祝郑氏最久"。38.游锡蕃,"辍儒试,一意授业"。39.游锡贵,"家贫无力购书,馆于金陵学半[泮],涉猎书史"。40.游惟兆,"家贫亲老,舌耕取束脩以佐晨昏"。41.游应凯,"馆休苏田姚贡士家三十余年,门多高士,至今思之"。

明清时期科举及第成为获得政治地位或保持世袭门第的重要途径,休宁茗洲吴氏家族就强调"族之有仕进,犹人之有冠冕,身之有眉目也",[①]把科举作为仕进的阶梯,由此形成了为数不少的科举世家,如婺源济溪游氏、绩溪东

---

① (清)吴翟辑撰,刘梦芙点校:《茗洲吴氏家典》,合肥:黄山书社,2006年,第20、242页。

关戴氏、绩溪金紫胡氏等。但是,由于科举名额的限制及其他方面的原因,不是每一个士子都能幸运地获取举人、进士的功名。据巫仁恕统计,从明洪武到嘉靖以后乡试举人录取率从6％下降到4％以下,而清代更降至1％~2％之间。① 因此,在一些科举世家中,多数士人往往在取得初级功名后,只能终老于诸生。婺源济溪游氏家族因族内科甲及第者为数众多,乾隆年间纂修的宗谱还专列《选举志》一卷,下分科甲、岁贡、明经、监选等条目,收录了族内众多士子的举业简历。仅"明经"这一条目,就收录了明代214人、清代51人。这些人后来有的中举甚至荣升进士,但大多数人一辈子只拥有初级功名,以下层绅士的身份默默在乡间实现自身价值。其中最常见的便是在乡村以授徒为业。《民国重修婺源县志》描述其地风俗时称:"士多食贫,不得已为里塾师,资束脩自给,至馆百里外不惮劳。"②济溪游氏一族也是如此,"在婺源塾师中,游氏一族外出游砚的人数特别之多"。③ 故而《济溪游氏宗谱》中的人物传记尽管不是世系人物大全式的,但统计其族谱《人物志》中所收录的220篇传记发现,以塾师为传主的共41篇,占传记总数的18.6％(具体内容见表7-1)。

因此,私塾的广泛设置必然催旺众多塾师,尤其是一些科举世家中以舌耕为业的士子人数众多。这个客观存在的塾师群体使得徽州族谱传记中塾师形象的书写大量存在。

(二)主观选择:话语权力与价值观的体现

族谱是特定人群表达自我意志的载体,其书写者多为中下层知识分子。作为中下层士人重要成员的塾师,虽大多身居乡野,但具有较高的声望,掌握一定的文化权力。一些人甚至主持或参与了族谱的编撰,如编于乾隆五年(1740)《歙北皇呈徐氏族谱》的修撰者徐裡就是一位塾师;刊于乾隆丙戌年的

---

① 巫仁恕:《明代平民服饰的流行风尚与士大夫的反应》,载《新史学》,1999年第3期,第55~109页。
② 葛韵芬、江峰青等修纂:《民国重修婺源县志》卷四《风俗》,民国十四年(1925)刻本,南京:江苏古籍出版社,1996年,第113页。
③ 王振忠:《徽州社会文化史探微》,上海:上海社会科学院出版社,2002年,第78页的

婺源《济溪游氏宗谱》也记载了其族人游千仞在设教乡里的同时，兼办宗族多种事务，包括晚年编写《游氏家乘》。① 这些中下层知识分子掌握书写权后，自然会关注本阶层，塾师也就成为被书写的对象，更何况还有一些族谱的编撰者本身就是塾师。

相对于姓氏源流、世系表、科名录、诰敕赞文等，人物传记是族谱撰写者私人话语表现最为鲜明的一部分，因为对传记对象、写作材料、表现角度等的选择，实质上是撰写者话语权力的一种表现。正如杜靖所说，"标榜真实性和可信性的一切历史作品或历史著作都不过像文学作品一样，是历史编纂者或写作者内心某种情志的表达"。② 这些以塾师为传主的传记，很大一部分是在借助传主形象表达自己的价值观念，言说自己的内心情感。《婺源查氏族谱》中的《植卿查先生行状》就非常典型，这篇传记的作者詹逢光与传主查人纲（字植卿）是同窗好友。他在文中追述了传主查人纲弃商从儒，参加科考的经历以及其教学得法，生徒科考成就卓然但其自身仍屡困棘闱的遭遇，叹息其老死寒毡，郁郁以终。詹逢光与传主同是科举考试的失利者，境遇相同，写作这篇《植卿查先生行状》不过是借他人酒杯浇胸中块垒，表达自己屡困科场的失意之情，"伤先生盖自伤也"。③

因此，从这个意义上说，族谱中的塾师传记主要是中下层知识分子自我情志的一种表达，而非普通农人心志的反映，体现了封建时代掌握文字的乡村儒生的一种话语特权。

塾师在谱传中被书写的另一个重要原因在于，这些身处乡野的塾师虽然相对于那些科举仕宦的上层绅士而言地位不高，但其形象本身附着了徽州人

---

① 歙县《歙北皇呈徐氏族谱》卷十二《修谱自叙》，乾隆五年（1740）刻本。编撰者徐禋在《修谱自叙》中称：曾"携幼侄光文下帷于本镇罗氏宅"，后又"训徒紫阳"；乾隆丙戌年（1766）刻本《济溪游氏宗谱》卷二十二《人物·儒隐》记载，游千仞，"设教乡里，贫而可教者，必收之门下，不计其脩脯……晚续编《游氏家乘》，悉遵中丞书法，颇为信史"。

② 杜靖：《山东滕州闵氏族谱"传记"的书写原则》，载《青海民族研究》，2015 年第 4 期，第 39 页。

③ 婺源《婺源查氏族谱》卷尾《文翰》，光绪壬辰年（1892）刻本。

的伦理文化与价值观念,具体表现在以下三方面。

第一,对儒家伦理文化自觉遵守,全力维护。徽州被誉为"东南邹鲁""程朱阙里",徽州宗族秉承儒家伦理文化传统,在家训中无不提出"明伦理""崇礼教""敦孝悌""睦宗族"等伦理规范。塾师自幼接受儒家伦理文化教育,以儒生自居,坚守儒家的伦理道德,遵从孝悌之道,谨守礼法仪节,在乡村社会中践行着儒家的伦理道德,成为徽州伦理文化的践行者和示范者。因而塾师传记中存在大量如"事父母以孝""性孝友""待族党以和,交朋友以忠"之类的事件记述与评价。这些类型化的评价充分体现了徽州人对塾师身上附着的伦理道德的认同。

婺源《婺源查氏族谱》卷尾《植卿查先生行状》

第二,对科举功名积极进取、锲而不舍。塾师大多为儒学生员,在教授生徒的同时要参加进一步的科举考试。他们大多励志苦学,授徒之余备战秋闱、春闱,在科举入仕的道路上虽屡次失败,但锲而不舍。张仲礼在考察了很多历史文献后指出:"很多官员的传记表明,那些直到中老年时才被任命为官员的人们原来都是塾师。"[①]这些中老年才得以授官任职的塾师大都经历了多次棘闱不售,在翻检徽州塾师的传记时,可以看见"屡困棘闱""棘闱屡屈""五试不遇""屡试不得志于有司"之类的众多记载。塾师屡试不中的遭遇让人叹息,但这种对科举仕宦的积极进取、锲而不舍的精神却契合了徽州宗族对子弟科举仕宦、光耀门楣的期望。

---

① 张仲礼编著:《中国绅士研究》,上海:上海人民出版社,2008年,第78页。

第三,对人才培养尽心尽责,成才众多。徽州人重视子弟的教育,希望年幼的孩童经过良师的精心教导造就,养成圣贤之基,进而"德行足以昭垂,文章堪以寿世"①。因此,那些教学有方、成材众多的塾师形象在谱传中一再被书写。他们或"务为实践,一时名士多出其门",或"教人随高下开示,咸得达",或"不慕时趋,以诱掖后进为务,游其门者多列胶庠",或"乡间子弟多赖裁成",等等。②徽州人通过对这些良师形象的塑造,表达了特定的个人、宗族乃至阶层对教育者的期望。

简言之,塾师对儒家伦理道德文化的自觉遵守与维护,对科举功名的积极进取以及对人才培养的尽心尽责,体现出当时徽州宗族明伦理、崇教育、重科举等文化价值观念,也反映了徽州文化的内核,即对道德、对功名的追求。

二、师与儒的结合:谱传中塾师形象的书写

"品学兼优式序序"是徽州宗族延聘塾师的基本标准,也是他们对塾师品行、学问的期望与要求。徽州人借助于族谱传记这一纪实性文本塑造了众多品学俱优的师儒形象。

(一)品端行正、德化乡里的儒者形象

早在汉魏时人们就提出"经师易得,人师难求",塾师只有具备良好的品行风范,才有可能把学生塑造成圣贤的坯璞。徽州宗族普遍认识到塾师的品行风范在教育教学中的重要作用,故而在家训族规中谆谆告诫族人:"子弟初就塾,必择其严毅方正、可为师表者教之。苟非其人,毫厘之差,谬以千里,不可不慎。"③谱传通过对塾师日常生活的描述,塑造了众多的孝悌友爱、正直慷慨、淡泊名利、德化乡里的儒者形象。

1.孝悌友爱

孝悌是儒家伦理的根本,父慈子孝、兄友弟恭是其基本内容。这种以血

---

① 绩溪《西关章氏族谱》卷三十六《师说》,道光二十九年(1849)刊本。
② 婺源《婺源查氏族谱》卷尾《文翰》,光绪壬辰年(1892)刻本。
③ 婺源《新安龙池王氏宗谱》卷首《家法》,道光二十六年(1846)木活字本。

缘关系为基础并在社会生活中形成的浓烈而牢固的家庭亲情关系,对家庭、社会的稳定起着非常重要的作用,故而为朝廷所褒扬,为士人所推重。身为儒生的乡村塾师更是儒家孝悌观的践行者,很多谱传记叙了他们处于家贫不能供甘旨的窘境中,舌耕以养亲养家的行为,突出他们孝友纯谨的德行。如祁门《王源谢氏孟宗谱》记载族人谢显弱冠即为人师,平日里"事父母尽孝,承颜顺志必谕之于道,虽蔬食不继而必竭力尽欢"。当父母生病时,"衣不解带,谨侍汤药,祷神祇以身代",纯孝之心可见一斑。①《济溪游氏宗谱》载族人游之光,"家故贫,修脯所入不足供岁,尝称贷奉二人欢,不以累弟"。②《婺源查氏族谱》载其二十七世祖查槐为塾师,对弟弟异常友爱,兄弟"虽各爨,馆谷皆付季弟支度"。③

    这种孝悌行为不仅体现为日常奉养、父母患病时祈求愿以身代,还表现为父母亡故服丧期间哭亲守墓。马克斯·韦伯在《儒教与道教》一书中称:"在孔子看来,任何人的行为,在人们看到他以何种方式为其父母服丧之前,是不能看作合格与否的。"④服丧成为传统中国对"孝"定义的重要凭借。因此,谱传中也描述了塾师在父母亡故服丧时的至孝行为。如绩溪人章宏经教授乡塾,"敦行孝道,父卒,殓辰不利,或劝之避,曰:'父子永诀惟此一面,安忍他避?'"⑤婺源人张应械,"父患瘫疾,扶持抑搔六载,不离左右。及卒,结庐墓侧,后即改庐为学舍,授徒其中。子钟琬成进士,官河南武安令,迎养不赴,曰:'吾不忍一日离墓侧也。'"⑥前述祁门谢显在父母生前尽力奉养,极为孝顺,父母亡故时"居丧哀毁而不愆于礼,闻者莫不感动而兴于孝"。对其兄亦是如此:"兄有癞疾,俗言其疾传人,多劝其自便,则哭以应之曰:'世岂有人心

---

① 祁门《王源谢氏孟宗谱》卷十《谢一墩先生行略》,明嘉靖年丁酉(1537)刻本。
② 婺源《济溪游氏宗谱》卷二十二《人物志》,乾隆丙戌年刻本。
③ 婺源《婺源查氏族谱》卷尾《文翰》,光绪壬辰年(1892)刊本。
④ [德]马克斯·韦伯著:《儒教与道教》,洪天富译,南京:江苏人民出版社,2008年,第167页。
⑤ 绩溪《西关章氏族谱》卷二十四《家传》,道光二十九年(1849)刊本。
⑥ 婺源《星源甲道张氏宗谱》卷六十《传》,光绪二十四年(1898)刊本。

者弃兄以自便耶?'卒不离其侧,竟送其终,力治后事,疾亦不传,人皆叹服。"①谱传正是通过对这些乡野塾师儒者形象的书写,来传达儒家的孝悌文化,达到教化乡民的目的。

2. 端方正直

徽州人不仅在家训族规中强调应为子弟选择严毅方正之师,在传记中也进行了这类塾师形象的书写。《王源谢氏孟宗谱》称谢显:"严毅方正,不徇俗好。闻人有谑浪语,辄不怿,乡里畏而敬之。"②短短数字,写出谢显端方正直的性格。很多塾师由于为人公平正直,成为乡邻纠纷的调停者、解决者。如明代祁门人郑天静由于家贫不能供甘旨,舌耕乡里以养亲,他为人正直公平,"里中事有不平者,咸就公质,悉为分息,人皆悦服,莫不德公"。③ 又如清康熙年间的婺源塾师吕京在乡族怜孤恤贫,抚养援助族弟吕鳌、姻侄张富,极受乡人尊重,故"乡党有雀角之争,遐迩有不平之讼",吕京不辞辛劳,"必曲全调释而后即安"。④

一些谱传还通过生动的事例来描述塾师的为人正直、取予严明。如《济溪游氏宗谱》就描写了族人游信盛义不苟取的事例:"尝馆歙之灵山,邻有暮夜失火而猝授之函金者,彼此皆不相识,次日访其人而归之。"⑤婺源《萧江家乘》中也描写了族人江大潮为人正直、取予严明的具体事例:"先生壮时馆于休,其门下生,富豪子也,尝出兼金奉先生,求宽课程,先生严却之",这位富家子"于是惊服,奉师训不敢失尺寸,得稍通书义,终身德先生焉"。⑥ 尽管很多塾师依靠微薄的束脩养家,生活清贫,但在别人危难时,亦能慷慨解囊援助,绩溪《西关章氏族谱》就记载了族人章启澄,"家贫,赖束脩以自给,然有余辄赒贫乏。尝教授于西郊之横坞,岁终归途终遇故人子,穷困无以度岁,即以所

---

① 祁门《王源谢氏孟宗谱》卷十《谢一墩先生行略》,明嘉靖丁酉年(1537)刻本。
② 祁门《王源谢氏孟宗谱》卷十《谢一墩先生行略》,明嘉靖丁酉年(1537)刻本。
③ 祁门《祁门清溪郑氏家乘》卷二《静公行实》,明代刻本。
④ 婺源《婺源沣溪吕氏世谱》卷十五《乡宾省斋公传》,民国三十一年(1942)刊本。
⑤ 婺源《济溪游氏宗谱》卷二十二《人物志》,乾隆丙戌年(1766)刻本。
⑥ 婺源《萧江家乘》卷十《文学景泉先生行状》,道光三十年(1850)刻本。

得束脩畀之,而已几无以度岁。"①这些形象与民间文学、通俗文学中所描绘的腐儒、冬烘学究之塾师形象大相径庭。

3. 清高淡泊

清高自持、淡泊名利是儒家推崇的一种精神,"孔颜之乐"更为士人们所津津乐道。自幼受儒家文化濡染的塾师虽身处乡塾,束脩简薄,但很多人依然固守着这种精神。如《婺源查氏族谱》记载其二十八世查大经,"幼孤,继父志业儒,处乡塾,蒙养必正,束膳甚薄,怡然自适"。②歙县《潭渡孝里黄氏族谱》所记载的黄世瑜也是这样一位安贫乐道、清高自持的塾师,"少负不群之资,治举子业甚力,顾疾瘵业不卒,始犹教于家塾,后并不能近笔墨,餐飨屡空,见者悯焉,然先生绝无俯仰于人之色",并写诗自明其志:"贫穷到骨心犹壮,不向王门一曳裾。"③

不仅如此,徽州谱传还描述了塾师在不同境遇中淡泊名利的品性。清同治年间绩溪眉山的塾师吴文明在经历家业重大变故之时,仍保持淡泊名利的心态:"因从堂叔谋复扬州盐业,苦于赀,以先生为亲友所信,屡代券贷,不料事机不顺,致累赔偿,生计愈蹙,以致寒同范叔。而先生箪瓢自乐,屡空晏如也,然举于业亦不稍懈。"④一些贫寒的塾师在面对巨大诱惑时亦能清高自持,淡泊名利。如婺源塾师游启贤,"家贫舌耕以给",在乡道中捡拾一位归乡的商贾二百金,"公坐守以候,时丛薄中有腐尸秽甚,盖暴客所伤而颠越者,公弗畏,终候焉。"后失主来寻并如数归还,"其人喜溢望外,愿分半以谢。公笑曰:'吾苟欲谢,何如归还?'问公姓名亦不告,其人泣拜,公不顾而去"。⑤

4. 德化乡里

北宋理学家周敦颐曰:"师道立则善人多。善人多,则朝廷正而天下治

---

① 绩溪《西关章氏族谱》卷二十五《章愚溪先生传》,道光二十九年(1849)刊本。
② 婺源《婺源查氏族谱》卷尾《文翰》,光绪壬辰(1892)年刊本。
③ 歙县《潭渡孝里黄氏族谱》卷七《家传》,雍正九年(1731)木刻本。
④ 绩溪《绩溪眉山吴氏宗谱》卷一《诚斋吴先生传》,民国十五年(1926)木活字本。
⑤ 婺源《济溪游氏宗谱》卷二十二《人物志》,乾隆丙戌年(1766)刻本。

矣!"①这种思想对徽州塾师影响至深,他们虽身处乡野,却积极地通过自身的言行示范,表率后进,德化乡里。如《婺源查氏族谱》记载其二十七世查思混,"少慕紫阳之学,究极语录及诸遗书,尽得其奥。及长,躬行实履,动以礼法自绳,乡人式而化之。"②清代婺源塾师张玟,在乡民中威望很高,据《星源甲道张氏宗谱》记载,"溪之南有园莳蔬果。公一日步其园见窃者在焉,潜避之不顾。后窃者微闻其事,乃愧悔曰:'吾终无面貌见公矣!'自是改行以终身。"③《王源谢氏孟宗谱》称赞谢一墩:"所与交者、所从游者,与之处不言而信,迁善而不自知,薰其德而善良者甚众,真濂洛之遗英、江南之正学。"④德化之功可见一斑!

还有一些塾师利用儒者身份、社会威望以及所掌握的文化权利,积极主动地展开教化,化民成俗。如婺源沣溪的塾师吕溥由于科举失利,归教乡里,"持公论处宗族,正礼法,子弟为学不笃、为礼不敬则面叱之,甚者加以鞭笞,人不敢致私怨焉。乡人小有所为不善,则相语曰:'公闻之否?'其见惮于人也如此,岂不由其中所存者乎?"⑤

文化研究学者王尔敏先生曾这样称颂乡村塾师:"乡曲之导师,地方之柱石,一方文家之重镇。其影响之普遍深远,并不下于大圣大贤。"⑥徽州族谱通过传记的形式塑造了众多德化乡里的塾师形象。这些身居乡野的塾师,虽大多仕途不得志,却以儒者身份承担着民间风教的责任,为师一处,教化一方,成为封建国家实施乡村教化的重要凭借。

(二)潜心向学、严而有方的良师形象

徽州谱传塑造的塾师不仅是品端行正、德化乡里的儒者形象,更是潜心向学、严而有方的良师形象。

---

① 周敦颐著,陈克明点校:《周敦颐集·通书》,北京:中华书局,1990年,第20页。
② 婺源《婺源查氏族谱》卷尾《文翰》,光绪壬辰年(1892)刊本。
③ 婺源《星源甲道张氏宗谱》卷三十九《伯祖佩斋公传》,乾隆三十年(1765)刊本。
④ 祁门《王源谢氏孟宗谱》卷十《谢一墩先生行略》,明嘉靖丁酉年(1537)刻本。
⑤ 婺源《婺源沣溪吕氏世谱》卷十五《家传》,民国三十一年(1942)刊本。
⑥ 王尔敏:《明清社会文化生态》,桂林:广西师范大学出版社,2009年,第58页。

1. 潜心向学，学识渊博

中国古代社会，学者有追求博学的传统，认为君子应"博学于文"，①一物不知，儒者之耻。王充则强调："人不博览者，不闻古今，不见事类，不知然否，犹目盲、耳聋、鼻痈者也。"②塾师身为知书之士，以儒者自居，必潜心向学，熟读群经诸史。婺源科举世家济溪游氏族谱中就描写了多位潜心向学的塾师：游芳远，年少时家居潜心学习，"不窥户者三年"，"治《毛诗》《周易》兼及余经，《骚》《庄》《太史》、星官地志、文武之书，靡不究切"，著有诗文集《沟断稿》《皇明雅音》等；游逊，以朱子之学为宗，以躬行实践为学，族谱记载了他为访名儒，不畏寒苦的事迹："尝造大儒，沍寒霰积，昏暮无所布趾，从者皆有难色，先生谕之曰：'古人教人去意蔽，今间关雪行未至而将迎，即意蔽也。知道者视险如夷行，未赴家可遂已乎？'"游逊专心研读经史、拜访名家，在读书授徒的同时与友人结社论学，学识渊博，著作等身，著有《四书说诠》《赞化通史》《风化小补》《字林遍览》《咏史》《小学纂释》《文要》《学庸遗旨》《心机图》等。③

在文化知识缺乏的传统中国乡村，塾师不仅承担着教授生徒的责任，还要参与、处理乡村的各种文化事务，包括写家书、拟契约、作对联、合八字、看病、主持婚丧祭礼、解纷息讼等。因此，他们不仅要术业有专攻，熟读经史，还要熟悉日常生活中的各类知识，包括阴阳星卜、地理堪舆、礼俗礼仪等，为乡民们处理各种文化事务。婺源《济溪游氏宗谱》称族内塾师游龙，"攻苦力学，渔佃百家，咀含精华，尤精舆图之学。凡宇内山川驰骤胸中，条分缕析，俨如展齿亲到"。④《济阳江氏统宗谱》记载族人江曜幼时，"从乡先生治经，辄知经；读子史辄记子史，学诗辄能诗；暇时取阴阳星卜书读之，辄又熟阴阳星卜"，因学识渊博而备受时人瞩目。因此，"既冠，则缙绅家子弟已争而师之矣"。⑤清康熙年间的婺源塾师吕则由于才识过人，为本邑汪氏家族所看重，

---

① （春秋）孔子著，杨伯峻、杨逢彬注译：《论语》，长沙：岳麓书社，2000年，第55页。
② （汉）王充著，陈蒲清点校：《论衡·别通篇》，长沙：岳麓书社，2006年，第172页。
③ 婺源《济溪游氏宗谱》卷二十二《人物志》，乾隆丙戌年（1766）刻本。
④ 婺源《济溪游氏宗谱》卷二十二《人物志》，乾隆丙戌年（1766）刻本。
⑤ 婺源《济阳江氏统宗谱》卷四《传赞·晚同公传》，民国八年（1919）刊本。

故而登堂请谒,延聘为西席,以课后学。据族谱中的《月潭公传》载,吕则课徒之余,曾为东家"书聘启以达花桥吴族,识者大赏其骈俪工楷,转将原聘金五十两赍谢。晚年并博医学,治验如神"。① 这篇由吕则坐馆的东家汪氏家族的进士汪作楫所写的传记真实地记述了塾师吕则的博学多才。

2. 严格要求,教学有方

传统教育中人们一向将教学管理是否严格作为评判教师的重要标准。《学记》中称:"师严然后道尊,道尊然后民知敬学。"②风行全国的童蒙教材《三字经》也有"教不严,师之惰"之语。徽州宗族秉承这一理念,在族谱家规中告诫族人要择严明之师以教子弟,如婺源《萧江全谱·祠规》中云:"慎择严师贤友,教之正学,造就其才,光显门户。"③绩溪《绩邑东关黄氏宗谱·宗法》则明确指出,"师教不严则无畏惮,工课不稽则率意妄为,子弟善恶机由于此",进而告诫族众要慎择严师。④

徽州人不仅在家规中提出慎择严师这一标准以督促族人贯彻实施,在族谱传记中也塑造了众多严而有方的塾师形象来强化这一思想。如《星源甲道张氏宗谱》收录的传记中就记述了其族人张石峰严明的教学带来的效果:"故游其门者必敬必畏,俨然有游扬立雪之风。总角垂髫之士出入斤斤焉,不敢遨以泄;甫冠成人之士汇聚井井焉,不敢暇以逸,则知为先生徒云。"⑤《绩溪金紫胡氏家谱》在传记中则具体描写了塾师胡匡宪严格的教学管理:"为教严肃而恳切,有常而不迫。尤善讲说,故诚明者悦,愚玩者悟,桀骜者格。弟子来学者必令读经、温经,亲为背诵,不以年长而或宽,有过必挞之,不以青矜而

---

① 婺源《婺源沣溪吕氏世谱》卷十五《月潭公传》,民国三十年(1941)刊本。
② 孟宪承选编,孙培青注释:《中国古代教育文选》,北京:人民教育出版社,1985年,第99页。
③ 婺源《萧江全谱》附录卷之五《祠规》,乾隆三十七年(1772)刊本。
④ 绩溪《绩邑东关黄氏宗谱》卷首《宗范附宗法》,光绪二十二年(1896)刊本。
⑤ 婺源《星源甲道张氏宗谱》卷六十二《寿石峰张先生六旬序》,光绪二十四年(1898)刊本。

少贯。从游赖以成立者百余人。闻公之教,鲜有悍然叛道而为非者。"①这种带有体罚性质的教学管理尽管不符合现代教育理念,但在古代是被认可且卓有成效的。

徽州谱传中也记载了一些非常注重教学方法的塾师,如绩溪《西关章氏族谱》收录的族人章维烈所写的《双溪汪公小传》中的汪锡袗就是这样一位塾师:"与诸弟子讲论经义,指授为文法度,皆循循善诱。有不能领会者,必反覆详明,使之晓悟而后已。于六经、四子诸书句读音义,悉本师传,不稍苟简,评论诗文一归清正。弟子或遇困倦,则令出位行动以解之,不妄加以呵责。向晚与诸弟子游息园林,或教以四声,讲求平仄,或与谈论古今典故。外此,若动容周旋饮食坐卧,凡日用常行之事,罔不随事指点,盖无时无地而非教也。"②汪锡袗在教学上不仅能做到循循善诱、训诲详明,而且能结合教学情境进行教授,注意劳逸结合,讲究教学管理方法,如学生困倦之时不是呵斥,而是让其离座活动来缓解。

三、教化实录与娱乐虚构:族谱传记与通俗文学作品中的塾师书写比较

明清时期小说、戏剧等通俗文学开始兴盛,其中出现了一些描写生动、个性鲜明的塾师形象,如汤显祖《牡丹亭》中陈最良是迂腐的冬烘学究形象、西周生《醒世姻缘传》中汪为露是品行恶劣的无赖形象,等等。李丽霞的硕士论文《明清白话小说塾师形象研究》在分析《中国通俗小说总目提要》所收录的明清通俗小说中 57 位塾师形象之后认为:这些塾师"留给我们的总体印象是灰暗的"。③ 尽管其中也有少数饱读诗书、为人正派,但更多的、给人印象深刻的却是地位低微、才疏学浅、德薄志短甚至是误人子弟、品行恶劣的塾师形象。这些灰暗的塾师形象与徽州族谱传记所塑造的品学兼优的塾师形象有

---

① 绩溪《绩溪金紫胡氏家谱》卷首上《传志·匡宪公行状》,光绪三十三年(1907)刊本。
② 绩溪《西关章氏族谱》卷三十四《双溪汪公小传》,民国四年(1915)刊本。
③ 李丽霞:《明清白话小说塾师形象研究》,首都师范大学硕士学位论文,2005 年,第 6~17 页。

着巨大的差异。因此,下面主要从书写目的、书写方式两方面来探讨这两种文本对塾师形象书写的不同。

(一)书写目的:教化与娱乐

明清时期,徽州宗族作为一种社会组织形态,对族人的控制与管理日渐强化,族谱也由原先相对较为单纯的族史文献发展为突出劝惩功能的教化文本。《屏山舒氏宗谱·修谱义例》中明确指出,族谱"上可溯世系于既往,下可以联族属于将来,而厚风俗、敦教化之道亦在其中"。① 族谱中的传记也被看作表彰宗族先贤、记载族内大事的重要载体。徽州人认为:"史者,国之史也。谱则族之史也,传则人之史也。既积人成国,积人成族,亦积传成史,积传成谱。谱于列传固可忽然置之耶? 有列传而后族之伟人以传,族之大事亦以传。"②族谱为德行可风之人立传,其目的就是表扬先烈,"以冀子孙敬仰而兴奋起之心"。③ 因此,族谱中的塾师传记从书写目的看,显然是引导示范、教化激励。这些谱传中的塾师虽大多与仕宦无缘,既无显赫功名,也未曾发明儒学义理,但他们躬行践履儒家的伦理道德,敦孝悌,睦宗族,为人正直,教学有方,自觉地引导地方民众,维持地方社会的秩序,践行着君子达而见用于朝,不达则表正乡族的儒家理想。

虽然文学也能起到警示人心的作用,但警示教化显然不是文学家创作的主要目的,尤其是明清时期的通俗文学。由于商品经济的发展、明清时期市民阶层的兴起,为满足市民化读者群的接受心理和审美趣味,文学创作的娱乐化倾向非常明显。随着商品经济的发展,人们以奢华为荣,而当时处于社会中下层的塾师大多经济窘迫,加上一些塾师自身学识、修养的欠缺,当时的士人阶层和市民阶层有隔膜等诸多因素,导致很多塾师成为市民的笑柄,成为他们讽刺、嘲弄的对象。因此,一些作家与书商受经济利益的驱动而迎合市民阶层的心理特征与审美趣味,对塾师形象进行某种程度的夸张、丑化以

---

① 黟县《屏山舒氏宗谱》卷一《修谱义例》,道光二十四年(1844)刊本。
② 绩溪《上川明经胡氏宗谱》上卷《列传》,宣统二年(1910)刻本。
③ 歙县《古歙义成朱氏宗谱》卷首《重修宗谱条例》,宣统三年(1911)存仁堂活字本。

达到娱乐、批判的目的。后文将进一步分析。

(二)书写方式:实录与虚构

因为教化与娱乐两种不同的写作目的,所以族谱传记与通俗文学对塾师形象书写的方式各异。族谱传记作为一种教化性文本,因避尊者讳、亲者讳,与族谱中其他文本形式一样,遵循着一贯的书写原则——"述逝者之美以传之后世",①即书善不书恶。族谱中的传记尽管在书写内容、角度上有所选择,但在写作手法上仍然强调写实,要求直书其事,表现出传主的容止行藏。而且,徽州族谱的修撰者对传记的真实性也一直保持着警惕,如徐禋编纂《歙北皇呈徐氏族谱》时,在《凡例》中明确规定:"谱内作传须其人品行可为宗族法者",其事迹须"确有可指","必确有善可纪而实书某事某行,方无溢美,无虚誉"。② 休宁《江村洪氏家谱》在《凡例》中也强调族谱所收录的传记、序铭、行状、墓志等确有所据,"必择其确实可据者,方敢梓入"。③

前述明代祁门塾师谢显,不仅《王源谢氏孟宗谱》收录了其传记《谢一墩先生行略》,④清同治十二年(1873)刊刻的《祁门县志》卷二十三《人物志·儒林》中也有其简短的传记。⑤ 我们以官方县志的记载为参照,来看族谱传记实录性。(1)写谢显苦志向学,县志是"苦志学问,家贫甚,或劝之治生,显曰:'治生孰若治心'";族谱为"及长,苦志向学,家贫衣食不给,人劝其弃书求活计,则应之曰:'资身岂善于学耶?'虽困窭无聊,志终不回"。(2)对其严毅方正的记载,县志是"弱冠为人师,严毅方正,乡里敬惮之";族谱为"弱冠卓为人师,严毅方正,不徇俗好。闻人有谑浪语,辄不怿,乡里畏而敬之"。(3)谢显曾追随湛若水问学一事,县志的记载是"尝从湛若水讲学南都,屡问屡不答,

---

① 汪道昆著,胡益民、余国庆点校:《太函集》卷三十《太学生潘图南传》,合肥:黄山书社,2004年,第653页。
② 歙县《歙北皇呈徐氏族谱》卷一《凡例》,乾隆五年(1740)刻本。
③ 休宁《江村洪氏家谱》卷首《凡例》,雍正七年(1729)刻本。
④ 祁门《王源谢氏孟宗谱》卷十《谢一墩先生行略》,明嘉靖丁酉年(1537)刻本。
⑤ 周溶修,汪韵珊纂:《同治祁门县志》卷二十三《人物志·儒林》,同治十二年(1873)刻本,南京:江苏古籍出版社,1998年,第1106页。

乃茫然自失,觉其始之所学犹外也。退静坐求之,久而有得,若水异之";族谱是"闻甘泉湛先生讲学南都,往从之,久而有得,叹曰:'不闻此学,几枉一生。'尽弃平生所学而学焉,潜心立志,必以圣人为期"。

比较这两篇传记后发现,对相同事件的记述大体一致,只是详略、情感色彩略有差别。所不同的是,《祁门县志》由于篇幅的限制与角度的选择(本县儒林的代表人物),主要突出谢显儒学思想及其形成过程等。因此,除上引内容外,还引用了体现其思想的三句原话、著作以及督学耿定向橃祀其为乡贤的赞语。而《王源谢氏孟宗谱》中的传记为了教化激励后世子孙,不仅详述了谢显儒学思想的相关内容,还对其孝事父母兄长的日常行为、两次被人赏识的坐馆经历以及多次求学的过程进行了叙述。和县志相比,族谱传记记叙的内容更详细全面,人物更形象立体。

因此,通过与官方县志中的传记比较可以看出,族谱中的塾师传记作为一种非虚构性的文本,总是力图如实地记载这些乡村塾师的美德善行,表达对先贤身上所体现出来的思想与价值观念的认同。

文学作品作为一种虚构性文本,其人物形象虽来源于现实生活,但为达到审美与娱乐之目的,必然会在真实生活的基础上进行适度的夸张、虚构,塑造出鲜明的人物形象,来引发读者的阅读兴趣。

首先,为了达到审美目的,文学作品必然要虚构一些人物与事件。如蒲松龄的杂剧《闹馆》,其主要人物塾师和为贵、雇主礼之用就是虚构出来的人物,姓名取自《论语·学而篇第一》"礼之用,和为贵,先王之道,斯为美"[①]句,用以反讽"礼之用,和为贵"的礼乐文化。文中对塾师和为贵在饥荒之年为寻馆业形同乞丐般地沿街叫卖、与雇主礼之用讨价还价事件的描写也采用了虚构夸张的方式,目的是表现封建社会末期农耕经济的凋敝和礼乐文化的没落。现实中生活贫困的塾师肯定存在,但未必如《闹馆》中和为贵那般凄惨。实际上,大半生以塾师为业的蒲松龄的坐馆生活其实还是不错的。他前后与

---

① (春秋)孔子著,杨伯峻、杨逢彬注译:《论语》,长沙:岳麓书社,2000年,第5页。

王如水、毕际有两任东家相处融洽,尤其是在毕家坐馆的 30 年中,毕际有不仅为其提供优裕的生活,还让其自由阅读毕家"万卷楼"里的藏书。不仅如此,毕际有非但不反对蒲松龄谈鬼说狐,还为他搜罗《聊斋志异》的写作素材。毕际有去世后,蒲松龄写下《哭毕刺史》诗多首,其中有"海内更谁容我放,泉台无路望人归"之句,表达痛失知己的悲痛。在蒲松龄 70 岁解馆归家养老之时,家中已有 50 余亩养老之田。① 因此,《闹馆》中所描写的和为贵形同乞丐的处境、与雇主礼之用间的关系显然是蒲松龄采用艺术手法虚构出来的,而非现实生活的真实再现。

其次,为达到娱乐目的,文学作品在塑造人物时一般会采用夸张、反讽等艺术手法。如汤显祖《牡丹亭》中陈最良在上场之时已经年届六旬,上来自己就唱出"灯窗苦吟,寒酸苦禁,蹉跎直恁"等文句,一副腐儒的寒酸模样。② 在《闺塾》这出戏中,汤显祖使用夸张的手法写尽他师道尊严被颠覆、生活知识被拷问的种种尴尬。相对于陈最良的迂腐,西周生的《醒世姻缘传》中的塾师汪为露则劣迹斑斑。他通过高额榨取学生的束脩、节仪、谢礼,得以发财致富,买田置屋;自己无心教书,却对转投他师的学生和接收的塾师打击报复,还占人土地、赖人房屋,甚至夺取弟子的银钱,败坏弟子的名声,逼得弟子避走他乡。作者用夸张的笔法写其病死后,"将近要立冬时节,忽然狂风暴雨、大雷霹雳,把个汪为露尸骨震得烂泥一样",显然是通过因果报应的方式表达对汪为露的厌恶之意。出殡时,其学生大都干号,狄希陈却哭得涕泪滂沱,众人问其原因,却是因与其相好的歌姬孙兰姬被人娶走,无处可哭,只得"思妓哭亡师",众人听闻此言,"也不管什么先生灵前,拍手大笑"。③ 作者用夸张、反讽的笔法写出汪为露在学生心中的地位——师不如妓,进而对无德塾师进

---

① 姚蓉:《论清代文士的塾师生活与底层写作——以蒲松龄为例》,载《上海大学学报(社会科学版)》,2012 年第 2 期,第 110~120 页。
② (明)汤显祖著,钱南扬校点:《汤显祖戏曲集·上册》,上海:上海古籍出版社,1982 年,第 243 页。
③ (清)西周生著,童万周校注:《醒世姻缘传》,郑州:中州古籍出版社,1997 年,第 327~391 页。

行嘲弄和批判。因此,无论是对陈最良的种种迂腐行为的描写,还是对汪为露种种劣迹的叙说与人们对其态度的表达,这些通俗文学作品显然采用了艺术化的手法,而非据实以录。

总之,塾师群体在明清徽州族谱传记中被大量书写,既是塾师庞大群体这个客观存在的反映,也是徽州人较为特殊的价值观的体现。对塾师行状的选择及表述方式的确定,反映了撰写者自身的文化心理,以及他们希望通过塾师形象的塑造来表达特定的个人、宗族乃至阶层对教育者的期望。这些以"述逝者之美"为目的的塾师形象的书写与通俗文学作品中塾师形象灰暗的文学记忆互为补充,可使我们更全面地认识明清时期塾师这一社会群体。

余论　塾师的流动、转型与消亡

社会流动属社会学研究的重要内容之一,是指社会成员在地理空间结构与社会分层结构中的位置变动。社会流动按照不同的分类方式,大致可分为垂直流动与水平流动、个体流动与群体流动、代内流动与代际流动、结构性流动与非结构性流动等。① 社会学研究者一般侧重于研究人们在社会分层结构中的位置变化,因其既能体现出人们社会地位的变动,也能反映出其社会角色的转换。

塾师作为古代的一种职业,其从业人员在社会分层结构中并非固定不变。在以科举考试作为人才选拔手段的明清社会中,作为士人阶层的塾师,其社会流动主要依赖于科举制度。但随着清末兴学堂、废科举等教育制度改革,塾师群体发生了大规模的结构性流动,其职业生活也发生了较大变化。因此,本部分试以科举制度的存废为背景,进一步探讨明清至民国时期包括徽州塾师在内的传统塾师在社会分层结构中的位置变动,由此分析他们社会地位的变化与角色的转换。

一、科举制背景下塾师的个体非结构性流动与转型

自隋唐开始,国家实行通过考试选拔官员的科举制度,为下层士人进入

---

① 李强:《当代中国社会分层与流动》,北京:中国经济出版社,1993年,第3~5页。

上层社会提供了有效途径。下层社会的平民百姓只要通过这一选拔制度的考核就能进入上层社会,实现所谓"朝为田舍郎,暮登天子堂"的人生图景。再加上传统中国是一个官本位国家,官僚体系是整个社会分层与流动的主线,这就使得传统社会向上流动主要依赖于科举考试,在科举制度日趋完善的明清时期尤其如此。

在科举取士的社会背景下,"读书必登科甲"是很多家庭对子弟的期盼。因此,士子在选择以塾师为职业时,很少有人一开始就抱定长期从业的打算。正如光绪年间歙县潘景山所编撰的《信札谚语·托友荐馆地》中所云,士人"苦读芸窗,毫无生法;欲图别业,又恐前功尽弃"。以塾师为职业,一方面可"以教济贫",解决经济生活问题;另一方面能"以教济读",在授徒的同时温习举业,应试科举,实现"脱却蓝衫换紫袍"的人生理想。如明代婺源人查联芳,弱冠之时就在休宁设馆授徒,他"日课童蒙,夜自诵读,朗朗之声辄闻天半",入邑庠之后,仍以教济读。其科举入仕之路甚是坎坷,"九试棘闱",终于在"弘治丁酉选贡第一",得以"授山东登州宁海助教,升广东莱州掌教",从而实现了向上层社会的流动。① 清代绩溪的章正端,"弱冠补弟子员,旋食廪饩,能文章,声名甚噪",但"屡荐不售,教授生徒,从学者众,有公门桃李之盛",后在光绪乙酉年(1885)"选授英山县训导"。② 张仲礼在阅读了很多官员的传记后认为"那些直到中老年时才被任命为官员的人们原来都是塾师"。③ 反向观之,即这些塾师通过锲而不舍的努力,很多人最终实现了向上层社会流动的愿望。

明清时期由于科举入仕的概率不断下降,以教济读的塾师向上层社会流动之路也越来越狭窄,如清同治年间的塾师在《坐馆经文·叹馆诗百首》中就哀叹:"堪嗟命运惯颠连,潦倒名场数十年。"在屡试棘闱而不售的情况下,很多人不得不授徒以终老,从而停止在社会分层结构中向上流动,这在徽州方

---

① 婺源《婺源查氏族谱》卷尾《文翰》,光绪壬辰年(1892)刊本。
② 绩溪《西关章氏族谱》卷二十四《家传》,道光二十九年(1849)刊本。
③ 张仲礼编著:《中国绅士研究》,上海:上海人民出版社,2008年,第276页。

志、族谱、文集等文献中多有记载,前文也屡有提及,兹不赘述。

在向上层社会流动不通的情况下,一些塾师不得不中途改行,另谋他业。如行医、入幕与经商等,进行横向的水平流动。俗语云:"一个秀才半个医。"士人所接受的观念思想与中医实有诸多相通之处,而在乡村社会行医又有实际的需求,由儒转医最为常见。婺源塾师查之琳就实现了由舌耕授徒转向行医救人的职业转型与横向流动。据《婺源查氏族谱》记载,查之琳幼年受业于查氏族贤湜公门下,为诸生时即声名大振,读书人争相执弟子礼,他因材施教,成材颇多,人们"敬而怀之"。不过,查之琳的科举生涯极不顺利,屡试不中,他喟然叹曰:"士不为良相,当为良医。"遂改行,"研究岐黄之旨而窥其阃奥,应手奏效,全活甚多,尝注《医旨浚源》",晚年因望重当地,而被推举为乡祭酒。①

传统教育中塾师职业因没有制度化的入职规定,士子只要读过几年书,有过举业经历,无须任何制度化的资质,就可开馆授徒。因此,美国学者明恩溥曾称:"中国每个有学问的人都是一位潜在的教书先生,而这类人也大多在学堂里谋求生存。"②由于大批学生要参加科举考试,故而士人获得塾师职位并不困难,尤其是那些已获得初级功名的士人。至于歇馆停业,在相当程度上属个体行为。

这种开放式的职业,为塾师的自由流动提供了便利,也使得授徒与入幕之间的横向自由流动变得较为常见。清末歙县学者汪宗沂(1837—1906)在《程可山年谱》中记载其师程焜(1795—1875,号可山)的职业经历就能清晰地体现出这一点。据《程可山年谱》载,程焜是侨居在扬州的歙县盐商槐塘程氏子弟,十七岁(嘉庆十六年)时,通过童子试,入仪征县学,成为生员。十九岁(嘉庆十八年)时,"应江南乡试,荐而未售"。二十岁(嘉庆十九年)时,"在家训蒙",开始其塾师生涯。在又一次应乡试失败后,程焜坐馆于徐德三家。二

---

① 婺源《婺源查氏族谱》卷尾《文翰》,光绪壬辰年(1892)刊本。
② [美]阿瑟·亨德森·史密斯(明恩溥)著:《中国乡村生活》,赵朝永译,上海:上海社会科学出版社,2018年,第47页。

十七岁（道光元年）时，因父亡故携家人回到故里歙县槐塘短暂居住。次年便前往扬州同族盐商程健亭家坐馆，"课其长子文泰，数年后，文泰援例捐职知州，赴楚北整理鹾务，先生自是返里设教"。三十四岁（道光八年）时，其扬州好友吴文镕督学河南光州，"坚约旧友共事"，于是他离开故里槐塘，"因就河南幕，协同校艺"，进行了由授徒到入幕的横向职业流动。这段幕僚生活对程锟来说，非常愉快，自称"在幕中极友朋文字之乐"。三十七岁（道光十一年）时，因吴文镕督学河南之事结束，从光州返回故里，仍以授徒为业。自四十四岁（道光十八年）开始，他"以母年老，遂授读于家，不就外馆凡二十四年"。在此期间（具体为道光三十年），同在歙县的汪宗沂"始至槐塘从先生学"。五十八岁（咸丰二年）时，已为人祖父的程锟"应乡试未荐"，自此不再参加科举考试。这就意味着程锟主动中断了通过科举考试向上流动的路径。其后，由于徽州遭受太平天国战乱，六十七岁（咸丰十一年）时，槐塘村老屋被焚毁，居无所依的程锟携子孙到祁门，因"两江总督曾文正公重先生名德，延入采访忠义局"，入幕曾国藩府。汪宗沂也前往祁门，在忠义局仍跟随程锟读书，"时仪征刘伯山先生毓崧与先生有绝群之雅，在书局总校《船山遗书》，与先生时过从谈论"。七十岁（同治三年）时，由于曾国藩"移节金陵，采访忠义局同人随行"，程锟亦随之来到金陵。七十一岁（同治四年），曾国藩因其"随营任事，著有劳绩，保举钦加五品衔"。七十四岁（同治七年），因曾国藩"移节直隶"，程锟"辞采访忠义局差事"，终结其幕僚生涯，"自是每年薪粮皆尚斋观察寄资供养，以乐余年"。七十九岁（同治十二年）时，举家回到歙县槐塘村，八十岁卒于故里。①

由上可见，作为一名有初级功名的士子，程锟进出塾师这一职业相当自由，毫无阻隔地经历了课读—入幕—课读—入幕（兼课读）的职业横向自由流动与转换。尽管程锟终其一生未通过科举考试获得更高一级的功名（58岁乡试失败，不再应举），实现向上层社会的流动，但在其晚年时，因入幕而得到

---

① 薛贞芳主编：《清代徽人年谱合刊》，合肥：黄山书社，2006年，第660～694页。

曾国藩的赏识,经其保举,获得朝廷"五品衔"的恩赐,并老有所养,这应该是传统社会中塾师横向流动中上好的结局。

明清时期,塾师的横向社会流动除传统的行医、入幕之外,弃儒经商也成为一种重要的流动形式。随着商品经济的发展、资本主义萌芽的出现,传统"重农抑商"的本末观、"贵义贱利"的义利观遭到了质疑,人们的价值观发生重大转变。"四民异业而同道""农商皆本"的观念逐渐为人们接受,商人的地位有了很大的改变。这为士人弃儒服贾创造了宽松的社会舆论环境。因此,士人弃儒经商的现象多有出现,尤其是在明清晋商、徽商两大商帮所在地的山西、徽州。如清末山西塾师刘大鹏在1893年1月2日的日记中这样描述:

> 近来吾乡风气大坏,视读书甚轻、视为商甚重,才华秀美之子弟,率皆出门为商,而读书者寥寥无几,甚且有既游庠序,竟弃儒而就商者。亦谓读书之士,多受饥寒,曷若为商之多得银钱,俾家道之丰裕也。当此之时,为商者十八九,读书者十一二。①

同为"商贾之邦"的徽州,由于宗族崇文重教,虽未曾如晋商那样"才华秀美之子弟,率皆出门为商",但徽州士人弃儒服贾的现象在当地也较为常见。有研究者根据方志中的记载发现,仅徽州婺源一县,在清代"弃儒从贾"的实例便不下四五十个②,而那些无可圈可点之处、无法进入地方志的普通士人可能更多,在这涌动的经商大潮中也不乏徽州塾师的身影。塾师弃儒服贾,进行职业横向流动的原因有多种。大致来说,有如下三方面。首先是为生活所迫,解决生计问题。如康熙年间婺源人王宇明早年读书业儒,"设教乡里"。他教导生徒云:"读书当务实学,非斤斤猎取浮名,圣贤事业无穷,尽在书史,顾力行何如耳?"他竭力以圣贤之学教授生徒,倡导力行实践。但自己最终为生活所迫,不得不弃儒服贾:"因亲老家贫,弃儒就商。"在商业经营中,他"与人以信,取与之间,分毫不苟";家境富裕后,他用经商所得资财周贫济困,主

---

① 刘大鹏著,乔志强标注:《退想斋日记》,太原:山西人民出版社,1990年,第17页。
② 余英时:《儒家伦理与商人精神》,桂林:广西师范大学出版社,2004年,第305页。

办宗族祀典等。① 这些可看作他将圣贤事业付诸实践,力行践履。其次是子承父业。如明代婺源人张廷锡,为塾师时,"执经投贽,户履常满"。其父经商30余年。他在举业无望的情况下,子承父业,弃儒就贾,"以余力拓大翁之遗业"。即使生意场上的事千头万绪,他也能做到"干理维勤,门户百需罔不殚力"。② 另外,也有一些塾师因不甘于碌碌无为而弃儒就贾,如明万历年间婺源塾师张小塘,感慨于"大丈夫志在四方,奈何屈首里社,以对二三童子,喁喁以毕吾世乎",遂"挟策而游诸贾人中",弃儒经商。因其能"然诺以信,取予以义",被众商人推为"祭酒"。③ 清代歙县人吴钶,因不愿"碌碌羁塾门",承袭父业来到扬州经营盐业。他"自少留心经世之务,经史子集环列几前,至老未尝释卷",因此,在经商的过程中,"遇事辄明大体,能持公议",获得人们的推重,"两淮之人咸倚以为重,士大夫来扬者,每从而决所疑。事关鹾政,大宪偶有咨询,府君亦尽言无隐,时蒙采纳焉"。④ 这些弃儒服贾的塾师们此前的业儒经历,对其开展商业活动也是大有帮助的。他们积累的丰富的文化知识既有助于他们学习经营之术,也有助于在商业活动中分析自然、社会等诸多因素对商业经营的影响,明辨市场行情,从而在取予进退之间作出正确地判断,在激烈的商业竞争中赢得商机,获得厚利。

虽然入仕之路是那么的渺茫,但是,对于众多的士子来说,儒家经典、文言官话、长袍顶戴、诗词书画等各种有形无形之物共同形成了"一个充满意义的世界,一个被赋予了辉煌色彩,值得他们去投入的世界,尽管科场根本不可能授予多数人以科名,尽管官场更不可能授予多数人以官职,但科场却成了

---

① 婺源《双杉王氏宗谱》卷十九《宇明王先生行状》,光绪癸巳年(1893)刊本。
② 婺源《星源甲道张氏宗谱》卷六十一《先考贡士双泉府君行状》,光绪二十年(1894)木活字本。
③ 婺源《星源甲道张氏宗谱》卷六十二《寿小塘张君七十序》,光绪二十年(1894)木活字本。
④ 吴吉祜等撰,张艳红等校注:《(民国)丰南志》卷六《艺文志·行状》,合肥:黄山书社,2017年,第262页。

每个考生都程度不同要去分享的柯林斯所说的'身份文化'的场城"。① 翻检徽州有关塾师的文献可以发现,几乎所有的塾师都有不断参加科举考试的记载。他们中的很多人矢志不渝地坚守,即便在弃儒服贾之后,科举入仕仍是他们难以忘怀的眷念。如前文所述的歙县塾师吴铕,虽承父业来到扬州"执鹾",但"犹不忘举子业,往往昼筹盐策,夜究简编",经商之暇,书卷在手,不忘举业,直至"棘闱屡踬",万般无奈之下才"绝意名场"。②

简言之,在科举取士的时代背景下,在明清时期的现实社会中,塾师出现了行医、入幕、经商等不同职业的横向流动,但这仅是个体的非结构性流动,而非群体性流动,更不是社会制度的变迁而引起的大规模结构性流动。塾师心中的理想与实际的主流方向仍是通过科举考试,获得一官半职,从而实现科举入仕、光宗耀祖的理想图景。

二、兴学堂、废科举背景下塾师群体的结构性流动、转型与消亡

自19世纪中后期以来,中国传统教育就遭遇了西方新式教育的不断冲击。这种冲击主要来自两方面的异己力量:一是传教士开办的教会学校,二是中国人自办的新式学堂。尤其是在维新变法前后,官方创办的新式学堂愈加多样化,沿海地区甚至出现了民间兴办的新式学堂。虽然新式学堂给中国教育带来了教育形式(如分班教学、分学科教学、按年级制授课等)和教育内容(加入了现代自然科学声、光、化、电等内容)等方面的变革,更有一批又一批的青年到新式学堂就读,但直到19世纪末,传统教育的力量依然强大。大多数普通民众的教育观念和教育生活仍沿着历史的惯性向前发展,在他们眼里,读书应举依然是正途。1898年,18岁的鲁迅考入新式学堂——南京江南水师学堂,其就读的经历颇能体现这一点。鲁迅在《〈呐喊〉自序》中回忆当时

---

① 刘云杉:《帝国权力实践下的教师生命形态:一个私塾教师的生活史研究》,见丁钢主编:《中国教育:研究与评论(第3辑)》,北京:教育科学出版社,2002年,第155页。
② 吴吉祜等撰,张艳红等校注:《(民国)丰南志》卷六《艺文志·行状》,合肥:黄山书社,2017年,第262页。

的情形称：

> 有谁从小康人家而坠入困顿的么？我以为在这途路中，大概可以看见世人的真面目。我要到N进K学堂去了，仿佛是想走异路，逃异地，去寻求别样的人们。我的母亲没有法，办了八元的川资，说是由我的自便；然而伊哭了，这正是情理中的事，因为那时读书应试是正路，所谓学洋务，社会上便以为是一种走投无路的人，只得将灵魂卖给鬼子，要加倍的奚落而且排斥的，而况伊又看不见自己的儿子了。①

可以说，中国传统私塾教育在19世纪中后期尽管受到来自新式学堂的冲击，但冲击力度有限。直至19世纪末，读书应举入仕仍是士人的人生理想，塾师的职业生活并未因此受到太大的影响，而使其受到根本性冲击的是清末十年"新政"期间进行的一系列教育改革。

1900年8月，八国联军进京，光绪皇帝、慈禧太后以及王公大臣仓皇逃至西安。1901年1月29日，光绪帝在西安颁布改革的上谕，自此拉开清末"新政"的序幕。在新政期间，发展新式学堂教育成为清政府推行新政的一大举措。清政府先后颁布了一系列教育改革措施：1901年，下令将各级书院改为学堂；1902年颁布《钦定学堂章程》而未及实施，1904年又颁布《奏定学堂章程》，并在全国推行新学制；1905年，清廷下令"立停科举，以广学校"，②正式废除科举制度。这一系列诏令与学制的颁布实施，掀起了政府层面的大规模兴学运动，各级地方官学纷纷改为高等学堂、中学、小学，政府办学在短时间内实现了现代转型，各类新式学堂在全国各地迅速地建立起来。

新式学堂的迅速建立与扩张，使塾师的职业生活遭受了颠覆性的冲击。清末山西塾师刘大鹏的《退想斋日记》中数则日记对当时塾师的职业情况进行了记载。

---

① 鲁迅：《鲁迅全集（第一卷）》，北京：人民文学出版社，2005年，第437~438页。
② 舒新城编：《中国近代教育史资料（上册）》，北京：人民出版社，1981年，第62页。

今秋闻济卿言,其旧东欲令子弟学西法,嫌守旧学,是以力辞其馆就别业。(1904年12月22日)

在东阳镇遇诸旧友借舌耕为生者,因新政之行,多致失馆无他业可为,竟有仰屋而叹无米为炊者。嗟乎！士为四民之首,坐失其业,谋生无术,生当此时,将如之何？(1906年3月19日)

闻王郭村以南各村庄散馆弟子,皆因徐沟知县张谕其邑之馆改名为学堂,俱散不读,系谣言所致也,馆师俱坐困。前三日余在穆家庄即遇二馆师王、阎二姓者,业经失馆,惶惶然不知措手足也。(1906年5月19日)

吾邑东南一带蒙馆全散数日,有文水县人亦言其县之蒙馆亦闻风而散。(1906年5月25日)

武肆三充太谷北乡劝学员,所劝大村小庄设立学堂,蒙童从事于科学,欲将一切舌耕者置于闲散,不得借以谋生。现在太谷一邑,蒙师多不能安其业也,有因设立学堂而废旧日蒙馆者已数村矣,天实为之,谓之何哉！(1907年4月14日)①

新式学堂的建立,为适龄蒙童提供了非传统的入学机会,从源头上分流了私塾的生徒;而私塾原有的一些生徒也纷纷转入新式学堂。生徒的流失,使得原本以舌耕为业的塾师馆业减少,失馆现象频发,生活困顿,即刘大鹏所说的"俱坐困""致失馆无他业可为,竟有仰屋而叹无米为炊者",塾师的职业生活发生巨变。发表于1920年《大公报》的一篇文章曾这样追述塾师当时的境遇:"自学校盛行以来,而一般私塾教员,一则曰取缔,再则曰考验,无日不在飘摇风雨之中,盖几乎生机垂绝矣。"②

科举制的改革与废除,进一步恶化了塾师的生存境遇。尽管当时废科举的主要目的是为兴学堂扫除障碍,"全国舆论皆以为阻碍学堂之进行的莫过

---

① 刘大鹏著,乔志强标注:《退想斋日记》,太原:山西人民出版社,1990年,第138、149、151、152、159页。

② "遁":《私塾改良之效果》,载《大公报》,1920年3月9日。

于科举,科举一日不废除则人人怀着观望的态度,学堂即一日不能进行"。①
不过,就传统社会结构与社会文化而言,废科举的实际影响远远超过举办新
式教育,严复称其重要程度"直无异古者之废封建、开阡陌"。② 如前所述,科
举制是为满足封建国家运作需要而设计的,参加科举是士人向上层社会流动
的重要手段。首先,科举制的废除阻断了传统社会中塾师向上流动之路,他
们感到"一封天诏从空下,万里云程付渺然"。③ 其次,科举制的废除意味着
应举者存在的合法性被取消。应举之事一旦断绝,私塾中以举业为中心的经
馆也就无存在的必要了。因此,私塾中的经馆随着科举制的戛然而止,消失
得较为彻底。1905 年之后,私塾几乎是蒙师的天下,故而传统塾师的生存空
间被大大地压缩。刘大鹏在 1905 年 10 月 23 日的日记中称:"昨日在县,同
人皆言科考一废,吾辈生路已绝,欲图他业以谋生,则又无业可托,将如之
何?"1905 年 11 月 3 日的日记则称:"科考一停,同人之失馆者纷如,谋生无
路,奈之何哉!"④社会结构的巨大变动导致的塾师群体的大规模流动可视为
一种结构性流动。

对塾师阶层来说,传统向上流动的渠道受阻,其结果只能是水平流动、向
下流动。清末实施新政后,塾师的流动大致有如下两种:一是沿袭传统塾师
的流动方式,改行为经商、行医与入幕等,另谋生路。如婺源詹鸣铎在《我之
小史》第九回中称:"时国家诏停科举,起学堂,我以蒙馆一事,不合时宜,因谢
散学生,将拟往外谋事。"詹鸣铎随后前往其家在浙江连市镇的阜生木行管理
账目,所以接下来的第十回的回目为"辞亲往连市经商"。⑤ 二是到新学堂任
教,转型为新式学校的教员。这是当时塾师水平流动的主要方向。清末徽州

---

① 陈青之:《中国教育史》,上海:商务印书馆,1936 年,第 574 页。
② 严复:《严复集(第一册)》,北京:中华书局,1986 年,第 166 页。
③ (清)詹鸣铎著,王振忠、朱红校注:《我之小史》,合肥:安徽教育出版社,2008 年,第 47 页。
④ 刘大鹏著,乔志强标注:《退想斋日记》,太原:山西人民出版社,1990 年,第 147 页。
⑤ (清)詹鸣铎著,王振忠、朱红校注:《我之小史》,合肥:安徽教育出版社,2008 年,第 174、177 页。

知府刘汝骥在面对歙县千余名塾师时曾感叹:"欲举此迂谬拙劣、卑污浅陋之千百塾师一学期内淘汰之,非有大知慧者不能也。"①故只能体察实情,徐缓图之,进行改良。面对新旧教育的交替,为了生活,很多塾师不得不弃旧从新,拥抱现代教育。他们"脱下衣衫,穿上短上衣,力图在新制度下找到立脚之地"。② 新办的学堂由于缺乏师资,也会吸收传统塾师进入其中,担任新式教育的教员。如茅盾在回忆求学经历时称:早年在私塾里读书时,先生叫王彦臣,后来转入植材高等小学,该校"教国文的有四个老师,一个就是王彦臣,他现在不办私塾,到新学堂里来了"。③

其实,教育改革者在进行改革设计时并没有完全遗忘或否定私塾,而是有意将其纳入新的学制中。如1904年颁布的《奏定初等小学堂章程》称:"凡有一人出资独立设一小学堂者,或家塾招集邻近儿童附就课读,人数在三十人以外者,及塾师设馆招集儿童在馆授业在三十人以外者,名为初等私小学,均遵官定章程办理。"④此即倡导将私塾改为学堂,塾师也就变成了小学教员。刘大鹏在1905年5月26日的日记中称:"余友乔穆卿,东里村人,其馆改为育英学堂,仿照现行学堂章程,教习三人,学生三十人,以算法为重,兼教体操,皆西法也。"⑤詹鸣铎在《我之小史》中也提及,在科举废除、解散塾馆之时,"村内丙生唤人来请我上去,他想我以私塾改良,充作学堂,尽先任我开办",但此时詹鸣铎已决定继承父业而经商,故辞之。⑥ 自17岁开始坐馆课蒙的绩溪教育家胡晋接面对新旧教育交替的时代,则积极应对,主动转型。

---

① (清)刘汝骥编撰、梁仁志校注:《陶甓公牍》,芜湖:安徽师范大学出版社,2018年,第89页。
② [美]E.A.罗斯著:《变化中的中国人》,公茂虹、张皓译,北京:时事出版社,1998年,第249页。
③ 茅盾:《我走过的道路(上册)》,北京:人民出版社,1981年,第67页。
④ 朱有瓛主编:《中国近代学制史料·第二辑(上册)》,上海:华东师范大学出版社,1987年,第175页。
⑤ 刘大鹏著,乔志强标注:《退想斋日记》,太原:山西人民出版社,1990年,第141页。
⑥ (清)詹鸣铎著,王振忠、朱红校注:《我之小史》,合肥:安徽教育出版社,2008年,第174页。

1904年,他创办了仁里私立思诚两等小学堂,遂开绩溪近代教育之先河。[①]而那些来不及弃旧从新的塾师,只能无奈地承受教育转型带来的巨大冲击。

不过,尽管清末新政中的新式学堂来势凶猛,但由于社会变革的进程错综复杂,人们的思想观念也难以在遽然间改变,加之政治形势动荡不已,导致清末民国时期在基础教育中私塾与学堂并行不悖,塾师这一群体也一直存在。如1910年,清政府学部提出:"盖欲求国民教育之普及,必以初等小学为始基,而学堂未普及之时,为取便童蒙就学之计,则私塾亦不能不设法维持。"[②]江苏《吴江县志》记载:"民国建立后,新式学堂逐渐推广,但私塾仍大量存在,少数私塾开始仿学校设置国文、算术等科,分堂讲授。"[③]1925年,邵振人在《绩溪私塾问题》一文中称:"绩溪的小学校,有七十余所。然而学校虽多,可是及学龄的失学儿童,仍然不少。在亡清时不曾殉君的遗老,腐儒,冬烘的私塾统治之下的,却也不少!绩溪的私塾,现在还有二三十所",甚至在"绩溪教育中心的城区,也有终日'子曰诗云'的私塾"。[④]

面对这些私塾,清末民国时期教育改革的一项重要举措就是私塾改良,包括改良其管理体制、课程设置、教学内容与方法等,而其中最重要的一环就是塾师改良。因为塾师是教育教学的实施者,私塾改良成功与否很大程度上取决于塾师转变的程度。接受传统教育的塾师很少有人能熟练地掌握新式学校教育的内容与方法。因此,为促进塾师尽快转型为新式学校的教员,民国时期各地教育机构主要采用如下措施:一是利用寒暑假、星期假等时间组织塾师进入师范讲习所学习教育教学理论,补习算学、舆地等课程,改变其知识结构,提高业务素质;二是责成相关部门定期考核塾师,合格者才允许开馆设塾,不合格者需继续学习,以此确保教学质量;三是实施一系列奖惩制度,

---

① 绩溪县教育志编委会编:《绩溪县教育志》,北京:方志出版社,2006年,第341页。
② 陈学恂主编:《中国近代教育史教学参考资料(上册)》,北京:人民教育出版社,1986年,第754页。
③ 吴江市地方志编纂委员会编:《吴江县志》,南京:江苏科学技术出版社,1994年,第641页。
④ 邵振人:《绩溪私塾问题》,载《微音月刊》,1925年第25期,第15~16页。

如奖励成绩优良或开办合法的私塾,对不入师范讲习所学习的塾师,酌减其酬劳,对那些墨守成法、不思改进的塾师予以警告并令其改进。

但是,对这些浸染于传统教育多年的塾师来说,面对教育转型与改革,个中的煎熬与茫然无措实在是我们这些后来人无法理解的,更无法感同身受。作家陆蠡在写于20世纪30年代末的《私塾师》一文中就描述了其20年前的私塾老师兰畦先生在面对新式教育时的情形,从中我们可窥见塾师在新旧教育转型时的煎熬与痛苦。

> 当他(注:兰畦先生)向我诉说他家境的寒苦,他仍不得不找点糊口之方,私塾现在是取消了,他不得不去找一个小学教员的位置;他不得不丢开四书五经,拿起国语常识;他不得不丢下红朱笔,拿起粉笔;他不得不离开板凳,站在讲台上;他是太老了,落伍了,他被人家轻视,嘲笑,但他仍不得不忍受这一切;他自己知道不配做儿童教师,他所知道的新知识不见得比儿童来得多,但是他不得不哄他们,骗他们,把自己不知道的东西告诉他们;言下他似不胜感喟。
>
> "现在的课本我真弄不来。有一次说到'咖啡'两字,我不知道这是什么东西。我只就上下文的意义猜说'这是一种饮料',这对么?"
>
> "对的。咖啡是一种热带植物的果实,可以焙制饮料,味香,有提神的功用。外国人日常喝的,我们在外边也常喝的。还有一种可可,和这差不多,也是一种饮料。"
>
> "还有许多陌生字眼,我不知怎解释,也不知怎么读。例如气字底下做个羊字,或是巠字,金旁做个鸟字或白字,这不知是些什么东西?"
>
> "这是一些化学名词,没读过化学的人,一时也说不清楚,至于读音,顺着半边去读就好了。"
>
> 他感慨了。他说到他这般年纪,是应该休息了。他不愿意坑害人家子弟,把错误的东西教给孩子们。他说他宁愿做一个象从前一

样的塾师,教点《幼学琼林》或是《书经》、《诗经》之类。①

尽管在清末民国时期改良私塾与新式学堂并行不悖,很长一段时间,中国教育呈现出特有的二元结构,但新式学校代替传统私塾是教育发展的必然结果,是大势所趋,私塾在整体上呈现逐渐萎缩之势。

中华人民共和国成立后,人民政权在教育上一方面要求"肃清封建的、买办的、法西斯主义的思想,发展为人民服务的思想"②;一方面开办了大量的面向工农大众的中小学,有足够的力量来普及教育,进而使私塾的制度空间渐趋于无。随着私塾这一教育空间的逐渐消失,活动于其间的塾师阶层自然也渐渐销声匿迹,逐渐退出了历史舞台。时至今日,"塾师"这一称谓已经成为一个历史名词,塾师的形象也湮没在浩如烟海的文献中。

---

① 陆蠡著,熊融编:《陆蠡集》,杭州:浙江文艺出版社,1984年,第167页。
② 关保英主编:《教育行政法典汇编(1949—1965)》,济南:山东人民出版社,2016年,第21页。

参考文献

一、古代著作

黎靖德编,王星贤点校:《朱子语类》,北京:中华书局,1986年。

陈栎:《定宇集》,《景印文渊阁四库全书·集部》第 1205 册,台北:台湾商务印书馆,1986年。

程瑞礼撰,姜汉椿校注:《程氏家塾读书分年日程》,合肥:黄山书社,1992年。

方承训:《复初集》,《四库全书存目丛书·集部》第 188 册,济南:齐鲁书社,1997年。

汪道昆著,胡益民、余国庆点校:《太函集》,合肥:黄山书社,2004年。

金德玹编:《新安文粹》,《四库全书存目丛书·集部》第 292 册,济南:齐鲁书社,1997年。

程敏政:《皇墩文集》,《景印文渊阁四库全书·集部》第 1252 册,台北:台湾商务印书馆,1986年。

朱升撰,刘尚恒点校:《朱枫林集》,合肥:黄山书社,1992年。

方弘静:《千一录》,《续修四库全书·子部》第 1126 册,上海:上海古籍出版社,2002年。

刘汝骥编撰,梁仁志校注:《陶甓公牍》,芜湖:安徽师范大学出版社,2018年。

詹元相：《畏斋日记》，中国社科院历史研究所编：《清史资料》第 4 辑，北京：中华书局，1983 年。

汪绂：《双池文集》，《续修四库全书·集部》第 1425 册，上海：上海古籍出版社，2002 年。

章学诚著，罗炳良译注：《文史通义》，北京：中华书局，2012 年。

吴翟辑撰，刘梦芙点校：《茗洲吴氏家典》，合肥：黄山书社，2006 年。

汪绂：《汪双池先生丛书》，扬州：广陵书社，2016 年。

徐卓辑，李琳琦、梁仁志校注：《休宁碎事》，芜湖：安徽师范大学出版社，2018 年。

凌应秋撰，邵宝振校注：《沙溪集略》，芜湖：安徽师范大学出版社，2018 年。

施璜：《塾讲规约》，《丛书集成续编》第 62 册，台北：新文丰出版公司，1988 年。

施璜编，吴瞻泰等补，陈联、胡中生点校：《紫阳书院志》，合肥：黄山书社，2010 年。

张应昌编：《清诗铎》，北京：中华书局，1960 年。

刘大鹏著，乔志强标注：《退想斋日记》，太原：山西人民出版社，1990 年。

俞樾撰，徐明、文青校点《春在堂随笔》，沈阳：辽宁教育出版社，2001 年。

（清）詹鸣铎著，王振忠、朱红校注：《我之小史》，合肥：安徽教育出版社，2008 年。

西周生著，童万周校注：《醒世姻缘传》，郑州：中州古籍出版社，1997 年。

张履祥著，陈祖武点校：《杨园先生全集》，北京：中华书局，2002 年。

赵尔巽等撰：《清史稿》，长春：吉林人民出版社，1998。

许承尧撰，李明回等校点：《歙事闲谭》，合肥：黄山书社，2001 年。

二、徽州族谱

歙县《歙北皇呈徐氏族谱》，乾隆六年(1741)刻本。

歙县《潭渡孝里黄氏族谱》，雍正九年(1731)木刻本。

歙县《新安柯氏宗谱》，民国十四年(1925)刊本。

歙县《济阳江氏族谱》，道光十八年(1838)刊本。

歙县《歙新馆鲍氏著存堂宗谱》，光绪乙亥年(1875)刊本。

歙县《新安槐塘程氏宗谱》，民国丙寅年(1926)刊本。

歙县《新安毕氏族谱》，清钞明正德四年(1509)刻本。

歙县《棠樾鲍氏三族宗谱》，乾隆二十五年(1760)刻本。

歙县《重修古歙城东许氏世谱》，明崇祯七年(1634)刻本。

歙县《古歙义成朱氏宗谱》，宣统庚戌年(1910)刊本。

歙县《歙西范川谢氏支谱》，民国乙丑年(1925)木活字本。

婺源《婺南云川王氏世谱》，乾隆二十一年(1756)刊本。

婺源《桐川朱氏宗谱》，乾隆二十九年(1764)刊本。

婺源《济溪游氏宗谱》，乾隆丙戌年(1766)刻本。

婺源《婺源沣溪吕氏世谱》，民国三十一年(1942)刊本。

婺源《吴兴姚氏宗谱》，同治九年(1870)刊本。

婺源《济阳江氏统宗谱》，民国八年(1919)刊本。

婺源《清华东园胡氏勋贤总谱》，民国五年(1916)刊本。

婺源《清华胡仁堂续修世谱》，道光戊戌年(1838)刊本。

婺源《婺源查氏族谱》，光绪壬辰年(1892)刻本。

婺源《双杉王氏宗谱》，光绪癸巳年(1893)刊本。

婺源《星源甲道张氏宗谱》，光绪二十四年(1898)刊本。

婺源《新安黄氏宗谱》，光绪三十年(1904)刊本。

婺源《潇江全谱》，乾隆三十七年(1772)刊本。

婺源《龙池王氏续修宗谱》，光绪二十六年(1900)刊本。

祁门《新安左田黄氏正宗谱》，嘉靖三十一年(1552)刻本。

祁门《胡氏宗谱》，道光丁酉年(1837)刊本。

祁门《王源谢氏孟宗谱》，明嘉靖丁酉年(1537)刻本。

祁门《金氏统宗谱》，光绪三年(1877)木活字本。

祁门《韩楚二溪汪氏家乘》，宣统二年(1910)刊本。

祁门《周氏宗谱》，康熙五十五年(1716)刻本。

黟县《鹤山李氏宗谱》，民国六年(1917)刊本。

休宁《程氏族谱》，道光癸巳年(1833)刊本。

休宁《江村洪氏家谱》，清雍正七年(1729)木刻本。

绩溪《西关章氏族谱》，道光二十九年(1849)刊本。

绩溪《南关惇叙堂宗谱》，光绪壬午年(1882)刊本。

绩溪《梁安高氏宗谱》，清光绪三年(1877)刊本。

绩溪《上川明经胡氏宗谱》，宣统二年(1910)刻本。

绩溪《绩邑东关黄氏宗谱》，光绪二十二年(1896)刊本。

绩溪《华阳舒氏统宗谱》，同治九年(1870)刊本。

绩溪《绩溪金紫胡氏家谱》，光绪三十三年(1907)刊本。

绩溪《锦谷程氏宗谱》，光绪三十年(1904)刻本。

绩溪《明经胡氏龙井西村宗谱》，民国十六年(1927)刊本。

绩溪《绩溪庙子山王氏谱》，民国二十九年(1940)刊本。

三、徽州方志

谢永泰、程鸿诏等修纂：《黟县三志》，同治九年刊(1870)本，台北：成文出版社有限公司，1970年。

吴克俊等修纂：《民国黟县四志》，民国十二年(1923)刊本，南京：江苏古籍出版社，1998年。

周溶修，汪韵珊纂：《同治祁门县志》，同治十二年(1873)刻本，南京：江苏古籍出版社，1998年。

丁廷楗、赵吉士修纂：《徽州府志》，康熙三十八年(1699)刊本，台北：成文出版社有限公司，1970年。

廖腾煃、汪晋征等修纂：《休宁县志》，康熙三十二年(1693)刊本，台北：成文出版社有限公司，1970年。

马步蟾等纂修：《道光徽州府志》，道光七年(1827)刊本，南京：江苏古籍出版社，1998年。

葛韵芬、江峰青等修纂：《民国重修婺源县志》，民国十四年(1925)刻本，南京：江苏古籍出版，1996年。

何应松、方崇鼎等修纂：《道光休宁县志》，道光三年(1823)刊本，南京：江苏古籍出版社，1998年。

吴吉祜等撰，张艳红等校注：《(民国)丰南志》，合肥：黄山书社，2006年。

江登云辑，江绍莲续编，康健校注：《橙阳散志》，芜湖：安徽师范大学出版社，2018年。

张佩芳、刘大魁修纂：《歙县志》，乾隆三十六年刊本(1771)，台北：成文出版社有限公司，1970年。

石柱国、许承尧等纂修：《民国歙县志》，民国二十五年(1936)刊本，南京：江苏古籍出版社，1998年。

吴甸华等修纂：《嘉庆黟县志》，道光五年(1825)刻本，南京：江苏古籍出版社，1998年。

彭泽、汪舜民纂修：《(弘治)徽州府志》，《四库全书存目丛书·史部》第180册，济南：齐鲁书社，1996年。

汪尚宁、洪垣等纂修：《(嘉靖)徽州府志》，《北京图书馆古籍珍本丛刊》第29册《史部·地理类》，北京：书目文献出版社，1998年。

四、现代著作

中国社会科学院历史研究所编：《徽州千年契约文书(清·民国编)》，石家庄：花山文艺出版社，1991年。

刘伯山主编：《徽州文书·第二辑》，桂林：广西师范大学出版社，2006年。

孟承宪选编，孙培青注释：《中国古代教育文选》，北京：人民教育出版社，1985年。

毛礼锐、沈灌群主编:《中国教育通史》,济南:山东教育出版社,2005年。

李琳琦:《徽州教育》,合肥:安徽人民出版社,2005年。

卞利编著:《明清徽州族规家法选编》,合肥:黄山书社,2014年。

赵华富:《徽州宗族研究》,合肥:安徽大学出版社,2004年。

张海鹏、王廷元主编:《明清徽商资料选编》,合肥:黄山书社,1985年。

薛贞芳主编:《清代徽人年谱合刊》,合肥:黄山书社,2006年。

余英时:《士与中国文化》,上海:上海人民出版社,2003年。

余英时:《儒家伦理与商人精神》,桂林:广西师范大学出版社,2004年。

张仲礼编著:《中国绅士研究》,上海:上海人民出版社,2008年。

陈来:《中国近世思想史研究》,北京:商务印书馆,2003年。

张志公:《传统语文教育教材论——暨蒙学书目和书影》,上海:上海教育出版社,1992年。

王尔敏:《明清社会文化生态》,桂林:广西师范大学出版社,2009年。

王振忠:《明清以来徽州村落社会史研究》,上海:上海人民出版社,2011年。

王振忠:《徽州社会文化史探微》,上海:上海社会科学院出版社,2002年。

张倩仪:《另一种童年的告别——消逝的人文世界最后回眸》,北京:商务印书馆,2001年。

郑阿财、朱凤玉:《敦煌蒙书研究》,兰州:甘肃教育出版社,2002年。

蒋纯焦编:《中国私塾史》,太原:山西教育出版社,2017年。

璩鑫圭主编:《鸦片战争时期教育》,上海:上海教育出版社,2007年。

[美]高彦颐著:《闺塾师——明末清初江南的才女文化》,李志生译,南京:江苏人民出版社,2004年。

[美]何天爵著:《真正的中国佬》,鞠方安译,北京:光明日报出版社,1998年。

[美]亨特著:《旧中国印象记》,沈正邦译,广州:广东人民出版社,1992年。

［美］阿瑟·亨德森·史密斯（明恩溥）著：《中国乡村生活》，赵朝永译，上海：上海社会科学出版社，2018年。

蒋纯焦：《一个阶层的消失——晚清以降塾师研究》，上海：上海书店出版社，2007年。

陈青之：《中国教育史》，上海：上海书店出版社，2013年。

王德昭：《清代科举制度研究》，北京：中华书局，1984年。

王振忠主编：《徽州民间珍稀文献集成》，上海：复旦大学出版社，2018年。

杨学为等主编：《中国考试制度史资料选编》，合肥：黄山书社，1992年。

朱有瓛主编：《中国近代学制史料》，上海：华东师范大学出版社，1986年。

徐梓、王雪梅编：《蒙学要义》，太原：山西教育出版社，1991年。

曹大为：《中国古代女子教育》，北京：北京师范大学出版社，1996年。

丁钢：《中国教育的国际研究》，上海：上海教育出版社，1996年。

牟宗三：《中国哲学的特质》，上海：上海古籍出版社，1997年。

杨端六编著：《清代货币金融史稿》，武汉：武汉大学出版社，2007年

胡适：《四十自述》，合肥：安徽教育出版社，2006年。

丁钢主编：《中国教育：研究与评论（第3辑）》，北京：教育科学出版社，2002年。

舒新城编：《中国近代教育史资料》，北京：人民出版社，1981年。

五、现代期刊

李伯重：《19世纪初期华娄地区的教育产业》，《清史研究》，2006年第2期。

张鸣：《私塾消失背后的黑洞》，《书城》，2004年第5期。

王振忠：《两地书：从敦煌到徽州（上）》，《读书》，2007年第2期。

王振忠：《排日账所见清末徽州农村的日常生活——以婺源〈龙源欧阳起瑛家用账簿〉抄本为中心》，常建华主编：《中国社会历史评论（第13卷）》，天

津:天津古籍出版社,2012年。

巫仁恕:《明代平民服饰的流行风尚与士大夫的反应》,《新史学》,1999年第3期。

徐梓:《明清时期塾师的收入》,《中国社会经济史研究》,2006年第2期。

冯尔康:《清代徽州贤媛的治家和生存术》,《天津师范大学学报(社会科学版)》,2015年第7期。

[韩]权仁溶:《清初徽州一个生员的乡村生活——以詹元相的〈畏斋日记〉为中心》,安徽大学徽学研究中心编:《徽学(第2卷)》,合肥:安徽大学出版社,2002年。

王善军:《宋代族塾义学的兴盛及其社会作用》,《中国史研究》,1999年第2期。

邵振人:《绩溪私塾问题》,《微音月刊》,1925年第25期。

姚蓉:《论清代文士的塾师生活与底层写作——以蒲松龄为例》,《上海大学学报·社会科学版》,2012年第2期。

杜靖:《山东滕州闵氏族谱"传记"的书写原则》,《青海民族研究》,2015年第4期。

邵鸿、黄志繁:《19世纪40年代徽州小农家庭的生产与生活——介绍一份小农家庭生产活动日记簿》,《华南研究资料中心通讯》,2002年第27期。

刘永华:《排日账与19世纪徽州乡村社会研究——兼谈明清社会史研究的方法与史料》,《学术月刊》,2018年第4期。

何建木:《宗族村落视野下的明清科举文教事业实证研究——以婺源济溪游氏为中心的考察》,《地方文化研究》,2013年第5期。

蒋寅:《科举试诗对清代诗学的影响》,《中国社会科学》,2014年第10期。

马勇虎、李琳琦:《晚清乡村秀才的多重角色与多样收入——清光绪年间徽州乡村秀才胡廷卿收支账簿研究》,《安徽史学》,2018年第3期。

吴中胜:《乾隆年间的科考改革与形式诗学的复兴———以蔡钧〈诗学指南〉为例》,《古代文学理论研究》,2011年第1期。

吴秉坤:《清代徽州银洋价格问题》,《黄山学院学报》,2010年第1期。

蒋威:《论清代塾师的职业收入及相关问题》,《历史教学(高校版)》,2013年第14期。

董乾坤:《晚清徽州乡村塾师的土地经营——以"胡廷卿账簿"为核心》,《安徽大学学报(哲学社会科学版)》,2019年第3期。

王玉坤:《近代徽州塾师胡廷卿的家庭生计》,《安庆师范学院学报(社会科学版)》,2015年第3期。

附录　明清徽州塾师文献辑存

一、《师说》

《师说》一文载于道光二十九年(1849)刊刻的绩溪《西关章氏族谱》卷三十六《说》中,作者是章氏族人章道基。《西关章氏族谱》卷二十四《家传》中有其传。据谱传记载,章道基,又名章名永,号惺斋。以附贡生的身份从国子监肄业,考取天文生,曾担任两浙盐经历、历署九场二所盐大使,为官"清勤明恕,所至有声",道光己丑年(1829)以州同知致仕归里。性格耿介,言行温良恭敬,志向远大,学习勤奋。读书之暇,广泛涉猎天文算学、星日地理、岐黄之书。

民国四年(1915)刊刻的绩溪《西关章氏族谱》卷三十《幽光录》中除收录章道基的这篇《师说》外,还收录了汪泽所写的跋,现一并录入。

师　说

父母为子延师,竭诚尽敬,如托孤寄命一般,尊之曰先生,亲之曰师傅。日求其授业传道、广见洽闻,谓是一家之兴替攸关,终身之成败所系,故西席与天地君亲同其供奉。子弟在妙龄时,嗜欲未开,聪明方起,譬之出土之苗,含华结果,全仗此时。栽培灌溉得宜,以资发荣。秉慈惠之心者,及是时迎机开导,多术提撕,造就因材,宽严交尽。务使养成圣贤之基,蔚为硕辅之器。德行足以昭垂,文章堪以寿世。有始有卒,渊渊乎与造物同功,斯为无忝。

今也师不严,道亦不尊,教人无术,师范先亏。受人之托,不思忠人之事。管束不严,且曲庇以市恩;习课不勤,更弥缝以避怨。冒滥时名者,聚谈拜客之事多;经营俗务者,离家进馆之日少;其株守者,复勤于自课而懒于教人。既鲜日就之功,焉有月将之效?岁不我与,曾日月之几何?嗟伤老大矣。更有居恒代作课艺,使欺瞒其父兄;临考怂恿请托,以自饰其声誉。虚縻东家之馆谷,厥罪犹小;错过后生光阴,损德甚大。由是观之,子弟坏于父兄之不教者十之二三,而坏于先生之贻误者十之八九。此其弊,乡馆尤甚。乡馆之师,或迂腐文学,或拳勇武生,或年迈儒童,或失业商贾,以及课命代书之流,俱可充之。不过借舌耕之名为糊口之计,并不计及人家子弟造就,奚如可怜!

平等人家独力难举,集众延师,原不妄想登科发甲,但求知书达礼,聊免粗俗而已。岂知一入乡馆,遂将不雕不琢良善子弟,送入陷人坑中。乡馆中一二十家顽童恶少聚集一堂,薰莸不分,渍染最易。在家不敢污诸口吻之秽语,自进馆后遂无不言;在家不敢轻身尝试之恶事,自进馆后都无忌惮。始而放风筝、斗蟋蟀、试划水、学踢球、弄拳勇、逞好汉,继而串戏赌博、慆淫匪彝,无不为已。童而习之,长复无父兄教戒,将天地生成至灵极妙之才品,尽变为卑污苟贱之行为,甚矣!操无刃之戈矛,戕有生之命脉,此所以终身蹭蹬、落魄异常。夫岂诗书之无灵,抑亦孽报之不爽也?尚得诩诩然,自谓一生行止无亏欤?

故人家子弟无宁不读书、不识字,犹不失为椎鲁本色。若要读书,务求古道照人、爱徒如子、蓄心观成者为之师,然后可顾为父兄者当何如尊师重道,以博先生之推心置腹哉。而乃吝财废礼,侮慢虚拘,书札应酬迄无宁晷,甚有代作词讼、辗转夤缘、打通声气、焜耀乡间者,此斯文所以扫地,而子弟之忘恩背义、轻藐师长亦自此开也。然则子弟之不贤,固由庸师导之,而实由父兄驱之也。

书章惺斋《师说》后

穷尽俗师情状,近日师道不尊,职此之故。为人师者不可不知此《说》,为人父兄者不可不知此《说》。《仪礼》师制服,古之圣人早见及此矣。后学汪泽跋。

二、《塾讲规约》

《塾讲规约》为施璜所著。施璜,字虹玉,号诚斋,休宁人,生年不详,卒于康熙四十五年(1706)秋,是清初徽州一位著名的理学家。据《道光休宁县志·人物·儒硕》记载,施璜"少即有圣贤之志","好学明体达用,辄不自是,闻四方有名贤徒步千里,考论同异"。他早年游学无锡,师事高世泰,后与吴曰慎等人主讲紫阳、还古两所书院。一生著述丰硕,学术成就斐然可观,撰有《思诚录》《诚斋问答》《性理发明》《五经臆说》《学庸或问》《辨学汇言》《新安塾讲录》《紫阳通志续录》《五子近思录发明》《小学发明》等。其中,《五子近思录发明》《小学发明》二书"海内尤争相传诵"。《塾讲规约》收录在张潮的《昭代丛书》甲集第七卷,为世楷堂藏板。前有张潮撰写的引言,后有其撰写的跋。为使内容完整,一并呈现。

《塾讲规约》小引

讲者何?讲学也。曷讲乎尔?孔子曰:学之不讲,是吾忧也。是知学之不可不讲也。塾者何?讲之地也。曷取乎塾?曰:讲学者多塾师,故即其地而讲之也。规者何?法也。约者何?期之也。曷期乎尔?期守其法也。曷言乎守其法也?曰:讲必有规,惧其久而渝焉,故必与之期之也。是规也,其将约之塾中之人欤?抑不仅塾中之人欤?曰:既曰塾讲,盖约乎塾中人也,塾之外苟能奉斯约焉,斯亦讲学者之至乐,然而不敢必也。夫约之果能守吾规欤?曰:是未可知也。未可知则曷为约之?曰:未可知是以约之也。其人而为君子也者,吾与之约之,彼能守吾规焉,吾即不与之约之,彼亦未尝不守吾规焉,则斯讲之幸也。其人而非纯乎君子也者,吾与之约之,彼惧人之议其后也,而守吾规焉;吾或不与之约之,彼亦竟无所惧而遂佚吾规焉,则是约之不可以已也。其人而非君子也者,吾亦曷尝日讨其人而申训之以吾塾之规,吾与尔约之乎哉?君子曰:若斯约者,斯无愧乎塾讲也矣。心斋张潮撰。

塾讲规约

梁溪高景逸先生云:"真有志向学者,平日读书静坐,独自做工夫不得力,须从讲会中锻炼,如冯少墟先生所说,朋友会聚一番,精神收敛一番;讲论一番,义理开发一番,方为有益。"然则同人立志为学,岂可离群索居,不与朋友讲习哉?但朋友讲习又当各尽其道,而一无所苟,方为真实有益。魏庄渠先生曰:"后世口说身不行,却是把讲字代习字。"钱启新先生曰:"匪朋匪友,何讲何习?"此不能尽其道而苟焉者也。若如朱子《与吕尚书帖》云:"朋友之交,责善所以尽吾诚,取善所以益吾德,非以相为赐也。各尽其道而无所苟焉,则丽泽之益,自有不能已者。"以是为朋友讲习之准,其进益岂浅鲜哉?故今与同人共商至要讲约九条,以明联会讲学之意。会日讲其所习,散会习其所讲,责善取善,又各尽朋友之道而一无所苟,斯可谓之真有志向学者矣。其严始进,慎晚节,诸约悉遵紫阳旧规,兹不敢赘也。

一曰尚道德

今日同人联会讲学,须认是何意思。谓专以诗文相砥砺,以科举相期待,则犹是习俗作会,与曾子以文会友、以友辅仁之意甚相远也。朱夫子曰:"讲学以会友,则道益明;取善以辅仁,则德日进。"明明提出"道德"二字,则知君子会友要以明道相砥砺,以进德相期待,方是孔门求仁之学。周濂溪先生曰:"天地间至尊者,道;至贵者,德;至难得者,人。人而至难得者,道德有于身而已矣。求人至难得者有于身,非师友则不可得也已。"然则今日联会讲学,舍道德复何求哉?且孔门求仁之学,无非教人为人也。罗一峰先生曰:"学诗文而至不过为诗人、文人而已,学科举而至不过为官人而已,若学道德而至可以为圣人,可以为贤人。舍圣人、贤人不为,而徒为诗人、文人、官人,是岂有志之士乎哉?"故愿同人立志发愤,一意从事圣贤之学,以仁为己任,以明道相砥砺,以进德相期待。苟道明德立,未尝不可以为诗、为文、为公卿大夫,即布衣不仕,亦可以为后学师表,前辈倪道川、胡敬斋、陈剩夫诸先生可法也。如道不能明,德不能立,则虽做了扬雄、李白,未闻可以为圣人;虽做了状元、宰相,未见可以称理学。又况科第未必得,诗文未必工,其与圣贤相去不大相远矣乎!若能摆脱习俗,一意从事圣贤之学,则又未有道不能明、德不能立者也,是在同人立志之专笃耳。志定而后可与共学,故讲约以尚道德为第一。

二曰定宗派

同人若志于道德,则功名富贵皆不足以累其心。然不先定宗派,立个学的,何由至于圣贤之域？胡敬斋先生曰:"入头处最怕差,将来无救处;下手处又怕偏,将来偏到底。"故学者审宗定派不可不急早商量。程朱宗派只有孔孟,后学宗派只有程朱,宗程朱即所以宗孔孟,宗孔孟即所以宗尧、舜、禹、汤、文、武、周公也。盖孔孟道统惟程朱接续不差,孔孟宗派惟程朱指示亲切。舍程朱而欲学孔孟,是犹舍阶级而欲登泰岱也,难矣！向来学术之坏,其病在不宗程朱。或课虚谈,寂入于仙佛;或阳儒阴释,偏于陆王。今幸紫阳大会,六邑诸道长同心戮力,阐明程朱之学。又幸朝廷功令森严,天下翕然宗朱。则兹塾讲审宗定派,断当以程朱为学的,庶几大中至正,不至于差,亦不至于偏也。而朱夫子又集诸儒之大成,同人又幸生朱子桑梓之邦,则熟读朱子之书,熟讲朱子之学,自是同人本分内事。故讲约以定宗派为第二。

三曰持敬

宗派既定,当思何以用功。程夫子曰:"涵养须用敬,进学则在致和[知]。"朱夫子曰:"主敬以立其本,穷理以致其知,反躬以践其实。"此程朱教人用功之要也,而敬为一心之主宰,万事之根本。涵养省察、格物致知,种种工夫皆从此出,方有依据。则持敬工夫又学者用功之最紧要者也,故曰"敬"之一字,乃圣门第一义、圣学之纲领,千古圣贤传授心法之要,莫切于此。紫阳诸道长阐明朱子之学,自淑淑人,无非持敬之心法,则今日塾讲遵紫阳之规,崇朱子之教,安得不以持敬为首务乎？至于持敬之方,朱子于《大学或问》"补《小学》"处引伊川之"主一无适"与"整齐严肃",又引谢上蔡之"常惺惺"与尹和靖之"其心收敛,不容一物"四样方法,总是一样工夫,无非要人"主一无适"而已。程子以主一释敬,以无适释一,说敬字工夫可谓极其亲切。同人果能实下工夫,推寻此心之动静而务主于一,则静有所养而客念不复作,动有所持而外诱不能夺,以之穷理则理亦易明,以之反躬则身无不怍。圣贤之道,庶乎其可学矣。故讲约以持敬为第三。

四曰绎注

持敬工夫既知,用力则此心常存,可以穷理。朱子曰:"天下之物,莫不有理,而其精蕴则已具于圣人之书,故穷理之要必在于读书。"然欲简而易知,约而易守,则莫若《大学》《论语》《孟子》《中庸》。若理会得此《四书》,何书不可读?何理不可晓?何事不可处?故朝廷以此四书命题取士,而书院讲学先讲《四书》。然《四书》精蕴乃孔、曾、思、孟之微言,道统在此,学脉亦在此。苟非程子表章、朱子集注,《四书》何由而明,后人何由而读?则《学庸章句》《或问》《论孟集注》,又朱子之苦心,所以发明孔、曾、思、孟之微言,以续千载之道统学脉者也。朱子云:"《集注》添一字不得,减一字不得,不多一个字,不少一个字。"又云:"若不用某许多工夫,亦看某底不出;不用圣贤许多工夫,亦看圣贤底不出。"则凡读《四书》者,必须虚心平气,熟读朱注而精思之,庶几《四书》精蕴始可得而明也。宋元以来,诸儒无一不潜心朱注。慨自德靖以迄,启祯新说盛行而遵朱读注之学不讲,以致圣学不明,人心日坏,紫阳诸道长深以为忧,故有绎注、翼注之书。而梁溪高汇旃先生亦有讲书,只消讲注之论。然则同人乡塾讲书,必要阐明朱注,使朱子注义莫逆于心,然后孔、曾、思、孟之微言始有入路。由是而兼读《小学》《近思录》《太极图说》《通书》《西铭》诸书;由是而循环理会《六经》以及《纲目》诸史,则天下之理皆可以一以贯之而无疑矣。同人其相与共勉之哉。故讲约以绎注为第四。

五曰力行

薛文清有云:"学无别法,只是知一字,行得一字;知一句,行得一句。若只知得行不得,则虽读圣贤之书,于我毫无益也。"故《大学》做格物、致知工夫,即做诚意、正心、修身工夫。《论语》言博文即继之以约礼,《孟子》言尽心知性即继之以存心养性,《中庸》言择善即继之以固执,此知行并进之工夫也。今同人既读圣贤经书,讲究义理,则当字字句句体贴到身上来,着实做践履工夫。践履亦无别法,只是依古圣贤成法做去。自念虑之微达事为之著,无一不求合乎圣贤之成法,则所践履者自然步步皆在规矩中。所读经书方有着落,所讲义理方得亲切,而道德之归也有日矣。然在今日最切要者,义利二字要辨得分明。同人果能于义利关头辨别得清,而于日用彝伦之间、应事接物之际,必求事事合义而无一毫利心,则其践履方见真实无伪。苟或不然,其心中必有歉然不自安之处,则要自责自讼,必求改之而后已。此孔子以学之不讲为忧,而先忧乎德之不修,又忧夫闻义不能徙、不善不能改者,其意正为此耳。故讲约以力行为第五。

六曰习六艺

学者既明义理,励德行,又当兼习六艺、时务,以适于用。孔门身通六艺者七十二人,若非平日习其事,通之一字亦甚难言。胡文定公教苏湖二州之士,必兼时务,如治兵、治民、水利、算数等事,故士皆有实用。今之学者,大概虚谈理道,专事雕镂之文,而置六艺时务于不讲,及临事应变,茫然不知不能,此朝廷所以有不得人之叹,而世俗视读书为迂者,此也。兹愿同人于穷经之暇,各随自家聪明材质,专习一艺,或能兼通诸艺更佳。如礼、乐、射、御、书、数,及历象、兵刑、钱粮、治河之类,必精研习炼,实实可以措诸事业,不徒空谈其影响而已也,此皆经济实学。凡我同人,已习者,精而愈求其精;未习者,宜及暇时研究,亦藏器待用之切务也。故讲约以习六艺为第六。

七曰育英才

从来文行兼修、才德并懋之士,随其所居之时位,皆可以维世道,正人心。而最有补于世道人心者,莫如育英才一事。孟子曰:"乐得英才而教育之,三乐也。"张横渠先生曰:"育英才,颖封人之锡类。"圣贤之用心,何如是之远大乎?盖一家之政,非得英才之子弟不能继志而述事;国与天下,非得英才之臣不能安上而养民;道统学脉,非得英才之弟子不能承先而传后。故圣贤之生,无论出处,皆以教育英才为心。虽人之气禀不齐,英才难得,然随在教育,亦可以因材而成就。即至暴戾欺诈之人,闻吾孝弟忠信之说,毕竟有所畏惧,而不至于大为奸恶;自私自利之人,闻吾安贫乐道、有天下不与之说,毕竟有所感悟,而不至于利己害人。但患在我无实心以化导之耳。今同人相与讲求圣人之学,或在家塾受徒,或就他乡西席,皆当以教育英才为己任。教育之法,圣贤经书甚详,莫要于《小学》《大学》二书。朱子曰:"《小学》书乃做人底样子。"程子曰:"《大学》,孔氏之遗书。古人为学次第者,独赖此篇之存。"同人若能勇革世习,不为俗学夺志,悉遵《小学》《大学》之法教训童蒙,培植后进,其所以诱掖激厉,又能循循有序,如此功深日久,必能养就一番英才,可以传圣人之学,而为当世之大用者,善乎!周子之言曰:"曷为天下善?曰师。"又曰:"师道立则善人多。"此实维持世道人心之切务,同人不可不相规相勉,以底于有成者也。故讲约以育英才为第七。

八曰务谦虚

朋友相聚讲学,无非各求进益,绝不可矜悻自高,各逞己长。盖义理无穷,何可自足?若稍自足,终无受益之地矣。故古之圣贤只是一味谦虚,所以道德学问事业做到参赞天地,其心犹歉然未能也。今人不及古人,仔细想来,病痛总在不谦虚。故朋友彼此争胜德业,俱涉矜夸,何能相与以有成?同人笃志圣贤之学,必要以骄矜为切戒,以谦虚相勉励。书曰:"满招损,谦受益。"故谦卦六爻皆吉,咸卦虚以受人,明乎谦为人道之所好,而虚为人心和平之极也。孔门惟颜子善学圣人,曾子称其以能问于不能,以多问于寡,有若无,实若虚,犯而不校。非谦虚之至而能若是乎?曾子深慕其为人,故曰:"昔者吾友尝从事于斯矣。"同人学颜子之学,安得谦虚之友如颜子者,而与之言身心性命之事乎?故讲约以务谦虚为第八。

九曰防间断

今日大家发愤为圣人之学,则必求至于圣人之域。顾圣人之域不能以遽至,则日用工夫不可顷刻间断。胡敬斋先生曰:"第一怕见道不真;第二怕工夫间断。"间断则或作或辍,若存若亡,何能至于圣人之域?然间断之病由于学道之心不真。苟有必为圣人之志,则一息尚存,此志不容少懈,故朱子于"至诚无息"章注云:"既无虚假,自无间断。"大家常把虚假二字时时儆省,则虽欲间断而不可得,此则颜子欲罢不能之候矣。且圣人之所以为圣人者,亦只是个学而不厌,诲人不倦。不厌不倦,非无间断而何?大家又把厌倦二字时时振奋,以求无一毫之间断,则何患圣人之不可及哉?然则今日联会之初,先期有终,有终在于无间断,故吾不以讲会间断为虑,而以工夫间断为忧。同人万不可悠悠忽忽,半途而废也。《易》曰:"天行健,君子以自强不息。"同人其夙兴夜寐、自强不息哉!故讲约以防间断为第九。

璜不敏,幸承师友不弃,侍讲紫阳、还古诸书院者已二十年。凡朱子所以教人为学之方、进德之序,得闻于师友者,似略知一二,但愧未能反躬实践耳。今居家塾授徒,又承乡邻诸君子不我鄙弃,联兹塾讲,研求圣贤之学,故不揣愚陋,以平日所闻于师友者,述为讲约九条,与塾讲诸同志共商。虽于圣贤之学无所发明,然能信此约而共勉焉,则亦庶乎进德修业之一助云。康熙癸丑夏六月己亥施璜谨识。

附：塾讲事宜

紫阳大会阖郡有道先生在焉,今联塾讲不过乡党同志,或近地塾师,或远方朋友,皆是闻风戾止,不敢邀请一人。盖以有志共学者,不邀自来,而声气不应求之人,虽邀之不至也。然虚心求益,贤友惟恐其不多。故同人既商《塾讲规约》以贞其志,又订《塾讲事宜》以定其则。庶几求友有本,会友有益,则因相知以及未相知诸友又不妨转邀,以广通声气也。至于齿德俱尊、学问醇正者,则当敦请以为师表,不在此例。总之,讲会之盛在品真学正,不在人多。但愿同人勉力做实落工夫,则不负兹塾讲一举,而紫阳大会亦借以有光矣。

一、同人乐聚必得主人以为领袖,则一应会务方有归聚。然使每会惟此一人贤劳,众心实觉不安,不如诸友轮司,方为各尽其道。但每会数十人,只一人司会,亦难支应,且僮仆器皿俱有不得如愿者。必二三人商量赞助,方不觉劳本家,亦不生厌,斯会庶几可久。

一、讲学必择讲堂,布讲席。大会齐集紫阳书院,月会则宜在各乡,或家塾,或祠堂,或众厅,或山馆,皆可。必要洒扫洁净,无闲杂人往来混扰,则善在司会者择便先期预达,以俟诸友贲临。

一、讲期每年七次,俱以解馆暇日为定。盖同人多为塾师也,频会恐妨馆课,乘解馆之暇为讲期则不相碍。正月初七为期,三月清明后四日为期,五月初六、七月十八、八月十六、十月十五、十二月二十为期。后会之期,前会别时预订,届期不必再约,或各以其便互约。其有他故不得赴者预闻司会。会只一日,远则先一日集,后一日散;近则卯刻集,酉刻散,风雨不移。其有他故不克讲者,择日补之,毋令遂缺一会。

一、会期前一日，司令者斋戒，设香案，安奉徽国文公朱子神位在讲堂之上。会之日辰刻，会友到齐，行释菜礼，毕，陈设经案。诸友齐集堂上，谒朱子，行一揖一躬礼。分班东西，相向一揖。就坐位以齿序，或分不可同列者后一席。鸣讲鼓，供书案，命童子宣圣经一章。诸友静坐片时，然后质疑问难，虚怀明辨。讲毕，命童子歌诗一章，以为开畅性灵之助。歌讫，撤书案，复向朱子行一揖一躬礼，分班，班揖，少退。午后复讲，礼亦如之。

一、先儒工夫皆有日录，所以兢兢业业简点自己过失也。同人应事多过，暗室多欺，若不置日录简点，则自己过失常苦不知，又只喜人称奖，不喜人规谏，不惟不能改过，且多掩饰欺人，何由得有进益？今愿同人各置日录一编，每日行何事、接何人、存何念、读何书，善与不善皆备书之以自简点。大抵到下笔书时，有不敢下笔、不好下笔者，皆为人欲之私，必遏绝之。此日用第一切实工夫，不可畏难而生退避之心也。

一、每讲必有课业，或讲录、或制艺、或同人问答、或诗歌、或策论，无所不可，总以发明平日所得，临会呈众就正，辨别所学之是非。其与工词章以取利禄，夸多艺以树才名者，不可同日而语。至于窗下用功，皆务为为己之学，毋得蹈袭欺人。会日呈众公阅，又当虚心求益，毋得喜人道好，恶人指摘。即阅者亦要细心精阅，辨其是非而救之，毋得当面谀人，而背后讥议，庶为彼此受益。

一、会日供给须尚节俭，戒奢侈。早食小菜四碟。午食只用蔬腐，不必设肉。下午随意点心。晚酌四簋：二腥、二菜，不特杀酒数行，不用骰子行令，能歌者即席歌诗。若好事者多设肴馔，客辞不享。会友无持斋佞佛者，不必别设素肴。至于果子茶食，可有可无，茶即不拘多少，竟会乃已。每人会资五分，付司会征收措办。其会资须用纹银，稍低加色补足。若带仆从则量加会资，毋使司会赔费。倘有乡邻来听讲者，远则携资三分，近则回家自便可也。

一、备簿一册，以登列到会者之姓氏、里居，会于某地、某时，司会某人，所讲何书，所歌何诗，何人有讲录，一一备书，以验勤惰，并可验会后之操履，为将来之劝惩。

以上讲会事宜，省浮费以养廉，省繁文以务实，易知易行，可久可大，愿诸同人相与参酌而恪遵之。

跋

吾乡故有紫阳书院，每岁于朱子寿日，六邑之士咸聚。拜祝之余，讲学而退，诸君子以是为疏，于是更联塾讲法，诚善也。忆先子于会日作《塾讲诗》九章，后以乙卯来邗，遂不获复与斯讲。时犹与施君虹玉往复辩论《西铭》《太极》之旨焉。夫吾乡为程朱阙里，宜其讲席之盛如此。

圣天子重道崇儒，御书匾额颁赐天下书院，吾乡紫阳山亦其一也。诸君子际此昌时，咸能不负所学，不诚为吾里之光哉！心斋张潮题。

三、《坐馆经文》

2013 年 7 月 4 日购于屯溪老街一冷摊，线装手抄本，尺幅度为 193mm×122mm。封面题"坐馆经文 毕瑞昌号"，同时购得一册由歙县璜蔚村胡世纲编撰的《先开朦镜》抄本，封面题有"先开朦镜 毕荆昌记"的字样。毕瑞昌、毕荆昌或许是同一家族的两个人名，两本书分别为二人所抄读？或许这是两个书坊名？不得而知。

《坐馆经文》的末页标注其成书年代，即"龙飞大清同治甲戌年亥月"（即1874 年 10 月）。从内容上看，《坐馆经文》共包括 10 部分：《蒙师无不歌》1篇、《蒙馆赋》3 篇、《坐馆先生文》1 篇、《冬烘叹》诗 30 首、《坐馆黄莺儿》词 18首、《蒙师二十丑》1 篇、《集俗语竹枝词》30 首、《馆中十事》诗 10 首、《叹馆诗百首》以及《题诗八首》。各部分后附有名叫张子愚的人所作的评点，如《蒙师无不歌》后的评点为："张子愚曰实情实理，说来无不沉着痛快，非过来人不能道其只字也。"《蒙馆赋二》的点评为："张子愚曰颇中情事，确切不移，末后勉人一段，普天下蒙馆先生无不破涕为笑。"而且，《蒙馆赋二》在张子愚前还有署名为"小斋"所作，全书仅有的一句评点："道尽人情世态，确有此种形状，此写生妙手。"这些评点说明《坐馆经文》在当时流传甚广。

另外，歙县石川吴百义、吴善义的《丛杂为则（应酬）》抄本中也收录了上述《冬烘叹》中的24首（附《冬烘叹》后，以资参考）。《叹馆诗百首》中"一入门来百事牵，戏联排[牌]匾并堂联，精神尽抖周旋遍，辛苦何尝见着钱"的诗句，在王振忠先生家藏的徽州《蒙馆经》中也有收录。由此可见，《坐馆经文》应该是徽州塾师诗文汇编，收录的内容相对来说比较全面。

(一)蒙师无不歌

无碟不一双，无饭不一碗，无顿不三瓢，无早不两蛋。

无案不尘生，无粥不火烫，无飨不充饥，无食不老晏。

无菜不撩萧，无茶不冰冷，无酒不三杯，无烟不半两。

无肉不纸铺，无腐不味淡，无席不向西，无坐不居上。

无礼不些微，无贽不薄菲，无被不腌臜，无床不铺草。

无地不多蚊，无房不生蚤，无岁不拜年，无家不请酒。

无客不相陪，无交不揖让，无一不含糊，无样不经管。

无塾不凄凉，无书不训导，无为不端方，无行不正当。

无读不想多，无字不要好，无过不能粘，无病不得义[医]。

无事不归家，无吃不敢放，无时不腰驼，无日不背胀。

无候不神伤，无刻不气丧，无苦不备尝，无夜不梦想。

无节不思家，无忙不歇馆，无想不心焦，无思不惆怅。

无醒不天光，无睡不鸡唱，无命不须求，无绿[禄]不必望。

无戚不叨光，无明不打扰，无物不吃亏，无店不欠账。

无束不拖迟，无件不进当，无金不毛钱，无室不交谪。

无态不寥酸，无衣不褴褛，无妇不舌长，无个不小算。

无生不顽皮，无子不赖学，无童不奸刁，无徒不说谎。

无师不包荒，无人不枉道，无儿不姑息，无父不奖赏。

无弟不逢蒙，无东不盗跖，无鬼不揶揄，无人不侮慢。

无俗不浇漓，无风不偷薄，无处不皆然，无馆不一样。

张子愚曰：实情实理，说来无不沉着痛快，非过来人不能道其只字也。

(二) 蒙馆赋

1. 蒙馆赋以"可怜业已在其中"为韵

若夫考博深遭不果,藉处馆之生涯,任斯文之担荷。托尽四方旧友,实觉艰难;联成一辈顽童,诚为繁夥。执关书而细算束脩,甚其微乎!

当馆地之难堪供膳,还云小可。当其残更初尽,落日犹悬,鸟飞槛外,鸡唱窗前,竟好梦之初阑,惊闻剥啄;即晓寒之可畏,遑复安眠?抛却空心,叮咛不倦,频揉睡眼,辛苦谁怜?至若暮霭前村,斜阳翠峡,比户扃扉,归农荷插,儿童既去,甚是凄凉。神鬼相亲,能无恇怯?若抛书而枕藉,定触愁怀;惟乞火于邻家,潜修旧业。迨当日月其除,岁云暮矣,检点图书,旋归乡里。

写尽蝇头细字,一年之俗事如斯;收来鹅眼浮钱,几百之微资若此。明[朋]侪不识,犹疑满载缠腰;妻子无知,尝以浮言入耳。是固非心之所甘,而实乎时不得已。

乃有学问空疏,经营懈怠,无可取材,假形丰采,诡计图居西席,不思愧对神明;庸愚笑煞东家,竟尔甘为傀儡。当字音之不解,复杜撰以居奇;即书理之未通,亦糊涂而乱改,又岂仅一?当子弟受害弥深,而千古圣贤遗言安在也?假令欲高位置,自恐神疲。习儒既误,托业难移;化导冥顽,无非阴隲;殷勤训诲,即是修为。矧家食而维难糊口,藉馆谷而且救燃眉。羡他商贾农工,朋从宛若;胜我神祠社庙,独处凄其。

然而学优则仕,儒岂终穷?鹏程路远,虎榜名隆。从兹洗尽酸咸,顿离坷坎,回忆备尝滋味。曾训颛蒙,故宜夕惕朝乾,奋志诗书之内,庶可功成名立,腾身馆阁之中。

张子愚曰:至情至理,非过来人不能道。

2. 蒙馆赋以"可怜业已在其中"为韵

夫若馆谷虽微,事头弥琐;屈志求人,儒冠误我。妖魔鬼怪,何妨一捞全收;愚蠢冥顽,任彼三间杂坐。托尽知交友谊,荐必先荣;难期识事人家,待偏虚左。叹馆金之菲薄,渺矣难支;嗟馆地之凄清,非兹不可。

原夫蒙馆之延师也,止还心愿,不重薪传。粗供淡饭,冷坐青毡。小住门庭,所学不离杂字;粗通文墨,至多不过三年。何论字义？只省铜钱。写字温抄,弟子之工夫若此;神疲口燥,先生之苦况堪怜。而师之处蒙馆也,不事仪文,绝无交接。立夏送来鸡子,不用封筒;端阳收过人情,从无投帖。还家忆梦,屡触愁怀;佐食无鱼,常教弹铗。侥幸能描细字,惬东主之欢心;催呼熟背生书,毕先生之事业。

尔其身列儒林,望隆贤士,不倦为心,请益则起。耳提面命,起居安得清闲;口吟手披,训诲敢教停止？对遍年庚八字,一村之俗事偏多;收来五百三钱,卒岁之劳资止此。岂是心烦虑乱,情所甘为？只缘亲老家贫,势非得已。

又若玉露迎凉,金花散彩,荷净银塘,月明沧海,送到中秋节礼,大都只有三分。还求上等东家,尚觉加赠一倍。做戏则台联托写,酬酢难辞;娶亲则诗句求题,文章安在？迨至三秋去后,朔雪飘时,年方告别,馆已云辞。检点图书,预找来年饭碗;搜寻门路,用些无限心思。一年朝夕饔飧,仅有栏杆苜蓿;终日安居栖止,不出社庙神祠。假装武艺文才,难瞒识者;做尽聪明伶俐,窃欲观其。然而文多为富,道不终穷。才夸吐凤,支[技]陋雕虫。拔帜文坛,九万直超乎云路;腾身馆阁,一朝见寄于遥鸿。从此礼耕义种,学富年丰。脱文纲以扬眉,宏恢事业;洗酸咸而吐气,曾逞英雄。又何事乞食沿门,托足旧书斋内,垂头丧气,置身浊富门中也哉！

道尽人情世态,确有此种形状,此写生妙手小斋

张子愚曰:颇中情事,确切不移。末后勉人一段,普天下蒙馆先生无不破涕为笑。

3. 蒙馆赋以"可怜业已在其中"为韵

若夫托业虽尊,操心弥琐;事类求人,学殊为我。束脩不足,何妨高下兼收;小子何知,一任东西列坐。安得家资小泰,舍此业以归与？不将身分高抬,冀东君之许可。

原夫馆之为蒙也,只求价钱,不重师贤。捧书堂上,筑室溪边。馆地烦

器,仅得三间瓦屋;关书注定,至多一吊铜钱。看来愚蠢冥顽,弟子之心驰相若;读到焉哉乎也,先生之口燥堪怜。

当夫折束情殷,入门心怯,居诸社庙神祠,铺设笔筒砚匣。枣糕啖罢,起居安得萧闲;苜蓿供余,教诲敢辞劳乏;侥幸旧书温熟,惬此日之欢心;催呼余课消残,习曩时之素业。

及夫夏景初临,炎风乍起,日影当头,书声聒耳。栋风吹处,尽多赤脚科头;梅雨晴时,雅爱浮瓜沉李。麦熟而饷来饼饵,礼亦宜之;花开而倚向窗棂,情何能已?

至若玉露迎凉,锦云炫彩,杂字搜寻,旧书涂改。送到中秋节礼,大都望绝鸡豚,遑求上等人家尚有馈来醯醢。报赛写戏台联句,众口咸称;息争书创业分单,公心自在。

又若北风吹处,朔雪飘时,侧身小立,束手凝思。竹箪笼镇日闲携,自觉冬烘非妄;绵絮被终宵坐拥,可怜夜度难支。仅知花木天文,蒙馆大都如此;不解殷盘周诰,君子所以视其。

盖由出言龃龉,做事朦胧,周旋世故,谎骗村翁。孰若才逾绣虎,学笃雕虫,典籍功深,半世有安于名士;文章命达,一朝见赏于宗工。庶几簪笔成章,待诏末天署里;何事授书垂训,尽心蓬荜门中也哉!

张子愚曰:酣畅淋漓,洗尽咸酸气息。末后一段颇有寄托,年少有此,此君如此不凡。

(三)坐馆先生文

名有目,为先生者,其名亦尊矣。既夫曰先生,自有不愧为先生者在也。而何以今之坐馆者,正徒目为先生也,可慨也夫!尝思夫[天]地之大德曰生,故化生万物,则有大生广生。是知生生不息,无不在包涵遍覆中矣。顾天地之生物,既见其无穷;而天地之生人,益征其各别。生于朝者争名,生于市者争利,乃有不在朝不在市,而独置身于家塾学校,正不必谓非名教中无是人也。

今夫身居教学之班,名别[列]儒林之末,不有坐馆先生也哉?想其博视亲师,讲学取友,则为学生后生。然学生后生犹处于卑,而先生已处于尊也。迨夫学问澜深,文章博雅,则为老先生、太先生。然老先生、太先生已极其尊,而先生则犹未甚尊也。是则名未登于天府,聊借糊口以营生;身尚困于衡门,仅恃蒙童而作活。

所谓坐馆先生者,非耶考世系之流传,而先代先祖先世先人,亦见瓜绵于奕祀。若先生则抵与先觉先知,同其轩轾,溯渊源之有自,而先圣先贤先师先进亦多辈出之英才。若先生则已与先儒先哲共此操持,其或九流是习,则有算命先生、做卦先生、看地先生、测字先生、医病先生、日子先生,亦得与坐馆先生而并列。而先生既曰坐馆,则因坐馆而后称为先生也。坐蒙馆先生,则催书写本,不惮叮咛;坐经馆先生,则讲书改文,时加训诲。先生之苦楚较之沾体涂足,而倍致殷勤。其或三十行兼管,则坐馆先生有时为算命先生,有时为做卦先生,有时为看地先生,有时为测字先生,有时为医病先生,有时为日子先生。未必非先生坐馆所兼营,而坐馆既属先生,则因先生而已经馆坐也。为通品先生,则时[诗]词歌赋无所不知;为瞎子先生,则破句笑谈定难悉数。先生之等第,似与考试科名而判分高下。则有上门图馆而拜识东家,必与东家先熟,是先生直可谓之先熟而不必然也。既是先生,则即谓先生,而何必以先熟者谬托知心,则有句读不知致坑人子弟,必是腹中吃屎。是先生并可谓之先死而何必尔也。业已先生,则总谓先生,又奚必以先死者增其嫉妒。幸而才高学富,则附生增生廪生贡生,亦见云程之发轫,而何至以先生致湮没于一世。不幸而执戈扬盾,则有老生、正生、小生、丑生,亦是梨园所不废,又安得以坐馆而肇锡以嘉名?

故有先生而兼称童生者,其人未入黉门也;有先生而兼称监生者,其人已捐未秩也。循名核实,夫岂徒以儒冠儒服自博虚名?有先生而为学生者,其人尚属从师也;有先生而谦教生者,其人自为抑让也。砥砺廉隅,又岂仅以抡雅扬风特诏高望?学士年长固谓先生,而坐馆先生不论其长也,书先念,字先知,有同先辈老成之意,人君下士亦谓先生。而坐馆先生则统谓之士也。先之以诗书,先之以礼乐,不殊酒食先馔之常。奈何今之东君刻薄先生,顽徒侮慢先生。将欲为舌耕之计,受不尽冷淡咸酸;将欲为家室之谋,养不活妻儿老小。致令先生一道,比之讨饭不如。吾愿坐馆先生勉为馆阁先生,无为讨饭先生也可。

张子愚曰:颇有生发,描写情致亦复穷形尽相。作时文读,可;即作游戏观,亦无不可。

(四)冬烘叹

为人何事训蒙童,十个先生九个穷。也想改图图不得,可怜业已在其中。

一年辛苦到三冬,几百铜钱当赏封。接着铜钱拉(佳)主顾,待他还要带谦恭。

于今坐馆有新腔,和尚将钟竟日撞。倘有一时钟欠响,山山两字请他邦。
总要含糊学吃亏,脸皮老厚讨便宜。略将身份高抬起,便是先生倒运时。
算来馆谷极其微,犹有旁人说馆肥。凸肚过桥充好汉,饱人那识饿人饥?
敢歌弹铗食无鱼,叫破喉咙当嚼咀。谁把蒙师来上数,粗茶淡饭待何如?
子弟生来蠢又愚,父兄只怪少工夫。先生装进学生肚,破看依然一字无。
一场心事向谁提?命运生来齐不齐。世俗延师非论学,只图将就没高低。

由来坐馆是驮牌,开口脩金一捆柴。不得不然之势在,哀哉此日世情乖。
近有先生怀鬼胎,勾人子弟不须媒。脩金不论随茶饭,以致东君大起来。
闷塞心头气不伸,无如枷锁一囚人。纵然格外私帮补,及到年终总是贫。
学钱鹅眼丑纷纷,银水何曾见着纹。借账算完柴米缺,一年能有几餐荤。
一年四季不相安,费尽精神讨好难。足抵长工三百日,那能高卧复加餐。
偷得工夫片刻间,偶然玩水或游山。谁知突遇东君过,未及开言已汗颜。
自古相传有砚田,料来衣食欠俱全。腰驼背账[胀]喉咙哑,还说先生不值钱。

最难初学把红描,四句生书教一朝。百个破蒙都不厌,想收粽子与潮糕。
学生多少叫谁包?就是撑船有搭稍。正喜新添三五个,旧家子弟又飞跑。
坐馆何曾有富豪?脩金拖欠实难熬。衣衫褴褛犹之可,饿肚焉能教尔曹?

想到开年没奈何,壁头壁角尽搜罗,张三李四还无几,其奈先生实实多。说起吾侪好肉麻,竟将此事作生涯。精神抖擞周旋遍,图个东君赞不差。近来教学要奇方,愚蠢顽疲[皮]坐满堂。但效药中甘草味,或生或炙六和汤。

有种蒙师瞎眼睛,句讹字错授诸生。东人皂白浑无辨,但说都来一味轻。寒儒自甘受伶仃,卖弄人间坐馆经。一部金刚都说尽,依然施主不垂青。诗书经史为闲务,杂作奇谈是上乘。星卜堪舆兼脉理,先生好处不时称。肚皮气大哑无言,积满心头不白冤。大抵更遭长舌妇,先生长短满街喧。怪相神头一捞收,犹如农父守呆牛。顺他心性循循去,把得今年混到头。西席传来古至今,居然名色列儒林,箕来每日钱多少,淘气伤神又费心。时节长年却有三,脩金按节不心甘。催来讨去终悭吝,反道先生素性贪。馆肥须要出头尖,谋荐工夫要嘴甜。三日不闻回信到,观音大士去求签。蓝衫有日换青衫,此种先生才不凡。兼把抽丰都打遍,扬眉吐气脱酸咸。

张子愚曰:入情入理,颇能道出苦情。非过来人,焉能道其只字?

【附】歙县石川吴百义、吴善义的《丛杂为则(应酬)》中的《冬烘叹》:

> 呜呼!前世不修,一堂散馆;今生作孽,几载蒙师。用出十二分文才,仅容糊口;演成十八般武艺,难许肥囊。断定脩金,言清节礼。青蚨几百,疲耐不上半千;白镪数星,加曾凑成一两。此外从无请酒,其中只有供茶。自新正以及端阳,仪方见送;由中秋而至岁暮,账未施清。吊死庆生,朋情叠叠;穿衣吃饭,家用纷纷。日日过年,时时做债。受尽遍身之苦,难消满腹之愁。早起无聊,难免胡思乱想;晚间得暇,因成滑调油腔。人云痛哭乎哉,我自大笑焉尔。

为人何必训蒙童,十个先生九个穷。也想改图图不得,可怜业已在其中。一年辛苦到三冬,几百铜钱当赏封。接着铜钱拉(佳)主顾,待他还要带谦恭。

总要含糊学吃亏,厚颜不顾讨便宜。稍将身分[份]高抬起,便是先生倒运时。

算来馆谷又轻微,犹有旁人说馆肥。叠肚过桥充好汉,饱人那识饿人饥。
敢歌弹铗食无鱼,叫破喉咙当嚼咀。谁把蒙师青眼待,栏杆苜蓿照何如?
子弟生来蠢又愚,父兄只怪少工夫。先生装进学生肚,剖看依然一字无。
满腔心事向谁提?否塞穷通运不齐。世俗延师非论学,只将考试看高低。
原来坐馆是驮牌,开口修金一捆柴。不得不然时势在,哀哉此日世情皆。
闷在心头气不伸,虽无铁锁似囚人。纵然格外施帮补,及到年终总是贫。
一年难得静而闲,费尽精神讨好难。足抵长工三百日,那能高卧复加餐。
偷得工夫片日闲,偶然玩水或游山。谁知恰遇东君过,未及开言已汗颜。
最难初学把红描,四句生书教一朝。百个破门[蒙]都不厌,赢得粽子与潮糕。
学生早晚不时添,好似撑船有搭稍。正喜新添三两个,旧家子弟又莺迁。
坐馆何曾有富豪?束脩拖欠实难熬。衣衫褴褛犹之可,饿肚焉能教尔曹?
个个贤东遍奉承,聪明弟子不时称。痴呆蛮蠢都包[褒]奖,此馆方能做得恒。
怪相神头一捞收,宛如农户守呆牛。顺他心性循循去,保得今年混到头。
此席传来古至今,居然名誉列儒林。常筹每日钱无几,淘气伤神又费心。
品列宫墙莫奈何,笔头笔角尽搜罗。精勤实业晨星廖,其奈庸师实实多。
馆肥须让出头尖,谋荐工夫要嘴甜。三日不闻回信到,观音大士去求签。
说到吾侪苦莫加,勿专课读作生涯。精神抖搜[擞]犹难尽,图个贤东赞不差。
近来施教要奇方,方赚顽童坐满堂。但效药中甘草样,或牛或炙六和汤。
有种蒙师瞎眼睛,白讹字样授诸生。东君皂白浑无辨,把盏都来一味轻。
寒儒岂肯受拘囹,好似游僧募化形。一部金刚都背遍,依然施主不垂青。
蓝衫何日换红衫?此种先生志不凡。若入酆都都炼遍,扬眉吐气脱咸酸。

(五)坐馆黄莺儿

叫得嘴儿干,遇顽皮,心不安。调停供膳千般款,荤饭一餐,素饭一餐,清晨丰盛冲鸡蛋。最可笑,先生肚小,少吃主人欢。

粽子与潮糕,破蒙儿,不白劳。老粗卜面和汤料,银朱一包,贽礼一包,寿桃鸡子盘盘要。熟言文,教他几句,再去把红描。

到夜竟无眠,蚤儿多,跳床前。浑身遍体都缠遍,调向东边,调向西边,可怜多是红斑点。黎明到,先收被铺,去坐破青毡。

辛苦眼难开,霎时间,困睡来。儿童撒野才为快,心思倦哉,精神怠哉,终朝闷坐真无奈。上完书,每人两进,防彼打呆呆。

背去复吟哦,字仿完,着意多。写来点画须防错,添注几何,涂改几何,手持朱笔循循诱。神伤矣,腰驼背曲,明日且奔波。

精力已经疲,到夜来,只有嬉。读文几遍如斯已,诗书懒稽,功名路歧,场中考试难得意。再休提,云程发轫,金榜把名题。

懊悔已嫌迟,未熟温,书易诗。春秋礼记皆忘矣,字义迷离,出处狐疑,看来只好糊涂写。归家去,垂头丧气,难以见娇妻。

馆运甚寻常,未书关,心里忙。重阳节近真惆怅,批过一番,写了几行,完却做事儿心放。暂丢开,高眠一着,睡到大天光。

日子坐完全,捡书箱,去过年。纷纷送礼休心熟,徒散窗前,身坐庭前,伤心鬼话都说遍。最堪怜,铜钱几百,望得眼儿穿。

岁暮早归家,换衣裳,先吃茶。油盐柴米都曾要,账目开消[销],骨肉团圆,室人交谪争相打,剃个头,请还目下,明日闹元宵。

彼此互求神,造谣言,没假真。求签测字多高兴,财利十分,馆运十分,家人妇子争相问,拿不稳,几多馆谷,先去问东君。

更有不通人,教书儿,念白文。堪嗟字义多蒙混,难解一经,不识一丁,四书经史糊涂念。真可笑,未曾检点,弄出臭名声。

平白逞英豪,不知腔,死好高。江南无敌常胡闹,不识高低,不知肉麻,笑谈破句多多少。早知道,这般本领,何苦把书教。

到处是先生,去坐馆,遍寻文。牌地驼出沿门问,滥贱几人,流教几人,文章满腹无人请。真愤闷,公门桃李,用不着儒林。

真正好懊恼,质直人,寻馆少。自家埋怨多颠倒,昨日柱劳,今日柱跑,无颜难见江东老。最糊涂,人家训子,是乱来汤药。

更笑馆难成,出铜钱,买嘱人。伤风败俗全不问,借人出名,自己上门,旁人口里先评论。最堪不、请关书酒,人气绝无存。

兴味已萧然,遇知交,各道冤。东西南北来相荐,东家见偏,学生性悭,自家行事无亏欠。说不尽,冲天雾气,万世坐寒毡。

我坐已多年,好亦然,歹亦然。从无疲气讨人嫌,命运多遭,功业难专,何须与人相较量。到不如,狂歌畅饮,聊且学神仙。

张子愚曰:穷形尽相,为教书人一一写照,读之令人发笑。末后安命一段,说得心平气和,彼逐逐者,可以爽然自失矣。

(六)蒙师二十五丑

第一丑是颠连候;第二丑欲图馆久;第三丑上门儿凑;第四丑教沿门学;第五丑不通文墨;第六丑不识句读;第七丑愧脩金薄;第八丑笑人品陋;第九丑夜无荤酒;第十丑在新年贺;第十一丑要长年坐;第十二丑若无伴友;第十三丑怕衣衫旧;第十四丑把祠堂守;第十五丑恨事头夥;第十六丑贵循循善诱;第十七丑舍此无路走;第十八丑请关书酒;第十九丑独有先生多是狗;第二十五丑总靠脸皮厚。

张子愚曰:先生丑态描写殆尽。

(七)集俗语竹枝词

十个先生十个穷,最难惟有训蒙童。瓦抔自有翻身日,昨日今朝大不同。
去年已过又今年,一日清闲一日仙。万事不由人计较,有钱难买子孙贤。
怪相神头一捞收,不风流处也风流。乌猪自有黑主顾,命里无时莫强求。
千年田地八百主,檀树银包使铁箍。东处遇财西遇宝,得来全不费工夫。
话不投机半句多,人生有命待如何?时来遇着鬼挑担,快乐时光莫错过。
人老何曾再少年,人生不乐也徒然。铜钱眼里翻筋斗,把得千钱想万钱。

无缘对面不相逢,仍恐相逢是梦中。时运不通金变铁,骑牛撞见亲家公。
身上无衣便人欺,死马要做活马医。善恶到头终有报,只争来早与来迟。
千般武艺都行手,丢去爬儿捏扫帚。相打手里夺拳头,强中更有强中手。
运去雷轰荐福碑,三分本领七分时。文章自古无凭据,心病原须心药医。
做一行来怨一行,时来顽铁也生光。人逢喜事精神爽,烈烈轰轰做一场。
一分行货一分钱,读得书多胜买田。只有错买无错卖,尖酸刻薄总徒然。
一年辛苦到三冬,逐日和尚逐日钟。辛苦趁钱快活用,人生何处不相逢。
千般生意万般难,门外汉来逞瞎谈。才算嘴甜心里苦,一年四季不相安。
一寸光阴一寸金,学生乃[哪]个惜分阴。劝他努力须年少,费尽精神费尽心。

三百长工二百学,休言卖弄先生惰。得便宜是失便宜,撩萧吃食撩萧教。
贫居闹市无人识,一举成名天下知。一日三来三日九,十年身到凤凰池。
半学痴愚半学狂,朝欢暮乐过时光。糊涂吃酒不归款,多少旁人说短长。
眼睛生在额角头,前人田地后人收。人生[心]不足蛇吞象,莫把儿孙作马牛。
不打黄金教不成,黄金板上有功名。逢人且说三分话,未必他心似我心。
巧妻常伴拙夫眠,满腹文章不值钱。世事无端何足计,月如无恨月常圆。
修金越少学生多,任尔才高奈命何?世事茫茫何日了,千般巧计枉奔波。
夜图一宿日三餐,多少旁人冷眼看。一个先生千个管,生人容易做人难。
莫怨时乖莫怨贫,皇天不负苦心人。臭草自有开花日,不须计较与劳神。
莫管他家瓦上霜,各人做事各人当。今朝有酒今朝醉,一觉睡到大天光。
一生都是命安排,莫把他人事挂怀。命里有时终须有,何须与彼结冤家。
切实工夫海样深,寸金难买寸光阴。年华似箭催人老,失去光阴那处寻。
富在深山有远亲,一朝天子一朝臣。天塌自有长人顶,不薄今人爱古人。
万事心焦只叫天,上行生意下行钱。顺他心性循循去,除了荒年有熟年。
时来顽铁变成金,只重衣衫不重人。一个铜钱四面福,不来亲者也来亲。

张子愚曰:引用成语如自己出,绝无牵凑之痕。文章本天成,妙手偶得之,洵然。

(八)馆中十事

破屋

墙垣颓覆瓦全无,屋破梁摧户不坚。四壁萧条难蔽日,周围坍败已经年。磬悬已早怜寒士,巷陋真教寻昔贤。最恨不堪风雨夜,孤灯相照倍凄然。

岩墙

短环一堵强撑持,四面岩墙势已危。早叹修葺非易补,谁云家室尚难窥?砖灰破坏形将裂,茅茨颓败力不支。若得他年能整理,重新还好耀门楣。

荜门

柴门两扇逐江开,日日攻书子弟来。蓬户双双推野径,芸窗一一伴林隈。斋铺白板千山对,帙拥青箱万卷该。圭窦安居贫士乐,漫教风雨便相催。

旧壁

旧日装成四壁空,两间茅屋暂遮风。尘灰未扫盈斋内,蛛网频添偏室中。漆色已教成眠灭,油光都觉望朦胧。满堂污秽难容膝,垣堵萧然是故宫。

布被

一幅裁成暂御寒,谁云卒岁尚嫌单。纤纤织就千绦密,缕缕量来几尺宽。粗布可遮聊礼适,薄衾得暖觉心安。世间多少清贫士,有被安眠尚觉难。

草铺

在室伊威逐自便,萧然一榻伴窗前。睡时还有千绦草,铺下全无半寸毡。叠褥原难期此日,重裯只好忆他年。终宵且作安身计,永夕何曾合眼眠。

深林

门前一带尽荒坟,烟影迷离望不真。灯火乍添枫叶老,书声还助管弦新。莺栖径外堪攸处,鸟宿林中讵避人。月色黄昏谁是伴,此身端与鬼为邻。

顽徒

由来处馆实堪伤,愚蠢顽疲[皮]坐满堂。课紧主人嫌责备,功疏弟子更荒塘[唐]。苛求只怪师之惰,溺爱谁知子不良。如此生徒难引导,要开心窍止仙方。

野径

茅□窗外鸟传喧,径静还听犬吠门。野路无人声寂寞,深林一带月黄昏。夜眠孤馆难高卧,寒逼青灯欲断魂。梁上诸君休起意,生涯剩有破书存。

湿地

檐沟闭塞未疏通,四壁泉冲尽湿中。潮气逼人难过日,水声流地尚临风。诗书毡上青铅砌,桌凳霉侵白墁融。最怕可怜秋里坐,惹人疾病实无穷。

(九)叹馆诗百首

何堪常坐冷青毡,惭愧寒儒砚作田。人道教书为上品,上行生意下行钱。
不修惟有教尔曹,口渴心疲力又劳。身份高抬嫌价少,来年馆事不坚牢。
东君刻薄更吹毛,还要先生本领高。淡饭粗茶聊粟脱,撩萧看待实难熬。
徒然名色列儒林,伤尽精神费尽心。谁把蒙师来上数,休言教子胜遗金。
细想无如坐馆难,谁将甘旨奉盘餐。一般苜蓿应知味,佐食无鱼剑铗弹。
说起脩金好肉麻,自支身背便持家。一般用度难敷衍,柴米油盐总是赊。
教学新腔号领孖,聪明子弟不时夸。纵然读过书多少,工课还来仔细查。
周年半载始还家,启悟由来是带枷。尚有儒林玷辱辈,犹将此事向人夸。
风俗浇漓处处皆,生来命运早安排。人家训子还心愿,谁把先生放在怀?
一进门来百事牵,戏联排[牌]匾并堂联,精神尽抖周旋遍,辛苦何尝见着钱?
西席营生实可嗟,百般事体要行家,同村细事都经管,还说先生本领差。
人言振铎是生涯,学奉何曾分外加?欲用铜钱难去手,纷纷馈礼有谁家?
蛮蠢无知闯学堂,更逢长舌妇难当。一蛮自有三分理,气满胸中怒满膛。
伤心鬼怕是隆冬,远近山头白雪封。黑夜孤眠双足冷,薄衾那得暖烘烘。
夜间正好做工夫,背痛腰驼兴趣无。惟有夏天真受罪,蚊虫蜘蚤咬肌肤。
闲老时常坐学堂,看书不便把功荒。工疏学浅难精进,何不回头改别行?
一身拘束颇难过,好似山中鸟入罗。足抵长工二百学,犹嫌日子坐无多。
做成债负实难驼,家用纷纷可奈何。命舛更教添外祸,遭些磨难受风波。
寒儒沦落不逢时,冷暖人情只自知。苦海无边难走脱,未知何日得扬眉。

自顾头巾笑白丁,文场有眼不垂青。只图将就朦胧过,没处安身借路亭。
天教有意困英雄,多少斯文不济穷。世上万般皆是命,非关学富即[及]年丰。

惭愧无才事孔方,一家薪水颇周章。笔耕墨稼难逢熟,空望农家是稻粱。
女嫁男婚债务牵,忧愁愁到过新年。千行作活原为上,力弱难耕负郭田。
常有瘟疬造假言,张三李四满街喧。门生一到书堂内,就要包他中状元。
总宜事事要朦胧,眼做青光耳作聋。学哑装呆聊混过,及时勤俭自加功。
五百三钱一捞收,见钱发货没生愁。宽宏度量温柔性,保得今年混到头。
到夜清晨费苦心,教他识字值千金。只因偷懒难饶恕,打骂翻成怨恨深。
雄飞未获志难酬,更待何年出一头。无锁无枷难自在,笼中之鸟禁中囚。
书摊铺设苦匆匆,写本催书大用功。欲想更途无可改,求名求利事皆空。
深山处馆不开怀,吃酒还须要上街。时至插禾惊睡梦,门前青草独听蛙。
叠叠朋情用度纷,嘴间熬苦省分文。东君不愿因何故,肉价低时不折荤。
诈伪奸刁样色全,脩金无几撮毛钱,箝毛打吊犹疲欠,几百文儿眼望穿。
甘苦年来已备尝,一生空替别人忙。当初悔不谋生理,做一行来怨一行。
床无褥毯草铺成,布被腌臜虱又生。还有东君交好至,领来搭铺太无情。
堪嗟命运惯颠连,潦倒名场数十年。道味何能邀至味,徒劳铁砚苦磨穿。
新年馆事一开张,抛却妻孥走异乡,应试临期无考费,场中只好卖文章。
此中苦况颇凄栖,可叹来年运不齐,世俗延师非论学,但将考试看高低。
一落孙山胆欲寒,脩金加价倍艰难。世情勘破真如纸,普盖都从冷眼看。
祠堂庙宇是栖身,运去时衰鬼弄人。弟子从来多懒惰,书堂未扫案生尘。
一生受了许多冤,恼得心中没处喧。如此苦情难告诉,旁人犹有鬼牵魂。
年来年去总是贫,枉然做了读书人。文章不疗饥寒苦,裋褐难完百结鹑。
一场心事向谁提,挨到年终更惨凄。不便再餐东主饭,脩金拜托代收齐。
节礼诸般一梱柴,东君主意会安排。浇漓虽是人情薄,也怪先生命运乖。
愁来无奈强登山,好把心中俗虑删。不料恰逢东主过,来年便道不书关。
待慢还须口莫开,总宜将巧做些呆。间言要入东君耳,马上添些气恼来。

个个先生会奉承,尝称子弟有才能。非将愚鲁包他去,东主心中冷似冰。
神头鬼脸好游嬉,稍不担心就调皮。工课荒唐童子乐,东君不讲肚中知。
同行嫉妒不甘休,空把明珠向暗投。有用之才偏勿用,真教药石反成仇。
见有蒙师瞎眼睛,不知轻重乱批评。东君不识全相信,流俗原难口舌争。
馆中包饭是驼牌,籴米油盐更买柴。供膳不愁无肉吃,自炊只好学常斋。
包馆方才稍占长,脩金饭食胜寻常。学生姑息尤难打,少责多教是妙方。
愚蠢一概尽包荒,此馆方能坐得长。若是顽疲[皮]即直说,来年心定请他乡。

朽木伤心未可雕,富豪子弟长成骄。如同宝贝常珍恤,唯有含容路一条。
不肖犹多没下梢,诗书未熟便抛全。不知世务愚人辈,还说先生未肯教。
背着先生就模扬,此宗子弟更荒唐。东君嘴叫先生打,又怕先生要打伤。
有种顽疲[皮]侮慢师,不遵模范不循规。工夫长进期何日,义理疏通到那时?

生徒那得有名贤,匪类休将字义传。忆昔逢蒙曾杀羿,不知取友命相连。
已将时势看清明,世重金银道义轻。试看近来诸子弟,发财谁肯记先生。
黄金板上有功名,不打黄金教不成。督责森严怀怨恨,大来犹把旧仇生。
最难惟有训蒙童,每日牵来几个铜。叫破喉咙心力竭,脩金拖欠到年终。
闷塞心头似火烧,不妨潇洒学渔樵。可怜费力惟初学,天地玄黄叫一朝。
一年能有几钱铜?恼恨张罗是破蒙。尚有东君不识调,还来要叫写描红。

可笑门生入学初,叫人圈点两行书。潮糕粽子都全省,风俗才为顶不知。
贽礼通身可赖疲[皮],脩金数百尚拖迟。此中苦楚诚难诉,惟有先生仔细知。

伤心供饭更糊涂,到夜聊沽酒一壶。安得陶然供一醉,酣歌畅饮足欢娱。
非逢时节肉全无,纵有如同纸样铺。碗面周围三四片,还云西席是徒铺。
新正回拜几人知,门馆人家贺节时。请酒粗仪盛几碗,粿儿薄肉也稀奇。
清明节届实难过,纸箔金银店里拖。籴米无钱都借账,此中皮货怎能驼?

时节端午送礼仪,两三鸡子手中持。哀哉普盖都如此,刻薄皆因礼不知。
些微薄礼可全收,借此何妨讨束脩。疲气不如多挂着,商量一定到中秋。
时当交夏米愁无,价重何能把发呼。交谪时闻犹事小,拖钱付会更难糊。
长年三节是常情,不料今时又变更。端午中秋随意送,几家年节到先生?
春花秋月未能游,难洗胸中万斛愁。闲看浮鸥真自在,无拘无束遍汀州。
恰逢重九喜登高,落帽芳辰逸兴豪。借此且图拼一醉,好诸随友去题糕。
岁暮东君起恶胎,先生坐馆尚装呆。临时再把脩金送,鹅眼青蚨弄出来。
开年馆事不成功,鬼亦揶揄笑命穷。壁角搜罗图别业,或开药铺或医工。
发财端的是囊中,也要行时命运通。批过方儿钱数十,何难两指当钱筒。
问卜评庚谢敬微,送来礼物也添肥。扛他几句心欢喜,命理精微识者希。
纸扎偷闲做许多,疗贫无计统张罗。新正便把衣灯卖,添补原来不算他。
回归解煞总全包,好比撑船又搭捎。问卜堪舆勤习理,有人来请就飞跑。
人家写信是寻常,冥袋分单也要行。提起手来千样会,先生好处自名扬。
带些野气可无妨,只要平生别样行。空弄黄头闲炒肉,赌钱吃酒养婆娘。
时将果子送东家,人气全无好肉麻。七请八辞无挂累,有人替彼手中拿。
用强用计暗中勾,见有同行妒不休。买嘱东家拿主顾,此宗原属下场头。
近来教学有新闻,论语全篇念白文。破句笑谈难数悉,糊涂圈点哄东君。
不堪犹有教书人,生意更图伪乱真。东君几人分皂白,念成字调一时新。
颇多商贾改先生,株守家园把砚耕。文义不通牛作马,句讹字错不分清。
何须字体细推详,东主原来两眼盲。不管之乎兼者也,总因瞎嚼却无妨。
东君不问学如何,就是农夫也教书。句读不知随意点,何须先把六经锄。
全然椁腹强为师,破句全教大学之。七窍不通都坐得,焉哉乎也矣然而。
有种蒙师实可哀,图谋亲自上门来。束脩跌价风斯下,滥贱还要自做媒。
更有先生怀鬼胎,批关请酒酌金罍。伤风败俗皆由此,以致文风滥下来。
兼之好馆更难图,多少才人口不糊。浊富门中偏吝啬,先生面上做工夫。
寒儒犹把砚田耕,此事如何养得生?辗转匡床常不寐,一番回想一番惊。

名扬[场]潦倒不登科,文字虽佳奈命何?堪叹终年伤落寞,一生空自枉奔波。

迅速光阴似过滩,卅年徒自误儒冠。欲思发奋难如愿,安得功成九转丹。
不如异辙早回头,何事劳劳苦不休?勤尚书中勤诵习,他年预备黼皇猷。
果然侥幸出头尖,另眼相看学价添。若中东家的意见,还须要得嘴儿甜。
虎榜名标甲第高,一时英气压群豪。飞腾再见乘龙去,脱却蓝衫换紫袍。
冲天有日广寒游,一洗胸中万斛愁。脱去皮囊恩宴赐,扬眉吐气出人头。
张子愚曰:写去寒偏一番苦况,所谓嬉笑怒骂皆成文章,真令人不厌百回读也。

(十)题诗八首

海天一片湿云飞,红日飞零绿自肥。底事客依消未得,小窗斜日望催归。
王孙草绿雨初晴,浩渺乡心未日平。最是江南风景好,杂花生树乱啼雁。
西风吹雁报新春,山远空林景渐迷。欲笑萧然江上客,画中先自画归舟。
破衫敝帻任斜歌,笑杀轻肥市上儿。一样酒旗风雪夜,惜无人唱玉关词。
花满衣门静不关,绿光春老故人还。相逢莫问年年事,意气黄金一笑开。
别业湖除柳数株,长条岁岁拂青芜。春来几度还相忆,醮雨笼烟似旧无。
墨雨浓披远屿寒,西风木叶坐吹残。年年一榻新窗里,长把溪仙作画看。
十斛春愁一瓮消,短歌才罢又去谣。醉乡人士知多少,无我无君亦寂寥。

四、塾师传记举隅

本部分主要辑录徽州族谱、文集、方志中的塾师传记。选择的传主是活动于明清两代的徽州乡村塾师。既有经师,也有蒙师;既有集功名与声誉于一身的乡贤名家,也有籍籍无名的普通士子;既有他传,也有自传。

(一)方凤衔《王庶怡茂才传》(单行本)

庶怡,姓王氏,名逢熙,歙之淇川人也。昔尝问字于予。入邑庠,年近四十,无心进取。家贫,训读以终其身。

迩者其友人来言曰:"庶怡今春去世,忽忽已数月矣。其一生行谊实有不可泯没者,盍与先生述之?庶怡之为人,立心笃实,处事有才。曾为其宗祠筹众务,置祭田。祠左有荫木屡遭侵害,甚有争其业者,乃极力严辨,由是复养成林。平素与人交,相尚以义。家虽贫,见利必推让。人有才能,争称誉之;人有患难,力维持之。凡交际往来,不存私见,必诚必信,其犹有古君子风欤!噫!尝见世之交友者,嬉游笑语间惟利是视。稍有未遂,辄匿怨于心,阳若与好,阴实为仇。每隐言相谤,借事相攻,致令无端起衅。衅既成,又佯为不平,殷殷慰问,其友尚感其情。于是私心窃喜,以为我报怨而人莫知之。较之陷阱下石者尤甚矣,斯真禽兽、夷狄所不为,而其人反自以为快者。视庶怡为何如耶?庶怡昔年馆邻村,严而有方,生徒多成就。不幸冢子物故,忧郁成病,时愈时发。近乃教授里中,脩脯愈薄,家计日窘,而堂上慈亲甘旨必备。仲弟早卒,与季弟友爱尤笃,犹子从学,训迪时殷,家人悉无间言。略述行实,请先生作传以阐扬之。"

应之曰:"庶怡少予六岁,及门中惟最长,气谊尤深。适闻子言,皆予所欲道者,不辞衰老,援笔而为书之。"

论曰:若人生性质朴,不事浮华,名列胶庠,惟教读为活计。晚年多病,举家攸系。老母在堂,幼孙倚膝,次儿幼女婚嫁待毕,何天不多假之年?六旬有二而长逝,而一生实行非惟宗族交钦、乡里足式。其与人交,无欺无伪,尤为吾党所共惜。

光绪十八年岁在壬辰秋九月锡三方凤衔撰

(二)何宗敏《李政元先生传》[黟县《鹤山李氏宗谱》卷末,民国六年(1917)刊本]

先生姓李氏,讳有曜,字政元,号禹门,邑之鹤山人也。祖时超、父尚涵皆业儒,为名诸生。以两世俱在休宁设教,遂家焉。

先生生有至性,且禀异资。童年入塾,颖悟异常儿。不数周,诸经悉成诵。当前清时,士争治帖括之学,有半生呫哔,至老而不能青一衿者。先生年十二即开笔为文,洒洒洋洋,悉中理解。年十六入邑庠,家贫无以资膏火,遂设馆于休邑之中塘。时先生之父在龙源授读，犹健。逾两载，父病。先生因返龙源侍疾，衣不解带者月余。道光十二年冬，先生之父殁于龙源。适天大雪，匍匐百余里，奉父尸回黟，入祠舍殓。家本寒素，陡遭大故，窘甚。先生将伯一呼，知交多助，以是饰终得尽其礼。年二十六，始娶城中环山余氏，生丈夫子三人，长世泽、次世澍、又次世润。先后学贾他方，俱能秉义方之教。

先生以谋道为谋食，笔耕墨耨，无间寒暑，远近皆慕其名。初应石门程家之请，后受渭桥吴姓之聘，羔雁充庭，争相引重。休之知名士半出先生门下。先生虽久居休，然黟为宗族所在，且以母故，岁必来黟省视外家及族中诸父老。后其母竟卒于黟，先生闻耗痛不欲生，仓皇奔丧，殡殓如礼。事毕，仍回龙源课徒。

无何，粤匪直犯徽宁，旁掠郡邑。承平日久，人民不见兵革，望风逃窜，遂至糜烂不堪。先生创保甲以卫地方，实事求是，邑赖以安。为知县唐公所嘉许，而其名亦由是显。时曾文正驻师祁门，礼贤下士，欲得群材以弭世变。延邑人程伯敷先生入幕，程君与先生素相友善，知先生才堪大用，偕其僚友踵门劝驾，礼意甚殷。先生耻以戎幕为梯荣之路，辞不以赴，士论高之。

居家仍理旧业，与诸生讲贯，剖析疑义，终日酬答无倦容。尝谓人曰："士以成己为体，成物为用。师道立则善人多，不必有勋业及人，而天下固已治矣。"晚年乐休邑西馆山水之胜，僦居是间。遗言诏子孙世守其业云。先生生平勤困清白，传家三世书香，卒以课徒老。呜呼，伤矣，抑亦足以传矣。

赞曰：尝闻在三之节，君亲而外，师有同尊。师之为道，不綦重欤？先生修累世之儒业，作一时之师表，品端学粹，学者宗之，谓非士之难能可贵者耶？《周易·习坎·象辞》有之曰"君子常德行，习教事"。若先生者，庶乎近之矣！

民国六年季春月 同邑后学何宗敏拜撰

(三)詹逢光《植卿查先生行状》[婺源《婺源查氏族谱》卷尾《文翰》，光绪壬辰年(1892)刊本]

老友植卿以笃志勤学闻于时，今以长才卒于家。其长子济民求作行状。

予与先生交最深,知最久,自不获辞。因不禁太息而言曰:"呜呼!好学之无凭,立志之不足恃也,竟如此哉!以先生之才之学,宜登巍科膴仕,知名于当时,垂誉于后世,而乃老死寒毡,郁郁以终。此天也,非人也。"

先生讳人纲,字植卿,别号兰谷,凤山人也。年十四,随尊人尊如先生客湖南。因家贫,习学子母计。心不欲,请于父曰:"今得与父偕,晨昏定省,诚足乐。方今以括帖取士,除考试无由进身。儿请归里读书,以遂显扬,愿父壮其志。"使之归,受业于沱川余筠石夫子之门。先生性颖悟,加之以勤奋学举子业,未数月即成篇。得题后迅笔直书,不事涂改。他人构思终日,莫能及。同堂有"三杰"之称,盖谓先生与品芳世兄及予也。师亦器重之,谓用功之坚,成材之速,未有能及之者。

适值乱离,停试遁迹深山中,手不释卷。无日不以诵读为心,实无日不以功名为志。同治乙丑以诗古正取,入邑庠,旋以补行己未、庚申岁科试考,列超等,补廪食饩。时年三十有四矣。值出案,涕泪沾巾,以双亲不得见为憾。丁卯乡闱荐卷,庚午房备,己卯得恩贡,就职教谕。

先生为文必出自心裁,不肯稍拾人牙慧,一空依傍之习。文境凡三变:少年惊才绝艳,如花如火,多气盛言宜之作;二十而后摩仿先辈名程、前贤闱墨,布局立格恬淡经营,多制胜争奇之作;至三十则不矜才,不使气,心平气和,或如宝琴瑶瑟风雅宜人,或如美人幽兰孤芳自赏。人有以笔弱目之,而不知百炼钢化为绕指柔。所谓"看似寻常最奇特""成如容易却艰辛"二语可以持赠之矣。由是文名噪远近,从游之士甚众。教人有法度,循循善诱,不见倦容,然善开人心思。弟子中有赋质迟钝者,从他人读,莫能获教益。一入其门,便得进境,文艺遂有可观。故髦髦后进多赖造就,有捷春秋闱、成进士以去者,而先生之屈抑如故。

先生为人方整,至诚出于天性,平生无疾言遽色,终日危坐,凛如也。事亲孝,惟处境难,菽水承欢,人言无间,待昆弟备极友爱,与人友久而能信。至于和宗睦族之道,亲仁泛爱之规,一举一动俱足为法。使天假之年,或者犹谓大器晚成。如古来之文士,明之陈先生大士六十四而举于乡,又四年始成进士,授编修。本朝沈先生归愚六十六举于乡,越明年而成进士,入翰林,后官至侍郎学士,秩晋尚书衔加宫傅。未尝不可为先生期者,而先生何得不遇也?

呜呼,以先生之勤学自修,笃志不倦而又孝于亲,悌于长,义闻著于家庭,品学重于里党,乃竟长才莫展,徒抱利器以终其身。吾故曰天也,非人也。予才德不逮先生,而遇相似,年又长二岁,伤先生盖自伤已。

先生卒于光绪戊子年正月廿一亥时,距生于道光壬辰年五月初三巳时,得年五十有七。元配詹氏。继娶程氏,生子一女一。三娶詹氏,生子三,孙男四,女孙一。所著有《历代史选》《翔凤山馆文稿诗稿》,所编集有《举业正宗》《举业津梁》《历朝诗别裁选本》《试帖选本》等卷,俱未梓。

(四)游应宸《蕃斋先生行状》[婺源《婺南云川王氏世谱》卷四,乾隆二十一年(1756)刊本]

先生,当代伟人也。表而彰之,故名公巨卿任,宸何敢知?虽然,明道程先生卒,序作于伊川文公;朱夫子卒,传成于黄榦,惟是亲炙既久,所以称道弥真。则先生殁,欲状其行事之实,为弟子又奚辞?

以宸所闻,先生名家子,大父以儒术起家,锐意教子。师伯祖讳琳、讳琪,师祖讳东,字璧府。先生同年入学,人文之盛所自来矣。师祖娶桃溪潘太符先生孙女,举四子,长讳泰,邑庠生;三讳楠,四讳桴,先生仲嗣也。生而颖敏,甫总角,能尊庭训,日记数千言不忘也。十岁应府县试,辄高录,时有神童之目。十三为文宗陈拔取博士弟子员,十四国朝鼎兴,文宗李复考准入县学。先是,师祖以贵气旺桃溪,而心钟爱先生,故令先生以甥继舅者五年,嗣潘姓。有挠之者,乃以十五岁归宗而学名则仍潘姓云。辛卯,师祖物故,先生时年廿有一,抚棺大恸曰:"儿不能博科第慰吾父于生存,罪莫大焉。"爰是益自刻厉,日肆力于书史。迨甲辰,文宗孙优取第六,食饩;甲寅,文宗虞考,冠多士;乙巳,领乡荐,候选训导。乃先生志不以此终,殚精竭虑,直如为诸生时。顾以运厄,遇不称才,惜哉!

先生为文雄迈,试屡列前茅。但积学功深,谋生计拙。自师祖谢世后,家人几不免啼号，而先生义命自安，环堵萧然，箪瓢屡空，晏如也。中有所得，时发诗歌以写其磊落之概。馆于邑，谷亦不丰。时馆东豪侠，名震郡邑，先生落落自守，不一枉刺公庭。邑父母雅闻其名，曰："是所谓非公不至者耶？"岁辛未，先生设帐洽阳，予兄弟始受学焉。向闻所闻，今得见所见，大率为人朴实，似平仲坦易，似展季学业，似退之节概，似希文择人与择事。行接物恕，逮下慈，尤喜引掖后学，有叩必竭，以故四方士薰其教，蜚声庠序者难更仆数，而宸与伯兄鸣凤尤深沐教泽者也。愧鄙拙，不克大师传，云不得于其身，必得于子若孙，雁塔琼林所以流行，书香恢闳世泽者，宁有尽哉？

先生著述甚夥，文稿若干卷，诗稿若干卷，解法文诀及星干地理各若干卷。贫不能寿梓，皆藏诸于家。先生讳士模，字思长，号蓄斋，学讳培英。世居云川，生崇祯辛未九月初一辰，殁康熙壬午三月初六子，享年七十有二。师母元配桂严戴氏，继娶江氏、詹氏，子二，长烟、次煌，皆戴出；孙六，曾孙四。

噫，先生之风，山高水长，固不待言而显。宸所以为此者，用志不忘也。世有知先生者，其必以宸言可信，而非阿所好也夫！

（五）王廷献《文学成书公传》[婺源《婺源沣溪吕氏世谱》，民国三十一年（1942）刊本]

公讳治，字允康，号圯授。成其行，书其庠名也。父大钧公好学，以义方课子。公天资敏妙，日通[诵]数千言，诸子百家靡不淹贯，尤精《南华》，炙輠善谑。为文瑰瑰奇奇，飘然欲仙，无尘俗气。

康熙壬寅拔入邑庠，为诸生冠，复为科举第一，望重当时。教人循循善诱，黄村、云川诸大族济济多士，争欲出公门下。后设教寒族二十六载，经公指授者，明经、孝廉悉为一时名彦。凡经义、制艺及应酬笔札，雅不留稿，门人悉于敝箧中搜而录之。虽片纸只字，秘为枕中鸿宝。

寻以叔祖朝玠秉铎繁昌，聘公入幕。繁之绅士群推公为文宗正范。越二载，叔祖解篆，公归，复馆绿阴。及殁，叔祖朝玠等为文而哭，低徊不能去。非公根柢之厚，教泽之深，曷足臻此？余方总角，幸游门墙，公之言论丰采，犹能记忆。爰以公曾孙献珊请,而乐为之传。

(六)汪作楫《月潭公传》[婺源《婺源沣溪吕氏世谱》,民国三十一年(1942)刊本]

世所谓传者何?传其人之实也。有其实者斯得以传。邑南沣溪吕君月潭,讳则,字山德。文学,当大先生冢嗣也。聪敏嗜学,勇于为善,才堪济变。康熙甲寅,寇氛扰攘,公毅然以身捍大难之卫,为一方保障,乡人得安故土。公次弟学参早世,且乏嗣,公悲痛倍切,因以次子献谟绍厥后。

生平尤工诗赋,精楷法,士林珍之。吾族尔秀登堂请谒,聘延西席,以课后学。凡受业质疑,聆其指示,无不豁然心解。曾为余家亲书聘启以达花桥吴族,识者大赏其骈俪工楷,转将原聘金五十两赘谢。晚年并博医学,治验如神,又藉藉有和扁声。

岁癸丑,令孙芝城补诸生,持试牍谒予于新安馆舍。因备陈公之芳躅,索一言以传不朽。余文不[注:"不"字疑衍]曷足以传公,然公之不朽者自在,又何敢以谫陋辞哉?爰书此以为之传。

(七)周怡《谢一墩先生行略》[祁门《王源谢氏孟宗谱》卷十,明嘉靖丁酉(1537)年刻本]

君讳显,字惟仁,徽之祁门人。家世代有闻人,诗书宦达著于祁。其讲身心性命之学,则自惟仁始。君生沉静贞毅,异群儿,竟日默然端坐。七岁入乡塾,即能解文义。同馆年长者敬之,约为忘年友,君则撰《全交赋》以见志,塾师惊异。及长,苦志向学。家贫,衣食不给,人劝其弃书求活计,则应之曰:"资身岂善于学耶?"虽困窭无聊,志终不回。

弱冠,卓为人师,严毅方正,不徇俗好。闻人有谑浪语,辄不怿,乡里畏而敬之。肆力经史,尤邃于《易》,游艺词赋必因以发明义理,不徒工富丽而已。从婺源程栎峰先生习举子业,先生甚器重之。庐阳郡守周两山公闻其贤,聘以教其子。二公俱显宦,每招之未尝干以私。有属官被罪,持原贿恳君为脱,即不见其人而归。程先生益重之。

闻甘泉湛先生讲学南都,往从之。久而有得,叹曰:"不闻此学,几枉一生。"尽弃平生所学而学焉,潜心立志,必以圣人为期。居新泉,屡至绝粮,歌声若出金石,庶乎贫而乐者。甘泉翁深致属望,馆之以教其子。数年归,则月联族人及乡之彦者会于神交馆,每季聚邑之同志会于范山书屋,每岁合一郡同志为大会。歙、婺、休、祁、黟五邑轮至之,每会数百人,学者纷纷兴起。闻王龙溪、钱绪山二先生之说更有悟,复往安成,就正于邹东廓先生,精明融彻,日见其进,而未可涯也,归而兴起。

事父母尽孝。承颜顺志必谕之于道,虽蔬食不继而必竭力尽欢。父母有疾,衣不解带,谨侍汤药,祷神祇以身代。居丧哀毁而不愆于礼,闻者莫不感动而兴于孝。兄有癞疾,俗言其疾传人,多劝其自便,则哭以应之曰:"世岂有有人心者忍弃兄以自便耶?"卒不离其侧,竟送其终,力治后事,疾亦不传,人皆叹服。

居室则夫妇相敬如宾,刑于之风,莫不敬慕。宗族乡党远近皆尊信如著蔡,即其所至,已在善信之间,充其志愿,不底于成不已也。所与交者、所从游者,与之处,不言而信,迁善而不自知,薰其德而善良者甚众。真濂洛之遗英、江南之正学。

愧学识浅劣,不能状其暗然自修之实,而精诚昭炳如在。每一念之,尚能使人肃然而凝,惕然而省,浡然而起,顽立懦之不容已也。倘蒙有道先生采访崇祀,岂曰发潜德之幽光,实以兴后学而使之知向往也。士风幸甚,吾道幸甚。

嘉靖三十八年六月之吉宛陵讷溪周怡顿首拜撰

(八)汪兆乘《松菊主人自序》[祁门《韩楚二溪汪氏家乘》卷七,宣统二年(1910)刊本]

予名兆乘,字殷尚,号松菊主人。幼时业儒,因家贫不能负笈。于二十有二,寄身楚溪胡宅母舅家,为西宾迨有六载。亦笃志诗书,精心翰墨,欲求上达,遭时不遇。中年亲丧,未遂其志。家徒壁立,弃儒业医。二十有八,族伯叔辈留予家,庭训弟子侄,倏忽之间十有一载。年四旬,小洲某氏接予业馆,光阴迅速,度岁三周四旬。单四友荐邑西千佛桥倪宅,已而又耽六载。家务猥集,俸粟不继,五内愧然。五旬单一舌耕平里。五旬三上筑室东山,因号东山主人。

生平不求分外,医济苍生,贫不计利。常写字而笔极拙,作文见笑于大方。是予秉性愚钝,往往为世所嗤,故自为之序。

康熙丁未岁夏四月松菊主人自书

(九)曹梧《表叔谷川柯寿光公传》[《新安柯氏宗谱》卷二《列传》,民国十四年(1925)刊本]

公谱名天境,字寿光,小字连芳。世居大谷川。父嘉组,有丈夫子二。公,其仲也。幼颖悟,髫龀入塾,即琅琅上口,无聱牙觜卷。习稍长,益嗜学。篝灯朗诵,恒至夜分。久之,遂通晓四子书大义,塾师甚激赏之。顾家世业农,不能竟学。成童后,往姑苏习计然策。居久之,慨然叹曰:"吾父母垂老,奈何远逐锱铢,常虚定省,违先圣远游之训乎?"因买棹赋归,自是设帐村中,课读之余,辄依依膝下,嘘寒问暖。先意承志,终其身未尝远离焉。

兵燹时,母江孺人尝厄于贼。贼刃刲其颈,创甚痛极,而仆人皆以为不复生矣。公与伯兄将护周至,虽枪林弹雨中必负之以偕,母卒赖以获全。其孝行如此!授徒四十载,循循善诱,始终不懈。虽顽劣之童,一经启迪,靡不领悟。且先器识而后文艺,故出其门者,皆知礼让。家虽不丰,然志趣恬淡,安贫乐道,不希荣利,暇惟以书卷自娱。凡日家、星家、阴阳家、形家诸书,罔不勤搜博览,积以岁月,遂精通诸方术。族党有喜庆丧葬者,皆求公为之简择。公不立崖岸,不计酬谢,群目为好好先生。造请者甚夥,至踵趾相接焉。

天性友爱,事伯兄甚挚,终身无违言。待族党以和,交朋友以忠。居恒善气迎人,与物无竞。虽辈行较尊,然恂恂谦退,从无疾言遽色。有就质纠纷者,则剖析排解,罔遗余力。其盘根错节,无法解决之事,公咸求其症结所在,多方晓譬,务令平释而后已。尝举娄公唾面自干之语以劝人,意气惓惓,闻者感化,虽虎冠狙诈辈,亦多俯首就范。故终公之世,畴昔顽犷之俗为之少夷焉。公以道光癸未年正月十八日生,光绪甲申年五月十二日卒,享年六十有三。配汪氏,生三子。

(十)方承训《项处士传》[方承训《复初集》卷三十二《传》]

项处士者,项先生元表公也。字端之。世居邑南之小溪,舍背溪,博大不狭小。自淳安小溪徙吾歙大溪,犹然称小,不忘本也。

公生而聪慧,殊群稚子。稚即业经术,知奥义,出经生上。卒壈坎,厄家纷纠,未卒业,竟以童子师终其身,为句读师嚆矢。曾授余句读,诸句读师不逮公远甚。句则句,读则读,悉遵断续要旨,靡卤莽。五经靡所不究,悉能句解。即一字未解,即卑卑从经生,绎其精。知和调反切,究音无鱼鲁弊,如混淆豕亥,顷刻弗安也。且习草隶,染翰追古雅,凡问字乞书者屡履盈其门,书贽多束修[脩]。岁书贽什六,束修[脩]什四。业骎骎裕,犹然出,多出却不迅流。自弱冠至老白首,帐设未逾三乡。定溪居多,昌溪次之,纶江又次之。何以故?主不忍释也。究习春秋,春秋义愈益精于他经,生徒丛帐外,每每七八十人。公谢曰:"人博而业不专也。"迄岁暮家居,生徒犹然执书问难。公族多千余人,世受童子师业。凡句读师,其多莫公族若;公族句读师业精且多生徒,又莫公若。户诗书,家礼乐,公族实当之;躬礼乐,习诗书,公实当之。借令公不当家纷纠、厄末造,愈益精卒其业,即对公车,领司徒郎职,纪纲三物,休息而诱化士民,则公事也。矧句读之师足尽底蕴邪?凡督过生徒,必展布腹心,直义落落。如侈功以邀名,媚主以贾利,公不忍为也。亦兢兢授子本业,业未究,每督过,过苛曰:"无靡坏人子弟,敝人过以损己也。"每每至馆榖所策觉之子绛帐,亦如公所至,诵义不倦。

族中读句师[句读师]或不利绛帐,公每推榖之。值巨乡从者繁夥不能容,或分其什三益之,曰:"斯善诱,迪诲化,顾愈于余多矣。"

公凡布帐五十余年,起家几千金,犹然布裳蔬食,不事华美侈肆,为乡间族里式,秩秩如也。为句读师,即以句读义进。事父母孝,每馆谷所至,必携甘毳供馈。遇兄弟,慈和怡怡。务振[赈]人之穷,族中句读师乏馆谷,公必委曲推毂之,煦煦如也。迄今称句读师善,必曰先生,先生无愧其职矣。

(十一)方承训《项茂才传》[方承训《复初集》卷三十三《传》]

　　茂才姓项氏,名化中,邑南小溪人也。性甚智慧,崛起异常,状貌不逾中人,而志气豪迈,即老白首,蒸蒸勇猛,精进又逾少壮远甚。

　　里多句读师。茂才四五岁即从句读师受诗词,经目辄成诵,师大奇之。稍长,日诵百千言辄不忘,族人啧啧称羡,曰:"光余族必是子也。"家甚贫窭,无中家产,茂才处之坦如也。总角即群童子从受句读,所修[脩]蒸蒸能给其家,无内顾忧,愈益能肆力经术。深于易,为易诸生嚆矢。弱冠犹然。卑卑不自足,不出试。督学使者行县,诸父昆弟趣之试,试即置高等第一人,籍名郡博士。于是受业者愈益丛门墙,所修[脩]愈益饶裕,俯仰愈益赡。

　　茂才为人夷坦,怠其形,而门下士益遵茂才绳尺矩度,远迩毕集,莫能容馆毂。邑以南诸讲业受门下士,多莫茂才若矣。且也嗜习堪舆日者术,凡青囊日者诸书,靡不悉窥。曰跋涉山水、星峦变化、流峙逆顺、论议迎出诸青囊表,大江以右,诸业青囊术者,又皆莫茂才若矣。凡推步期曰孤虚王相,悉协天文星宿,迥出诸曰者上。迄老白首愈益癖嗜其术。生平攻本业什二,谈日者青囊什八。然督学使者岁行县,辄试高等。使者每每大推毂而七校,诸生皆骙,以为茂才神异也。

　　嗟乎!茂才清洁不杂,精神专一。治本业,即能精本业;博青囊,即能窥青囊秘诀;参日者,即能喻日者事。本业正业、诸子百家无所不精。譬之良弓巧射,心体一禀,工巧与百昏巫人能相上下伯仲,大殊群射:命之射仆,即中仆;命之射鹄,即中鹄;命之射杨射札,即穿杨贯札。辄射辄中,无往不利,其天性,非人力也。籍今茂才挽其僻嗜,专一制科、义策,则与计偕,召对公车,特反复掌耳。大抵茂才适性任真,娱乐山川,玩弄星书,参错阴阳,如晋嵇中散公独嗜锻炼,与人人殊。其视簪缨轩冕不啻涂泥,若将浼之矣,诚亦奇士哉!

(十二)方承训《胡茂才传》[方承训《复初集》卷三十三《传》]

茂才姓胡氏,名沛然,字汝德,邑东长径里人。茂才生而迥异诸群儿,年五岁,即入童子师舍,讲四言诗即饶,受五七言诗举不忘一,舍师生尽骇。总角即知一字必询咨字义,义未解,竟忘寝食。攻本业经术,尤深于《易》,《易》著有《释义》。弱冠就郡邑试,录高等。迨黄督学公试,而东越余广文公雅推毂,茂才德行文学迥异,遂籍名博士。余广文公者,赐对公率名进士也。海内称奇,有《书绎传》传世。始睹茂才属辞古雅,迥异诸弟子员,即啧啧称颂不倦,殚心推毂,若鲍叔之于管仲,以故茂才名亦播海内。茂才游逍日广,蕴籍蕃衍,则广文公先后之也。

又岁余,东越周督学使君行县,试置茂才优等,锡廪禄。门下生愈益丛墙舍,起家千金。茂才犹然朴素,恂恂崇大儒,行义泊如也。茂才中岁喁喁慕古,修辞一禀于潇洒,成一家言,乞辞辙盈户外,相属不绝。经术中策论愈益胜时义远甚,尤工四六。嗜博览遐搜,非经术资斧亦研阅不遗余力。凡稽古修辞者多从茂才游。

茂才为人风流倜傥,一时所推重,荐绅学士靡不敬慕。诸荐绅公子咸与大结交。事亲至孝,与友信,矜巳[己]诺,义所当举,即百金无难色。稚未冠,与余同学舍偕师,迄今老白首,犹然交游敦敬,泊如也。稚岁谈志不抑下,余每偕之,今不即就。茂才安然自适,余深嘉茂才。茂才不以壏坎贬志,日督过诸子本业,累善遗之。诸子攻业,余力治什一业。非善类不与知交,甚重道义不苟化,茂才之教也。茂才里俗旧以善厚称郡邑,迩时稚少或骎骎移漓薄。茂才月与族耆严约束,画规条,专一事崇淳厚,亟返其初。邻乡雅诵茂才义不倦,斌斌然亦敦淳厚且慕效之矣。

(十三)苏大《金仁本德玹传》[程敏政《新安文献志》卷九十五下,《钦定四库全书·集部三一五·总集类》]

金德玹,字仁本,休宁汪坑桥人。家世业儒,至德玹而贫。好学,手自抄录,箱帙满家。虽饥寒困苦,手不释卷。《六经》《三传》、诸史百氏、山经地志、医卜神仙道佛之书,靡不研究。世家士族争为西席,子弟经其训诲,悉有礼度。尝以先儒遗书精神心术所寓,湮没不传为己任,遍访藏书家,得陈氏《四书口义》《批点百篇古文》、倪氏《重订四书辑释》、朱氏《九经旁注》、赵氏《春秋集传》、上虞刘氏《选诗补注》、胡氏《感兴诗通》三十余般,抄校既毕,遣子辉送入书坊,刊行天下。刘用章先生深嘉其志。平生著述有《新安文集》十卷、《道统源流》、《程朱氏录》、《小四书音释》。卒年七十二。

赞曰:文风既变,俗尚商贾,视著述若敝履。德玹奋不顾流俗,肆志圣贤之学,求书之心急于众人之求利。家愈贫,操愈砺。先儒遗书得不湮没,后生小子知所趋向,皆其力也。

(十四)胡元吉《余石洲先生传》[《民国黟县四志》卷十四《杂志·文录》]

先生姓余氏,黟名贤里人也。父鸿,善画工诗,著有《黄山纪游》《画梅杂咏》诸集。邑乘所称雪江道人是也。同父昆弟十人,先生最少,甚钟爱。幼名顺昌。父垂没,诸子环泣请训,父曰:"能顺我意,资少弟以学,则吾家其昌乎?此吾命名之旨也。"从里儒汪长龄学,甚器之。长龄卒,家贫不复能从师,乃假僧寺以读。寺居湫隘,墙垣不具,至悬蒿荐以障风,缚盖以御雨,而读不辍。

粤寇扰黟,抱先人遗书,奉母避地山中。因树为屋,一年数迁。或藜藿不充,与弟子讲习论文如平时,或题诗以见志云。同治四年入邑庠。光绪十二年始以增生贡成均,年已五十矣。先生虽啬于遇,而处之泰然,从学之士又多以文行见称,由是里党咸学,门人益进。中岁后馆于城北先祠。祠前隙地辟为圃,杂植花卉,手自灌溉。与同族桂峰学傅及许质人孝廉、王六潭山长、胡约轩上舍交最笃。每春秋佳日,时有文酒之会,玩心高明,萧然意远。念先人《澹园群芳吟》不传,暇日裒其咏花诸什百余篇以续之,陈小农学傅为序,以比《南陔》补亡之作,为时所重如此,又著有《续梦轩随笔》,并藏于家。光绪三十二年卒,年七十有一。杜门授徒五十余年,束脩外馈遗一无所受。非公事不见邑宰,平时恂恂,言若不出诸口,及遇有兴革,或风化攸关,侃侃昌言,不为左右袒,其不苟同徇俗,大都类此,人多称之。娶奕村李氏,续娶南屏叶氏,俱以贤淑称。人谓先生安贫守约,得闺门之助者为多云。子灿藜,能继其业。

胡元吉曰:黟自倪道川先生以洛闽之学教授霞阜而儒术以兴,其徒类多韬光铲彩,不求人知,流泽所被,于今未艾,先生殆闻风而起者乎?坚苦力学,无师而成,何其伟欤?其在《易》曰"困而不失其所亨",先生之谓矣。

(十五)卢琪《汪伟卿先生传》[《民国黟县四志》卷十四《杂志·文录》]

先生,吾乡君子儒也。讳润烈,字伟卿,号铧汀,岁贡生。家居授徒,从游者众。先生因材而笃善启发,诲人不倦,多所成就,尤善鉴人。琪幼随先父学贾海阳,有舒翁式如者,先生姻也,谓琪近儒,告先父愿介绍于先生以学。先生一见喜曰:"此子端慎,异于群儿,他日必可成若父之志。"诲之甚勤。琪年十八补博士弟子,遂登贤书,膺末秩。宣统庚戌之官山东,濒行辞先生墓,恸哭移时。乡人称道先生之教感于人者远也。

先生工制艺,七膺乡荐不售。光绪乙酉选太湖县教谕。太湖多文学之士,旧有龙山书院,每月应课者尝数百卷,先生校阅批骘,称量悉当,士论翕服。太湖忠义节孝祠主兵燹缺失,先生考证补定,又采访孤嫠苦节之无力举报者,为详请旌表。训诫诸生以勤学植品为归,于新进,束脩未尝计较。居官九年,皆敬而爱之。督学使钱公稚莘表其行,诣奏谓品端行粹,学有渊源,请赏加五品衔以风庠序焉。光绪十九年以疾卒于官,年五十有九。著有《菜根香处诗稿》,藏于家。

论曰:教官之职重矣哉。人材所自出也。自纳粟例开,猥琐者流皆得随班因资司铎黉序,所谓教,所谓谕者,遑可问哉!安得如先生者以示之范也,教职之裁所由来矣。琪少承先生之诲,甫得一官,即遇沧桑,退老穷山,有负期望,尤恐先生之行久而无闻,则为罪滋大,为次其传以供邑乘之采。

(十六)《道光徽州府志·人物志》"儒林""文苑"中的塾师传记摘录

范准,字平仲,休宁汊口人。师事朱枫林及赵东山、汪蓉峰。至正壬辰,寇起,束书从枫林避地三年。丙申,郡邑大乱,遂决意当世。以讲学为业,虽俯仰之资愈困,处之泰然。游于闽,从游者益众。久之,归隐云溪。辑《东山诗文》,并订《春秋集传》。明洪武戊午,以明经举本邑训导。辛酉,召为葭川吴堡令,开设旧治,安复流傭,振兴学校,清苦自甘,洞民化服。擢工部主事,卒于官。贫无以殓,久之,始得归葬。所著有《虉瓮稿》《塞自稿》《西游率稿》《谬稿》《何陋轩稿》等书。

施璜,字虹玉,休宁人。日以存何念、接何人、行何事、读何书、吐何语五者自勘。教人九容以养其外,九思以养其内,九德以要其成。著有《五子近思录发明》。与歙县吴曰慎讲学紫阳、还古两书院。

汪绂,一名烜,字灿人,别号双池,婺源人。尚书应蛟之元孙。父士极,负才不羁,贫而善游。绂少不能从师,母江氏博通经史,授以四书诸经,数年皆成诵。年八岁,戏折竹枝排八卦,江氏见之曰:"卦画有断有连,汝所排皆连,误也。"对曰:"儿以仰体为阳,俯体为阴。"其颖悟多类此。江后得末疾,卧床第者数载,绂事之备极劳瘁。既殁,往省士极,于金陵造之,归,无以自给。往景德镇画碗为佣,以居丧不御酒肉,群佣交笑侮之。寻入闽,有陈总兵者延为子师,执礼甚恭,浦城学者争受业焉。已而奔父丧,旅葬于凤台门外,迎精而返,与江合葬。时年逾三十,卓然有成。复之浦城馆舍,益肆力问学,以斯文为己任。治经则博综疏义,穷理则剖析精微,而皆折衷于朱子。每有独得,往复发明,撰述等身,悉归纯正。自星历、地志、乐律、兵制、阴阳、医卜,以至弹琴、弯弓、篆刻、绘事,无所不通。顾以高介违俗,且久客,时人鲜知之。五十始就试,补邑庠生。名誉日起,究未有能窥其墙仞者,独沱川余元遴师事之,得闻为学要领。逾年绂病终。子思谦,庠生,以毁卒。元遴往收绂遗书,藏弄唯谨。乾隆壬辰诏征天下群书,明年,学使朱学士筠按试徽州,元遴抱绂书十余帙以献,筠嘉赏,命学官缮写,上四库馆,且檄有司建木主,偕儒硕十五氏附祀紫阳书院,而亲撰墓道之文以阐扬之。世谓绂虽无后而不亡,差可无憾云。所著有《易》《书》《诗》《四书诠义》《春秋集传》《礼记章句或问》《六礼或问》《乐经》《律吕通解》《乐经或问》《孝经章句》《理学逢源》《读〈近思录〉》《读〈读书录〉》《读困知记》《读问学录》《参读礼志疑》《读阴符经》《读参同契》《先儒晤语》《山海经存》《琴谱》《诗韵析》《物诠》《文集》《诗集》《大风集》,共若干卷。

游芳,字兰仲,婺源济溪人。受业汪叡,避难读书,三年不出户。两预乡荐不利,隐居教授,以师道自任。所编有《皇明雅音》三十卷,其诗文集曰《沟断稿》。族子祖贤等编其诗曰《初月梅轩集》。康熙《府志》、《婺源县志》作"游芳远"。

金德玹,字仁本,休宁汪坑桥人。家世业儒,至德玹而贫。好学,手自抄录,箱帙满家。虽饥寒困苦,手不释卷。《六经》《三传》、诸史百氏、山经地志、医卜神仙道佛之书,靡不研究。世家士族争为西席,子弟经其训诲,悉有礼度。尝以先儒遗书精神心术所寓,湮没不传为己任,访藏书家,得陈氏《四书口义》《批点百篇古文》、倪氏《重订四书辑释》、朱氏《九经旁注》、赵氏《春秋集传》、上虞刘氏《选诗补注》、胡氏《感兴诗通》三十余般,抄校既毕,遣子辉送入书坊,刊行天下。刘用章先生深嘉其志。平生著述有《新安文集》十卷、《道统源流》、《程朱氏录》、《小四书音释》。见苏大《金德玹传》。

游逊,字以礼,婺源济溪人。邑诸生。立讲会以明正学,躬行以范俗。为文根极理薮。所著有《四书说诠》《督化通史》《风化小补》《字林便览》《咏史》《小学纂释》《文要》诸书。

陈履祥,字文台。祁门文台人。万历中贡。少喜负笈访道。闻罗汝芳开讲南都,往从之。与南海杨起元称罗门高足。已复事耿定向于金陵,定向见其性地莹澈,曰:"此吾老友也。"授徒金陵、宛水间,从者如云。口授经义,皆笔于书。有《四书翼》《易会通》等书。金陵配祀耿公,宛亦祀之。

程缵洛①,字速肖。笃学力行,不干仕进,教授生徒,远近争师之。发明理学,所著有《大学翼》《烟霞外史》《大明混一古今人物表》《切字韵诀》《承斋集》百余卷。

余柴,歙岩镇人。郡庠生。性孝友。家产尽付诸兄弟而已,独以舌耕养亲。所著有《易经本旨》《孝经尽义》《获心录》等书。

---

① 程缵洛的传记是附在其父程曈名目之下,为父子合传。但从传记的内容看,程曈并不是塾师,仅摘录程缵洛的传记。下文的潘宗硕也是如此。

江世育，字夫南，婺源旃坑人。郡庠生。孝友笃挚，教授弟子，以身为的，金太史声称为"畏友"。所著有《四书正义》十卷、《近居录》二卷、《朱王异同辨》四卷。

程昌谊，字越未，婺源城西人。七岁能属文，弱冠即噪声黉序。为文直追秦汉，书法酷似欧颜。性尤孝友，居丧一遵朱子家礼。蒿目时艰，不乐仕进，遂筑室西山之麓，颜曰"未成堂"。日课子姓以性理之学。所著有《性理宗要》《未成堂集》《霞思草》《易解》数十卷。

汪伟，字位三，黟人。崇祯中恩贡。筑室深山，偕兄弟四人穷经不倦。每月朔望谒先师，率子弟诵《孝经》，歌诗习礼。所著有《听石吟》《广孝篇》《天潜讲义》《大易解》等书。

朱存仁，字体元，黟朱村人。文公后裔，布衣。理学六经、四子及濂洛关闽之书，探索融会，务在穷行实践。万历间，诸儒讲学，推为坛长。远近来学者，户外之履常满。生平著述有《乾一子》《性理宗旨》《观心录》《严溪家训》等书。

潘第，字仲高，婺源桃溪人。诸生。潜心圣学，精研性理诸书，于程朱奥旨多所阐发，编列日月星辰四笥，子孙珍藏之。著有《易经参微》《尚书讲意》《正心录》《迪吉录》。性孝友，家贫，仅遗乡贤祠房，让与弟，而授徒筑室馆旁，以事母。因自号曰念莪。

王鸿嵩，字峻如，婺源词源人。恩贡生。事父得其欢心，友爱诸季。研精性学，淹洽群书。诱迪后进，为一家师法。子天纪，字有伦。廪生。潜心理学，著有《四书阐微》《周易宗旨》。四经及五子皆诠抉旨归，《左》《国》以下诸大家各标所见评选，以示来学。居家敦孝友，崇礼乐。季父鸿嶷托孤于天纪，抚育成立。

王祺，字乃吉，婺源大鹂人。孝友笃学。尝授徒吴闾武林，遂贯商籍，为钱塘学庠生。工制艺及诗、古文，尤研理学。辑《五子性理》，编《四书定解》《易经定解》，操选政，有《怀珠》《悦心》等集梓行。从学多名士，姑苏内翰姜邵湘、杭州进士倪嘉谦，其弟子也。

舒度，字越凡，黟屏山人。邑增生。事亲有孝行。性尤耿介，不妄取。苦心向学，门弟子日益众。父其芳，尝著《周易会通》，证明本义。度善承家学，而于朱子所注《四书》用力尤深。著《四书会通》，剖析先儒之说最为精粹，往往发其未尽之蕴。年逾八十，讲谕不倦。寿至九十三而终。

洪滕蛟，字鳞雨，号寿山。婺源人。车田朝阳子。乾隆庚午举人。博览旁搜，潜心经学，综覆注疏，理参乎数经，证以史。以心所解悟、身所体验发为著述。袁简斋方之杨子行、井大春、阮籍，村见其《黑水说》，叹为真读书人。平生敦孝友，矜廉节，教授生徒皆言行而身化之。著有《思问录》《春秋摘抄》《婺源埤乘》《郫麓常谈》《寿山存稿》《稽年录》《寿山丛录》，共若干卷。丙午与修邑志。

余皋，字逢伯，婺源鹄溪人。岁贡生。赋性端醇，专言义利之辨。其教人先德行后文艺，一颦一笑皆以身先之，虽知交无不望之而生敬畏。为文禀经酌雅，荟萃汉宋先儒疏义，滤其精液。著有《四书精义》《学庸发微》及评选《史记》《唐宋文粹》，凡若干卷。从弟绳祖，郡正贡，有文名。

胡光琦，字步韩，号赣川，婺源玉垣人。读书以朱子正学为宗。乾隆戊子领乡荐，壬辰成进士。选授四川监亭令，清慎廉明，政平讼理，三年狱无重囚。引病归，以母老授徒里党。福山者，湛甘泉讲学处也，琦晚年馆焉。日与及门阐圣贤诚敬之旨，归于躬行实践。著《日知笔记》二卷，汪大学士瑟庵作序，称其得紫阳真脉，其余古文诗集若干卷。嘉庆丁卯赵邑侯聘修邑志。

张孟元，字正甫，绩溪北门人。九岁能诗，长补博士弟子员，以孝友著。为文自成一家。乡士大夫为耆英会，请孟元为长。有所阐发，悉属裁正。晚应嘉靖己酉贡，不就铨。以经授子孙，徜徉山水以自适。所著有《借景和古》《吾庐集》《书经提要》等书。子一夔，亦以文学名。

汪嘉宾，字守敬，休宁后街人。邑庠生。笃于孝友，家贫亲丧，不能具帛，遂终生不受帛。力学工诗词，兼善行草。教授门弟子先后凡数百人，每令寻思下学上达之旨。范方伯涞倡诸弟子醵金为立祠，私谥为敦伦夫子。

赵德相，歙岩镇人。聪俊端厚。年十五，教授于乡。善属文，工诗。有清德。所著有《复斋遗稿》，一时相传诵云。

姚允明，字汝服，休宁荪田人。博及群书，质问古今，辄口成诵。绳趋矩步，箪食瓢饮，束脩之外，无取也。手著《史书》十卷，仿《春秋》用字法，以编年兼论断，张太史溥梓之，为世所珍。

程弁，字星如，婺源城西人。康熙戊寅拔贡。攻苦力学，贯穿经籍，旁及诗、古文辞。性耿介，耻干谒，士大夫欲一顾，不可得。或有讼求息者，当事谓得程某刺当予息，其人再三请，弁不许。祖邑令延训诸子，严敬有加。窦邑令喜谈诗，时相倡和，终不以私请。窦卒，序其诗而存之。所著多散佚，有《缘督堂诗稿》藏于家。

张济泽，字润生，绩溪市东人。岁贡生。解经宗注疏而参考元明诸家以定之。生平束脩自爱。读书有得，辄为手录。有《圣经讲解》《学文规则》《庄骚及唐宋大家读本》《咸山文集》。

吴龙锡，字怀万，休宁培郭人。岁贡生。品谊端严，为文原本经术，问难执贽者盈门。著有《四书翼注》《藻雲斋诗文》。

吴廷瑛，字修五，休宁和村人。康熙间为黄宫祭酒，远近以诗文就正者，殆无虚日。游其门者多知名士，汪由敦为最著。著有《增订汉魏唐诗摘抄》《逊志轩诗文稿》《僦云书屋时艺》。

洪载，字又张，绩溪人。父士焜，字景亭，县学生。兄客死，士焜养嫂完节，抚孤成人。著有《尚书衷旨》。载康熙后壬寅拔贡，考取镶蓝旗教习，候选知县。丁外艰回籍，遂不复求仕进。授徒于歙吴太史翼堂家。经术为所倾服，教其子绥诏、恩诏、覃诏，皆成名进士。著有《竹迈草堂文稿》，与修前邑志。

叶嘉桂，字丽南，歙城人。雍正元年举人，教授乡里。门下士不徒以科名文采矜异，端悫淳谨必如其师。论者讲士习之淳，端由陶淑。时郡邑以文名主坛坫者，黄士能、汪廷龙、潘炎均端师范，为多士楷模，艺林称述，至久弗渝。

曹学诗，字以南，号震亭，歙雄村人。领雍正己酉乡荐，乾隆戊辰成进士。令麻城，调崇阳，皆有声。丁忧归，遂授徒终老。工骈体文，四方索碑铭、传记者无虚日。著有《经史通》《易经蠡测》《香雪文钞》《古诗笺意》诸书行世。

程杞，字献可，休宁霞阜人。乾隆庚寅举人。好古力学，至老弥笃。虽匆遽，书必端楷。设教里门，以崇实学、端士品为宗。著有《森崖文稿》《三礼集评史》《汉唐宋文集》《评砚谱》《画家纪略》诸书。

潘宗硕，字在涧。乾隆乙酉举人。始生三月，每瞻顾而泣，邦协手经籍示之，则流视而色喜。及长，贯通经义，旁及子史，为文操笔立成。性孝友，大兴朱学士筠、中州何太守达善、刘相国墉俱以国士目之。从方槜如游，方品其文曰："枚皋速而不工，相如工而不速。若潘生者，两擅其长矣。"又赠以句曰"经术湛深千古事，文章流别一家言"。家贫，授徒于外，多所造就。所著文稿、文例已行世，其诗、古文、律吕、《改〈禹贡〉集注》诸稿本悉藏于家。见《公举事实》。道光《续歙县志》云邦协著有《学庸广义》《读经疑义》等书，宗硕又有《四书说意》《读经笔记》《离骚补注》等书。

鲍倚云，字薇省，号退余，歙岩镇人。优贡生。少以能诗名，幸墟吴瞻泰见而奇之，试之《红豆歌》，工且速，妻以孙女，赠嫁致书数千卷。自是益肆力于古。著《寿藤斋诗集》三十五卷、《诗剩》五卷、《古文》十卷、丛话、尺牍、家乘、制艺若干卷。倚云复工书，《寿藤斋集》稿本皆以行书自写，中阙三卷，嘉庆丁卯其孙鲍桂星就手录，三十二卷选工摹刻。仪征阮中丞元序之曰："鲍退余先生邃于学，工于诗，年四十即不赴乡举，以经学授于乡。金补之先生，其弟子也。尝处闽学使者幕，苦心校阅，得沉痼而归。积学积德，隐而弗彰。至孙今觉生侍读，始畅之，兹刻《寿藤斋诗集》，其一端也。《寿藤斋集》清征雅健，独抒性情，卓然洒然，读者可以想见其为人矣。"

张元泮，字鲁池，婺源甲路人。岁贡生。沉潜嗜学，六经、秦汉诸子百家无所不窥。尝馆于休宁，与戴震、郑牧为文章知己。所著多散佚，存者仅《留轩存稿》。

曹孚，字非闻，号偶寄，歙雄村人。乾隆庚辰岁贡。孝友信义，为乡里楷模。与同邑进士胡瑨、编修胡珊、举人潘宗硕、方沛霖、胡赓善同受业于还淳方槜如，并有文誉，时称为六子。见《公举事实》。道光《续歙县志》云孚生平肆力古文,深得欧阳子神髓。年未四十,以病不应举,砚田自食。御史曹坦、孝廉程廷丰、曹榜、汪苏辈,皆出其门。著有诗、古文《蔚华堂稿》。

胡赓善,字受毂,歙城人。乾隆己卯举人。母殁,遂绝意仕进,杜门著述。为文根柢于经而非笺疏,裁决于史而非簿录。歙士有志于古者皆就正焉。与人纤芥无所忤,悠然自适,泊然寡营。授徒不屑屑程课而各达其材。著有《新城伯子文集》《春秋述传》。

金成连,字宗璜,休宁东阁人。笃志好古,经学淹通,家居教授,以根柢励生徒。晚主海阳讲席。著有《文集》《诗经集解》。

吴昌龄,字京少,休宁大斐人。岁贡生。学有根柢,每试辄高等。与堂兄鹤龄、弟锡龄有三吴之目。居家讲授,郡人士争贽其门。著有《读易图经》《文选增注》《梅村诗笺》,藏于家。

汪会授,字薪传,休宁上资人。举人。品端学邃,设教于还古书院,从游者多知名士。著有《易经阐注》《左传分类》《梅溪时艺》。

金枢,字衡中,号蓉湖,歙岩镇人。廪贡生。潜心经史、制艺,为时所宗。尝设帐都门,名公卿争欲令出其门下,而枢无所就,遂终不遇而归。居家以诗文教授后进,嘉庆元年举孝廉方正。有《蓉湖制艺》行世。

黄桂芳,字含芬,祁门人。乾隆时恩贡。幼日记千言,通经史,尤精《春秋》之学,为文宗先正典型,立品高洁,人不敢干以非义。不求仕进,筑馆金粟庵旁,课徒自乐。著有《春秋集解》,藏于家。

董炼金,号牧堂,晚号定香居士,婺源城东人。性笃孝友,束发受经,即知根本之学。乾隆壬子领乡荐。中年不乐仕进,枕经葄史,规模先正,迪及门,多所成就。书法宗米南宫,兼善隶篆。画精兰竹。生平酷好名人字画,凡秦汉尊彝、宋元明金石碑板,无不改核精详。所著有《五代史》《乐府》《绿满园诗集》十四卷。年八十卒。

吴书升,字冀秀,祁门渚口人。乾隆时岁贡生。性孝友。时祁邑文体日趋浅陋,书升独穷经史,宗先辈典型,并工诗古杂体,善引后进,工十七帖草书。著有《爪雪居诗文》《松门晚稿》。从游者甚众,同邑门人最著者恩贡生饶芳,学行纯笃,善诗文,工书。嘉庆元年,报举孝廉方正,不赴。著有《涵春稿》。子云山、云岫皆以文名。云山,字苍伯。乾隆时由选贡举于乡。性至孝,居丧瘠毁,三年不入内。笃志经史,善诗、古文辞。朱大学士珪,其座主也。时巡抚皖江,召之往谒,无私干。珪尝称吴生笃行君子,不以人欲杂天真。教人文行兼修,尝作《阴骘文辑注》以示学者。著有《易义纂训》《春秋属辞述指》《西汉文类选》《东溪古文拟策》《古罍诗赋制艺》。云岫,字远平,由岁贡任吴县训导。好稽古,经史子集博览无遗。工诗、古文辞。性刚直,操守廉洁。文庙倾圮,捐俸倡修。卒于官。著有《笔末余谈》《吴中百一谣》《春台诗并古今文》。

后　记

　　距我茫然无措地走进学校图书馆徽学资料中心大门的那天,时间已经过去了九年。在这九年中,我经历了由对徽文化全然陌生到逐渐熟悉,再到真正喜欢上自己研究领域的过程。我一直心存感激,感激博大精深的徽文化,感激徽州先贤留下的丰富而生动的文化遗产,使我的工作、生活不再那么刻板单调。在翻阅文献时、在调查走访中,一些细微的发现足以令我欣喜不已,而对徽州塾师的关注也正是由于这些细微的发现。

　　传统社会每个读书人都是潜在的塾师,每个村落都会有一两个塾师。"塾师"对于现代的我们来说,似乎也并不太陌生,鲁迅先生笔下"三味书屋"中塾师读书的场景更为我们所熟悉。但当我们真正要描述他们时,又往往难以言说。有研究者曾将近代塾师描述为一个失语的群体,明清时期的徽州塾师虽不能说是一个失语的群体,但他们始终面目模糊,或湮没在历史尘埃中,或是学者的声名遮蔽了他们的塾师身份。但毋庸置疑的是,他们与备受世人瞩目的徽商一样,为徽州社会文化的繁盛作出了重要的贡献,是明清时期徽州一个不应被人忽视的社会群体。但时至今日,相对于目前徽学界对徽商的众多研究,徽州塾师的研究仍是一个较为冷寂的领域。

　　将徽州塾师作为一个专题研究,源自我在搜集、整理徽州杂字以及其他徽州蒙学文献的过程中,发现了很多有关徽州塾师的地方文献:塾师在教学过程中编写的各类教材(如杂字、属对教材、书信写作教材、商贾启蒙教材、科举启蒙教材等)目前在徽州仍有大量留存;徽州族谱、方志、文集中也收录了相当数量的塾师传记,显示他们不仅授徒课读,还参与众多的地方事务,一些塾师甚至主持了整个宗族族谱的编撰工作,如乾隆年间的歙县塾师徐裎编撰《歙北皇呈徐氏族谱》、婺源济溪塾师游千仞编写《游氏家乘》等。在文献搜集、整理过程中,我还发现了一些极为珍贵的徽州塾师的抄本文献,如曾在屯溪老街一冷摊处购得一册徽州塾师撰写的《坐馆经文》,它以诗词歌赋等多样的形式书写传统社会塾师的无奈与辛酸;歙县佚名塾师的《舌耕录》抄本则完整地记载了自光绪十八年(1892)至光绪三十一年(1905)共十三年塾馆的生徒人数与束脩收入状况。另外,徽州现存的众多日用杂抄中不仅收录了与塾师相关的诗文,还有关于塾师延聘的各类文书,包括托请荐馆的书信、荐馆时所用的荐书、定馆所使用的关书等。这些在其他地域难得一见的文献在"敬惜字纸"传统浸染下的徽州得以较好地保存。

正是这些零散而众多的文献吸引着我的目光,从关注徽州蒙学教育转向关注徽州私塾教育的实施者——塾师,进而有了现在的"明清时期徽州塾师研究"这一专题。如同我所做的上一个专题"明清时期徽州杂字的整理与研究"一样,是文献推动了我在研究中的这种转向,而非事先设定。这似乎也从一个侧面说明古人所说写作中"意在笔先"的观点是值得商榷的。如果说明清徽州杂字研究从属于徽州蒙学教育的话,那么,徽州塾师研究则已是旁逸斜出,大大超出了蒙学教育的范畴。它需要我在一个相对陌生的领域去探寻,此中的艰辛可想而知。

不仅如此,目前学界对塾师的研究已积累了相当多的成果,所建构的分析框架也比较完备,本书自然难以,也不大可能完全自出机杼。因此,本书主要是在目前塾师研究成果的基础上,利用新发现的资料,对已有的框架进行调整与补充,并试图在史料的挖掘、现象的分析上有所突破。例如,对目前学界比较忽视的塾师教学情况,利用所搜集、整理的大量第一手私塾教材,从蒙馆与经馆两个层级进行了系统深入的分析;对目前学界不太关注的古代塾师之间的职业交流以及职业培训,结合陈栎的《与子勋》与施璜的《塾讲规约》等进行了具体阐述；利用徽州族谱文献留存丰富的优势，对目前学界尚无人关注的纪实性文体——族谱传记中的塾师形象进行了探究，并将其与通俗文学作品中塾师的灰暗文学记忆进行了比较。而"绪论"部分从可易之师与不可易之师的角度探讨为何徽州塾师会成为一个重要而又被忽视的社会群体；"余论"部分则是以科举制度的存废为背景来分析徽州塾师的流动、转型乃至消亡。"附录"部分是将有关徽州塾师的重要文献辑录，目的是为其他研究者提供必要的参考资料。

尽管关注徽州塾师的时间较早，但直至2017年才形成专题研究的雏形。非常幸运的是，这个专题在2018年首次申报中，就获得教育部人文社科规划基金项目的立项资助。因此，我要特别感谢教育部那些素不相识的评审专家。正是他们的认可与肯定，使得我能在艰难中矢志前行，最终将这本小书呈现给大家。

对于博大精深、文献浩繁的徽文化来说，我只是一个满眼好奇的刚入门者。"明清时期徽州塾师研究"这个专题对我来说既是挑战，更是学习。语文教育界曾有人提出"学习：通过写作"这一口号，其实，在我看来，不仅可以通过写作来学习，更可以通过专题式研究来推动学习。在进行明清徽州塾师这个专题的研究与写作过程中，我获益良多，对徽文化内涵的理解也更进一步，对徽州也有更深厚的情感。

阿尔卑斯山谷中的标语牌劝告游人："慢慢走，欣赏啊！"徽州这片古老的土地，同样值得研究者为其驻足，从而发现各自心仪的风景。

2021年4月25日于屯溪